Matthieu BABIN
Docteur en droit
Avocat

SANTÉ ET SÉCURITÉ AU TRAVAIL

Lamy
une marque Wolters Kluwer
1, rue Eugène-et-Armand-Peugeot – 92856 RUEIL-MALMAISON Cedex

Vous souhaitez être informé des nouveaux ouvrages publiés dans la collection Lamy Axe Droit ?
Envoyez simplement votre carte de visite à :
Wolters Kluwer France - Éditions Lamy
CP 701 - 1, rue Eugène-et-Armand-Peugeot
92856 Rueil-Malmaison Cedex
ou connectez-vous à : http://librairie-droit.lamy.fr
(et bénéficiez de conditions privilégiées pour vos commandes directes en ligne)

Éditions Lamy

ISBN 978-2-7212-1368-6

PARUS DANS LA MÊME COLLECTION

Famille et Patrimoine
2010

Droit des créations immatérielles
Hubert Bitan, 2010

Lutte contre le téléchargement illégal
Emmanuel Derieux, Agnès Granchet, 2010

Évolution du droit social
Jacques Barthélémy, 2010

Contentieux de la circulation routière
Rémy Josseaume, Jean-Baptiste Le Dall, 2010

L'étudiant en entreprise
Jean-François Paulin, Stéphane Thivin, 2010

Fonds de dotation
Colas Amblard, 2010

L'année de droit social 2009
2010

Les déontologies des professions du droit : quel avenir ?
2010

Énergies renouvelables – Contrats d'implantation
Philippe Terneyre, 2010

Droit des arts visuels
Jean Vincent, 2010

La nouvelle procédure d'appel
Claude Brenner, Natalie Fricero, 2010

Inventions et créations des salariés
Francis Ahner, Jean-Jacques Touati, 2010

Droit du travail et droit de l'environnement
Sous la direction de Marie-Pierre Blin-Franchomme et Isabelle Desbarats, 2010

La séparation dans tous ses états
Françoise Dekeuwer-Défossez, 2010

Énergies-Climat – Quotas d'émission de gaz à effet de serre
Bertrand de Gérando, 2010

Droit et expertise des contrats informatiques
Hubert Bitan, 2010

Vente d'immeuble à rénover
Jean-Louis Bergel, 2010

Entreprises et dommage écologique
Malik Memlouk, 2010

Formation professionnelle continue – Tome I
Patrick Burnel, 2010

Formation professionnelle continue – Tome II
Patrick Burnel, 2010

Droit international privé et propriété intellectuelle
Cyril Nourissat, Édouard Treppoz, 2010

Contrats de sponsoring sportif
Jean-Michel Marmayou, Fabrice Rizzo, 2010

Le CHSCT
Jean-Benoît Cottin, 2010

Le management package
Laurent Julienne, Alexis Katchourine, 2010

Exécution des marchés publics de travaux
Jacques Eygasier, Charles Pareydt, 2010

Crise du crédit et entreprises
Sous la direction de Jean-Luc Vallens, 2010

Droit de l'exécution de la sanction pénale
Annie Beziz-Ayache, Delphine Boesel, 2010

Les risques psychosociaux
2010

L'enfant, sujet de droits
Nathalie Baillon-Wirtz, Yves Honhon, Marie-Christine Le Boursicot, Alice Meier-Bourdeau, Imran Omarjee, Clotilde Pons-Brunetti, 2010

Grenelle 2
2010

Pratique des affaires
Sous la direction de Régis Blazy, Jérôme Lasserre Capdeville et Michel Storck, 2010

Le contrôle fiscal
Sous la direction de Olivier Fouquet et Manon Sieraczek, 2010

Les marchandises contrefaisantes
Tania Kern, 2010

La contribution économique territoriale
Armand Lang, Betty Toulemont, Hervé Zapf, 2010

La famille et son logement
Nathalie Couzigou-Suhas, 2010

Baux commerciaux
Julien Prigent, 2010

Contentieux de l'Union européenne / 1
Sous la direction de Denys Simon, par Flavien Mariatte et Dominique Ritleng, 2011

Contentieux de l'Union européenne / 2
Sous la direction de Denys Simon, par Flavien Mariatte et Rodolphe Munoz, 2011

Entreprise et développement durable
Marie-Pierre Blin-Franchomme, Isabelle Desbarats, Gérard Jazottes, Virginie Vidalens, 2011

Le licenciement économique
Sylvain Niel, 2011

L'année de droit social 2010
Barthélémy Avocats, 2011

Changement d'utilisation de l'immeuble
Sous la direction de Florence Chérel, 2011

Gérer le risque pénal en entreprise
2011

Sommaire

Introduction

1 Les risques d'atteinte à la santé et à la sécurité des travailleurs constituent un sujet de préoccupation majeur de toute entreprise.

Conscient d'être désormais tenu d'une obligation de *« résultat »* en matière de sécurité, l'employeur mesure pourtant mal les implications d'une telle obligation, qui lui semble pour le moins irréaliste au regard des moyens nécessairement limités dont il dispose pour évaluer et prévenir les risques multiples auxquels sont confrontés les salariés dans leur activité.

L'objet de cet ouvrage n'est pas de présenter la réglementation de façon exhaustive, mais d'orienter le lecteur dans le dédale que représente aujourd'hui le droit de la santé et de la sécurité au travail, l'aider à connaître, pour se les approprier, les outils qui doivent permettre de définir et mettre en œuvre une politique de prévention adaptée à la réalité des risques de l'entreprise.

Le droit a connu, sur ces questions, une extraordinaire évolution, et ce depuis au moins une trentaine d'années, passant progressivement du modèle de *« l'hygiène/sécurité »* à celui de *« la santé au travail »*, sans d'ailleurs que celui-ci ait totalement remplacé celui-là.

Certes, l'objectif demeure bien la prévention des risques professionnels, c'est-à-dire la suppression (ou au moins la limitation) des risques de dommage à l'intégrité physique ou mentale auxquels sont confrontés les travailleurs dans le cadre du travail qu'ils accomplissent sous la direction de leur employeur [1].

2 Cela étant, il semble, en schématisant, qu'à une approche concentrée sur les moyens de la prévention (l'*« hygiène »*, entendue comme l'ensemble des *moyens* destinés à garantir la santé) s'est substituée une approche davantage axée sur le *résultat* à atteindre (la santé elle-même).

C'est d'ailleurs peut-être là le sens profond de l'obligation de sécurité de résultat.

Dans cette nouvelle approche, les notions mêmes de santé et de sécurité, de risque, de travail, se voient donner une définition élargie, comme on le verra. En tout cas, ces notions sont désormais totalement décloisonnées, en ce sens que :

- les risques à prendre en compte ne sont plus uniquement ceux que la réglementation identifie (à titre d'exemples, les risques liés à la canicule, aux violences, etc.) ;

1) Voir Babin M., *Le risque professionnel*, thèse droit privé, Université de Nantes, 2003.

– de même que les moyens de prévention à mettre en œuvre ne sont plus uniquement ceux que la réglementation définit et impose, l'employeur devant *intégrer* l'exigence de prévention à tous les niveaux de l'organisation de l'entreprise.

3 En ce sens, l'obligation de résultat est, avant tout, une obligation *générale*.

De ce fait, la prévention n'est plus exclusivement du ressort des seuls ingénieurs et techniciens, mais relève du niveau le plus élevé de prise de décision en matière d'organisation du travail et de la production. L'obligation de résultat est bien une obligation de *l'employeur* au sens large, à charge pour ce dernier de s'adjoindre l'ensemble des compétences requises (aux plans technique, médical, organisationnel, etc.), sans omettre d'associer le personnel et ses représentants à la démarche de prévention.

En effet, il faut se garder de penser que la politique de prévention des risques professionnels puisse se résumer à la seule application du droit de la santé et de la sécurité au travail ; la vocation du droit n'est pas de fournir des solutions toutes faites, mais :

– d'énoncer des valeurs (le respect de la santé) ;
– de fixer des objectifs (la suppression des risques) ;
– d'imposer enfin des méthodes et des outils (exemples : l'évaluation du risque, le document unique) qui sont sans doute utiles, voire nécessaires, mais qui demeurent certainement insuffisants s'ils ne font pas l'objet d'une appropriation par l'entreprise.

4 Deux modèles complémentaires

	L'hygiène et la sécurité au travail	La santé au travail
Objet	La prévention des accidents du travail et des maladies professionnelles	La protection/promotion de la santé physique et mentale entendue comme un état complet de bien-être (OIT). Déclinaisons : le respect de la dignité de l'homme au travail, l'amélioration des conditions de travail, l'adaptation du travail à l'homme...
Nature des risques à prévenir	Les risques faisant l'objet d'une réglementation spécifique : – environnement de travail – équipements de travail – produits et substances dangereuses – risque chimique – risque biologique – etc.	L'ensemble des risques d'atteinte à la santé des salariés liés aux facteurs : – environnementaux – techniques – humains – organisationnels – etc.

	L'hygiène et la sécurité au travail	La santé au travail
Nature des actions à mettre en œuvre	Appliquer la réglementation technique spécifique à chaque risque (Obligation de moyens)	Mettre en œuvre une politique de prévention des risques professionnels, reposant sur plusieurs axes : – évaluation – information/formation/direction – concertation – coopération interentreprises – etc. (Obligation de résultat)
Nature des compétences requises	Essentiellement techniques (ingénieur sécurité, médecin du travail)	Diverses : intégration de la santé/sécurité à tous les niveaux de prise de décision
Niveau d'information et de contribution du personnel	Le personnel est formé au respect des consignes de sécurité notamment énoncées dans le règlement intérieur et les notes de services. L'hygiène et la sécurité relèvent d'une normalisation technique	Le personnel est informé des risques auxquels il est exposé, et associé par le biais de ses représentants à la définition de la politique de prévention. La santé au travail est un objet de négociation collective (exemple des risques psychosociaux)
Prise en compte de l'état de santé du salarié/rôle du médecin du travail	L'aptitude du salarié est examinée périodiquement ou ponctuellement	L'employeur doit prendre en considération les préconisations du médecin du travail en termes de reclassement, mais aussi d'aménagement de poste, de périodicité des visites
Nature du risque encouru par l'employeur	Essentiellement pénal : – infractions au Code du travail – homicide ou blessures par imprudence	Diverse : – risque pénal – risque indemnitaire (faute inexcusable) – risque prud'homal (prise d'acte de rupture, contestation du licenciement, indemnisation du préjudice lié à l'exposition au risque) – risque collectif (suspension d'un projet de réorganisation)
Identité du responsable	Le dirigeant (chef d'entreprise) ou son délégataire, plus rarement l'employeur personne morale	Au plan civil : l'employeur, c'est-à-dire en définitive l'entreprise

ATTENTION

La notion de ***« risque professionnel »*** n'est pas, à proprement parler, définie par les textes. Il convient à cet égard de distinguer deux acceptions du risque professionnel :

– d'une part, les **risques pour la santé et la sécurité** des travailleurs : objets de **prévention**, dans le cadre fixé par le **droit du travail ;**
– d'autre part, les accidents du travail, accidents de trajet et maladies professionnelles : objets d'indemnisation, dans le cadre fixé par le droit de la sécurité sociale.

5 Ces notions ne coïncident pas totalement, pour plusieurs raisons :
– les risques professionnels, en tant qu'objets de prévention, s'entendent parfois de risques qui ne semblent pas susceptibles d'être indemnisés en droit de la Sécurité sociale (exemple : stress, harcèlement moral) ;
– inversement, les risques professionnels indemnisables ne sont pas nécessairement des risques que l'employeur peut ou doit prévenir (exemple : accidents de trajet, accidents de mission).

PETIT LEXIQUE DES RISQUES PROFESSIONNELS EN DROIT DE LA SÉCURITÉ SOCIALE

Accident du travail : accident, quelle qu'en soit la cause, survenu par le fait ou à l'occasion du travail (CSS, art. L. 411-1).

Accident de trajet : accident survenu pendant le trajet d'aller et de retour, entre le lieu de travail et :

1°) la résidence principale, une résidence secondaire présentant un caractère de stabilité ou tout autre lieu où le travailleur se rend de façon habituelle pour des motifs d'ordre familial ;

ou

2°) le restaurant, la cantine ou, d'une manière plus générale, le lieu où le travailleur prend habituellement ses repas (CSS, art. L. 411-2).

Maladie professionnelle : maladie trouvant sa cause dans le travail (CSS, art. L. 461-1). Ce lien de causalité peut être reconnu de deux manières :

– soit il est présumé, lorsqu'il est établi que la situation de la victime réunit les trois conditions définies par un tableau de maladie professionnelle : 1° la maladie, 2° le risque auquel la victime a été exposée (travaux, agents nocifs) et 3° le cas échéant, le délai écoulé entre la fin de l'exposition au risque et la constatation de la maladie (délai de prise en charge) ;

– soit, dans le cas contraire, il doit être établi que la maladie trouve sa cause directe, voire directe et essentielle, dans le travail habituel de la victime. Ce point est tranché par la CPAM sur avis conforme d'un comité d'experts, le Comité régional de reconnaissance des maladies professionnelles (CRRMP).

6 Le droit des risques professionnels

	Prévention	Indemnisation/compensation
Droit du travail	Santé, sécurité et conditions de travail (partie IV du Code du travail)	Protection de l'emploi des salariés victimes d'accidents du travail et maladies professionnelles (C. trav., art. L. 1226-6 et s.)
Droit de la sécurité sociale	Prévention des AT/MP missions de la CNAM-TS et des CARSAT (livre IV, titre II du Code de la sécurité sociale) Tarification des cotisations AT/MP (CSS, art. L. 241-5 et s.)	Indemnisation des victimes d'AT/MP : prestations dues aux victimes, procédure de reconnaissance, etc. (livre IV du Code du travail)

SECTION I Les sources du droit de la santé et de la sécurité au travail

Pour l'essentiel, les règles de droit français en matière de santé et de sécurité au travail (§ 2) sont le fruit de la transposition de textes de droit communautaire (§ 1).

§1 Les sources de droit communautaire

7 Compétence communautaire

L'Union européenne consacre l'existence d'un **droit fondamental du travailleur à la santé et à la sécurité**. La Charte des droits fondamentaux de l'Union (Nice, 7 déc. 2000) prévoit ainsi que *« tout travailleur a droit à des conditions de travail qui respectent sa santé, sa sécurité et sa dignité »* (art. 31) [1]. Ces dispositions sont d'ailleurs plus explicites que celles, en droit constitutionnel français, du Préambule de la Constitution de 1946, énonçant, parmi divers principes économiques et sociaux, celui suivant lequel est garantie à tous *« la protection de la santé »*.

Mais les traités communautaires vont encore plus loin, en faisant de *« l'amélioration des conditions de vie et de travail »* (*« permettant leur égalisation dans le progrès »*) **l'objet d'une véritable action politique à l'échelle de la Communauté** (art. 151 du

1) La Charte est consultable sur : <www.europarl.europa.eu/charter/default_fr.htm>.

Traité instituant la Communauté européenne) [1], bien plus contraignante à cet égard que les conventions de l'Organisation internationale du travail [2].

En vue de réaliser cet objectif, les institutions communautaires développent une intense **politique d'harmonisation**, c'est-à-dire de rapprochement des législations nationales (article 153 du Traité). Ainsi, le Conseil arrête sous la forme de **directives** des prescriptions dites *« minimales »* dont les États membres doivent ensuite assurer la **transposition**, c'est-à-dire l'adaptation dans leur droit national et ce, dans un délai déterminé [3]. Dans les domaines faisant l'objet de ces directives, les États n'ont la possibilité que de maintenir ou d'établir des mesures de protection plus strictes que celles qui sont prévues par le droit communautaire.

8 Directive-cadre du 12 juin 1989

Le texte de référence en la matière est la directive n° 89/391 du 12 juin 1989, dite « ***directive-cadre*** » [4], transposée en droit français par la loi n° 91-1414 du 31 décembre 1991. Cette directive s'applique à **tous les secteurs** d'activités (privés ou publics), à **tous les travailleurs** et à **tous les types de risques** auxquels ceux-ci sont exposés.

Elle pose les bases d'une véritable politique de prévention des risques professionnels, en définissant de manière détaillée les obligations des employeurs à la lumière de *« principes généraux de prévention »* (art. 6). Pour autant, elle ne fixe pas de principe de responsabilité civile ou pénale, la Cour de justice de l'Union européenne ayant admis que la directive-cadre ne consacre pas le principe d'une responsabilité sans faute des employeurs en matière de prévention des risques professionnels [5].

La directive-cadre prescrit le recours de tout employeur à des personnes ou services de prévention et de protection (art. 7), ce qui a suscité en France une réforme des services de médecine du travail [6]. Elle impose l'information et la formation des travailleurs, leur participation ou leur consultation *« dans le cadre de toutes les questions touchant à la sécurité et à la santé au travail »* (art. 10 à 12) et reconnaît l'existence d'obligations des travailleurs en matière de santé et sécurité au travail [7].

---

1) Le Traité est consultable sur : <www.legifrance.gouv.fr/html/sites/droit_commun.htm>.

2) Ces conventions sont consultables sur : <www.ilo.org/ilolex/french/convdisp1.htm>. Voir notamment : Convention C155 concernant la sécurité, la santé des travailleurs et le milieu de travail, du 22 juin 1981 ; Protocole P155 relatif à la convention sur la sécurité et la santé des travailleurs, du 20 juin 2002 ; Convention C167 concernant la sécurité et la santé dans la construction, du 20 juin 1988 ; Convention C176 concernant la sécurité et la santé dans les mines, du 22 juin 1995 ; Convention C184 concernant la sécurité et la santé dans l'agriculture, du 21 juin 2001.

3) Exemple : la directive n° 2006/25/CE du 5 avril 2006 relative aux rayonnements optiques artificiels devait être transposée pour le 27 avril 2010.

4) Tous les textes de droit communautaires cités ici sont consultables, en leur dernier état, sur le site du Journal officiel de l'Union européenne, *via* un module de recherche : <http://eur-lex.europa.eu/RECH_menu.do?ihmlang=fr>.

5) Voir ci-dessous à propos de l'obligation de sécurité de résultat, n° 129.

6) Voir ci-dessous, n° 194.

7) Voir ci-dessous, n°s 174 et s.

9 Directives particulières

La directive-cadre du 12 juin 1989 ne visant aucun type de risque en particulier, elle s'applique ainsi à tous les risques en général. Ses principes ont en outre vocation à être déclinés par le biais de directives particulières à certains facteurs de risque, types d'activité, catégories de travailleurs, etc. Ces directives ont été adoptées dans de nombreux domaines :

- lieux de travail : directive n° 89/654/CEE du 30 novembre 1989 ;
- utilisation des équipements de travail : directive n° 2009/104/CE du 16 septembre 2009, abrogeant la directive n° 89/655/CEE du 30 novembre 1989 ;
- utilisation des équipements de protection individuelle : directive n° 89/656/CEE du 30 novembre 1989 ;
- manutention manuelle de charges comportant des risques notamment dorso-lombaires : directive n° 90/269/CEE du 29 mai 1990 ;
- travail sur des équipements à écran de visualisation : directive n° 90/270/CEE du 29 mai 1990 ;
- exposition aux agents cancérigènes ou mutagènes : directive n° 2004/37/CE du 29 avril 2004, abrogeant la directive n° 90/394/CEE du 28 juin 1990 ;
- exposition aux agents biologiques : directive n° 2000/54/CE du 18 septembre 2000, abrogeant la directive n° 90/679/CEE du 26 novembre 1990 ;
- chantiers temporaires ou mobiles : directive n° 92/57/CEE du 24 juin 1992 ;
- signalisation de sécurité et/ou de santé au travail : directive n° 92/58/CEE du 24 juin 1992 ;
- travailleuses enceintes, accouchées ou allaitantes : directive n° 92/85/CEE du 19 octobre 1992 ;
- industries extractives par forage : directive n° 92/91/CEE du 3 novembre 1992 ;
- industries extractives à ciel ouvert ou souterraines : directive n° 92/104/CEE du 3 décembre 1992 ;
- navires de pêche : directive n° 93/103/CE du 23 novembre 1993 ;
- agents chimiques : directive n° 98/24/CE du 7 avril 1998 ;
- atmosphères explosives : directive n° 1999/92/CE du 16 décembre 1999 ;
- agents physiques (vibrations) : directive n° 2002/44/CE du 25 juin 2002 ;
- agents physiques (bruit) : directive n° 2003/10/CE du 6 février 2003 ;
- agents physiques (champs électromagnétiques) : directive n° 2004/40/CE du 29 avril 2004 ;
- agents physiques (rayonnements optiques artificiels) : directive n° 2006/25/CE du 5 avril 2006.

ATTENTION

Certaines de ces directives peuvent ne pas avoir été pleinement adaptées en droit français dans le délai de transposition fixé. La France a ainsi été condamnée en raison d'une **insuffisance de transposition** de la directive-cadre du 12 juin 1989 [1]. Or, un employeur soumis au droit français ne peut pas, en l'état actuel du droit communautaire, se voir opposer les dispositions non transposées d'une directive. Cela étant, un employeur peut *indirectement* se voir reprocher de n'avoir pas pris les mesures de prévention prescrites par une directive communautaire non encore transposée en droit français [2]. En effet, l'employeur ne peut prétendre ignorer l'existence et la gravité d'un risque qui fait l'objet d'une directive, quoique non transposée, et doit, en vertu de son obligation générale de sécurité [3], prendre les mesures de prévention qui s'imposent à l'égard de ce risque connu, même en l'absence de toute réglementation spécifique ou suffisante en droit national.

10 Directives « *conception* » et autres

Parallèlement à la directive-cadre du 12 juin 1989 et aux directives particulières prises pour son application, il existe une autre catégorie de directives communautaires, qui porte sur la **conception et la mise en circulation des moyens de travail** (équipements de travail et de protection individuelle, produits et substances chimiques, etc.) plutôt que sur leurs conditions d'utilisation. Ces directives fixent **des règles juridiques** et génèrent **des normes techniques** [4] dont les États membres doivent assurer la stricte transposition dans leur droit national sans pouvoir, en principe, maintenir des règles ou des normes de protection plus strictes. L'objectif essentiel est de lever les entraves à la libre circulation des marchandises et au fonctionnement du Marché commun [5].

Les principales directives en la matière ont été prises dans les matières suivantes :

- machines (équipements de travail, moyens de protection et composants de sécurité) [6] ;
- équipements de protection individuelle [7] ;

---

1) CJCE, 5 juin 2008, aff. C-226/06.

2) À titre d'illustration : Cass. 2e civ., 12 mars 2009, n° 08-13.246.

3) Voir ci-dessous, nos 110 et s.

4) Voir ci-dessous, n° 18.

5) Traité instituant la Communauté européenne, art. 94 et 95.

6) Dir. Parl. et Cons. CE n° 2006/42, 17 mai 2006, abrogeant Dir. Parl. et Cons. CE n° 98/37, 22 juin 1998, ayant elle-même abrogé Dir. Cons. n° 89/392/CEE, 4 juin 1989.

7) Dir. Cons. n° 89/686/CEE, 21 déc. 1989, modifiée.

– classification, emballage et étiquetage des substances dangereuses [1] ;
– classification, emballage et étiquetage des préparations dangereuses [2].

Ces deux dernières directives ont été abrogées par un règlement dit « *CLP* » sur la classification, l'emballage et l'étiquetage (*Classification, Labelling and Packaging*) des substances et mélanges [3], dont la mise en œuvre intervient successivement le 1er décembre 2010 pour les substances et le 1er juin 2015 pour les mélanges (antérieurement « *préparations* »).

D'autres directives communautaires, intéressant plus ou moins directement la prévention des risques professionnels, ont été adoptées avant ou en marge de la directive-cadre du 12 juin 1989. Par exemple : la directive n° 83/477/CE du 19 septembre 1983 concernant l'exposition à l'amiante au travail, la directive n° 2001/45/CE du 27 juin 2001 concernant les travaux en hauteur, les directives relatives aux radiations ionisantes prises dans le cadre du Traité Euratom, les directives relatives au transport des matières dangereuses, etc.

11 Règlement REACH

La question de la classification des substances chimiques fait l'objet d'un règlement communautaire dit « *REACH* » (*Registration Evaluation Autorisation of CHemicals*, règlement n° 1907/2006 du 18 décembre 2006) concernant l'enregistrement, l'évaluation et l'autorisation des substances chimiques, ainsi que les restrictions applicables à ces substances.

Ce texte soumet l'ensemble des produits chimiques (produits ou importés à raison d'au moins une tonne par an) à un **régime d'enregistrement et d'autorisation**, après évaluation des risques par les industriels, et institue pour ce faire une Agence européenne des produits chimiques. La mise en œuvre effective de l'enregistrement sera étalée sur dix ans à compter de juin 2010 [4].

Le règlement REACH a également modifié la réglementation européenne relative aux **fiches de données de sécurité**, et confirmé le droit d'accès des travailleurs, auprès de leur employeur, aux informations relatives aux substances et préparations qu'ils utilisent ou auxquelles ils peuvent être exposés dans le cadre de leur travail (art. 35).

Plusieurs textes sont venus adapter le Code du travail en conséquence, notamment :
– le décret n° 2008-1310 du 11 décembre 2008 relatif à la mise sur le marché des substances et préparations ;

1) Dir. Cons. n° 67/548/CEE, 27 juin 1967, modifiée.
2) Dir. Parl. et Cons. CE n° 1999/45, 31 mai 1999, modifiée.
3) Règl. Parl. et Cons. CE n° 1272/2008, 16 déc. 2008.
4) Un rapport sur l'offre des formations aux règlements REACH et CLP et à la directive biocides est disponible sur le site du ministère du développement durable : <www.developpement-durable.gouv.fr/Rapport-sur-l-offre-des-formations.html>.Un service d'aide à la mise en œuvre des règlements REACH et CLP est disponible sur : <www.ineris.fr/ghs-info>.

- l'arrêté du 16 janvier 2009 (JO 22 janv.) et l'arrêté du 7 décembre 2009 (JO 16 déc.) relatifs à la classification, l'emballage et l'étiquetage des substances et des préparations dangereuses ;
- l'ordonnance n° 2009-229 du 26 février 2009 (voir notamment C. trav., art. L. 4411-3) ;
- le décret n° 2009-289 du 13 mars 2009 (voir notamment C. trav., art. R. 4411-73, relatif aux fiches de données de sécurité) ;
- le décret n° 2010-150 du 17 février 2010 relatif au contrôle des produits chimiques et biocides (voir notamment C. trav., art. R. 4741-3-1 : le fait de ne pas donner aux travailleurs et à leurs représentants l'accès aux informations prévues à l'article 35 du règlement REACH est puni de l'amende prévue pour les contraventions de la cinquième classe, soit 1 500 euros, par travailleur concerné) ;
- la loi n° 2011-12 du 5 janvier 2011 portant diverses dispositions d'adaptation de la législation au droit de l'Union européenne (art. 3), qui habilite le Gouvernement à prendre par voie d'ordonnances les mesures relevant du domaine de la loi nécessaires à l'adaptation de la législation européenne, et en particulier les règlements REACH (n° 1907/2006) et CLC (n° 1272/2008).

§2 Les sources de droit français

Le Code du travail ne réunit qu'une partie des lois et des règlements (décrets et arrêtés) pris en matière de santé et de sécurité au travail (A). De multiples autres sources doivent donc être prises en compte (B).

A. - Le nouveau Code du travail

12 Santé et sécurité au travail

L'ancien Code du travail consacrait un titre III au thème *« Hygiène, sécurité et conditions de travail »* au sein d'un Livre II visant plus largement la *« réglementation du travail »* et regroupant notamment les questions d'âge d'accès au travail, de durée du travail, mais aussi d'organisation des services de santé au travail. Le nouveau Code du travail [1], entré en vigueur le 1er mai 2008, consacre la totalité de sa **partie IV à la santé et à la sécurité au travail**, signe qu'une importance majeure est accordée à ce thème.

Cette nouvelle partie IV adopte un plan différent de l'ancien titre III, ainsi que de nouveaux intitulés : à l'ancienne distinction binaire entre l'*« hygiène »* et la *« sécurité »* est substituée une **présentation plus complexe, par famille de risques**. Ce travail de recomposition ne va pas jusqu'à intégrer dans cette nouvelle partie IV certaines dispositions qui intéressent pourtant de près la question de la prévention des risques

1) Ord. n° 2007-329, 12 mars 2007.

professionnels, et qui figurent dans d'autres parties du Code : durées maximales du travail et repos minimaux, sort des salariés inaptes, obligation d'emploi des travailleurs handicapés, etc.

13 Employeurs concernés

Les dispositions du Code du travail relatives à la santé et à la sécurité visent désormais (C. trav., art. L. 4111-1 et s.) :

- les employeurs de droit privé ;
- les ateliers des établissements publics dispensant un enseignement technique ou professionnel, y compris pour leurs élèves, du moins au regard de certaines dispositions du Code du travail (C. trav., art. L. 4111-3) ;
- les établissements publics à caractère industriel et commercial ;
- les établissements publics administratifs lorsqu'ils emploient du personnel dans les conditions du droit privé ;
- les établissements de santé, sociaux et médico-sociaux mentionnés à l'article 2 de la loi n° 86-33 du 9 janvier 1986 portant dispositions statutaires relatives à la fonction publique hospitalière.

Pour ces trois dernières catégories d'établissement, les dispositions du Code du travail peuvent faire l'objet d'adaptations par décret, compte tenu des caractéristiques particulières de certains de ces établissements et des organismes de représentation du personnel existants [1] ; mais ces adaptations « *assurent les mêmes garanties aux salariés* ». De même, s'agissant des entreprises et établissements relevant des mines, des carrières et de leurs dépendances, les dispositions du Code du travail peuvent être complétées ou adaptées par décret pour tenir compte de leurs spécificités (C. trav., art. L. 4111-4) [2].

14 Travailleurs concernés

À de rares exceptions près, l'ancien Code du travail ne définissait pas la personne du « *travailleur* ». Le nouveau Code dispose désormais que, pour l'application de sa partie IV consacrée à la santé et à la sécurité au travail, les travailleurs sont :

- les salariés, y compris les travailleurs temporaires ;
- les stagiaires ;
- toute personne placée à quelque titre que ce soit sous l'autorité de l'employeur.

1) Voir les dispositions relatives au CHSCT dans les établissements de santé, sociaux et médico-sociaux (C. trav., art. R. 4615-1 et s.).

2) L. n° 2009-526, 12 mai 2009. Ces dispositions, introduites par amendement sénatorial dans une loi dite de « *simplification et de clarification du droit et d'allègement des procédures* », ont pour but d'inverser l'ancien principe selon lequel les dispositions relatives à la santé et à la sécurité au travail ne s'appliquaient pas aux salariés des mines, sauf si un décret en disposait autrement (C. trav., art. L. 231-1-1, ancien). <www.senat.fr/seances/s200903/s20090324/s20090324015.html>.

Ainsi, dans la partie IV du nouveau Code du travail, **le terme *« salarié »* est généralement abandonné au profit de celui de *« travailleur »*** (ce qui n'est pas le cas dans les autres parties du code, telle la partie I qui contient notamment les dispositions relatives au règlement intérieur, art. L. 1321-1 et s.). L'ambiguïté est néanmoins maintenue par certaines dispositions qui continuent à ne viser que les seuls salariés (exemple : suivi médical des salariés, art. R. 4624-10 et s.).

De cela, on peut tirer deux conclusions.

a) Premièrement, le « travailleur » ne s'entend pas exclusivement du travailleur salarié

Est visée *« toute personne placée à quelque titre que ce soit sous l'autorité de l'employeur »*. Sont notamment soumis en tout ou partie aux dispositions du Code du travail relatives à la santé et à la sécurité au travail :

– les détenus effectuant un travail pénal (C. proc. pén., art. D. 109) ;
– les élèves des ateliers des établissements publics d'enseignement technique ou professionnel (C. trav., art. L. 4111-3 ; C. éduc., art. D. 421-144 et s.).

Mais cette liste n'est pas exhaustive. Les dispositions du Code du travail peuvent s'appliquer à d'autres personnes travaillant sous l'autorité d'autrui et qui ne se voient pas pour autant reconnaître la qualité de salariés, tels les stagiaires, les personnes en formation, les bénévoles [1]...

À propos des **gérants de succursales** (exemple : gérants de station-service), l'article L. 7321-3 du Code du travail prévoit que le chef d'entreprise qui fournit les marchandises ou pour le compte duquel sont recueillies les commandes ou sont reçues les marchandises *« n'est responsable de l'application aux gérants salariés de succursales des dispositions (...) de la quatrième partie relatives à la santé et à la sécurité au travail que s'il a fixé les conditions de travail, de santé et de sécurité au travail dans l'établissement ou si celles-ci ont été soumises à son accord »*. Dans le cas contraire, les gérants sont assimilés à des chefs d'établissement, et les dispositions relatives à la santé et à la sécurité au travail prévues à la quatrième partie du Code du travail ne leur sont applicables que dans la mesure où elles s'appliquent aux chefs d'établissement, directeurs ou gérants salariés [2].

b) Deuxièmement, le « travailleur » *ne s'entend pas pour autant du travailleur indépendant, sauf exceptions.*

Les travailleurs indépendants sont assujettis aux dispositions du Code du travail pour ce qui a trait à la sécurité de leurs salariés. S'agissant de leur propre sécurité, ils sont indirectement visés par certaines dispositions, par exemple celles qui fixent des

1) Voir Cass. crim., 27 sept. 1989, n° 88-81.182 P ; Cass. crim., 14 janv. 2003, n° 01-87.300 P. Sur cette question, voir Babin M., *Le risque professionnel*, thèse précitée, p. 487 et s.

2) Pour une application récente de ces dispositions à des époux gérants de station service, voir Cass. soc., 17 nov. 2010, n° 09-65.081 P.

conditions d'aptitude pour toute personne travaillant en milieu hyperbare [1]. D'autres dispositions les visent plus directement, en ce qu'elles prévoient l'application de mesures de prévention au bénéfice :

– de toutes les personnes intervenant sur un chantier de bâtiment ou de génie civil, y compris les travailleurs indépendants et employeurs y exerçant directement une activité (C. trav., art. L. 4531-1, L. 4535-1, L. 4744-6 et R. 4535-1 et s.) ;
– des travailleurs, y compris les travailleurs indépendants et les employeurs, exposés aux rayonnements ionisants (C. trav., art. L. 4451-1) ;
– des chefs d'établissement ou travailleurs indépendants utilisant des substances et préparations dangereuses (C. trav., art. L. 4411-1) ;
– des chefs d'entreprise ou travailleurs indépendants appelés à réaliser une intervention auprès d'une installation dangereuse (C. trav., art. L. 4522-1 et s. et L. 4142-3).

Cela signifie qu'un travailleur indépendant, qui intervient sur un chantier ou dans un établissement soumis à une autre direction que la sienne, peut se prévaloir d'un droit à la santé et à la sécurité. La mise en œuvre d'un tel droit n'a, cependant, rien d'évident [2]. À titre d'illustration, on notera que dans les installations *« classées »*, lorsqu'un travailleur ou le chef d'une entreprise extérieure ou un travailleur indépendant est appelé à réaliser une intervention pouvant présenter des risques particuliers en raison de sa nature ou de la proximité de l'installation, le chef d'établissement de l'entreprise est tenu de définir et de mettre en œuvre à leur bénéfice, et avant le début de leur première intervention, une formation pratique et appropriée (C. trav., art. L. 4522-2). Néanmoins, le principe demeure que le travailleur indépendant est responsable de sa propre sécurité ; ainsi, il a été jugé au plan pénal que le seul fait de laisser un travailleur indépendant prendre des risques inconsidérés ne caractérise pas en soi le délit d'homicide ou blessures involontaires, car il appartient en principe à l'indépendant d'assurer sa sécurité lors de l'exécution de son travail [3]. Cela étant, les juges peuvent opérer une requalification de la relation en contrat de travail s'ils constatent que le prétendu indépendant était, de fait, placé, vis-à-vis du donneur d'ordre, dans un état de subordination juridique (faculté de donner des ordres et directives, d'en contrôler l'exécution et d'en sanctionner les manquements), la qualification donnée par les parties à leur relation ne faisant pas obstacle à une telle requalification [4].

1) D. n° 90-277, 28 mars 1990 ; Cass. soc., 12 oct. 1999, n° 96-20.361 P.
2) Sur cette question, voir Babin M., *Le risque professionnel*, thèse précitée, p. 507 et s.
3) Cass. crim., 3 nov. 1998, n° 97-83.445.
4) Cass. crim., 19 oct. 1999, n° 99-81.629.

B. - Les autres sources

15 Autres codes

Fruit de la transposition de textes communautaires, le droit français de la santé et de la sécurité au travail ne se résume pas aux dispositions du Code du travail. De nombreuses règles intéressant plus ou moins directement la prévention des risques professionnels, figurent dans d'autres codes :

- Code de l'environnement : installations classées (art. L. 511-1 et s.) ;
- Code de la construction et de l'habitation : protection contre les risques d'incendie et de panique dans les immeubles recevant du public (art. L. 123-1 et s.), sécurité des ascenseurs (art. L. 125-1 et s.) ;
- Code de la santé publique : protection contre les rayonnements ionisants (art. L. 1333-1 et s., voir aussi C. trav., art. L. 4451-1), interdiction de fumer (art. R. 3511-1 et s.) ;
- Code rural : services de santé au travail (art. L. 717-1 et s.) ;
- Code minier : conditions de travail et santé et sécurité au travail (livre III, titre I).

16 Règlements non codifiés

Par ailleurs, un grand nombre de lois, et surtout de règlements, relatifs à la santé et à la sécurité du travail ne figure dans aucun code officiel (même si plusieurs de ces textes ont été intégrés dans le nouveau Code du travail). Exemple : le décret n° 88-1056 du 14 novembre 1988 concernant la protection des travailleurs dans les établissements qui mettent en œuvre des courants électriques. Ces textes non codifiés font l'objet de recueils spécialisés, et peuvent, pour certains, être consultés en annexe des différentes éditions du Code du travail.

17 Dispositions des organismes de sécurité sociale

S'ajoutent aux lois et règlements publics, les dispositions des organismes de sécurité sociale, organismes de droit privé.

Sur le plan régional, la Caisse d'assurance retraite et de la santé au travail, ou CARSAT (ex-CRAM) peut adopter des dispositions générales de prévention applicables à l'ensemble des employeurs qui, dans sa circonscription, exercent une même activité ou utilisent les mêmes types de machines ou de procédés (CSS, art. L. 422-4 et R. 422-5 al. 2) [(1)].

Sur le plan national, la Caisse nationale d'assurance maladie des travailleurs salariés (CNAM-TS) peut *« provoquer »* (en réalité, solliciter) l'extension à l'ensemble du territoire, par arrêté ministériel, des dispositions adoptées par une caisse régionale (CSS, art. L. 422-1). Lorsque certaines de ces dispositions générales sont soumises à un

1) Voir ci-dessous, n°s 73 et 229.

délai d'exécution, ce délai est fixé par un accord entre la CARSAT et le directeur de la DIRECCTE (antérieurement, directeur régional du travail) du ressort de la caisse. L'inobservation de dispositions ainsi étendues peut justifier l'application d'une amende de 5e classe (CSS, art. R. 471-1). Ce dispositif original, en ce qu'il autorise l'expérimentation au plan local de mesures destinées à une extension au plan national, semble peu exploité en pratique. À ce jour, le site de la CNAM-TS vise en tant que *« principales dispositions générales étendues »*, les dispositions suivantes :

Nº	Libellé	CTN concernés
DG 10	Protection des artistes effectuant des exercices d'acrobaties aériennes	C
DG 19	Travaux de nettoyage des cuves de basseries des tanneries	F
DG 21	Travaux d'extraction par déroctage, ou dragage en fleuve, rivière ou plan d'eau	F

Source : <www.risquesprofessionnels.ameli.fr/fr/sengagez/sengagez_dispogeneralesprev_1.php>.

18 Normes techniques

La prévention des risques professionnels est un domaine dans lequel s'applique un grand nombre de normes techniques. On peut définir celles-ci comme des prescriptions édictées par des organismes privés et arrêtant les caractéristiques d'un produit ou d'une méthode dans le but de standardiser les modes de fonctionnement et de garantir la sécurité, la qualité, etc. À elles seules, les normes techniques n'ont **pas d'effet impératif en droit**, quand bien même elles sont homologuées par l'Afnor dans les conditions prévues par le décret nº 2009-697 du 16 juin 2009.

Elles peuvent néanmoins **se voir accorder force obligatoire par arrêté**, notamment concernant la conception des équipements de travail (C. trav., art. L. 4311-7). Ainsi, les règlements propres à certains risques exigent de l'employeur qu'il respecte des normes techniques précisément désignées (C. trav., art. R. 4412-127, R. 4412-128, R. 4412-133), ou de façon plus générale les normes homologuées dans le domaine visé (par exemple, l'article 11 b) du décret du 10 juillet 1913 relatif aux ascenseurs et monte-charge). Le non-respect de la norme technique équivaut alors la violation du règlement.

En matière de conception des équipements de travail [1], **le droit communautaire a mis en place un système plus complexe** suivant lequel, d'une part un équipement donné doit respecter certaines règles précisément définies, et d'autre part l'application par le constructeur de certaines normes techniques est *« réputée satisfaire »* à ces règles (C. trav., art. L. 4311-7 et R. 4311-16). La liste de ces normes techniques est établie par arrêté [2].

1) Voir ci-dessous, nos 280 et s.

2) Arr. 29 sept. 1997, JO 26 oct.

Enfin, indépendamment de tout règlement, le fait que l'entreprise ne respecte pas les normes techniques en vigueur peut être pris en considération, en cas d'accident ou de maladie, comme l'un des éléments susceptibles de caractériser une faute de l'employeur, aux plans civil et/ou pénal [1].

19 Conventions et accords collectifs

Jusqu'à présent, la place consacrée à la santé et à la sécurité au travail dans la négociation collective, en particulier à l'échelle de l'entreprise, demeure faible. Cela pourrait s'expliquer par le fait que ces questions relèvent, selon le Code du travail, du pouvoir réglementaire propre de l'employeur, par le biais du règlement intérieur [2]. Cette idée n'est pas satisfaisante. En réalité, ni l'objet légalement défini du règlement intérieur, ni la responsabilité première du chef d'entreprise en matière de santé/sécurité au travail, n'ont vocation à soustraire ces questions du champ de la négociation collective d'entreprise, ni plus largement du commerce contractuel sous toutes ses formes. De fait, la prévention des risques professionnels fait l'objet de nombreuses formes de réglementation privée, via les règlements intérieurs, les plans de prévention conclus en cas d'intervention d'entreprise extérieure [3], les contrats de prévention conclus avec la CARSAT [4], les chartes et codes éthiques, etc. qui viennent préciser ou compléter la réglementation publique. Ce mouvement est en voie de nette accélération sous l'angle de la prévention du stress au travail, du harcèlement moral et des violences en entreprises.

Sur le plan national interprofessionnel, plusieurs accords ont abordé de manière spécifique le thème de la santé et de la sécurité :

- l'accord du 17 mars 1975 sur l'amélioration des conditions de travail [5], étendu moyennant certaines réserves par arrêté du 12 janvier 1996 (JO 23 janv.), offre notamment à toute organisation syndicale, dans les établissements occupant plus de 300 salariés, le droit de désigner un représentant au CHSCT, avec voix consultative ;
- l'accord du 13 septembre 2000 sur la santé au travail et la prévention des risques professionnels [6], non étendu, a joué un rôle moteur dans la réforme de la médecine du travail [7] ;

---

1) Voir par analogie, à propos du non-respect de la notice d'utilisation d'une nacelle, Cass. crim., 15 janv. 2008, n° 07-80.800 P.

2) Voir ci-dessous, n° 333.

3) Voir ci-dessous, n° 340.

4) Voir ci-dessous, n° 79.

5) Consultable notamment sur : <www.uimm.fr/fr/pdf/accords_interpro/ani_17-03-1975.pdf>.

6) Consultable notamment sur : <www.uimm.fr/fr/pdf/accords_interpro/ani_13-09-2000.pdf>.

7) Cet accord, non étendu, subordonnait sa mise en œuvre à la transposition intégrale de ses dispositions au plan réglementaire et législatif (art. 7). Or cette transposition n'a pas eu lieu à proprement parler. Voir ci-dessous, nos 261 et s.

– l'accord du 12 février 2007 sur la prévention, la tarification et la réparation des risques professionnels [1], non étendu, met l'accent sur l'amélioration de la prévention dans les PME-TPE et la recherche de synergies entre les différents acteurs de la prévention ;
– l'accord du 2 juillet 2008 sur le stress au travail [2], étendu par arrêté du 23 avril 2009 (JO 6 mai) se donne pour objet de sensibiliser au problème du stress les employeurs, les travailleurs et leurs représentants, et de leur donner un cadre pour le détecter, le prévenir et y faire face ;
– l'accord du 26 mars 2010 [3], étendu par arrêté du 23 juillet 2010 (JO 31 juill.) se donne le même objet à propos du harcèlement et de la violence au travail.

ATTENTION

Ceux de ces accords qui ont été étendus par arrêtés ministériels revêtent un caractère obligatoire, du moins pour les employeurs qui relèvent de branches professionnelles représentées par les organisations syndicales patronales signataires. Ainsi, les accords nationaux des 2 juillet 2008 et 26 mars 2010, signés par le MEDEF, la CGPME et l'UPA, ne s'imposent pas, théoriquement, aux employeurs relevant de branches non représentées par ces organisations, en particulier les professions libérales, les professions agricoles, l'économie sociale, les particuliers employeurs... Les dispositions de ces accords peuvent néanmoins être rendues obligatoires dans tout ou partie de ces branches par la voie d'un arrêté dit d'*« élargissement »* [4]. Enfin, il est fortement recommandé aux employeurs de ces branches non couvertes, de respecter les dispositions de ces accords ; ceux-ci ont en effet vocation à service de cadre de référence pour l'appréciation des moyens mis en œuvre par l'employeur, conformément à son obligation générale de sécurité, aux fins de lutter contre le stress, le harcèlement et les violences.

Plusieurs **branches professionnelles** se sont également dotées d'accords collectifs relatifs à la santé et à la sécurité au travail, notamment en vue de définir les postes soumis à une surveillance médicale renforcée (par exemple, l'accord sur la santé au travail des industries chimiques du 16 septembre 2003).

1) Consultable notamment sur : <www.uimm.fr/fr/pdf/accords_interpro/ani_12-03-2007.pdf>.

2) Consultable notamment sur : <www.anact.fr/portal/pls/portal/docs/1/968345.pdf>.

3) Consultable notamment sur : <www.travailler-mieux.gouv.fr/IMG/pdf/accord-harcelement-violence-2010.pdf>.

4) Exemples : arrêté du 14 mai 2008 (JO 22 mai) portant élargissement aux professions autres que les professions agricoles de l'accord national interprofessionnel sur la diversité dans l'entreprise du 12 octobre 2006 tel qu'étendu par arrêté du 22 février 2008 (JO 1er mars) ; arrêté du 26 juillet 2006 (JO 2 août) portant élargissement au secteur des professions libérales d'un accord national interprofessionnel relatif à l'emploi des seniors du 9 mars 2006, tel qu'étendu par arrêté du 12 juillet 2006 (JO 22 juill.).

Si la proportion **d'accords d'entreprise** comportant des dispositions en matière de santé et de sécurité au travail reste faible, de grandes entreprises ont participé à des négociations sur ce point (par exemple, l'accord de groupe Cegetel sur les conditions de vie professionnelle du 1er octobre 2003 [1]), le plus souvent à propos de problématiques particulières, parfois transversales (harcèlement moral, sécurité dans les transports de personnes, etc.). Ce mouvement est appelé à s'accélérer. En témoigne notamment l'initiative prise, le 9 octobre 2009, par le ministre du Travail, en présence des partenaires sociaux, de lancier un plan d'urgence en matière de prévention des risques psycho-sociaux, incitant les entreprises et les groupes de plus de 1 000 salariés à ouvrir sur ce thème des négociations visant à décliner les propositions de l'ANI du 2 juillet 2008, et ce sous la menace de se voir figurer sur une liste *« rouge »* rendue publique (pratique dite du *« name and shame »*).

En tout état de cause, le non-respect de dispositions conventionnelles en matière de santé ou de sécurité au travail ne peut entraîner, à lui seul, une sanction pénale (il n'en irait autrement que si ces dispositions dérogeaient à la loi en application d'une disposition législative expresse dans une matière déterminée, et sous réserve de leur extension par arrêté ministériel, C. trav., art. L. 2263-1). Cela étant, le fait que l'entreprise ne respecte pas les dispositions conventionnelles en vigueur (même si elles ne s'imposent pas strictement à elle, voir ci-dessus à propos des accords nationaux interprofessionnels) peut être pris en considération, en cas d'accident ou de maladie, comme l'un des éléments susceptibles de caractériser une faute de l'employeur, aux plans civil et/ou pénal.

SECTION II Les fondamentaux de la santé et de la sécurité au travail

L'un des apports essentiels de la directive-cadre du 12 juin 1989 (transposée en droit français par la loi du 31 décembre 1991) a consisté à soumettre l'ensemble du droit de la santé et de la sécurité au travail à un corps de principes communs (§ 1), organisés autour de concepts élargis (§ 2).

1) Consultable sur : http://www.travailler-mieux.gouv.fr/IMG/pdf/accordcegetel.pdf.

§1 Le principe de responsabilité de l'employeur

20 Rôle central de l'employeur

De manière étonnante, les dispositions du Code du travail, avant 1992, n'affirmaient pas clairement que le respect des règles d'hygiène et de sécurité au travail incombait à l'employeur plutôt qu'aux travailleurs eux-mêmes. Même si cette omission a été largement compensée par la jurisprudence [1], la loi n° 91-1414 du 31 décembre 1991 est venue énoncer que c'est bien au chef d'établissement qu'il appartient de prendre les mesures nécessaires pour assurer la sécurité et protéger la santé des salariés (C. trav., ancien art. L. 230-2-I, nouvel art. L. 4121-1). La référence au *« chef d'établissement »* paraissant mal adaptée, le nouveau Code du travail lui a substitué, à juste titre, le terme *« employeur »*.

L'essentiel tient ainsi dans l'affirmation claire du principe suivant lequel **la charge de veiller à la santé et la sécurité des travailleurs pèse en premier lieu sur l'employeur (au sens large) et non sur les travailleurs**. Ce principe ne signifie pas que l'employeur soit considéré comme ayant la maîtrise absolue de l'ensemble des risques auxquels sont exposés les travailleurs : simplement, et partant du constat que l'employeur est celui qui dispose de la *meilleure* maîtrise *des différents* facteurs de risque propres à l'entreprise (facteurs environnementaux, techniques, organisationnels, humains, etc.), le droit en conclut que l'employeur doit avoir la charge principale d'en assurer la prévention au bénéfice des travailleurs eux-mêmes. Pour autant, les institutions communautaires n'ont pas voulu aller jusqu'à consacrer un principe d'irresponsabilité des travailleurs en matière de santé et de sécurité au travail. Elles ont donc affirmé, dans le même temps, l'existence d'une obligation de sécurité à la charge des *travailleurs*, obligation qui ne contredit pas celle de l'employeur [2].

21 Mesures de prévention

L'obligation de sécurité mise à la charge de l'employeur se décline sous la forme de diverses mesures. Les mesures que l'employeur doit mettre en œuvre pour assurer la sécurité et protéger la santé physique et mentale des travailleurs comprennent des actions de **prévention** des risques professionnels, **d'information et de formation** ainsi que la mise en place d'une **organisation et de moyens adaptés**. L'employeur doit veiller à l'adaptation de ces mesures pour tenir compte du changement des circonstances et tendre à l'amélioration des situations existantes (C. trav., art. L. 4121-1).

---

1) Voir ci-dessous, n°s 145 et s.
2) Voir ci-dessous, n°s 174 et s.

Au-delà de ces différentes terminologies, il convient de rappeler que l'**objectif** assigné par le droit à l'employeur est bien la prévention des risques professionnels, que l'on peut schématiquement définir ainsi :

– risques professionnels : risques de dommage à l'intégrité physique ou mentale auxquels sont confrontés les travailleurs dans le cadre du travail qu'ils accomplissent sous la direction de leur employeur ;
– prévention : action visant à supprimer ou à réduire ce risque, c'est-à-dire la probabilité de sa survenance (prévention primaire), ses conséquences (prévention secondaire) ou la probabilité de sa répétition (prévention tertiaire).

À cet objectif, le droit associe un certain nombre de moyens, que l'on peut décliner en :

– principes d'action : les principes généraux de prévention des risques professionnels (voir ci-dessous) ;
– mesures techniques de prévention : homologation des équipements, choix des produits, isolations sonores, utilisation d'équipements de protection individuelle (EPI), etc. ;
– mesures organisationnelles de prévention : évaluation, information, formation, délégation, etc. ;
– acteurs : direction, encadrement, CHSCT, médecin du travail, travailleurs, etc. ;
– outils : document unique, plan de prévention, etc.

22 Principes généraux de prévention

La loi décline l'obligation de sécurité mise à la charge de l'employeur, au moyen de **principes généraux de prévention**. L'employeur doit mettre en œuvre les mesures de prévention sur la base des neuf principes généraux suivants (C. trav., art. L. 4121-2) :

– éviter les risques ;
– évaluer les risques qui ne peuvent pas être évités ;
– combattre les risques à la source ;
– adapter le travail à l'homme, en particulier en ce qui concerne la conception des postes de travail ainsi que le choix des équipements de travail et des méthodes de travail et de production, en vue notamment de limiter le travail monotone et le travail cadencé et de réduire leurs effets sur la santé ;
– tenir compte de l'état d'évolution de la technique ;
– remplacer ce qui est dangereux par ce qui n'est pas dangereux ou par ce qui l'est moins ;
– planifier la prévention en y intégrant, dans un ensemble cohérent, la technique, l'organisation du travail, les conditions de travail, les relations sociales et l'influence des facteurs ambiants, notamment les risques liés au harcèlement moral ;
– prendre des mesures de protection collective en leur donnant la priorité sur les mesures de protection individuelle ;

– donner les consignes appropriées aux travailleurs.

La loi ajoute que l'employeur doit **évaluer les risques** pour la sécurité et la santé des travailleurs, *« y compris dans le choix des procédés de fabrication, des équipements de travail, des substances ou préparations chimiques, dans l'aménagement ou le réaménagement des lieux de travail ou des installations et dans la définition des postes de travail »*, et qu'*« à la suite de cette évaluation et en tant que de besoin, les actions de prévention ainsi que les méthodes de travail et de production mises en œuvre par l'employeur doivent garantir un meilleur niveau de protection de la sécurité et de la santé des travailleurs et être intégrées dans l'ensemble des activités de l'établissement et à tous les niveaux de l'encadrement »* (C. trav., art. L. 4121-3). *« Lorsqu'il confie des tâches à un travailleur, l'employeur doit prendre en considération ses capacités à mettre en œuvre les précautions nécessaires pour la sécurité et la santé »* (C. trav., art. L. 4121-4).

23 Priorités

De ces principes résulte l'exigence du respect de certaines priorités dans la définition et la mise en œuvre des mesures de prévention. Ces priorités sont au minimum au nombre de quatre :

- **évaluer** l'ensemble des risques avant d'envisager leur prévention. Cette obligation d'évaluation, qui participe directement de l'obligation de sécurité, se concrétise par l'établissement d'un document unique d'évaluation des risques professionnels [1] ;
- s'efforcer de **supprimer** toute possibilité de réalisation d'un risque (*« éviter les risques »*, *« combattre les risques à la source »*) avant de se résoudre à en limiter seulement la probabilité. Il en résulte notamment un principe de substitution : *« remplacer ce qui est dangereux par ce qui n'est pas dangereux ou par ce qui est moins dangereux »* ;
- **intégrer** l'exigence de protection dans les choix structurels (principe d'intégration), notamment en termes d'organisation du travail (conception des postes de travail, choix des équipements et des méthodes) plutôt que d'avoir à corriger les effets néfastes de ces choix, mais aussi en prenant en compte les relations sociales et l'ensemble des facteurs qui peuvent influencer les conditions d'exécution du travail, ce qui situe la définition des politiques de prévention à un niveau élevé de décision du fait de sa prise en compte dans les choix importants pour l'entreprise ;
- privilégier les mesures de prévention **collective** sur les mesures de prévention individuelle, et notamment limiter au strict nécessaire l'emploi des équipements

---

1) Voir ci-dessous, n°s 239 et s.

individuels de sécurité (par exemple, un filet anti-chute plutôt que des harnais de sécurité).

Le respect de ces priorités s'impose dans tous les domaines. Ainsi, ces principes généraux de prévention sont déclinés, par catégorie de risques, au moyen de règlements spécifiques.

24 Illustration : risque chimique

Le risque que présente un agent chimique dangereux pour la santé et la sécurité des travailleurs doit être supprimé (C. trav., art. R. 4412-15 et art. R. 4412-16). En cas d'impossibilité, le risque est réduit au minimum par la substitution d'un agent chimique dangereux par un autre agent chimique ou par un procédé non dangereux ou moins dangereux. Lorsque la substitution n'est pas possible au regard de la nature de l'activité et de l'évaluation des risques, le risque est réduit par la mise en œuvre par ordre de priorité des mesures suivantes :

1 - conception des procédés de travail et des contrôles techniques appropriés ;

2 - utilisation des équipements et des matériels adéquats de manière à éviter ou à réduire le plus possible la libération d'agents chimiques dangereux susceptibles de présenter des risques pour la santé et la sécurité des travailleurs sur le lieu de travail ;

3 - application, à la source du risque, des mesures efficaces de protection collective, telles qu'une bonne ventilation, et des mesures appropriées d'organisation du travail ;

4 - utilisation, si l'exposition ne peut être réduite par d'autres moyens, des moyens de protection individuelle, y compris d'équipements de protection individuelle.

Mais, plus largement, ces principes généraux de prévention doivent être appliqués, par l'employeur, aux risques qui, bien que ne faisant pas l'objet d'une réglementation spécifique, ont été identifiés dans l'entreprise, tels les risques psychosociaux.

25 Illustration : stress au travail [1]

« *Prévenir, éliminer, et à défaut, réduire les problèmes de stress au travail inclut diverses mesures. Ces mesures peuvent être collectives, individuelles ou concomitantes. Elles peuvent être mises en œuvre sous la forme de mesures spécifiques visant les facteurs de stress identifiés ou dans le cadre d'une politique intégrée qui implique des actions de prévention et des actions correctives.*

(...) *Ces mesures incluent par exemple :*

– *des mesures visant à améliorer l'organisation, les processus, les conditions et l'environnement de travail, à assurer un soutien adéquat de la direction aux personnes et aux équipes, à donner à tous les acteurs de l'entreprise des possi-*

1) Voir ci-dessous, n°s 35 et s., 378.

bilités d'échanger à propos de leur travail, à assurer une bonne adéquation entre responsabilité et contrôle sur le travail, et des mesures de gestion et de communication visant à clarifier les objectifs de l'entreprise et le rôle de chaque travailleur ;

– la formation de l'ensemble des acteurs de l'entreprise et en particulier de l'encadrement et de la direction afin de développer la prise de conscience et la compréhension du stress, de ses causes possibles et de la manière de le prévenir et d'y faire face,

– l'information et la consultation des travailleurs et/ou leurs représentants, conformément à la législation, aux conventions collectives et aux pratiques européennes et nationales » [1].

26 Adaptation du travail à l'homme

La logique générale qui sous-tend ces différents principes est celle de l'adaptation du travail à l'homme. En effet, il n'est plus suffisant de devoir corriger les effets néfastes de l'organisation du travail sur la santé humaine : il convient de placer la protection de la santé au centre de l'organisation du travail, en prenant en considération le travail concret dans la conception et la mise en œuvre de la politique de prévention des risques, c'est-à-dire les écarts entre le travail prescrit et le travail réel, le savoir des travailleurs sur leur propre travail, mais aussi les limites de leurs capacités de traitement de l'information, etc. Cette démarche, qui relève en grande partie de la science ergonomique (voir à propos des équipements de protection individuelle : C. trav., art. R. 4323-91), doit conduire à mettre en place une organisation dynamique de la sécurité, qui ne se limite pas à la mise en œuvre des règles de sécurité imposées par la réglementation et/ou définies par le service compétent en interne. L'article L. 4121-1 du Code du travail prévoit ainsi que l'employeur doit prendre des mesures comprenant des actions de prévention, mais aussi la mise en place d'une organisation et de moyens adaptés.

§2 Les concepts de santé et de sécurité au travail

L'énoncé de ces principes de prévention montre que la notion même de risques professionnels repose sur une conception élargie de la santé (B) et du travail (A).

1) Accord national interprofessionnel, 2 juill. 2008.

A. - *Le travail*

27 Conditions de travail et organisation du travail

Comment définir le *« travail »* pris comme facteur de risque pour la santé ou la sécurité des travailleurs ? Ainsi énoncée, la question ne trouve pas de réponse. En réalité, ce n'est pas le travail en lui-même qui constitue une source de risque, mais bien un ensemble de phénomènes qui participent, de façons diverses, de la relation liant l'employeur et le travailleur subordonné [1]. Or, à cet égard, il est désormais communément admis que le travail ne s'entend plus simplement comme l'ensemble des **conditions de travail** dans lesquelles l'individu exerce son activité, conditions physiques, environnementales, techniques (les bâtiments et les installations, l'environnement sonore et physique, les machines et les équipements, les produits et substances, les charges portées, etc.).

La connaissance des causes d'accidents a fait des progrès considérables, notamment en ce qui concerne les accidents du travail. On sait aujourd'hui qu'un accident du travail n'est jamais la conséquence fortuite d'un fait unique (exemple : le fait qu'une machine coupante ne soit pas équipée de dispositif de sécurité), ni même d'un enchaînement linéaire de faits (exemple : l'absence de dispositif est due à la négligence du travailleur, elle-même due à son manque de formation, etc.), mais plutôt la réalisation d'un risque permanent déterminé par **un enchaînement complexe de faits**, dont certains peuvent paraître anodins (une consigne mal communiquée, un défaut d'éclairage du poste de travail, etc.). Connaître les *« causes »* d'un accident du travail nécessite donc de s'intéresser au rôle joué par chaque composante de la situation de travail. Certaines techniques d'analyse ont été spécialement élaborées dans ce but : ainsi, **la technique dite de l'*« arbre des causes »*** consiste, à partir d'un accident déjà survenu, à recenser tous les faits qui ont déterminé la réalisation du risque et à réaliser une représentation graphique de leur enchaînement [2]. Les résultats de telles études tendent à montrer que les risques d'accident du travail sont déterminés par l'ensemble des conditions matérielles d'exécution du travail, mais aussi par le mode d'organisation du travail. Par exemple, le risque inhérent à l'utilisation d'une machine peut être aggravé par l'environnement du poste de travail, la monotonie de la tâche, l'absence de qualification de l'opérateur, le défaut de communication au sein de l'équipe, etc. Les problèmes d'organisation expliquent, en grande partie, que les accidents du travail survenant sur les chantiers du bâtiment aient lieu le matin plutôt que dans la journée, le lundi plutôt qu'un autre jour de la semaine, etc.

---

1) Voir ci-dessus, n°s 13 et s.

2) Voir notamment : http://www.inrs.fr ; http://www.carsat-bfc.fr.

Parmi les facteurs d'accidents et de maladies du travail, doivent donc être pris en compte :

- les différents aspects de **l'organisation du travail**, comme la répartition des tâches, les méthodes de travail et de production, les modes de rémunération, la durée du travail et son aménagement, la conciliation de la vie professionnelle et de la vie personnelle, etc. ;
- ainsi que **les relations sociales** propres à l'entreprise [1].

28 Illustrations

Les principes généraux de prévention (C. trav., art. L. 4121-2) donnent un aperçu de cette approche élargie aux risques organisationnels en visant notamment :

- la planification de la prévention « *en y intégrant, dans un ensemble cohérent, la technique, l'organisation du travail, les conditions de travail, les relations sociales et l'influence des facteurs ambiants* » ;
- l'adaptation du travail à l'homme, en particulier concernant « *les méthodes de travail et de production, en vue notamment de limiter le travail monotone et le travail cadencé et de réduire les effets de ceux-ci sur la santé* ».

Ainsi, et de la même façon que la politique de prévention des risques professionnels doit tenir compte des aspects physiques *et mentaux* de la santé des travailleurs [2], doivent être pris en considération les aspects techniques, mais aussi *organisationnels et humains* du travail en tant que facteur de risque.

Pour autant, rares sont les textes législatifs, réglementaires ou conventionnels, qui prévoient la mise en œuvre de mesures de prévention touchant à l'organisation même du travail ou des relations sociales dans l'entreprise.

À titre d'exemples, néanmoins :

- le Code du travail prévoit que tout mode de **rémunération au rendement** est interdit pendant deux semaines lorsqu'une modification du poste de travail pour des raisons de sécurité entraîne une diminution de productivité (C. trav., art. L. 4142-4). De même, la rémunération au rendement peut, dans certaines circonstances, être interdite comme de nature à compromettre la sécurité du salarié [3].
- De nombreux textes propres à certains risques ou certaines activités obligent l'employeur à prendre des **mesures d'organisation du travail**, en complément de mesures d'ordre plus technique (risque chimique : C. trav., art. R. 4412-17 ;

---

1) Exemple : harcèlement moral, voir ci-dessous, n°s 34 et s.

2) Voir ci-dessous, n°s 31 et s.

3) Cass. soc., 24 sept. 2008, n° 07-44.847 : rémunération aux bons des coursiers, prohibée par l'article 14 de l'annexe 1 de la convention collective nationale des transports routiers, Babin M., JCP E 2008, n° 49.

manutention manuelle : C. trav., art. R. 4541-3 et -6 ; équipements de travail : C. trav., art. R. 4323-1 et s.).

– L'accord du 17 mars 1975 sur l'amélioration des conditions de travail [1] comporte des dispositions relatives à l'organisation du travail.

29 Risques exogènes : le cas des violences

Enfin, le droit invite de plus en plus l'employeur à prendre en compte des risques exogènes, risques auxquels sont confrontés les travailleurs en raison de **phénomènes extérieurs** à l'entreprise. A titre d'exemples :

– le risque routier [2] ;
– le risque climatique : canicule, grands froids... [3] ;
– le risque viral « *pandémique* » [4] ;
– les violences et incivilités, qu'elles émanent de salariés ou de tiers : voir sur ce point l'accord national interprofessionnel du 26 mars 2010 [5].

Définitions :

« (...) *le harcèlement et/ou la violence au travail peuvent prendre différentes formes, susceptibles :*

– *d'être d'ordre physique, psychologique et/ou sexuel,*
– *de consister en incidents ponctuels ou en comportements systématiques,*
– *d'être exercés entre collègues, entre supérieurs et subordonnés, ou par des tiers tels que clients, consommateurs, patients, élèves, etc.,*
– *d'aller de cas mineurs de manque de respect à des agissements plus graves, y compris des délits, exigeant l'intervention des pouvoirs publics* » (introduction).

« *La violence au travail se produit lorsqu'un ou plusieurs salariés sont agressés dans des circonstances liées au travail. Elle va du manque de respect à la manifestation de la volonté de nuire, de détruire, de l'incivilité à l'agression physique. La violence au travail*

1) Voir ci-dessus, n° 19.

2) Circ. DGT 2010-08 : campagnes de contrôle de l'inspection du travail pour 2011. « *Pour la prévention du risque routier mission* » (texte adopté le 5 novembre 2003 par la Commission des accidents du travail et des maladies professionnelles, consultable notamment sur : <www.cram-alsace-moselle.fr/Prevent/doc/pdfreco/rrcnam.pdf>). « *Prévenir les accidents routiers de trajet* » (texte adopté le 28 janvier 2004 par la Commission des accidents du travail et des maladies professionnelles, consultable notamment sur : <www.entreprisesecuriteroutiere.fr/pdf/TESR_280104_Prevenir-les-Accidents-Routiers-de-Trajets.pdf>).

3) Voir notamment le décret n° 2008-1382 du 19 décembre 2008 relatif à la protection des travailleurs exposés à des conditions climatiques particulières, et la circulaire DRT 2006/14 du 19 juillet 2006 modifiant la circulaire DRT no2004-08 du 15 juin 2004 relative à la mise en œuvre du plan national « *canicule* » (consultable notamment sur : <www.circulaires.gouv.fr>).

4) Circulaire DGT 2007/18 du 18 décembre 2007 relative à la continuité de l'activité des entreprises et aux conditions de travail et d'emploi des salariés du secteur privé en cas de pandémie grippale. Circulaire DGT no2009/16 du 3 juillet 2009 relative à la pandémie grippale – Annexe questions/réponses pour les entreprises. Circulaire DGT 2009/15 du 26 juin 2009 relative au rôle des acteurs de la santé au travail en cas de pandémie grippale. Circulaires consultables sur : <www.circulaires.gouv.fr>. Babin M., L'entreprise face au risque de pandémie grippale, JCP S 2008, n° 22 ; Jean É., Les dispositifs de lutte contre la pandémie grippale – à chacun son plan, Revue Droit de la santé 2009, n° 31.

5) Voir ci-dessus, n° 19.

peut prendre la forme d'agression verbale, d'agression comportementale, notamment sexiste, d'agression physique...

Les incivilités contribuent à la dégradation des conditions de travail, notamment pour les salariés qui sont en relation quotidienne avec le public, et rendent difficile la vie en commun.

Les entreprises qui laissent les incivilités s'installer, les banalisent et favorisent l'émergence d'actes plus graves de violence et de harcèlement » (art. 1).

À cet égard, le risque «*professionnel*» ne semble plus s'entendre uniquement comme le risque *créé par* le travail ou par l'entreprise, mais plus généralement comme tout risque auquel un travailleur est exposé *et* à l'égard duquel l'employeur, compte tenu de son pouvoir de direction, est mieux à même que le travailleur lui-même de prendre des mesures de prévention adaptées. La notion de risque professionnel n'a donc d'autres limites que celles que fixent les attentes de la société à l'égard des capacités préventives de l'employeur...

B. - La santé et la sécurité (nouvelles déclinaisons)

30 Comme nous l'avons déjà évoqué, le nouveau Code du travail a substitué aux anciens concepts «*hygiène, sécurité et conditions de travail*» (intitulé de l'ancien titre III du livre II) les concepts de «*santé et sécurité au travail*» (intitulé de partie IV). Au-delà des questions sémantiques, il semble que cette modification reflète :

- d'une part, le passage d'un modèle concentré sur les moyens (l'«*hygiène*», entendue comme l'ensemble des moyens destinés à garantir la santé) à un modèle axé sur le résultat (la santé) ;
- d'autre part, le décloisonnement des notions de santé et de sécurité, celles-ci ne s'entendant plus comme seulement l'absence de maladie (la santé) et d'accident (la sécurité), ce qu'illustre également le fait qu'au partage binaire opéré par l'ancien Code entre les règles d'«*hygiène*» et les règles de «*sécurité*», le nouveau code a substitué une présentation plus complexe, par famille de risques (risque chimique, risque biologique, etc.).

Au sens que lui donne l'Organisation internationale du travail (OIT), la santé s'entend comme un **état complet de bien-être physique, mental et social**. De façon plus prudente, le droit français évoque, depuis la loi n° 2002-73 du 17 janvier 2002, la santé physique «*et mentale*» des travailleurs (C. trav., art. L. 4121-1, L. 4612-1, L. 4624-1, L. 2313-2 et L. 8323-1). Cette expression marque la reconnaissance par le législateur de l'existence des risques dits psycho-sociaux et la consécration d'un droit du travailleur au respect de son intégrité mentale (1). Plus récemment, la loi n° 2010-1330 du 9 novembre 2010 portant réforme des retraites a assigné aux employeurs l'obligation d'agir pour la prévention de la «*pénibilité*» (2).

1° Les risques psychosociaux

31 À ce jour, les textes en vigueur, qu'ils soient européens ou nationaux, législatifs, réglementaires ou conventionnels, n'emploient jamais la notion de *« risques psychosociaux »*, qui ne fait donc l'objet d'aucune définition admise. Nous nous hasarderons néanmoins à définir ces risques psycho-sociaux comme des risques qui résultent d'un processus complexe par lequel le travail, entendu au sens le plus large [(1)], compromet **l'équilibre mental d'un salarié**, et qui peuvent se manifester tant au plan psychologique qu'au plan physiologique (dépression, accident cardio-vasculaire, etc.). Bien que les mécanismes profonds du phénomène soient encore loin d'être totalement appréhendés, le droit s'en est saisi, de manière à la fois générale et spécifique :

- **de manière générale** : la loi n° 2002-73 du 17 janvier 2002 a intégré la notion de santé *« physique et mentale »* dans l'ensemble des dispositions les plus générales du Code du travail, relatives aux obligations de l'employeur (C. trav., art. L. 4121-1), aux missions du CHSCT (C. trav., art. L. 4612-1) et des délégués du personnel (C. trav., art. L. 2313-2), et au rôle préventif du médecin du travail (C. trav., art. L. 4624-1) ;
- **de manière plus spécifique**, le droit traite de certaines formes de risque psychosocial que sont le *« stress »* et le *« harcèlement moral »*.

32 Quelques références

- *Rapport sur la détermination, la mesure et le suivi des risques psychosociaux au travail*, Philippe Nasse, Patrick Légeron, remis au ministre du Travail, des Relations sociales et de la Solidarité, mars 2008 ;
  www.travail-solidarite.gouv.fr/IMG/pdf/RAPPORT_FINAL_12_mars_2008.pdf ;
  Les risques psychosociaux au travail : les indicateurs disponibles, Dares Analyses, n° 081, déc. 2010 ;
  www.travail-emploi-sante.gouv.fr/IMG/pdf/2010-081-2.pdf ;
- *Bien-être et efficacité au travail – 10 propositions pour améliorer la santé psychologique au travail*, Rapport fait à la demande du Premier ministre, présenté par Henri Lachmann, Christian Larose, Muriel Penicaud, févr. 2010 ;
  <http://lesrapports.ladocumentationfrancaise.fr/BRP/104000081/0000.pdf>.

33 Quelques sites utiles

- Ministère du Travail ;
  www.travailler-mieux.gouv.fr/Stress-les-risques-psychosociaux.html ;
- Sénat (mission d'information sur le mal-être au travail) ;
  http://blogs.senat.fr/mal-etre-au-travail/ ;

---

1) Voir ci-dessus, n°s 27 et s.

– INRS ;
– www.inrs.fr ;
– ANACT ;
– www.anact.fr.

a) Harcèlement moral

34 Comme on l'a vu, la notion de la santé mentale ne se réduit pas à la seule protection contre le harcèlement moral. Celui-ci n'est que l'une des manifestations des risques d'atteinte à la santé mentale au travail. Il faut donc **se garder des raccourcis faciles**. Un travailleur peut se trouver en situation de souffrance mentale ou de stress pathologique, sans pour autant être victime de harcèlement moral, et même sans que l'employeur puisse être tenu responsable de cette situation. Inversement, ce n'est pas parce qu'un salarié atteint de stress pathologique n'est pas victime de harcèlement moral que la responsabilité de l'employeur ne puisse pas être engagée, s'il apparaît que ce dernier aurait pu prendre des mesures visant à éviter cette situation et ne l'a pas fait. Le champ du débat sur ces questions est donc largement ouvert.

Cela étant précisé, le harcèlement moral fait désormais l'objet de deux définitions juridiques :

– **la loi** définit le harcèlement moral de manière indirecte, en affirmant qu'*« aucun salarié ne doit subir les agissements répétés de harcèlement moral qui ont pour objet ou pour effet une dégradation des conditions de travail susceptible de porter atteinte à ses droits et à sa dignité, d'altérer sa santé physique ou mentale ou de compromettre son avenir professionnel »* (C. trav., art. L. 1152-1, issu de L. n° 2002-73, 17 janv. 2002) ;
– **l'accord national interprofessionnel (ANI) du 26 mars 2010** [1] traite de manière commune *« le harcèlement et la violence au travail »*. Sans préjudice de la définition légale du harcèlement moral, le harcèlement y est présenté de la manière suivante : *« Le harcèlement survient lorsqu'un ou plusieurs salariés font l'objet d'abus, de menaces et/ou d'humiliations répétés et délibérés dans des circonstances liées au travail, soit sur les lieux de travail, soit dans des situations liées au travail.* (...) *Le harcèlement et la violence au travail peuvent être exercés par un ou plusieurs salariés ou par des tiers avec pour but ou pour effet de porter atteinte à la dignité d'un salarié, affectant sa santé et sa sécurité et/ou créant un environnement de travail hostile »* (art. 2).

L'objet du présent ouvrage n'est pas de traiter spécifiquement la question du harcèlement moral, notamment sur les plans de sa définition, de sa preuve et des responsabilités spécifiques qui en découlent [2]. On notera simplement que cette défi-

1) Voir ci-dessus, n° 19.
2) Pour une synthèse, voir notamment Lamy Social, 2011.

nition est singulièrement élargie en jurisprudence, puisque la chambre sociale de la Cour de cassation a admis que *« peuvent caractériser un harcèlement moral les méthodes de gestion mises en œuvre par un supérieur hiérarchique dès lors qu'elles se manifestent pour un salarié déterminé par des agissements répétés ayant pour objet ou pour effet d'entraîner une dégradation des conditions de travail susceptibles de porter atteinte à ses droits et à sa dignité, d'altérer sa santé physique ou mentale ou de compromettre son avenir professionnel »* [(1)]. Par ailleurs, on verra que tout employeur est responsable des faits de harcèlement moral commis par l'un ou plusieurs de ses salariés, quand bien même le ou les auteurs de ces faits n'ont aucun pouvoir hiérarchique ni autorité quelconque.

Tout employeur doit donc savoir identifier une situation de harcèlement moral au sens légal (C. trav., art. L. 1152-1) ou conventionnel (ANI du 26 mars 2010).

Il convient tout d'abord **d'écarter certains critères**, dont il est désormais admis qu'ils ne sont pas nécessaires pour que soit caractérisé le harcèlement moral. Le harcèlement moral n'est pas obligatoirement le fait d'un supérieur hiérarchique du travailleur (il peut résulter du comportement d'un autre travailleur, voire d'un subordonné de la victime, ou d'une personne extérieure à l'entreprise : client, usager, etc.), ni même d'une seule personne. Légalement, il ne s'agit même pas obligatoirement d'un agissement délibéré, destiné à nuire à la personne (cela constitue une différence notable avec la définition donnée par l'ANI du 26 mars 2010). En revanche, il s'agit nécessairement d'agissements répétés entraînant une dégradation des conditions de travail de la personne.

Ainsi, le critère essentiel de reconnaissance du harcèlement tient dans la **répétition** des agissements et le caractère **anormal** qui découle de ces agissements, de par leur nature et/ou leur répétition. Une série de sanctions disciplinaires, dont chacune pourrait paraître justifiée, peut caractériser un harcèlement lorsqu'il apparaît que l'employeur exerce ainsi sur le travailleur une pression permanente ou récurrente, à un degré anormal. Cette exigence de répétition sera vraisemblablement d'autant moins grande que la nature des agissements, pris isolément ou dans leur ensemble, sera considérée comme grave ou préjudiciable par leur intensité à la victime, en considérant notamment l'état de vulnérabilité de cette dernière. La notion de harcèlement appelle donc une appréciation très subjective, qui ne se limite pas pour autant – comme on l'a vu – au seul constat d'une dégradation de la santé mentale du travailleur.

b) Stress au travail

35 Contrairement au harcèlement moral, le stress au travail n'est aucunement visé par les textes législatifs et réglementaires, ni *a fortiori* défini par ceux-ci. En lui-même, le terme *« stress »* est largement polysémique. Dans le langage scientifique, il a d'abord

1) Cass. soc., 10 nov. 2009, n° 07-45.321 P ; voir aussi Cass. soc., 3 févr. 2010, n° 08-44.107.

désigné un phénomène **physiologique**, décrit par H. Selye (1936) comme un *« syndrome général d'adaptation »* (la réponse non spécifique donnée par l'organisme, *via* les systèmes nerveux et endocrinien, à toute demande physique ou psychologique sollicitant l'adaptation de l'individu), puis comme un phénomène plus complexe intégrant aussi des dimensions **sociales et psychologiques**. En tout état de cause, le *« stress »* n'est pas considéré comme un phénomène intrinsèquement nocif : on peut distinguer le stress *« fonctionnel »* ou *« positif »* (qui suscite la motivation, l'initiative, la performance) et le stress *« dysfonctionnel »* ou *« négatif »* (qui suscite la démotivation, voire affecte la santé de l'intéressé). De nombreux modèles ont été proposés pour expliquer le phénomène du stress professionnel ou stress au travail ; ils se caractérisent souvent par l'identification de divers agents de stress (d'ordre environnemental, relationnel, etc.) dont l'action, favorisée ou atténuée par une série de facteurs personnels ou sociaux, peuvent affecter la santé de l'individu. D'autres voient dans le stress professionnel un phénomène par lequel une situation délétère collective, imputable à l'organisation du travail, entre en résonance avec une situation pathologique individuelle, d'ordre psychique... L'absence de consensus sur ces questions devrait appeler acteurs et observateurs à la prudence [(1)], ce qui est loin d'être le cas malheureusement. Cela ne signifie pas pour autant que l'employeur doive demeurer inactif en la matière, bien au contraire.

36 **L'accord national interprofessionnel (ANI) du 2 juillet 2008** sur le stress au travail [(2)] dresse un cadre général en vue de la détection et du traitement des situations de stress au travail. Le stress y est défini de la manière suivante : *« Un état de stress survient lorsqu'il y a déséquilibre entre la perception qu'une personne a des contraintes que lui impose son environnement et la perception qu'elle a de ses propres ressources pour y faire face. L'individu est capable de gérer la pression à court terme mais il éprouve de grandes difficultés face à une exposition prolongée ou répétée à des pressions intenses »* (art. 3).

En clair, le stress au travail est ici entendu comme un **dérèglement potentiellement pathologique des fonctions d'adaptation de l'individu aux demandes résul-**

1) Nasse P. et Légeron P., Rapport sur la détermination, la mesure et le suivi des risques psychosociaux au travail, remis au ministre du Travail, des Relations sociales et de la Solidarité, mars 2008. *« Nous avons donc écouté chercheurs, partenaires sociaux et praticiens qui, avec disponibilité, ouverture, franchise et bonne volonté remarquables nous ont consacré de leur temps. Cette écoute nous a très vite conduit à un constat : la conscience de l'existence d'un problème est quasi unanimement partagée ; la sincérité des interrogations quant à la meilleure façon de le résoudre ne fait aucun doute ; la volonté d'avancer concrètement vers des solutions est présente. Mais il n'y a aucun consensus sur l'identification des causes des risques psychosociaux, sur la mesure de leur occurrence, et, a* fortiori, *sur le sens des actions qui pourraient être entreprises pour les prévenir, guérir ou réparer ». « En définitive, nous pensons que privilégier l'observation des faits relatifs à des concepts précis et selon des méthodes scientifiquement éprouvées est la meilleure façon d'établir, dans notre pays, un consensus minimum sur la reconnaissance des risques psychosociaux ramenés à des faits et sur leur mesure objective, permettant à la puissance publique, aux entreprises et aux partenaires sociaux d'envisager, ensuite, d'agir ensemble. Nous pensons qu'il faut observer avant d'expliquer, car à rechercher d'abord les causes des risques psychosociaux sans avoir convenu de leur observation, on entre de front dans les débats sur les responsabilités de ces causes, ce qui empêche tout dialogue constructif ».*

2) Voir ci-dessus, n° 19.

tant de son travail, travail entendu ici au sens large (*« Le stress lié au travail peut être provoqué par différents facteurs tels que le contenu et l'organisation du travail, l'environnement de travail, une mauvaise communication, etc. »*). Ce dérèglement :

– peut être réel ou simplement vécu comme tel (*« déséquilibre entre la perception qu'une personne a des contraintes que lui impose son environnement et la perception qu'elle a de ses propres ressources »*) ;
– peut être commun à plusieurs personnes placées dans la même situation, ou au contraire propre à un individu (*« en outre, différents individus peuvent réagir de manière différente à des situations similaires et un même individu peut, à différents moments de sa vie, réagir différemment à des situations similaires »*) ;
– peut se manifester par une maladie, ou demeurer à l'état latent et s'exprimer sous d'autres formes : irritabilité, baisse de productivité, etc. (*« Le stress n'est pas une maladie mais une exposition prolongée au stress peut réduire l'efficacité au travail et peut causer des problèmes de santé »*).

2° La pénibilité

37 On sait que l'espérance de vie des individus varie dans d'importantes proportions suivant leur appartenance à telles ou telles catégories socioprofessionnelles. Il est certain que les conditions de travail jouent un rôle spécifique dans la production de tels écarts, et notamment dans le vieillissement. D'ailleurs, des études montrent que des différences d'espérance de vie existent entre des catégories d'individus relevant de mêmes catégories socioprofessionnelles, voire de mêmes secteurs d'activité. Ces différences peuvent être dues à des variations dans la fréquence et la gravité des accidents et maladies propres à certains types de conditions de travail. Mais on peut également formuler l'hypothèse selon laquelle la **pénibilité** de certains types de conditions de travail aurait une influence spécifique sur le vieillissement des travailleurs. Rares sont les travaux qui portent sur le vieillissement *« différentiel »* des travailleurs soumis aux conditions de travail pénibles. De tels travaux sont confrontés à divers problèmes d'ordre méthodologiques, qui ont trait à la mesure du vieillissement, à l'interprétation des enquêtes menées en entreprise et à la mise en œuvre d'études sur de longues périodes [(1)].

38 Cette question n'a longtemps été abordée, en droit, que sous l'angle de la **compensation** du vieillissement et des séquelles de la pénibilité. Depuis déjà plusieurs années, certains proposent, en complément de mesures destinées à assurer l'équilibre financier des régimes de retraite, que les conditions de départ en retraite soient modulées en fonction de la pénibilité des conditions de travail subies par l'assuré [(2)].

1) Voir Babin M., *Le risque professionnel*, thèse précitée, p. 122 et s.

2) Voir le rapport Charpin de 1999 : La réforme des retraites. Projet de rapport de Jean-Michel Charpin, Liaisons sociales, Documents, n° 29/99, 6 avr. 1999, spéc. p. 12.

Ce système existe depuis longtemps dans le secteur public, notamment au bénéfice des fonctionnaires ayant effectué certains travaux pénibles. De même, il a été fait en sorte que les salariés exposés à des conditions de travail pénibles puissent cesser de travailler avant de remplir les conditions d'octroi d'une pension. C'est dans ce but qu'a été créé le régime dit de *« cessation anticipée d'activité des travailleurs salariés »* – CATS (C. trav., art. R. 5123-22 et s.) (1). Le bénéfice de l'allocation CATS est réservé à ceux qui ont soit accompli 15 ans de **travail à la chaîne** ou de travail en **équipes successives**, soit travaillé habituellement 200 **nuits** ou plus par an pendant 15 ans.

39 Par la suite, la loi n° 2003-775 du 21 août 2003 a fait de la *« prise en compte de la pénibilité »* un objet de **négociation obligatoire, triennale, au niveau des branches professionnelles** (C. trav., art. L. 2241-4). Un cycle de discussions a été engagé sur ce point à partir du 11 février 2005 par les organisations patronales (MEDEF, CGPME, UPA) et cinq organisations syndicales (CFDT, CFTC, CGT, FO, CFE-CGC). Suite à l'échec de ces négociations, le législateur a décidé de reprendre la main sur la question de la pénibilité. C'est ainsi que la récente loi n° 2010-1330 du 9 novembre 2010 *« portant réforme des retraites »* prévoit les premières mesures spécifiquement consacrées à la prévention de la pénibilité.

40 **Définition de la pénibilité**

En l'état des textes, il n'existe pas de définition générale de la pénibilité. Cela étant, il semble résulter de l'article L. 4121-1 du Code du travail que la pénibilité désigne ou renvoie à des *« facteurs de risques professionnels* (...) *liés à des contraintes physiques marquées, à un environnement physique agressif, ou à certains rythmes de travail susceptibles de laisser des traces durables identifiables et irréversibles sur sa santé »*.

La pénibilité n'est donc pas distincte des **risques professionnels** (risques d'atteinte à l'intégrité physique ou mentale, ou à la santé, dans le cadre du travail) : elle désigne un type spécifique de risques professionnels dont la spécificité est qu'ils entraînent, au terme d'une exposition prolongée, *« des traces durables identifiables et irréversibles sur sa santé »*. La notion de « ***traces*** » invite à penser que l'atteinte à la santé dont il s'agit n'a pas vocation à se manifester sous la forme d'une maladie bien identifiée, mais plutôt sous la forme d'une usure de l'organisme. Ces traces sont « ***irréversibles*** » en ce sens qu'elles ont pour effet de réduire l'espérance de vie du travailleur. Elles doivent être « ***identifiables »*** en ce sens qu'elles se distinguent des manifestations d'une usure (ou d'un vieillissement) normale.

On remarquera que les **facteurs** de risques professionnels ici visés sont au nombre de trois, et qu'ils devront être déterminés par décret :

– les contraintes physiques ;

1) D. n° 2000-105, 9 févr. 2000.

– un environnement physique agressif ;
– certains rythmes de travail.

Reste à savoir, néanmoins, si cette énumération est limitative ou non. S'agissant de certains des dispositifs résultant de la loi du 9 novembre 2010, et qui seront évoqués ultérieurement (la fiche individuelle et l'accord ou le plan d'action relatif à la prévention de la pénibilité) [1], la réponse est positive. En revanche, la réponse est moins sûre à propos de l'obligation faite à l'employeur de mettre en œuvre des actions de prévention de la pénibilité. L'obligation de l'employeur en matière de prévention des risques professionnels étant une obligation *« générale »* [2], elle ne se saurait se limiter aux seuls facteurs de pénibilité définis par un texte spécifique.

Aux termes d'un projet de décret, non adopté à l'heure où sont écrites ces lignes, les facteurs de pénibilité mentionnés à l'article L. 4121-3-1 du Code du travail seraient les suivants (futur art. D. 4121-5) :

1 - **Au titre des contraintes physiques marquées** :
  a - les manutentions manuelles de charges définies à l'article R. 4541-2 du Code du travail,
  b - les postures pénibles définies comme position forcée des articulations,
  c - les vibrations mécaniques définies à l'article R. 4441-1 du Code du travail ;

2 - **Au titre de l'environnement agressif** :
  a - les agents chimiques dangereux mentionnés aux articles R. 4412-3 et R. 4412-60 du Code du travail,
  b - les rayonnements ionisants définis aux articles R. 4451-1 et suivants du Code du travail,
  c - les activités exercées en milieu hyperbare définies à l'article R. 4461-1 du Code du travail,
  d - les températures extrêmes,
  e - le bruit mentionné à l'article R. 4431-1 du Code du travail ;

3 - **Au titre des contraintes liées aux rythmes de travail :**
  a - le travail de nuit dans les conditions fixées aux articles L. 3122-29 et L. 3122-30 du Code du travail,
  b - le travail en équipes successives alternantes,
  c - le travail répétitif caractérisé par la répétition d'un même geste, à une cadence élevée, imposé ou non par le déplacement automatique d'une pièce, avec un temps de cycle défini.

---

1) Voir ci-dessous, n° 379.

2) Voir ci-dessous, n°s 110 et s.

41 Constitution d'un Observatoire de la pénibilité

Le Conseil d'orientation sur les conditions de travail (COCT) [1], placé auprès du ministre du Travail, sera désormais assisté d'un **Observatoire de la *pénibilité***, chargé d'apprécier la nature des activités pénibles dans le secteur public et le secteur privé, et en particulier celles ayant une incidence sur l'espérance de vie (C. trav., art. R. 4641-13, D. 4641-15) [2]. Cet observatoire proposera au COCT toute mesure de nature à améliorer les conditions de travail des salariés exposés à ces activités. Les conclusions de l'observatoire de la pénibilité seront rendues publiques.

42 Plan de l'ouvrage Droit aux sources multiples, en permanente évolution, le droit de la santé et de la sécurité au travail offre l'apparence d'un dédale sans limite. L'objet de cet ouvrage étant d'orienter le lecteur dans ce dédale et de l'aider à connaître, pour se les approprier, les outils qui doivent permettre de définir et mettre en œuvre une politique de prévention adaptée à la réalité des risques de l'entreprise, nous aborderons la matière de manière progressive, en détaillant tout d'abord les enjeux juridiques de la sécurité puis les impacts de la notion d'obligation de résultat (partie I), avant d'exposer, par acteurs et types d'action, les *« incontournables »* de toute politique de prévention des risques professionnels en entreprise (partie II).

1) Voir ci-dessous, n° 231.
2) L. n° 2010-1330, 9 nov. 2010, art. 78.

Partie 1

L'OBLIGATION DE SÉCURITÉ DE RÉSULTAT

Comprendre les différentes manifestations de l'obligation de sécurité de résultat (chapitre 2) suppose de connaître les divers enjeux juridiques de la santé et de la sécurité au travail (chapitre 1).

Chapitre 1

Mesurer les enjeux juridiques de la sécurité

43 Le droit de la santé et de la sécurité au travail repose sur le **principe de responsabilité de l'employeur**. Comme on l'a vu, ce principe ne signifie pas que l'employeur soit considéré comme ayant la maîtrise absolue de l'ensemble des risques auxquels sont exposés les travailleurs ; simplement, et partant du constat que l'employeur est celui qui dispose de la *meilleure* maîtrise *des différents* facteurs de risque propres à l'entreprise (facteurs environnementaux, techniques, organisationnels, humains, etc.), le droit en conclut que l'employeur doit avoir la charge principale d'en assurer la prévention au bénéfice des travailleurs eux-mêmes.

Cela étant, qu'entend-on par *« responsable »* ? Et quel *« employeur »* vise-t-on ?

La **responsabilité** s'entend généralement de la qualité de celui qui *« répond de »*. Mais en droit, la responsabilité est **protéiforme**, s'exprime de différentes façons, répond à des objectifs et à des conditions variées. Suivant le cadre dans lequel on se place, le *« responsable »* sera celui qui répondra d'un dommage causé à autrui, ou d'une atteinte portée aux intérêts de la société, et cela suivant différents niveaux d'implication : on peut être responsable de sa propre faute (volontaire ou non), d'un manquement à une obligation de sécurité, des faits des personnes qui sont placées sous son autorité, voire de tout fait causant un dommage dans un contexte donné, etc.

Une même situation peut conduire à engager **plusieurs types de responsabilité** : responsabilités pénale, civile, contractuelle, disciplinaire. En outre, dans une même entreprise, les responsabilités peuvent s'attacher à **plusieurs personnes**, alternativement ou cumulativement [1] : l'entreprise *« personne morale »* (société, association, etc.) ; le chef d'entreprise, personne physique ; le délégataire du chef d'entreprise ; tout travailleur (salarié, intérimaire, stagiaire, bénévole). Par exemple : un accident grave survient sur un chantier du bâtiment ; le chef d'entreprise et la société sont

1) Voir ci-dessous, n°s 142 et s.

condamnés à une amende (responsabilité pénale) ; la société devra en outre indemniser le salarié (responsabilité civile) ; la victime demande à ce que son contrat soit considéré comme rompu par la faute de l'employeur (responsabilité contractuelle) ; le chef de travaux est licencié pour faute grave (responsabilité disciplinaire), etc.

44 Distinction entre la responsabilité civile et la responsabilité pénale (version simplifiée)

	Responsabilité civile	Responsabilité pénale
Objet	Réparation du dommage causé à une personne	Répression d'un comportement portant atteinte aux valeurs sociales (infraction, classée en crime, délit ou contravention)
Initiative de l'action	Victime	Ministère public (action publique)
Type de juridiction	Civile : TGI, TI, TASS, Prud'hommes...	Pénale : Tribunal de police, correctionnel, Cour d'assises
Type de condamnation	Dommages et intérêts	Peine d'amende et/ou de prison, et peine(s) complémentaire(s)

Enfin, une même situation de risque peut impliquer **plusieurs entreprises en même lieu et/ou un même temps** (travail temporaire ; prestation de services ; travail en commun ; portage salarial, groupement d'employeurs), **voire sur la durée de la carrière** du même salarié (exemple : un salarié a été exposé à un même produit cancérogène auprès de plusieurs employeurs successifs) [(1)].

Afin d'y voir plus clair, il convient d'envisager séparément deux types d'enjeux juridiques de la santé et de la sécurité au travail : les enjeux pécuniaires au titre des accidents du travail et maladies professionnelles (section I), puis les enjeux pénaux au titre des manquements à la santé et à la sécurité au travail (section II).

1) Voir ci-dessous, n° 71.

SECTION I Les enjeux pécuniaires au titre des accidents du travail et maladies professionnelles

45 La Caisse nationale d'assurance maladie (CNAM) et les Caisses d'assurance retraite et de la santé au travail (CARSAT) [1] assurent le financement de la réparation des accidents du travail et maladies professionnelles, et participent à ce titre à différents dispositifs dont la vocation est d'inciter les employeurs à la prévention des risques professionnels :
- un dispositif d'intéressement à la prévention par la cotisation AT/MP (§ 1) ;
- un régime spécifique de responsabilité civile de l'employeur au titre de la faute inexcusable (§ 2).

§1 L'intéressement à la prévention par la cotisation AT/MP

Sur ce premier terrain, il convient d'envisager séparément le dispositif général de tarification des cotisations (A) puis les dispositifs de cotisations supplémentaires, de ristournes sur cotisations, d'avances et de subventions (B).

A. - Le régime de tarification des cotisations AT/MP

1° Principes : mutualisation et prévention

46 **Une charge mutualisée**

En cas de reconnaissance d'un accident du travail ou d'une maladie professionnelle par la Caisse primaire d'assurance maladie (CPAM), la réparation de l'accident ou de la maladie est à la charge de la CPAM, et non de l'employeur. La CPAM assure le versement des indemnités dues à la victime ou à ses ayants droit (CSS, art. L. 431-1), et ne peut pas en exiger le remboursement à l'employeur, sauf rares exceptions, et en particulier si ce dernier a commis une faute inexcusable ou intentionnelle à l'origine de l'accident ou de la maladie [2].

En revanche, le financement global des prestations servies aux victimes d'accidents du travail et de maladies professionnelles est assuré par le biais de **cotisations** assises

---

1) Depuis le 1er juillet 2010, les Caisses régionales d'assurance maladie (CRAM) – à l'exception de la CRAM Île-de-France et de la CRAM d'Alsace-Moselle – sont devenues des CARSAT. Ce changement intervient à la suite de la création des agences régionales de santé (ARS) à qui sont transférées les missions auparavant exercées par les CRAM en matière de politique sanitaire et médico-sociale.

2) Voir ci-dessous, n° 80.

sur les rémunérations versées aux salariés. Ces cotisations sont mises **à la charge exclusive des employeurs**, et aucun employeur ne peut en être exonéré totalement (CSS, art. L. 241-5) [1]. Ainsi, la charge correspondant à la réparation d'un accident du travail ou d'une maladie professionnelle n'est pas imputée à l'employeur de la victime mais **mutualisée**, imputée à la collectivité des employeurs.

47 Une cotisation tarifée

Cependant, par un dispositif dit de **tarification**, la cotisation due par l'employeur au titre des accidents du travail et des maladies professionnelles peut être partiellement ou totalement individualisée. En effet, le **taux** de la cotisation AT/MP est déterminé, en vertu d'une réglementation complexe :

- soit par la fréquence et la gravité des accidents et maladies survenus dans **l'établissement (taux individuel)** ;
- soit par la fréquence et la gravité des accidents et maladies survenus dans le secteur d'activité auquel appartient l'établissement **(taux collectif)** ;
- soit par la **combinaison** de ces deux types de données **(taux mixte)**.

Ainsi, par l'effet du taux individuel ou du taux mixte, la charge correspondant à la réparation d'un accident du travail ou d'une maladie professionnelle peut être, indirectement et partiellement, imputée à l'employeur, dans une logique de « ***bonus-malus*** ». La vocation de ce système est notamment **préventive**. Afin d'éviter qu'une mutualisation totale de la charge des accidents du travail puisse inciter l'employeur à négliger la prévention, il a été jugé préférable d'établir une relation entre le taux de la cotisation acquittée par chaque employeur et la sinistralité propre à son établissement. En pratique, il en résulte un dispositif lourd et peu lisible, dont on n'a jamais démontré qu'il incite réellement les employeurs à améliorer leur politique de prévention des risques professionnels [2].

48 Régimes spéciaux

Relèvent d'un régime spécifique de tarification, ou au moins de règles spécifiques, qui ne seront pas exposées ici, notamment :

- les établissements des entreprises du bâtiment et des travaux publics (CSS, art. D. 242-6-6, D. 242-6-30, D. 242-6-37) [3] ;
- les dockers (CSS, art. D. 242-6-20) [4] ;
- les salariés en préretraite FNE (CSS, art. D. 242-6-21) ;

1) Circ. DSS/5B/2008/27, 30 janv. 2008.
2) Voir Babin M., *Le risque professionnel*, thèse préc., p. 652 et s.
3) Arr. 17 oct. 1995, art. 1-II, JO 18 oct.
4) Arr. 17 oct. 1995, art. 1-I-2° et 2-2°.

– les élèves et étudiants visés aux articles D. 412-2 à D. 412-6 du Code de la sécurité sociale (CSS, art. D. 242-6-16) ;
– les établissements de travail temporaire [1] ;
– les vendeurs à domicile [2] ;
– les établissements situés dans les départements du Haut-Rhin, du Bas-Rhin et de la Moselle (CSS, art. D. 242-29 et s.).
– les employeurs relevant du régime agricole (C. rur., art. L. 751-10 et s., D. 751-74 et s.) [3].

49 Réforme du 5 juillet 2010

Ce dispositif de tarification a été profondément réformé par un **décret n° 2010-753 du 5 juillet 2010**, qui s'appliquera à compter de la tarification 2012, moyennant certaines adaptations pendant une période transitoire (2012 et 2013). Il ne sera donc pleinement applicable qu'à compter de la **tarification 2014. Dans le cadre du présent ouvrage, le choix a été fait de présenter les dispositions du Code de la sécurité sociale telles qu'elles résultent de cette réforme**. S'agissant des taux de cotisation notifiés en 2012 et 2013, le lecteur doit, au besoin, se rapporter aux ouvrages décrivant l'état de la réglementation en son état antérieur, ainsi qu'à l'article 3 du décret du 5 juillet 2010 (mesures transitoires). La réforme de juillet 2010 repose, pour l'essentiel, sur **trois axes**.

a) Moins d'entreprises soumises au taux mixte

Le type de taux (individuel, collectif ou mixte) appliqué à l'entreprise est déterminé par son effectif. Ainsi, suivant la taille de l'entreprise, le taux qui lui est appliqué sera plus ou moins déterminé par le nombre et la gravité des AT/MP qui surviennent en son sein. Ce rapport est quasi nul pour les petites entreprises relevant d'un taux collectif, mais très important pour les grandes entreprises relevant d'un taux individuel. À partir de 2012, toutes les entreprises employant 150 salariés et plus (contre 200 auparavant) se verront appliquer un taux individuel, c'est-à-dire déterminé par leur propre risque. À l'inverse, le taux collectif s'appliquera à toutes les entreprises employant moins de 20 salariés (contre 10 auparavant). Ces deux mesures aboutiront ainsi à réduire le champ d'application du taux mixte, plus complexe qu'incitatif pour les petites entreprises.

b) La possibilité d'opter pour un taux unique

Une entreprise relevant d'un taux individuel ou mixte, et dotée de plusieurs établissements appartenant à un même groupe de risque, pourra demander à se voir

1) Arr. 17 oct. 1995, art. 2-1°, JO 18 oct.
2) *Ibid., art.* 4.
3) Arr. 24 oct. 1984, JO 10 nov., modifié.

notifier un taux unique pour l'ensemble de ces établissements, plutôt qu'un taux distinct pour chacun d'eux [1]. Attention : cette option sera définitive.

c) Une mesure du risque plus encadrée

Enfin, s'agissant des entreprises soumises à un taux individuel ou mixte, le mode d'évaluation du risque propre à l'entreprise sera profondément modifié. À ce jour, chaque établissement voit imputer sur son *« compte »*, pour une année N, le **coût réel** des prestations versées par la sécurité sociale au cours des trois dernières années connues (c'est-à-dire en pratique de N-2 à N-4), à ses salariés et ex-salariés reconnus victimes d'accidents du travail ou de maladies professionnelles en son sein. Ainsi, une entreprise peut avoir réduit le nombre de ses accidents au cours des dernières années, et continuer à payer pour des accidents très anciens.

À compter de 2012, le nouveau système tendra à limiter ce problème en encadrant davantage la mesure du risque [2]. D'une part, ne sera imputé sur le compte employeur qu'un **coût *« moyen »*** par sinistre, déterminé forfaitairement (exemple : un arrêt de 91 à 150 jours pourrait se voir attribuer un coût forfaitaire de 8 265 euros, indépendamment de son coût réel, c'est-à-dire de la durée réelle de l'arrêt et du salaire de la victime). D'autre part, le coût d'un sinistre déclaré une année N ne sera pris en compte **que pendant trois années**, même s'il a donné lieu au versement de prestations sur une durée plus longue. Enfin, le coût de chaque sinistre sera en principe déterminé **une fois pour toutes** à une date donnée. Exemple : un accident avec arrêt déclaré en N sera définitivement évalué au 31 décembre N+1, même si l'arrêt se poursuit au-delà, et son coût ne sera pris en compte que pendant trois ans (en pratique de N+2 à N+4).

Ainsi, le taux notifié chaque année à l'employeur est censé exprimer plus fidèlement la réalité de *« son »* risque, c'est-à-dire un risque évalué suivant le nombre et les conséquences des sinistres (et non plus suivant la rémunération de la victime) et sur des bases moins anciennes (en cas d'investissements entraînant une baisse du nombre des AT/MP, le *« retour »* sur investissement devrait être plus rapide et substantiel).

2° Les trois régimes collectif, individuel et mixte

50 Détermination du régime applicable en fonction de l'effectif de l'entreprise

Au sein d'une entreprise possédant plusieurs établissements distincts, le taux de la cotisation AT/MP est fixé par *« établissement »* (CSS, art. D. 242-6-1). Mais le type de taux de cotisation (individuel, collectif ou mixte) est déterminé en fonction de **l'effectif global habituel de l'entreprise** (CSS, art. D. 242-6-2), c'est-à-dire tous établissements confondus. Le nombre de salariés d'un établissement est déterminé **par année civile**

1) Voir ci-dessous, n° 61.

2) Voir ci-dessous, n°s 56 et s.

(CSS, art. D. 242-6-16). Sauf exceptions, ce nombre est égal à la moyenne du nombre de salariés présents au dernier jour de chaque trimestre civil de la dernière année connue, certaines catégories de salariés étant néanmoins exclues de ce décompte [1].

a) Taux collectif

51 Seuil d'effectif

Chaque établissement dont l'effectif habituel est **inférieur à 20 salariés** [2] (ou, le cas échéant, appartenant à une entreprise dont l'effectif global habituel est inférieur à 20 salariés), se voit appliquer un taux collectif (CSS, art. D. 242-6-2), qui est propre au groupe de risque auquel il appartient.

Ce régime s'applique également :
- aux établissements exerçant certaines activités définies par arrêté, ou employant certaines catégories de salariés (CSS, art. D. 242-6-14) [3] ;
- aux travailleurs à domicile (CSS, art. D. 242-6-14-II) ;
- aux établissements nouvellement créés, durant l'année de leur création et les deux années civiles suivantes, quel que soit leur effectif (CSS, art. D. 242-6-13).

52 Groupes de risque

Pour la mise en œuvre de ce régime du taux collectif, des **groupes (ou catégories, ou numéros) de risque** sont définis au niveau national, de façon à ce qu'il soit fait application d'un **même taux** aux établissements présentant des similitudes au regard de **l'activité professionnelle** qu'ils exercent et de **leur sinistralité** (CSS, art. D. 242-6-1) [4]. Pour ce faire, plusieurs groupes de risques sont constitués auprès de chacun des **comités techniques nationaux (CTN)** constitués auprès de la CNAM.

Les CTN sont à ce jour au nombre de neuf :
- industries de la métallurgie (CTN A) ;
- industries du bâtiment et des travaux publics (CTN B) ;
- industries des transports, de l'eau, du gaz, de l'électricité, du livre et de la communication (CTN C) ;
- services, commerces et industries de l'alimentation (CTN D) ;
- industries de la chimie, du caoutchouc et de la plasturgie (CTN E) ;
- industries du bois, de l'ameublement, du papier-carton, du textile, du vêtement, des cuirs et peaux, des pierres et terres à feu (CTN F) ;
- commerce non alimentaire (CTN G) ;
- activités de services I (CTN H) ;
- activités de services II (CTN I).

1) Arr., 17 oct. 1995, art. 2, JO 18 oct., modifié.
2) Seuil porté de 10 à 20 par le décret n° 2010-753 du 5 juillet 2010.
3) Arr. 6 déc. 1995, JO du 15, modifié ; Arr. 17 oct. 1995, art. 6, JO 18 oct. ; par exemple : VRP non exclusifs.
4) Arr. 17 oct. 1995, art. 3, JO 18 oct.

Exemple : dans les Industries de la métallurgie (CTN A), sont distingués plusieurs numéros de risques, dont les deux suivants :

Nature du risque	Code risque	Taux net de cotisation *« AT »*
Fabrication de supports de données non enregistrées	24.6JA	1,40
Laminage à chaud ou relaminage sans fabrication de fonte ni fabrication d'acier	27.1ZD	3,90

Source : arrêté du 27 décembre 2010, JO 29 déc.

53 Taux brut et taux net

Le taux collectif applicable à un groupe de risque est déterminé en fonction du nombre et de la gravité des accidents du travail et des maladies professionnelles survenus dans l'ensemble des établissements appartenant à ce groupe. Pour ce faire, la Commission des accidents du travail et des maladies professionnelles constituées auprès de la CNAM procède à une opération en trois temps :

- elle détermine chaque année la **valeur du risque** propre à l'ensemble des établissements appartenant au même groupe de risque au titre des trois dernières années connues (CSS, art. D. 242-6-11), c'est-à-dire en pratique les années N-2, N-3 et N-4 ;
- puis elle calcule le **taux brut** de cotisations applicable au groupe de risque, en **divisant** la valeur du risque par la masse totale des salaires payés aux salariés des mêmes établissements durant la même période (CSS, art. D. 242-6-4) ;
- enfin, elle calcule le **taux net** de cotisation applicable au groupe de risque, en ajoutant au taux brut trois **majorations forfaitaires** destinées à couvrir certaines dépenses totalement mutualisées, et notamment les accidents de trajet (CSS, art. D. 242-6-3 et D. 242-6-9).

Taux net = (valeur du risque de la catégorie / masse salariale de la catégorie) + majorations forfaitaires

C'est le ministre chargé de la Sécurité sociale qui arrête les taux nets par groupe de risque en fonction des données communiquées par la Commission des accidents du travail et des maladies professionnelles (CSS, art. D. 242-6-11) [1]. Les nouveaux taux

1) Voir en dernier lieu, l'arrêté du 27 décembre 2010 (JO 29 déc.).

nets entrent en vigueur à partir du premier jour du trimestre civil suivant leur publication au *Journal officiel*. En cas de publication après le 31 décembre, ce sont les taux nets antérieurs qui s'appliquent jusqu'à la publication des nouveaux taux nets.

54 Valeur du risque propre au groupe de risque

La valeur du risque propre à un groupe de risque est déterminée en fonction du **coût réel** des accidents du travail et des maladies professionnelles survenus **dans l'ensemble des établissements** appartenant à cette catégorie. Cette valeur comprend la somme des éléments suivants (CSS, art. D 242-6-5) [(1)] :

1 - La totalité des **prestations et indemnités, autres que les rentes**, versées au cours de la **période triennale** de référence (les indemnités en capital sont affectées d'un coefficient fixé par arrêté du ministre chargé de la Sécurité sociale et du ministre chargé du Budget ; sont exclues les indemnités en capital versées après révision ou rechute) ;

2 - Les **capitaux représentatifs des rentes** notifiées au cours de la **période triennale** de référence aux victimes atteintes, à la date de consolidation initiale de leur état de santé, d'une incapacité permanente (IPP) afférente à l'accident ou à la maladie concernés, à l'exception de l'IPP reconnue après révision ou rechute ;

3 - Les **capitaux correspondant aux accidents et maladies mortels** dont le caractère professionnel a été reconnu au cours de la **période triennale** de référence, que la victime ait ou non laissé des ayants droit.

b) Taux individuel

55 Seuil d'effectif

Chaque établissement dont l'effectif habituel est **au moins égal à 150 salariés** [(2)] (ou appartenant à une entreprise dont l'effectif global habituel est au moins égal à 150 salariés), se voit appliquer un taux individuel (CSS, art. D. 242-6-2), qui lui est propre. Ce taux est déterminé par la CARSAT dont relève l'établissement, **en fonction du nombre et de la gravité des accidents du travail et des maladies professionnelles survenus dans l'établissement**. Pour ce faire, la caisse procède à une opération en trois temps, similaire à celle déjà évoquée à propos du taux collectif, mais appliquée cette fois à l'échelle de l'établissement :

– elle détermine chaque année la **valeur du risque** propre à l'établissement au titre des trois dernières années connues, c'est-à-dire en pratique les années N-2, N-3 et N-4 ;

1) Arr. 16 oct. 1995, JO 17 oct.

2) Seuil ramené de 200 à 150 par le décret n° 2010-753 du 5 juillet 2010.

– puis elle calcule le **taux brut** de cotisations applicable à l'établissement, en **divisant** cette valeur du risque par la masse totale des salaires payés aux salariés de l'établissement durant la même période (CSS, art. D. 242-6-4) ;
– enfin, elle calcule le **taux net** de cotisation applicable à l'établissement en ajoutant au taux brut trois **majorations forfaitaires** précitées (CSS, art. D. 242-6-3 et D. 242-6-9).

Taux net = (valeur du risque de l'établissement / masse salariale de l'établissement) + majorations forfaitaires

56 Valeur du risque propre à l'établissement

Contrairement à ce qui se pratique pour le calcul du taux collectif, la valeur du risque propre à l'établissement n'est pas établie selon le coût réel de la prise en charge des AT/MP, mais selon une **valeur forfaitaire** (1). La valeur du risque propre à l'établissement comprend la somme des éléments suivants (CSS, art. D. 242-6-6) :

1 - N1 × CM
– N1 = Nombre total d'AT ou de MP déclarés pendant la période triennale de référence ayant donné lieu à des **soins** ou ayant entraîné un **arrêt de travail** (*« incapacité temporaire »* ou IT) ;
– CM = **coût moyen** de la catégorie dans laquelle est rattaché chaque accident ou chaque maladie

2 - N2 × CM
– N2 = Nombre total d'AT ou de MP ayant, pendant la période triennale de référence, soit entraîné le **décès** de la victime, soit donné lieu à la notification d'un **taux d'incapacité permanente** (ou IPP) ;
– CM = **coût moyen** de la catégorie dans laquelle est rattaché chaque accident ou chaque maladie.

57 Rattachement de l'AT/MP à une catégorie

Pour déterminer le coût moyen de chaque ATMP, il faut donc rattacher celui-ci à une catégorie (CSS, art. D. 242-6-6 et D. 242-6-7). Pour ce faire, les AT/MP sont classés en six catégories d'incapacité temporaire (IT) et en 4 catégories d'incapacité permanente (IPP).

1) Apport du décret n° 2010-753 du 5 juillet 2010, voir ci-dessus, n° 49.

	AT/MP avec soins et/ou IT	AT/MP avec IPP et/ou décès
	6 catégories 1 -sans arrêt de travail ou arrêt de travail de moins de 4 jours 2 -arrêts de travail de 4 jours à 15 jours 3 -arrêts de travail de 16 jours à 45 jours 4 -arrêts de travail de 46 jours à 90 jours 5 -arrêts de travail de 91 jours à 150 jours 6 -arrêts de travail de plus de 150 jours	4 catégories 1-incapacité permanente de moins de 10 % ; 2-incapacité permanente de 10 % à 19 % ; 3-incapacité permanente de 20 % à 39 % ; 4-incapacité permanente de 40 % et plus ou décès de la victime [1]
Date du classement	L'AT/MP ayant donné lieu à une IT est classé de manière définitive dans l'une de ces six catégories le 31 décembre de l'année qui suit celle de sa déclaration (sans que soit prise en compte l'IT reconnue après rechute, le cas échéant)	L'AT/MP ayant donné lieu à une IPP est classé de manière définitive dans l'une des quatre catégories lors de la première notification du taux d'IPP (ou, en cas de décès, lors de la reconnaissance de son caractère professionnel), sans que soit pris en compte ni l'IPP reconnue après révision ou rechute, ni le décès survenu après consolidation. L'AT/MP donnant lieu à une IT puis à une IPP est classé dans les catégories d'IT et d'IPP correspondantes

EXTRAIT DU DOCUMENT ÉLABORÉ PAR LA CNAM : « LA NOUVELLE TARIFICATION AT/MP EN QUELQUES QUESTIONS ET RÉPONSES »

Un exemple d'application de cette nouvelle tarification

Supposons que vous soyez le DRH d'une entreprise de fabrication de machines. Le coût moyen qui servira de référence pour déterminer votre taux de cotisation sera celui du secteur de la métallurgie.

Supposons à présent que votre entreprise emploie 160 salariés. Compte tenu des nouveaux seuils d'effectifs de la nouvelle tarification, votre entreprise sera uniquement en tarification individuelle (entreprises de plus de 150 salariés).

Supposons enfin que sur la période 2010-2012, vous déploriez 17 sinistres, 7 sinistres entraînant des arrêts de travail compris entre 4 à 15 jours d'arrêts, 4 accidents avec 16 à 45 jours d'arrêts, 3 avec 46 à 90 jours d'arrêts, 2 avec 91 à 150 jours d'arrêt et une maladie professionnelle avec un arrêt de travail de plus 150 jours.

1) Pour les entreprises de bâtiment et de travaux publics, les catégories d'incapacité permanente de 10 à 100 % et celles concernant les décès sont les suivantes :
- incapacité permanente ou décès pour les activités de gros œuvre ;
- incapacité permanente ou décès pour les activités de second œuvre ;
- incapacité permanente ou décès pour les activités de bureaux.

En 2013, on calculera le taux de cotisation qui vous sera notifié en 2014.
Pour cela, il faudra d'abord connaître les ***coûts moyens*** *des accidents de travail pour chaque catégorie dans le secteur de la métallurgie (cf. grille ci-dessus à titre indicatif) et les multiplier par le nombre d'accidents.*
Ensuite, il faudra ***rapporter ce coût à la masse salariale de votre entreprise****, c'est-à-dire à l'ensemble des salaires versés au cours des trois dernières années à vos 160 salariés.*
Supposons que votre masse salariale annuelle soit de 4 000 000 euros.
Autrement dit, ***en 2014, votre taux brut de cotisation sera de :***
(418[1] *× 7 + 1.380 × 4 + 4.043 × 3 + 8.265 × 2 + 29.624 × 1) (4 000 000 × 3) =* ***0,56 %.***

... la même situation avec en plus un cas de séquelle
C'est la même formule qui s'applique avec l'ajout du coût moyen d'une incapacité permanente correspond à cette séquelle.
Toujours pour cette entreprise de fabrication de machines, si parmi les 17 accidents qui sont survenus entre 2010 et 2012, un des accidents donne suite à des séquelles correspondant à une incapacité permanente de 12 %.
Une imputation supplémentaire sera effectuée correspondant au coût moyen «sinistre IP de 10 à 20 %» *soit 46 975 euros portant alors le taux brut à 0,95 % au lieu de 0,56 %.*

58 Détermination du coût moyen de la catégorie d'AT/MP

C'est le ministre chargé de la Sécurité sociale qui arrêtera chaque année les coûts moyens de chacune des catégories d'AT/MP en fonction des données communiquées par la Commission des accidents du travail et des maladies professionnelles (CSS, art. D. 242-6-8), et ce pour chacun des neuf CTN [2].

NOTE

À ce jour, aucun arrêté n'a été pris concernant les coûts moyens des AT/MP par CTN, ce dispositif n'entrant en vigueur qu'en 2012.

1) Note du rédacteur : dans cette note, la CNAM applique des coûts moyens qui ne sont fixés par aucun texte, mais s'inspirent des coûts moyens triennaux par CTN calculés sur 2006-2007-2008.

2) Voir ci-dessus, n° 52.

c) Taux mixte

59 Tout établissement dont l'effectif habituel est compris **entre 20 et 149** [1] (ou le cas échéant appartenant à une entreprise dont l'effectif habituel est compris entre 20 et 149), se voit appliquer un taux « *mixte* » (CSS, art. D. 242-6-2), que la CARSAT détermine en **additionnant** :

- une fraction du taux collectif propre au groupe de risque dont relève l'établissement ;
- et une fraction du taux individuel qui serait attribué à l'établissement si ce taux lui était applicable (CSS, art. D. 242-6-13).

Ces fractions varient en fonction du nombre de salariés de l'entreprise. Plus l'effectif est proche de 20, plus le taux mixte est proche du taux collectif. Plus l'effectif est proche de 149, plus le taux mixte est proche du taux individuel.

Nombre de salariés de l'entreprise [1]	Fraction du taux individuel [2]	Fraction du taux collectif [2]
20 à 149	E-19 / 131	1 – (E-19 / 131)

1) L'entreprise peut comporter un ou plusieurs établissements.
2) E représente l'effectif de l'entreprise déterminé conformément aux dispositions de l'arrêté prévu à l'article D. 242-6-16.

Exemple : entreprise de 93 salariés ; taux collectif de 3,90 ; taux individuel de 3,14.
Taux mixte = { [(93-19) / 131] × 3,14 } + { [(1 – (93-19)) / 131] × 3,90 } = 1,77 + 1,70 = 3,47.

d) Dispositions générales

60 Plafond et plancher de variation du taux net de cotisations d'une année sur l'autre

Pour l'établissement qui cotise sur la base d'un taux mixte ou d'un taux individuel, le taux notifié ne peut varier d'une année sur l'autre (CSS, art. D. 242-6-15) :

a) en augmentation

- de plus de 25 % si le taux de l'année précédente est supérieur à quatre ;
- de plus d'un point si le taux de l'année précédente est inférieur ou égal à quatre.

b) en diminution

- de plus de 20 % si le taux de l'année précédente est supérieur à quatre ;
- de plus de 0,8 point si le taux de l'année précédente est inférieur ou égal à quatre.

1) Entre 10 et 199 avant le décret n° 2010-753 du 5 juillet 2010.

61 Choix du taux unique

L'entreprise dont l'effectif est supérieur à 20 salariés relève d'un taux mixte pour chacun de ses établissements. De même, l'entreprise dont l'effectif est supérieur à 149 salariés relève d'un taux individuel pour chacun de ses établissements. Mais dans les deux cas, chaque établissement se verra, par principe, notifier un taux (mixte dans le premier cas, individuel dans le second) différent, en fonction de sa propre valeur de risque et/ou du groupe de risque auquel il appartient.

EXEMPLE

Deux établissements appartenant à une même entreprise employant 80 salariés auront tous deux un taux mixte (car le type de taux est déterminé par l'effectif de l'entreprise dans son ensemble). Mais leur taux mixte sera différent car :
- d'une part, leur valeur de risque, et donc leur taux individuel, sera différent ;
- d'autre part, leur groupe de risque pourra être également différent (exemple : fabrication de fonte ou d'acier = numéro de risque 27.1ZE = taux net de 4,70 ; fabrication de tubes en fonte = numéro de risque 27.2AA = taux net de 6,10).

Cependant, par exception, le décret n° 2010-753 du 5 juillet 2010 autorise l'entreprise qui relève d'un taux individuel ou d'un taux mixte à demander à bénéficier d'un **taux unique** pour l'ensemble de ses établissements appartenant au même groupe de risque. Attention : cette option de calcul est **définitive** pour le groupe de risque concerné (CSS, art. D. 242-6-1). Dans ce cas, le taux brut individuel est calculé d'après le rapport de la valeur du risque propre à l'ensemble de ses établissements appartenant au même groupe de risque, à la masse totale des salaires payés au personnel respectif, pour les trois dernières années connues (CSS, art. D. 242-6-4). Par ailleurs, lorsque la CARSAT décide d'appliquer une cotisation supplémentaire au titre de risques exceptionnels, ou inversement une ristourne au titre d'efforts soutenus de prévention [(1)], cette application est limitée au seul établissement où les risques ont été constatés [(2)].

1) Voir ci-dessous, nos 78 et s.

2) Arr. 9 déc. 2010, art. 8, JO 15 déc.

3° L'application à l'entreprise

a) Classement de l'établissement dans un groupe de risque (régimes du taux collectif ou du taux mixte)

62 Principes

Lorsqu'un établissement est soumis à un taux collectif ou à un taux mixte, son taux est déterminé, comme on l'a vu, au regard du groupe de risque dans lequel il est classé.

> **ATTENTION**
>
> C'est **l'effectif global de l'entreprise** qui est pris en compte pour déterminer si chacun de ses établissements se voit appliquer un taux individuel, collectif ou mixte (CSS, art. D. 242-6-2) et, le cas échéant, dans quelles proportions le taux collectif et le taux individuel entrent respectivement dans le calcul du taux mixte [1].
> En revanche, c'est **l'activité de chaque établissement** qui détermine son classement dans un groupe de risques. En effet, le taux de la cotisation AT/MP est déterminé par *« établissement »* (CSS, art. D. 242-6-1). Lorsqu'une entreprise de plus de 200 salariés comporte des établissements distincts exerçant des activités différentes, chaque établissement relève donc d'un taux collectif propre à son activité.

63 Sièges sociaux et bureaux

Les sièges sociaux et bureaux sont assimilés sous certaines conditions à un établissement distinct soumis à un taux collectif réduit [2].

- **Première condition** : que les risques d'accident du travail auxquels est exposé le personnel des bureaux ne soient pas aggravés par d'autres risques relevant de la même entreprise tels que ceux engendrés par les chantiers, magasins, atelier, dépôt, qu'ils soient ou non distincts géographiquement.
  En cas de localisation géographique identique aux bureaux et à un autre établissement de la même entreprise, l'utilisation commune par le personnel d'installations telles que les entrées, aires de circulation piétonne, parc de stationnement, cantine et restaurant de l'entreprise, vestiaires, locaux sanitaires, ne saurait être considérée comme un motif de refus d'appliquer les modalités particulières de tarification, dans la mesure où cette utilisation commune n'est pas susceptible

1) Cass. soc., 30 nov. 1983, n° 82-15.518 P.
2) Arr. 17 oct. 1995, art. 1-IV JO 18 oct.

d'aggraver le risque d'accidents du travail du personnel des bureaux. Un plan de circulation précisant, notamment, les aires de stationnement réservées aux véhicules légers et utilitaires établit, le cas échéant, cette absence d'aggravation. Ainsi, l'aggravation des risques sera caractérisée lorsque le personnel administratif d'une société de transports doit emprunter le quai de chargement pour accéder à son lieu de travail [1].

– **Deuxième condition** : que le personnel employé soit sédentaire et, le cas échéant, non sédentaire dans les limites fixées par l'arrêté du 17 octobre 1995 (JO 18 oct.).

Effectif total moyen du siège social ou du bureau	Limites fixées pour le personnel non sédentaire	
	En nombre	En pourcentage
1 salarié	–	–
2 salariés	1	–
de 3 à 10 salariés	2	–
de 11 à 15 salariés	3	–
de 16 à 20 salariés	4	–
À partir de 21 salariés	–	20 [1]

1) Le nombre obtenu est, le cas échéant, arrondi à l'unité inférieure.

Il a été jugé que la tarification particulière réservée aux sièges sociaux et bureaux ne s'applique qu'aux *« entreprises »*, soit à des établissements industriels ou commerciaux caractérisés par la recherche d'un profit, et non pas à des groupements constitués entre des personnes qui poursuivent un but autre que de partager des bénéfices [2].

64 Décision de la CARSAT

Le classement d'un établissement dans un groupe de risque est effectué par la CARSAT, en fonction de **l'activité réellement exercée** (CSS, art. L. 242-5 et D. 242-6-22) [3]. En cas de pluralité d'activités au sein d'un même établissement, le classement est effectué en fonction de son activité principale. C'est la CARSAT dans la circonscription de laquelle se situe l'établissement qui notifie à l'employeur le classement des risques et le ou les taux de cotisation afférents à l'établissement. Tant que cette notification n'a pas été effectuée, l'employeur verse, à titre provisionnel, les cotisations AT/MP sur la base du taux antérieurement applicable (sauf exceptions). L'employeur est

1) Cass. soc., 6 janv. 2000, n° 98-13.443 P.

2) Cass. 2e civ., 8 nov. 2006, n° 05-10.790.

3) Arr. 17 oct. 1995, art. 1er, JO du 18 oct.

tenu de déclarer à la CARSAT toutes circonstances de nature à aggraver les risques (CSS, art. L. 242-5). S'il s'avère qu'en raison d'une dissimulation ou d'une fraude, les taux primitivement notifiés à l'employeur n'ont pas tenu compte de la véritable situation des établissements concernés, la décision modifiant le taux en conséquence est appliquée de façon rétroactive à partir du début de l'exercice en cause (1). En adressant à l'Urssaf, et non à la caisse, les renseignements concernant l'activité de ses salariés, un employeur ne commet néanmoins ni dissimulation, ni fraude (2). Si le classement d'un établissement peut être modifié à toute époque (CSS, art. L. 242-5), le taux doit en principe être déterminé annuellement. Ainsi, lorsqu'en cours d'année, le classement d'un établissement est modifié (en l'occurrence à la demande de l'entreprise), le nouveau taux de cotisation s'applique de manière rétroactive dès le début de l'exercice (3).

65 Établissement à activités multiples.

Dans certaines situations, le classement de l'établissement dans un groupe de risque peut poser problème. D'une part, il se peut qu'un établissement n'exerce que l'une des activités comprises dans un groupe de risque qui en désigne plusieurs. Il ne semble pas que cela fasse obstacle à ce que cet établissement soit classé dans ce groupe ; par exemple, une entreprise de récupération d'huiles usagées doit être classée dans la catégorie *« récupération de tous déchets industriels »*, même si elle ne récupère pas tous les types de déchets industriels (4). D'autre part, et à l'inverse, il se peut qu'un même établissement exerce plusieurs activités entrant dans différents groupes de risque. Par exemple, un établissement exerce une activité de fabrication et de montage de poutrelles métalliques, alors que ces deux activités relèvent de groupes de risques distincts. Même dans ce cas, l'établissement ne peut se voir appliquer plusieurs taux (5). L'article 1-I-1° de l'arrêté du 17 octobre 1995 (JO 18 oct.) prévoit que le classement doit être effectué au regard de **l'activité principale** de l'établissement, à savoir :

– celle qui est exercée par le plus grand nombre de salariés (6) ;
– ou, si un nombre égal de salariés est affecté aux différentes activités, celle qui engendre *« le risque le plus important »*.

1) Établissement nouveau : Cass. soc., 17 déc. 1986, n° 84-17.336 P ; fusion : Cass. soc., 20 avr. 1988, n° 86-16.413 P.
2) Cass. soc., 2 juin 1981, n° 80-13.104 P ; Cass. soc., 4 juin 1986, n° 84-13.674 P.
3) Cass. ass. plén., 16 févr. 2007, n° 06-10.168 P.
4) Cass. soc., 17 avr. 1985, n° 83-16.240 P.
5) Cass. soc., 15 févr. 1989, n° 86-17.253 P ; rappr. Cass. 2e civ., 21 déc. 2006, n° 05-19.217 P, à propos des conséquences en cas de scission de l'entreprise.
6) Peu important que ceux-ci soient polyvalents, selon Cass. soc., 21 mai 1981, n° 80-12.695 P.

66 Recours

La décision de classement d'un établissement dans un groupe de risque relève du **contentieux technique** de la sécurité sociale (CSS, art. L. 143-1-4°). À compter de la réception de la décision de la CARSAT portant classement de son établissement, l'employeur dispose d'un délai de deux mois pour exercer un recours contentieux (CSS, art. R. 143-21), devant la Cour nationale de l'incapacité et de la tarification de l'assurance des accidents du travail (CNITAAT), qui statue en premier et dernier ressort (CSS, art. L. 143-4 et L. 242-5). Le seul recours ouvert à l'encontre des décisions de la CNITAAT est donc le pourvoi en cassation.

b) Inscription d'un AT/MP au compte de l'établissement (régimes du taux individuel ou du taux mixte)

67 Lorsqu'un établissement est soumis à un taux individuel ou un taux mixte, son taux est déterminé par sa propre sinistralité, plus précisément la valeur du risque qui lui est propre [1]. Par conséquent, chaque accident du travail ou maladie professionnelle reconnus au sein de son personnel a une incidence sur son taux de cotisation. Les textes sont relativement peu précis sur cette question. Ils prévoient simplement que la valeur du risque comprend la valeur de la prise en charge des accidents du travail et maladies professionnelles, estimée selon des *« coûts moyens »* [2], et que la décision de la caisse peut être contestée devant la CNITAAT, laquelle statue en premier et dernier ressort (CSS, art. L. 143-1, L. 143-3 et L. 143-4). En réalité, il faut distinguer deux étapes.

68 Reconnaissance de l'AT/MP

En premier lieu, seules peuvent être inscrites dans la valeur du risque propre à un établissement les prestations correspondant à un accident du travail ou une maladie professionnelle reconnu. C'est à la **CPAM** de déterminer si le dommage subi par un salarié répond bien à la définition de l'accident du travail ou de la maladie professionnelle, ainsi que les prestations dues (fixation des indemnités journalières, date de consolidation, etc.). De manière générale, l'ensemble des dépenses constituant la valeur du risque est pris en compte par les **CARSAT** dès que ces dépenses leur ont été communiquées par les CPAM. Seules sont prises en compte dans la valeur du risque les dépenses liées aux AT/MP dont le caractère professionnel a été **reconnu**. Néanmoins, cette prise en compte se fait *« sans préjudice de l'application de décisions de justice ultérieures »* : cela signifie, notamment, que l'employeur peut contester en justice la reconnaissance d'un AT/MP, sur le fond et/ou sur la forme, et obtenir que cette reconnaissance lui soit déclarée inopposable (voir encadré ci-dessous) : dans un tel

1) Voir ci-dessus, n° 55 à n° 59.
2) Voir ci-dessus, n° 58.

cas, les dépenses afférentes à cet AT/MP devront être retirées de la valeur du risque propre à l'établissement.

L'INOPPOSABILITÉ DE LA RECONNAISSANCE DE L'ACCIDENT DU TRAVAIL OU DE LA MALADIE PROFESSIONNELLE

La règle : le respect du contradictoire

Suivant une jurisprudence désormais constante, élaborée au visa de l'article R. 441-11 du Code de la sécurité sociale, la CPAM *« est tenue, avant de se prononcer sur le caractère professionnel d'un accident ou d'une maladie, d'informer l'employeur de la fin de la procédure d'instruction, de la possibilité de consulter le dossier pendant un certain délai et de la date à compter de laquelle elle prévoit de prendre sa décision »*[1].

Un décret n° 99-323 du 27 avril 1999, entré en vigueur le 1er janvier 2010, a réformé les procédures de reconnaissance du caractère professionnel des accidents du travail et maladies professionnelles. Notamment, les articles R. 441-11 et -14 du Code de la sécurité sociale prévoient désormais :

- qu'en cas de réserves motivées de la part de l'employeur ou si elle l'estime nécessaire, la CPAM envoie avant décision à l'employeur et à la victime d'un accident du travail ou d'une maladie professionnelle un questionnaire portant sur les circonstances ou la cause de l'accident ou de la maladie ou procède à une enquête auprès des intéressés (une enquête est obligatoire en cas de décès) ;
- que dans ces mêmes cas, la CPAM communique à la victime ou à ses ayants droit et à l'employeur au moins dix jours francs avant de prendre sa décision, par tout moyen permettant d'en déterminer la date de réception, l'information sur les éléments recueillis et susceptibles de leur faire grief, ainsi que sur la possibilité de consulter le dossier ;
- qu'en tout état de cause, la décision motivée de la CPAM est notifiée, avec mention des voies et délais de recours (saisine de la commission de recours amiable, dans les deux mois) par tout moyen permettant de déterminer la date de réception, à la victime ou ses ayants droit, si le caractère professionnel de l'accident, de la maladie professionnelle ou de la rechute n'est pas reconnu, ou à l'employeur dans le cas contraire. Cette décision est également notifiée à la personne à laquelle la décision ne fait pas grief.

Sans entrer dans le détail de ces dispositions, on notera que l'employeur a tout intérêt à émettre des réserves *« motivées »* au stade de la déclaration de l'ac-

1) Cass. 2e civ., 8 janv. 2009, n° 07-21.420 P.

cident du travail ou de la maladie professionnelle (ou de la rechute), et doit demeurer très vigilant quant au respect du nouveau délai de recours qui lui est imposé aux fins de contestation de la décision de prise en charge.

La sanction : l'inopposabilité

La décision de la CPAM prise en violation des droits de l'employeur est inopposable à ce dernier, mais conserve ses effets à l'égard du salarié, qui perçoit l'intégralité de ses prestations. En revanche, la CPAM ne peut faire entrer les dépenses afférentes à l'accident ou à la maladie dans le compte à partir duquel la CARSAT va calculer le taux de cotisation applicable à l'employeur. De plus, dès lors que la décision de la CPAM d'admettre le caractère professionnel de la maladie est inopposable à l'employeur, la caisse ne peut récupérer sur ce dernier, après reconnaissance de sa faute inexcusable [1], les compléments de rente et indemnités versés par elle au salarié malade ou à ses ayants droit [2]. L'inopposabilité de la décision de la caisse à l'égard de l'employeur ne rend cependant pas irrecevable l'action en reconnaissance de la faute inexcusable dirigée contre celui-ci par le salarié ; simplement, l'indemnisation de la victime, en cas de reconnaissance de la faute inexcusable de l'employeur, pour sa partie assurée par la CPAM, ne pourra pas donner lieu à remboursement de la CPAM auprès de l'employeur.

69 Inscription de l'AT/MP au compte de l'établissement

En second lieu, le coût correspondant à un accident du travail ou une maladie professionnelle reconnus ne peut être inscrit dans la valeur du risque propre à un établissement donné que dans la mesure où cela n'est pas exclu par les textes. Or, ces derniers excluent que soient inscrits au compte d'un établissement, en tout ou partie, les prestations afférentes à certains types d'accident ou de maladie.

En tout état de cause, ne sont pas compris dans la valeur du risque :

– les dépenses liées aux **accidents de trajet**, et les frais de rééducation professionnelle (CSS, art. D 242-6-4 et L. 431-1) ; ces dépenses sont, en effet, totalement mutualisées, par le biais d'une majoration forfaitaire du taux brut de cotisation applicable à chaque établissement [3] ;

1) Voir ci-dessous, n°s 80 et s.

2) Cass. soc., 26 nov. 2002, n° 00-19.347 P ; Cass. soc., 26 nov. 2002, n° 00-22.876 P ; Cass. soc., 12 déc. 2002, n° 01-21.046 ; Cass. soc., 19 déc. 2002, n° 01-20.111 P ; Cass. soc., 11 mars 2003, n° 01-20.259 ; Cass. 2e civ., 2 mars 2004, n° 02-30.604 ; Cass. 2e civ., 8 avr. 2010, n° 09-14.047 P.

3) Voir ci-dessus, n°s 53 et 55.

– les dépenses engagées par les CPAM par suite de la prise en charge de **maladies professionnelles** constatées ou contractées dans des conditions fixées par arrêté du ministre chargé de la sécurité sociale et du ministre chargé du budget : ces dépenses sont inscrites à un **compte spécial** et sont également mutualisées par le biais d'une majoration forfaitaire (CSS, art. D. 242-6-5 et D. 242-6-7) (1).

COMPTE SPÉCIAL

Sont inscrites au compte spécial les dépenses afférentes à toute maladie professionnelle :

- ayant fait l'objet d'une première constatation médicale depuis le 1er janvier 1947 et avant l'entrée en vigueur du tableau de maladies professionnelles la concernant ;
- reconnue en application de l'article L. 461-1, alinéas 3 et 4 du Code de la sécurité sociale (maladies professionnelles hors tableaux) et constatée entre le 1er juillet 1973 et le 29 mars 1993 ;
- ayant fait l'objet d'une première constatation médicale postérieurement à la date d'entrée en vigueur du tableau la concernant, lorsque la victime n'a été exposée au risque de cette maladie professionnelle qu'antérieurement à la date d'entrée en vigueur de ce tableau ;
- reconnue en application de l'article L. 461-1, alinéas 3 et 4 du Code de la sécurité sociale (maladies professionnelles hors tableaux) et constatée après le 29 mars 1993, lorsque la victime n'a été exposée au risque de cette maladie professionnelle qu'avant le 30 mars 1993 ;
- constatée dans un établissement dont l'activité n'expose pas au risque considéré, lorsqu'elle a été contractée dans une autre entreprise ou dans un établissement relevant d'une autre entreprise qui a disparu ou qui ne relevait pas du régime général de la sécurité sociale ;
- dont la victime a été exposée au risque successivement dans plusieurs établissements d'entreprises différentes, sans qu'il soit possible de déterminer celle dans laquelle l'exposition au risque a provoqué la maladie.

1) Arr. 16 oct. 1995, art. 2, JO 17 oct.

De même, pour un établissement soumis à un taux individuel, il faut noter que (CSS, art. D. 242-6-7) :

– l'accident du travail résultant d'une **agression perpétrée au moyen d'armes ou d'explosifs** n'est pas imputé au compte de l'employeur lorsque celle-ci est attribuable à un tiers qui **n'a pu être identifié** ;
– lorsque des recours sont engagés contre les **tiers responsables** d'accidents du travail, les montants des coûts moyens correspondant aux catégories dans lesquelles sont classés ces accidents sont proratisés selon le **pourcentage de responsabilité** mis à la charge du tiers responsable par voie amiable ou contentieuse.

En revanche, les règlements comportent peu de précision quant à la nature du lien devant exister entre la victime de l'accident et l'établissement au compte duquel les prestations seront inscrites.

70 Travailleur temporaire

Lorsqu'un travailleur temporaire est victime d'un accident du travail ou contracte une maladie professionnelle à l'occasion d'un travail qu'il exécutait sous la direction de l'entreprise utilisatrice, les prestations afférentes doivent être inscrites au compte de **l'entreprise de travail temporaire**. Néanmoins, pour tenir compte des risques particuliers encourus par les intérimaires, le coût de l'accident ou de la maladie est mis, pour partie à la charge de **l'entreprise utilisatrice** si, au moment de l'accident, elle est soumise au paiement des cotisations AT/MP (CSS, art. L. 241-5-1). En cas de défaillance de cette dernière, ce coût est supporté intégralement par l'entreprise de travail temporaire. La part incombant à l'entreprise utilisatrice équivaut au tiers du capital représentatif de la rente versée à la victime ou à ses ayants droit (CSS, art. R. 242-6-1). Mais ces dispositions ne font pas obstacle à ce que le juge procède à une répartition différente, en fonction des données de l'espèce (CSS, art. L. 241-5-1). Les litiges concernant la répartition de la charge de l'accident du travail entre l'entreprise de travail temporaire et l'entreprise utilisatrice relèvent du contentieux général de la sécurité sociale (CSS, art. R. 242-6-3), c'est-à-dire du tribunal des affaires de sécurité sociale (TASS).

71 Maladies différées

Lorsqu'un salarié est victime d'une maladie professionnelle en raison d'un travail qu'il a exécuté, par le passé, dans un établissement autre que celui qui l'emploie au moment où la maladie est constatée, la jurisprudence considère que la maladie doit être considérée comme contractée au service du **dernier employeur chez lequel la victime a été exposée au risque avant sa constatation médicale**. Cet employeur se voit imputer la maladie, sauf à rapporter la preuve que la maladie n'a pas été contractée à son service [1]. Par exception, les dépenses afférentes à certaines maladies profession-

1) Cass. 2e civ., 22 nov. 2005, n° 04-11.447 P ; Cass. 2e civ., 21 oct. 2010, n° 09-67.494 P.

nelles sont inscrites sur un **compte spécial** financé par l'ensemble des employeurs [1]. Il s'agit des dépenses afférentes aux maladies professionnelles contractées dans les conditions suivantes :

- la maladie professionnelle qui, bien qu'ayant été constatée dans un établissement *« A »*, a été contractée au sein d'un établissement *« B »*, si celui-ci a **disparu ou ne relève pas du régime général** de la sécurité sociale [2] ;
- la maladie professionnelle affectant un salarié qui a été exposé au même risque successivement dans plusieurs entreprises, s'il n'est **pas possible de déterminer dans laquelle l'exposition au risque a provoqué la maladi**e. La Cour de cassation a néanmoins restreint cette possibilité d'inscription au compte spécial : l'employeur en cause (soit le dernier à avoir exposé le salarié au risque) ne doit pas simplement prouver que le salarié a été exposé au risque dans un ou plusieurs emplois précédents, mais établir que cette *maladie doit être imputée* aux conditions de travail du salarié au sein des entreprises précédentes [3] – preuve pratiquement impossible à apporter en pratique.

L'inscription de la maladie sur le compte spécial n'interdit pas à la victime d'invoquer la faute inexcusable de l'un ou l'autre de ces employeurs [4]. Dans ce cas, la CPAM tenue d'indemniser la victime conserve un recours contre l'employeur concerné [5].

72 Recours

C'est à la CARSAT de déterminer si les prestations afférentes à un accident du travail ou une maladie professionnelle doivent être inscrites au compte de tel ou tel établissement, ou sur le compte spécial. Cette décision est distincte de celle de la CPAM reconnaissant l'accident du travail ou la maladie professionnelle et fixant les prestations dues. Ainsi, un employeur qui entend contester la décision de la CPAM, et donc l'inscription sur son compte des prestations afférentes, doit contester à la fois la décision de la CPAM et la décision de la CARSAT. Les deux recours contentieux relèvent de régimes distincts.

a) La décision de reconnaissance d'un AT/MP par la CPAM relève du contentieux général de la Sécurité sociale

À compter de la réception de la décision de la CPAM portant reconnaissance de l'AT/MP, l'employeur dispose d'un délai de deux mois pour former un recours amiable (CSS, art. R. 142-1). En cas de rejet de ce recours, l'employeur peut exercer un recours contentieux dans un délai de deux mois à compter de la réception de la notification

1) Voir ci-dessus, encadré, n° 69.

2) Il importe peu que la société exploitant l'établissement n'ait pas elle-même disparu : Cass. soc., 26 nov. 2002, n° 00-22.876 P.

3) Cass. 2e civ., 21 oct. 2010, n° 09-67.494 P.

4) Voir ci-dessous, nos 80 et s.

5) Cass. 2e civ., 14 déc. 2004, n° 03-30.247 P.

de la décision de la CRA, devant le tribunal des affaires de sécurité sociale (**TASS** ; CSS, art. R. 142-18), dont le jugement est susceptible d'appel (CSS, art. R. 142-28).

b) La décision d'inscription d'un AT/MP sur le compte employeur relève du contentieux technique de la Sécurité sociale (CSS, art. L. 143-1-4°)

À compter de la réception de la décision de la CARSAT portant inscription de l'AT/MP à son compte, l'employeur dispose d'un délai de deux mois pour exercer un recours (CSS, art. R. 143-21), devant la **CNITAAT** qui statue en premier et dernier ressort (CSS, art. L. 143-4). L'appréciation de l'affectation des dépenses d'une maladie professionnelle au compte spécial constitue également une question relative à la tarification, laquelle relève de la compétence exclusive de la CNITAAT [1]. Le cas échéant, la CNITAAT doit surseoir à statuer jusqu'à la résolution du litige relatif au caractère professionnel de l'accident [2]. Par ailleurs, le délai imparti à l'employeur pour saisir la CNITAAT, n'est pas interrompu par le recours que l'employeur a pu formuler contre la décision de la CPAM concernant le caractère professionnel de l'accident [3]. Il se peut donc que l'employeur obtienne gain de cause concernant la décision de la CPAM, tout en étant privé par l'effet de la prescription de tout recours contre la décision de la CARSAT inscrivant sur son compte les prestations afférentes à cet accident. Il ne peut alors invoquer la répétition de l'indu pour demander la restitution des sommes versées en conséquence [4].

B. - Le régime des cotisations supplémentaires et ristournes

73 Rôle de la CARSAT

En matière de prévention des risques professionnels, la CARSAT a un pouvoir à multiples dimensions (CSS, art. L. 422-4) :

a) Pouvoir de réglementation

La CARSAT peut adopter des dispositions générales de prévention applicables à l'ensemble des employeurs qui, dans sa circonscription, exercent une même activité ou utilisent les mêmes types de machines ou de procédés (CSS, art. R. 422-5 al. 2). La CNAM-TS peut solliciter l'adoption d'un arrêté ministériel portant extension de ces mesures à l'ensemble du territoire national (CSS, art. L. 422-1) [5].

1) Cass. soc., 17 juin 1999, n° 97-21.861 P.
2) Cass. soc., 16 mars 1988, n° 85-18.179 P.
3) Cass. soc., 21 nov. 1984, n° 83-14.404 P.
4) Cass. soc., 12 juill. 1990, n° 87-18.099 P.
5) Voir ci-dessus, introduction, n° 17.

b) Pouvoir de contrôle

La CARSAT peut faire procéder à toutes enquêtes qu'elle juge utile par ses ingénieurs-conseils et contrôleurs de sécurité (CSS, art. L. 422-3 et R. 421-13). Elle peut faire constater par ces derniers les infractions aux dispositions générales ayant fait l'objet de l'extension évoquée ci-dessus par arrêté (CSS, art. L. 422-1). Elle peut demander l'intervention de l'inspection du travail pour assurer l'application des mesures prévues par la législation et la réglementation du travail (CSS, art. L. 422-4).

Pouvoirs / Origine de la mesure	CARSAT	CNAM-TS	Inspection du travail
Mesure individuelle définie par une CARSAT (CSS, art. L. 422-4)	Définir la mesure Contrôler l'application de la mesure par l'employeur visé Appliquer une cotisation supplémentaire	Solliciter l'extension de la mesure à l'ensemble du territoire national	
Mesure générale édictée par une CARSAT (CSS, art. L. 422-4)	Édicter la mesure Contrôler l'application de la mesure par les employeurs visés Appliquer une cotisation supplémentaire.		
Mesure générale édictée par une CARSAT et étendue par arrêté (CSS, art. L. 422-1)	Fixer les délais d'exécution en accord avec le directeur de la DIRECCTE Contrôler l'application de la mesure par les employeurs visés Constater les infractions Appliquer une cotisation supplémentaire		Contrôler l'application de la mesure par les employeurs visés Constater les infractions
Mesure générale édictée par une loi et/ou un règlement	Contrôler l'application de la mesure par les employeurs concernés. Demander l'intervention de l'inspection du travail (CSS, art. L. 422-4) Appliquer une cotisation supplémentaire		Contrôler l'application de la mesure par les employeurs visés Constater les infractions

c) Pouvoir d'injonction

La CARSAT peut inviter l'employeur à prendre toutes les mesures justifiées de prévention, sauf recours de l'employeur au directeur de la DIRECCTE (CSS, art. L. 422-4 et R. 422-5)[1]. La décision du directeur de la DIRECCTE se substitue à celle de la caisse[2]. Elle peut elle-même faire l'objet d'un recours gracieux ou contentieux de la part de l'employeur comme de la CARSAT[3]. Le Conseil d'État a jugé que la circonstance que les mesures prescrites par le directeur régional du travail (aujourd'hui le directeur de la DIRECCTE) présentent un caractère « *expérimental* » est sans influence sur la légalité de cette décision dès lors que ces mesures sont justifiées par la prévention[4].

d) Pouvoir financier

La CARSAT peut, en fonction des efforts entrepris par l'employeur en matière de prévention des risques professionnels, soit lui imposer des cotisations supplémentaires, soit le faire profiter de ristournes, d'avances ou de subventions. Dans ces matières, la réglementation a été profondément modifiée par un arrêté du 9 décembre 2010 (JO 15 déc., abrogation de l'arrêté du 16 septembre 1977).

a) Cotisations supplémentaires

74 Cas d'imposition

La CARSAT peut imposer des cotisations supplémentaires à un établissement pour tenir compte des « *risques exceptionnels présentés par l'exploitation* » (CSS, art. L. 242-7)[5]. La réglementation envisage expressément deux cas.

a) Premier cas

Les risques exceptionnels sont révélés « *notamment* » par une infraction constatée par l'inspection du travail en application de l'article L. 8113-7 du Code du travail[6], c'est-à-dire les infractions aux dispositions suivantes :

– dispositions du Code du travail et autres dispositions légales relatives au régime du travail (C. trav., art. L. 8112-1) ;
– stipulations des conventions et accords collectifs de travail (C. trav., art. L. 8112-1) ;
– dispositions générales de prévention ayant fait l'objet d'une extension par arrêté à l'initiative de la CNAM-TS[7] ;

1) Arr. 9 déc. 2010, art. 14, JO 15 déc.
2) CE, 10 févr. 1984, n° 19872-19994.
3) CE, 27 oct. 1995, n° 122375.
4) CE, 29 déc. 1997, n° 159223.
5) Arr. 9 déc. 2010, art. 8 et s., JO 15 déc.
6) Voir ci-dessous.
7) Voir ci-dessus, introduction, n° 17.

– dispositions relatives à la déclaration des accidents du travail et à la remise d'une feuille d'accident (CSS, art. L. 441-2 et L. 441-5) ;
– dispositions relatives à la lutte contre le tabagisme (C. santé publ., art. L. 3511-7).

b) Second cas

Les risques exceptionnels résultent de l'inobservation, constatée par un agent de la CARSAT, des mesures de prévention édictées par la CARSAT elle-même ou étendues par arrêté sur sollicitation de la CNAM-TS [1].

L'emploi de l'adverbe *« notamment »* à propos du premier cas implique qu'au-delà des deux cas visés ici, la CARSAT peut relever l'existence de *« risques exceptionnels »* en dehors de toute infraction à un texte particulier, et imposer en conséquence des cotisations supplémentaires.

75 Injonction préalable

Dans le second cas visé ci-dessus, l'imposition d'une cotisation supplémentaire suppose l'envoi d'une injonction préalable (CSS, art. L. 422-4) [2], sauf en cas d'imposition :

– d'une cotisation justifiée par la méconnaissance de dispositions générales étendues par arrêté sur sollicitation de la CNAM-TS, à moins que l'arrêté d'extension n'en dispose autrement ;
– d'une cotisation justifiée par la répétition d'une *« situation particulièrement grave de risque exceptionnel »* [3] déjà constatée et ayant donné lieu à une injonction, et ce dans un délai de six mois à compter du premier constat de cette situation [4] ;
– d'une cotisation supplémentaire plus élevée justifiée par la persistance d'une situation qui a déjà donné lieu à l'imposition d'une cotisation supplémentaire, après expiration du délai imparti pour y remédier [5] ;
– d'une cotisation supplémentaire plus élevée justifiée par la récidive d'une situation qui a déjà donné lieu à l'imposition d'une cotisation supplémentaire, et dans un délai de trois ans (CSS, art. R. 422-5, al. 3) [6].

L'injonction, lorsqu'elle s'impose, est faite après enquête sur place effectuée par un ingénieur-conseil ou un contrôleur de sécurité, par lettre recommandée avec avis de réception. Elle doit :

1) Voir ci-dessus, n° 17.

2) Arr. 9 déc. 2010, art. 11.

3) La liste des situations particulièrement graves de risque exceptionnel est la suivante : risque de chute de hauteur ; risque d'ensevelissement ; risque d'incendie et d'explosion ; risque lié à l'amiante et aux agents cancérogènes, mutagènes et toxiques pour la reproduction (CMR) ; risque lié aux travaux en espace confinés ; risque lié à la conduite de véhicules et d'engins sans formations et autorisations adaptées ; risque lié aux manutentions lourdes ou répétitives ; risque lié à l'accès aux pièces nues sous tension électrique ; risque lié à l'accès aux organes en mouvement d'un équipement de travail.

4) Arr. 9 déc. 2010, art. 10.

5) Voir ci-dessous.

6) Voir ci-dessous.

– indiquer avec précision :
  - le risque exceptionnel concerné,
  - les mesures à prendre par l'employeur,
  - les possibilités techniques de réalisation ;
– fixer le délai d'exécution ;
– mentionner qu'à l'expiration de ce délai l'employeur est passible d'une cotisation supplémentaire (et, lorsqu'il s'agit d'une situation particulièrement grave de risque exceptionnel, mentionner qu'en cas de répétition de la même situation de risque l'employeur est passible d'une cotisation supplémentaire, sans nouvelle injonction préalable, voir ci-dessous, tableau) ;
– mentionner que l'employeur a la faculté d'introduire un recours devant le directeur de la DIRECCTE.

En l'absence d'injonction, la CARSAT **informe** l'employeur qu'il est passible d'une cotisation supplémentaire, et lui donne les motifs justifiant l'imposition de cette cotisation.

L'employeur doit porter l'injonction ou l'information émanant de la CARSAT à la connaissance des **instances représentatives du personnel** chargés de l'hygiène, de la sécurité et des conditions de travail au sein de l'établissement (CHSCT ou, à défaut, les délégués du personnel). Il doit également informer l'inspecteur du travail et la CARSAT du compte rendu de la délibération ou de l'avis émis par ces instances.

76 Montant de la cotisation et majoration

La cotisation supplémentaire est au moins égale à **25 %** de la cotisation normale [1]. Toutefois, le montant minimal de cette cotisation ne peut être inférieur au montant résultant de l'application d'une majoration de 25 % de la cotisation normale calculée sur une période de trois mois, sans pouvoir être inférieur au montant forfaitaire de **1 000 euros.**

Ce montant peut être **majoré**, parfois sans injonction préalable, dans certains cas (voir tableau ci-dessous).

Cas n° 1 : L'employeur n'a pas pris l'une des mesures dont la non-exécution a motivé la cotisation supplémentaire dans un délai fixé par le CTR (comité technique régional), qui ne peut être supérieur à six mois (deux mois lorsque la cotisation supplémentaire s'applique à des chantiers temporaires) suivant la date de décision de l'imposition de la cotisation supplémentaire [2]	Le montant de la cotisation supplémentaire sera automatiquement porté à 50 % de la cotisation normale

1) Arr. 9 déc. 2010, art. 8.
2) Arr. 9 déc. 2010, art. 8.

Cas n° 1 *bis* : L'employeur persiste à refuser de prendre une des mesures dont la non-exécution a motivé la cotisation supplémentaire initiale dans un délai de six mois (deux mois lorsque la cotisation supplémentaire s'applique à des chantiers temporaires) à dater de l'expiration du premier délai fixé dans le cas n° 1 [1]	Le montant de la cotisation supplémentaire sera automatiquement porté à 200 % de la cotisation normale
Cas n° 2 : Récidive au sein du même établissement, après constatation par un agent de contrôle de la CARSAT de l'absence ou de l'insuffisance d'une mesure de prévention de même nature que celle qui a motivé l'imposition d'une première cotisation supplémentaire, dans un délai maximal de trois ans à compter de la date d'imposition de la cotisation supplémentaire [2]	Le montant de la cotisation supplémentaire sera porté au minimum à 50 % de la cotisation normale, sans injonction préalable, à la date de la nouvelle constatation du risque
Cas n° 2 *bis* : L'employeur persiste à refuser de prendre une des mesures dont l'absence ou l'insuffisance a motivé cette nouvelle cotisation supplémentaire dans un délai de six mois (deux mois lorsque la cotisation supplémentaire s'applique à des chantiers temporaires) à dater de la nouvelle constatation du risque [3]	Le montant de la cotisation supplémentaire sera automatiquement porté à 200 % de la cotisation normale

Dans certains de ces cas, l'employeur peut adresser un courrier motivé à la caisse par lettre recommandée avec demande d'accusé de réception, au plus tard **huit jours** avant l'expiration du délai conduisant à une majoration, afin de demander à bénéficier d'une réduction, d'une suppression ou d'une suspension de la cotisation supplémentaires.

La cotisation supplémentaire est due à partir de la date à laquelle ont été constatés les risques exceptionnels. L'imposition de cotisations supplémentaires peut à tout moment être réduite, supprimée ou suspendue par la CARSAT. Elle cesse de produire effet à partir de la date d'exécution des mesures de prévention. L'employeur est tenu d'aviser de cette exécution, par lettre recommandée, la CARSAT, laquelle peut faire procéder à la vérification.

77 Recours

La décision d'imposition de la cotisation supplémentaire relève du contentieux technique de la sécurité sociale (CSS, art. L. 143-1-4°). Elle peut faire l'objet d'un recours de l'employeur, dans un délai de deux mois à compter de la date de réception de la notification de la décision de la caisse (CSS, art. R. 143-21), devant la CNITAAT qui statue en premier et dernier ressort (CSS, art. L. 143-4 et L. 242-7). L'employeur peut

1) *Ibid.*
2) *Ibid.*, art. 9.
3) *Ibid.*

contester l'existence des risques exceptionnels qu'il ferait courir à ses salariés, et notamment contester l'infraction ou le manquement qui lui est reproché.

Mais il ne peut contester l'opportunité des mesures que la CARSAT l'a invité à prendre en vertu de son pouvoir d'injonction propre [1]. Seul le directeur de la DIRECCTE a le pouvoir d'apprécier l'opportunité et l'efficacité des mesures de prévention prescrites. L'employeur dispose de huit jours (quatre jours ouvrables pour les chantiers d'une durée inférieure à trois mois) à compter de la réception de l'injonction ou de la lettre d'information, pour saisir le directeur de la DIRECCTE par lettre recommandée ; ce recours est suspensif de l'exécution des mesures prescrites par l'injonction et de la procédure visant à l'imposition de la cotisation supplémentaire (CSS, art. L. 422-4) [2].

b) Ristournes sur cotisations

78 Conditions et modalités

La CARSAT peut accorder des ristournes sur cotisations à un établissement pour tenir compte des mesures de prévention ou de soins prises par l'employeur (CSS, art. L. 242-7).

Les textes en vigueur instituent deux régimes de ristournes :
– la ristourne au titre des accidents **du travail** [3] ;
– la ristourne au titre des accidents **de trajet** [4].

	Ristourne AT/MP	Ristourne accidents de trajet
Conditions d'éligibilité	Établissements qui : – ont accompli un effort de prévention soutenu et pris dans ce sens des mesures susceptibles de diminuer la fréquence et la gravité des AT/MP – cotisent sur la base d'un taux collectif ou mixte (à la date de prise d'effet de la décision) – sont à jour de leurs cotisations et les ont acquittées régulièrement au cours des 12 derniers mois précédant la date de prise d'effet de la décision	Établissements qui : – ont pris des mesures susceptibles de diminuer la fréquence et la gravité des accidents de trajet – sont à jour de leurs cotisations et les ont acquittées régulièrement au cours des 12 derniers mois précédant la date de prise d'effet de la décision – n'ont pas donné lieu au constat d'un risque exceptionnel [5] au cours de la même période
Initiative	À l'initiative de la CARSAT, ou à la demande de l'employeur sur un rapport motivé du service prévention de la caisse	À l'initiative de la CARSAT sur un rapport motivé du service prévention de la caisse

1) Voir ci-dessus, n° 17.
2) Arr. 9 déc. 2010, art. 14.
3) Arr. 9 déc. 2010, JO 15 déc.
4) Arr. 19 sept. 1977, JO 13 oct., modifié.
5) Voir ci-dessus.

	Ristourne AT/MP	Ristourne accidents de trajet
Consultations	Après : – avis du CHSCT ou, à défaut, des délégués du personnel – avis favorable du comité technique régional (CTR) compétent – information du directeur de la CARSAT	Idem
Montant	Réduction du taux de cotisation limité à 25 % du taux collectif (ou à la fraction du taux collectif qui entre dans le calcul de leur taux mixte)	Réduction du taux net de cotisation, ne pouvant être inférieur à 25 % de la majoration forfaitaire *« accidents de trajet »* ni supérieur à 87,7 % de cette majoration
Durée	À compter du premier jour du mois civil qui suit la décision Pendant un an (prolongation possible après nouvel examen du CTR compétent) Possibilité, à tout moment, de suppression ou de suspension, après avis conforme du CTR intéressé	Idem
Recours	Recours de l'employeur devant la Commission de recours amiable de la CARSAT. En cas de rejet de ce recours, l'employeur peut exercer un recours contentieux dans un délai de deux mois à compter de la réception de la notification de la décision de la CRA, devant la CNITAAT, qui statue en premier et dernier ressort	Idem

Un même établissement peut, s'il cotise sur la base d'un taux collectif ou un taux mixte, bénéficier simultanément des deux dispositifs de ristourne. Dans ce cas, le total des deux réductions accordées ne peut excéder des limites fixées par l'arrêté du 19 septembre 1977 (art. 5).

Cas	Plafond applicable au total des deux réductions
Établissement cotisant sur la base d'un taux (collectif ou mixte) inférieur à 2 %	0,5 % des salaires
Établissement cotisant sur la base d'un taux collectif supérieur à 2 %	25 % du taux net de la cotisation
Établissement cotisant sur la base d'un taux mixte supérieur à 2 %	25 % du taux net de la cotisation + (fraction correspondant au taux propre / 87,7 % de la majoration *« accidents de trajet »*)

c) *Avances et subventions*

79 Conditions et modalités

La CARSAT peut accorder une avance à l'entreprise qui souscrit aux conditions d'une convention d'objectifs préalablement approuvée par la CNAM-TS et fixant un programme d'actions de prévention spécifique à sa branche d'activité, dans les limites fixées par règlement (CSS, art. L. 422-5). Cette avance peut même être acquise à l'entreprise, dans les conditions prévues par la convention.

Les règlements prévoient en fait deux dispositifs d'avances ou de subventions.

La CARSAT peut faciliter la réalisation d'**aménagements** destinés à assurer une meilleure protection des salariés, en consentant aux entreprises concernées des **avances** à taux réduit dans les conditions et les limites fixées par la CNAM-TS (CSS, art. R. 422-7).

La CARSAT peut participer au financement de certaines mesures de protection et de prévention réalisées, à titre d'expérience et sous son contrôle, dans le cadre fixé par une **convention** conclue avec l'entreprise concernée. Cette participation peut prendre la forme d'**avances** remboursables ou de **subventions** ou d'avances susceptibles, suivant les résultats obtenus, d'être transformées, en tout ou en partie, en subventions. Ce dispositif est mis en œuvre selon deux étapes et à deux échelons [1].

a) Première étape

Une **convention d'objectifs** définie *« en ses principes »* par la CNAM-TS est conclue par celle-ci ou par une CARSAT. La convention est en réalité un acte unilatéral, pris par la CNAM-TS ou par la CARSAT. Mais c'est aussi un acte négocié par branche, puisqu'il est pris après avis du comité technique attaché à la caisse et composé, sur un mode paritaire, de représentants des employeurs et des salariés. Cet acte définit un **programme d'actions** de prévention spécifique à une branche d'activité (à l'exception des accidents de trajet, qui relèvent d'un dispositif de ristournes spécifiques, voir ci-dessus) ainsi que les conditions auxquelles l'entreprise souscrivant à ce programme peut bénéficier d'avances, parfois sur plusieurs années (quatre ans maximum).

b) Deuxième étape

Une entreprise **souscrit** à la convention d'objectifs arrêtée dans sa branche d'activité en concluant un contrat de prévention des accidents du travail avec la CARSAT territorialement compétente, après avis du CHSCT (ou à défaut des délégués du personnel) et information du directeur de la DIRECCTE. L'entreprise doit être à jour de ses cotisations, les avoir versées régulièrement au cours des 12 derniers mois, se conformer à ses obligations sociales, et ne pas employer un effectif supérieur à 199 salariés. Le contrat précise le programme d'actions à mettre en œuvre, son

1) Arr. 9 déc. 2010, art. 19 et s.

financement et son contrôle, ainsi que les conditions dans lesquelles l'avance peut demeurer, en totalité ou en partie, acquise à l'entreprise contractante.

§2 La responsabilité civile de l'employeur au titre de la faute inexcusable

80 Si le versement des indemnités dues à la victime d'un accident du travail ou d'une maladie professionnelle est assuré par la CPAM, celle-ci peut exiger le remboursement de ces sommes à l'employeur qui a commis une faute inexcusable.

81 Définition

Initialement, la Cour de cassation définissait la faute inexcusable, prévue à l'article L. 452-1 du Code de la sécurité sociale, comme une *« faute d'une gravité exceptionnelle, dérivant d'un acte ou d'une omission volontaire, de la conscience du danger que devait en avoir son auteur, de l'absence de toute cause justificative,* [à défaut d']*élément intentionnel »* (1). Depuis une série d'arrêts du 28 février 2002, la Cour de cassation, ayant qualifié l'obligation de sécurité de l'employeur d'obligation *« de résultat »* (2), a modifié en conséquence sa définition de la faute inexcusable et précisé que : *« tout manquement à cette obligation [de sécurité de résultat] caractérise une faute inexcusable au sens de l'article L. 452-1 du Code de la sécurité sociale, lorsque l'employeur avait ou aurait dû avoir conscience du danger et qu'il n'a pas pris les mesures nécessaires pour l'en préserver »*. En rendant cette définition moins stricte, notamment par l'abandon de la notion de *« faute d'une gravité exceptionnelle »*, la Cour de cassation a souhaité faciliter, pour les victimes d'accident du travail ou de maladie professionnelle, l'obtention d'une indemnisation complémentaire à l'indemnisation forfaitaire de la sécurité sociale, et ce à la charge de l'employeur.

82 Champ d'application

La nouvelle définition de la faute inexcusable s'applique potentiellement à tout **accident du travail** comme à toute **maladie professionnelle**. En revanche, et confirmant en cela l'opinion commune, la Cour de cassation a admis que la victime d'un **accident de trajet** (CSS, art. L. 411-2) (3) ne peut invoquer à l'encontre de son employeur l'existence d'une faute inexcusable (4). Par ailleurs, on observera qu'en pratique la faute inexcusable est le plus souvent recherchée et reconnue à la suite

1) Cass. ch. réunies, 15 juill. 1941, arrêt *veuve Villa*.
2) Voir ci-dessous, n° 115, Babin M., Pichon N., Obligation de sécurité et faute inexcusable de l'employeur, Droit social 2002, n° 09-10.
3) Voir ci-dessus, n° 5.
4) Cass. 2e civ., 8 juill. 2010, n° 09-16.180 P.

d'accidents du travail, plus rarement en cas de maladies professionnelles (et, dans ce cas, essentiellement à propos de maladies résultant d'intoxication, par exemple à l'amiante). Alors que les troubles musculo-squelettiques (TMS) constituent près de 80 % des maladies professionnelles reconnues (plus de 30 000 maladies reconnues par an) [1], les actions semblent rares si l'on en juge par la jurisprudence publiée [2].

83 Une indemnisation complémentaire

Si la faute inexcusable est reconnue, la victime de l'accident du travail ou de la maladie professionnelle ou ses ayants droit, ont le droit à une indemnisation complémentaire qui se traduit par (CSS, art. L. 452-1) :

- une **majoration de la rente ou du capital attribué**. Cette majoration fixée par le juge est fonction de la réduction des capacités de l'intéressé générée par l'accident du travail ou la maladie professionnelle. Elle ne peut excéder, soit la fraction du salaire annuel correspondant à la réduction de la capacité, soit le montant de ce salaire dans le cas d'une incapacité totale ou d'un décès. Si une indemnité en capital a été attribuée à la victime, le montant de la majoration ne peut dépasser le montant de cette indemnité ;
- la **réparation de préjudices** provenant de l'état d'incapacité et non pris en charge par la Sécurité sociale. La victime peut demander à l'employeur (CSS, art., L. 452-3) la réparation :
  - du préjudice causé par les souffrances physiques et morales qu'elle a endurées,
  - des préjudices esthétique et d'agrément,
  - des préjudices résultant de la perte ou de la diminution des possibilités de promotion professionnelle ;
- si la victime est atteinte **d'incapacité permanente**, il lui est alloué en outre une **indemnité forfaitair**e égale au montant du salaire minimum légal en vigueur à la date de la consolidation ;
- de même, en cas d'accident suivi de **mort**, les ayants droit de la victime ainsi que ses ascendants et ses descendants à qui le droit à une rente n'est pas reconnu par le Code de la sécurité sociale, peuvent demander à l'employeur réparation de leur préjudice moral devant les juridictions de sécurité sociale (CSS, art. L. 452-3).

84 Une indemnisation limitée

Il ne s'agit pas pour autant, selon les textes, d'une réparation intégrale des préjudices subis par la victime, mais bien d'une réparation cantonnée à certains chefs de préjudice énumérés de manière **limitative** [3]. L'indemnisation intégrale est strictement

1) « *L'exposition des salariés aux maladies professionnelles en 2007* », DARES Publications, n° 56, sept. 2010.
2) Voir néanmoins Cass. 2e civ., 18 nov. 2010, n° 09-17.275 P.
3) Jurisprudence constante : Cass. 2e civ., 8 nov. 2006, n° 04-30.744 ; Cass. soc., 16 nov. 1988, n° 87-12.800 P.

limitée à certains cas, et notamment celui de la « *faute intentionnelle* » de l'employeur ou de l'un de ses préposés, autorisant le salarié victime à exercer une action de droit commun à l'encontre de l'auteur des faits (CSS, art. L. 452-5). Même en cas de faute inexcusable de l'employeur, un salarié ne peut pas demander à être indemnisé pour les frais d'aménagement de son appartement pour l'adapter à une infirmité [(1)], du fait qu'il ne peut plus effectuer d'heures supplémentaires [(2)] ou d'un préjudice sexuel [(3)].

85 La réparation du préjudice lié à la perte d'emploi

En marge de la réparation assurée par la sécurité sociale, il est désormais admis par la chambre sociale de la Cour de cassation, depuis un arrêt du 17 mai 2006, que le salarié licencié en raison d'une inaptitude médicale consécutive à un accident du travail ou une maladie professionnelle (C. trav., art. L. 1226-12) qui a été jugé imputable à une faute inexcusable de l'employeur, a droit à une indemnité réparant la perte de son emploi due à cette faute de l'employeur [(4)]. Selon la Cour de cassation, le préjudice résultant de la perte de l'emploi constitue un préjudice distinct de ceux qui donnent lieu à la réparation par la sécurité sociale. Les seconds relèvent de la compétence de la juridiction de sécurité sociale (TASS), alors que le premier relève de la compétence de la juridiction prud'homale.

86 Une indemnisation intégrale

Néanmoins, par une décision du 18 juin 2010 [(5)], le Conseil constitutionnel a bouleversé cet équilibre, en jugeant que les dispositions du Code de la sécurité sociale n'étaient conformes aux droits et libertés garantis par la Constitution que sous une réserve importante : en présence d'une faute inexcusable de l'employeur, ces dispositions ne sauraient, sans porter une atteinte disproportionnée au droit des victimes d'actes fautifs, faire obstacle à ce que ces mêmes personnes, devant les juridictions de Sécurité sociale, puissent demander à l'employeur réparation de **l'ensemble des dommages** non couverts par le Code de la sécurité sociale. Cette décision institue donc, au profit des victimes d'accidents du travail/maladies professionnelles et de leurs ayants droit, le droit à une indemnisation intégrale des préjudices subis du fait de l'accident et de la maladie, dès lors que ceux-ci trouvent leur cause dans la faute inexcusable de l'employeur (donc même en l'absence de faute intentionnelle de l'employeur), et ce devant un seul juge : celui de la sécurité sociale. Cette décision devrait logiquement

1) Cass. soc., 16 nov. 1988, n° 87-12.820 P.
2) Cass. soc., 11 mars 2003, n° 00-21.626.
3) Cass. 2e civ., 9 juill. 2009, n° 08-11.804 et n° 08-12.113.
4) Cass. soc., 17 mai 2006, n° 04-47.455 P ; Cass. soc., 14 avr. 2010, n° 09-40.357 P.
5) Cons. const., 18 juin 2010, déc. n° 2010-8 QPC.

sonner le glas de la jurisprudence relative à l'indemnisation de la perte d'emploi devant le juge prud'homal.

87 Conséquences pour l'employeur

En cas de reconnaissance de la faute inexcusable, l'indemnisation de la victime est assurée par la CPAM, à charge pour elle de récupérer les frais engagés auprès de l'employeur (CSS, art. L. 452-2 et L. 452-3).

L'employeur supporte la **majoration de la rente** versée directement aux bénéficiaires par la CPAM. À cet effet, il est assujetti à une **cotisation supplémentaire**. Son taux et sa durée sont fixés par accord entre l'employeur et la CPAM ou par décision des juridictions de la Sécurité sociale. Cette cotisation ne peut excéder ni 50 % de la cotisation totale de l'employeur, ni 3 % du montant des salaires servant de base à cette cotisation. Sa durée ne peut excéder 20 ans.

Quant aux éventuelles réparations des **préjudices supplémentaires**, elles sont également versées directement au bénéficiaire par la CPAM, qui en récupère le montant auprès de l'employeur.

Qu'en sera-t-il, depuis la décision du Conseil constitutionnel du 18 juin 2010, de l'indemnisation des autres préjudices, non prévus par les dispositions du Code de la Sécurité sociale ? La CPAM en fera-t-elle l'avance ?

INDEMNISATION DES VICTIMES D'AT/MP : LES TROIS NIVEAUX

AT/MP + Faute intentionnelle
Indemnisation intégrale par le biais d'une action de droit commun (CSS, art. L. 452-5)
OU
AT/MP + Faute inexcusable
Indemnisation intégrale par le biais d'une action devant le TASS [1]

AT/MP [2] + Faute inexcusable
Indemnisation complémentaire (CSS, art. L. 452-1 et s.) :
- majoration de l'indemnité (capital ou rente) ;
- préjudices complémentaires : souffrances, esthétique, agrément, promotion professionnelle.

Charge supportée par l'employeur via une **cotisation supplémentaire AT/MP**

1) Cons. const. 18 juin 2010. *Quid* de l'action prud'homale en indemnisation du préjudice liée à la perte de l'emploi ? (Cass. soc., 17 mai 2006, n° 04-47.455 P).

2) Hors accident de trajet (Cass. 2e civ., 8 juill. 2010, n° 09-16.180 P).

AT/MP
Indemnisation forfaitaire (CSS, art. L. 431-1 et s.) :
- prestations en nature ;
- prestations en espèces (incapacité temporaire, incapacité permanente, décès).

Imputation sur le compte de l'établissement dans le cadre du dispositif de **tarification de la cotisation AT/MP** (taux individuel ou mixte)

IMPORTANT

En tout état de cause, si la loi prévoit que l'auteur de la faute inexcusable est responsable sur son patrimoine personnel des conséquences de celle-ci (CSS, art. L. 452-4), c'est en réalité **l'employeur au sens contractuel**, donc le cotisant, qui supporte la charge financière de la réparation complémentaire. Lorsque l'employeur est une personne morale, les frais engagés par la CPAM ne sont donc récupérables que sur le patrimoine de l'entreprise et non sur le patrimoine individuel du dirigeant [1].
Lorsque la victime de l'accident du travail (ou de la maladie professionnelle) est un **travailleur temporaire**, et que l'accident est survenu (ou la maladie a été contractée) au service de l'entreprise utilisatrice, c'est l'entreprise de travail temporaire qui supportera la charge financière de la réparation complémentaire, mais elle pourra alors exercer une action en remboursement contre l'entreprise utilisatrice (CSS, art. L. 412-6) [2].
L'employeur peut en outre **s'assurer** contre les conséquences financières de la faute inexcusable. Il doit, dans ce cas, déclarer le sinistre à l'assureur dès qu'il a connaissance de l'action en reconnaissance de faute inexcusable, et appeler l'assureur à la cause dans le cadre de l'instance engagée devant le TASS. Si l'assureur apporte sa garantie à l'employeur fautif, une **cotisation supplémentaire** peut être demandée à ce dernier par la CARSAT. Cette cotisation est affectée au Fonds national de prévention des accidents du travail et des maladies professionnelles.

1) Cass. soc., 31 mars 2003, n° 01-20.091 P ; Cass. 2e civ., 10 juin 2003, n° 01-21.004 P ; Cass. 2e civ., 16 sept. 2003, n° 01-21.420 ; Cass. 2e civ., 31 mai 2005, n° 03-30.425.
2) Voir Cass. 2e civ., 10 nov. 2009, n° 08-15.556.

> **Attention :** depuis la décision du Conseil constitutionnel du 18 juin 2010 [1], tout employeur doit vérifier auprès de son assureur que celui-ci prend bien en charge l'indemnisation des préjudices non prévus par les dispositions du Code de la sécurité sociale.

88 Initiative de la reconnaissance

La procédure de reconnaissance de la faute inexcusable peut être enclenchée par :

1 - **la victime ou ses ayants droit**, qui saisissent la CPAM d'une demande de conciliation sur l'existence d'une faute inexcusable et sur le montant de la majoration des cotisations.

Cette saisine se prescrit dans un délai de **deux ans** à dater :

- du jour de l'accident, ou de la clôture d'enquête, ou de la cessation du paiement de l'indemnité journalière,
- de la date de première constatation par le médecin du travail de la modification survenue dans l'état de la victime, en cas de rechute.

Ce délai de prescription est interrompu par :

- la saisine de la CPAM aux fins de procéder à une conciliation,
- la saisine de la victime de la CPAM d'une requête tendant à la reconnaissance de la faute inexcusable de l'employeur,
- une action en reconnaissance du caractère professionnel de l'accident ou de la maladie,
- toute demande en justice, notamment sur le plan pénal, dès lors qu'elle porte sur les mêmes faits dommageables ;

2 - **la CPAM**, qui en informe la victime par lettre, ce qui interrompt la prescription de deux ans.

89 Procédure de reconnaissance

La procédure de reconnaissance de la faute inexcusable se déroule en deux temps :

– une **phase de conciliation** entre l'employeur ou son représentant et la victime en présence d'un membre de la CPAM ;

– si aucun accord n'est trouvé, ni sur l'existence ou l'absence de la faute inexcusable, ni éventuellement sur les montants à attribuer, le litige est porté devant le tribunal des affaires de sécurité sociale (**TASS**) par la victime, la CPAM ou l'employeur. Le Tribunal statue sur l'existence d'une faute inexcusable et en cas de reconnaissance d'une faute inexcusable, sur les montants des majorations et réparations des préjudices complémentaires demandés par la victime.

---

1) Voir ci-dessus.

90 Appréciation de la faute inexcusable

La faute inexcusable sera reconnue si deux séries d'éléments sont réunies.

Premièrement, l'employeur avait ou aurait dû avoir **conscience du risque**, notamment du fait des informations qu'il avait ou aurait dû avoir ou se procurer.

A contrario, lorsque l'employeur n'avait, ni ne pouvait avoir conscience du risque, la faute inexcusable n'est pas constituée.

Ainsi, l'employeur ne commet pas de faute :

- en cas d'accident survenu à deux ouvriers montés sur un échafaudage pour démolir une cheminée, dès lors que les intéressés étaient expérimentés, usaient d'une technique habituelle, que ni la réglementation, ni la situation n'imposaient une nacelle et que d'autres cheminées avaient été démontées selon une technique identique ; la chute d'un morceau de la cheminée devait être considérée comme non prévisible [(1)] ;
- si l'absence de conscience peut être démontrée par l'absence d'anomalie du matériel en relation directe avec l'accident [(2)] ; lorsque la qualité du matériel n'est pas en cause, et que l'accident trouve sa cause dans la seule utilisation irraisonnée du matériel par le salarié [(3)] ;
- dès lors que l'employeur n'avait pas connaissance des problèmes de santé du salarié [(4)], ou de leur lien direct avec le travail [(5)].

Deuxièmement, et malgré cette connaissance réelle ou possible de ce risque, l'employeur n'a pas pris les **mesures nécessaires** afin de prémunir le salarié.

A contrario, le simple fait que l'employeur ait eu conscience du risque qui s'est réalisé ne suffit pas à caractériser sa faute inexcusable, si l'employeur a pris les mesures nécessaires qui s'imposaient au regard de ce qu'il connaissait du risque.

Ainsi, à titre d'exemples :

- la société avait fait suivre au salarié une formation interne à la sécurité menée par des salariés expérimentés ; à l'issue de cette formation, le salarié avait pris connaissance du règlement intérieur et des règles de sécurité ; ces consignes faisaient notamment état des risques liés au compactage, de l'interdiction de bloquer les commandes de mise en route et de récupérer des choses se trouvant dans la trémie ; le système de compactage était conforme aux règles de sécurité et ne présentait aucune défectuosité : l'employeur avait pris toutes les mesures nécessaires pour préserver son salarié du danger encouru [(6)] ;

---

1) Cass. 2e civ., 10 juin 2003, n° 01-21.200.

2) Cass. soc., 31 oct. 2002, n° 01-20.445 ; voir aussi Cass. 2e civ., 6 avr. 2004, n° 02-30.954.

3) Cass. soc., 27 juin 2002, n° 01-20.138 ; voir aussi Cass. 2e civ., 2 mai 2007, n° 06-10.083.

4) Cass. 2e civ., 20 mai 2010, n° 09-13.984, stress et fragilité psychologique ; Cass. 2e civ., 16 déc. 2010, n° 09-69.216 : allergies aux poudres médicamenteuses.

5) Cass. 2e civ., 13 nov. 2008, n° 07-16.573, douleurs de dos imputées à des coliques néphrétiques.

6) Cass. 2e civ., 20 juin 2007, n° 06-13.957.

– l'expertise technique ordonnée par les juges a relevé que la société avait mis à la disposition de ses salariés tous les moyens leur permettant de travailler dans des conditions de sécurité satisfaisante, aussi bien *« les moyens de protection individuelle, en l'occurrence le casque »*, que *« les moyens de prévention à travers des stages de formation permettant de sensibiliser le personnel à la sécurité »*, alors qu'il est établi par les pièces produites que *« M. X... a reçu cette formation comme ses collègues »* que cette formation à la sécurité n'avait d'ailleurs jamais été contestée jusqu'à ce que le jugement entrepris soit rendu : M. X... ne rapportait pas la preuve de ce que son employeur n'avait pas pris les mesures pour le préserver du danger auquel il était exposé [1].

ATTENTION

Si la faute inexcusable recherchée réside dans la violation d'une disposition légale ou réglementaire spécifique, l'employeur ne peut ni prétendre avoir pu ignorer le risque (nul n'est censé ignorer la loi) ni avoir pris les mesures nécessaires [2].

La faute inexcusable peut être retenue **en cas d'atteinte à la santé mentale** du salarié du fait de ses conditions de travail. Tel a été le cas dans une affaire où il était établi que l'équilibre psychologique du salarié avait été gravement compromis à la suite de la dégradation continue des relations de travail et du comportement de son employeur. L'employeur avait ou aurait dû avoir conscience du danger auquel était exposé son salarié. Dès lors qu'il n'a pas pris les mesures nécessaires pour l'en préserver, la cour d'appel a pu en déduire que l'employeur avait commis une faute inexcusable [3].

Mais il n'y a là, bien sûr, **rien de systématique** [4].

---

1) Cass. 2e civ., 18 janv. 2005, n° 03-30.019.

2) Pour une application à l'ancien article R. 231-66 du Code du travail relatif à la manutention des charges : Cass. 2e civ., 18 nov. 2010, n° 09-17.275 P.

3) Cass. 2e civ., 22 févr. 2007, n° 05.13.771 P.

4) Voir Cass. 2e civ., 18 oct. 2005, n° 04-30.205, Cass. 2e civ., 20 mai 2010, n° 09-1398 : *« si le syndrome dépressif développé par M. X... est en relation directe et essentielle avec la souffrance morale au travail engendrée par les difficultés qu'il devait surmonter, compte tenu de son handicap, pour continuer à remplir ses objectifs, il ne démontre pas que la société, en présence de certificats d'aptitude au travail délivrés après chaque consolidation des lésions causées par les accidents du travail successifs par le médecin du travail, en parfaite connaissance des déplacements inhérents à la fonction de démarcheur commercial, qu'elle justifie avoir limité en concentrant l'activité de son salarié sur le secteur urbain où il est domicilié, ait eu conscience du stress et de la pression psychique que subissait néanmoins ce dernier, dont les résultats étaient toujours performants et dont la fragilité psychique n'avait pas été décelée, et de la nécessité subséquente de réduire ses objectifs pour éviter le risque de décompensation susceptible d'en résulter »*.

91 Preuve de la faute inexcusable

Suivant une jurisprudence constante de la Cour de Cassation, c'est au salarié, qui se prétend victime d'un accident de travail imputable à la faute inexcusable de son employeur, de **prouver** que celui-ci devait avoir conscience du danger auquel il était exposé et n'avait pas pris les mesures nécessaires pour l'en préserver. Encourt donc la cassation toute décision qui condamnerait un employeur au motif que ce dernier devrait, pour s'exonérer de sa responsabilité, rapporter la preuve qu'il a mis en œuvre toutes les mesures susceptibles de garantir la sécurité de son salarié [1]. Par exception à ce principe, l'existence d'une faute inexcusable est **présumée** dans deux cas :

- lorsque l'accident du travail ou la maladie professionnelle atteint un salarié en **contrat à durée déterminée** ou un **travailleur temporaire** affecté à un poste de travail présentant des **risques particuliers** pour sa santé ou sa sécurité sans avoir bénéficié de la **formation à la sécurité renforcée** prévue pour cette situation (C. trav., art. L. 4154-3). Il s'agit là d'une présomption simple, qui supporte, le cas échéant, la preuve contraire ;
- lorsque l'accident du travail ou la maladie professionnelle survient alors que le risque a été **préalablement signalé** à l'employeur par le salarié victime de cet accident ou de cette maladie, notamment par l'exercice du droit de retrait ou par un membre du CHSCT (C. trav., art. L. 4131-4). Il suffit que l'employeur soit informé par un salarié ou par un membre du CHSCT d'un risque potentiel pour que soit constatée une faute inexcusable de l'employeur dans le cas où un accident se produit du fait du risque signalé, l'employeur n'ayant pas pris les mesures nécessaires pour éviter ce risque.

92 Lien entre la faute inexcusable et l'accident, faute de la victime

Pour que la victime d'un accident du travail ou d'une maladie professionnelle bénéficie d'une majoration de rente ou de capital et de la réparation des préjudices personnels, un lien est nécessaire entre la faute inexcusable de l'employeur et la survenance de l'accident ou de la maladie. Cependant, il n'est plus nécessaire que cette faute ait été une cause déterminante de l'accident : il suffit qu'elle ait été une **cause nécessaire**, c'est-à-dire une cause qui a contribué, parmi d'autres, à provoquer l'accident [2]. La faute de la victime n'a pas à être prise en compte pour apprécier la faute inexcusable de l'employeur [3]. Néanmoins, on peut envisager que l'imprudence de la

1) Cass. 2e civ., 8 juil. 2004, n° 02-30.984 P ; Cass. 2e civ., 5 juill. 2005, n° 03-30.565 ; Cass. 2e civ., 31 mai 2006, n° 04-30.430.
2) Cass. soc., 31 oct. 2002, n° 00-18.359 P.
3) Cass. soc., 24 juin 2005, n° 03-30.038 P ; Cass. ass. plén., 24 juin 2005, n° 03-30.038 P ; Cass. 2e civ., 10 nov. 2009, n° 08-20.580.

victime ait été tellement imprévisible que l'employeur ne puisse se voir reprocher de n'avoir pas eu conscience du risque [1].

Par ailleurs, dès lors qu'il y a faute inexcusable, la majoration de rente ne doit pas être réduite en fonction de la gravité de la faute de la victime, mais seulement lorsque le salarié a lui-même commis une **faute inexcusable** [2]. À défaut, la majoration de rente doit automatiquement être fixée à son maximum [3]. La simple imprudence de la victime n'a donc, sauf exceptions, pas d'incidence sur son droit à réparation et ne lui interdit pas de prétendre au taux maximal d'indemnisation. Pour que la prestation soit réduite voire refusée, il faut que la victime ait elle-même commis une faute inexcusable. La Cour de cassation a confirmé ce principe en admettant que :

- seule une faute inexcusable de la victime, au sens de l'article L. 453-1 du Code de la sécurité sociale, peut permettre de réduire la majoration de sa rente ;
- que présente un tel caractère la faute volontaire de la victime d'une exceptionnelle gravité exposant sans raison valable son auteur à un danger dont il aurait dû avoir conscience [4].

L'accumulation de ces conditions fait que la faute inexcusable ne sera retenue que dans des cas exceptionnels.

Exemple : *« M. X... a été heurté par le véhicule de M. Y..., de nuit, à 1 heure 20, alors que surgissant inopinément de derrière un pilier, il traversait en courant, de gauche à droite, une voie express passant sous un stade, dépourvue de trottoir ou d'accotement et longeant une voie ferrée, après avoir franchi des glissières de sécurité ; (...) la recherche d'alcoolémie effectuée sur la victime avait révélé un taux de 2,10 g/l ; (...) de ces énonciations et constatations procédant de son pouvoir souverain d'appréciation des éléments de preuve, la cour d'appel a pu déduire qu'était caractérisée la faute inexcusable de la victime, cause exclusive de son dommage »* [5].

1) Voir par exemple, Cass. soc., 27 juin 2002, n° 01-20.138.

2) Cass. soc., 31 mars 2003, n° 01-20.901 P.

3) Cass. soc., 6 févr. 2003, n° 01-20.004.

4) Cass.ass. plén., 24 juin 2005, n° 03-30.038 P ; Cass. 2e civ., 14 mars 2007, n° 05-20.424 ; Cass. 2e civ., 17 janvier 2007, n° 05-17.701 ; Cass. 2e civ., 16 oct. 2008, n° 07-16.053 ; Cass. 2e civ., 18 févr. 2010, n 09-10.819 ; Cass. 2e civ., 7 oct. 2010, n° 09-69.434.

5) Cass. 2e civ., 8 oct. 2009, n° 08-17.189.

SECTION II Les enjeux pénaux au titre des manquements à la santé et à la sécurité au travail

93 Le droit pénal occupe une place très importante en matière de santé et de sécurité au travail, à un double titre.

D'une part, la quasi-totalité des dispositions législatives ou réglementaires relatives à la santé et à la sécurité des travailleurs est assortie de sanctions pénales. En ce sens, un manquement à ces dispositions constitue **une infraction pénale en soi**, même en l'absence d'accident, de maladie ou plus largement de dommage causé. En moyenne, 40 % des procès-verbaux d'infractions établis par l'inspection du travail concernent la santé et la sécurité au travail.

D'autre part, **les accidents du travail** sont souvent à l'origine de poursuites pénales, tant sur le fondement des dispositions spécifiques du Code du travail que sur celui, plus général, du Code pénal (homicide et blessures involontaires).

PETIT LEXIQUE DE DROIT PÉNAL

L'infraction s'entend d'un comportement actif ou passif que la loi interdit et réprime par des sanctions. Les infractions sont expressément prévues par un texte légal ou réglementaire. Ainsi, le **droit pénal du travail** rassemble et étudie toutes les infractions relevant des relations de travail.

Les infractions pénales sont classées, suivant leur gravité, en **crimes, délits et contraventions** (C. pén., art. 111-1).

Les peines **criminelles** encourues par les personnes physiques sont la réclusion criminelle à perpétuité ou à temps (selon les cas, 30, 20, 15, 10 ans ; voir C. pén., art. 131-1). Le droit pénal du travail ne comporte pas de crimes.

Les peines **correctionnelles** pouvant frapper les personnes physiques sont notamment l'emprisonnement (pour 10 ans au plus), l'amende, le jour-amende, le travail d'intérêt général, les peines privatives ou restrictives de droits et les peines complémentaires dont la liste figure sous l'article 131-10 du Code pénal (C. pén., art. 131-3).

Les **contraventions** ne peuvent être sanctionnées par une peine d'emprisonnement, mais le sont notamment par l'amende, les peines privatives ou restrictives de droit énumérées par la loi ou la peine de sanction-réparation (C. pén., art. 131-12).

La classification est essentielle, notamment, en matière de **prescription** de l'action publique. Ne peuvent plus être poursuivis les faits criminels après l'écoulement d'un délit de 10 ans à compter du jour où le crime a été commis (C. proc. pén., art. 7). En matière de délit, la prescription de l'action publique est de trois ans (C. proc. pén., art. 8) et d'un an pour les contraventions (C. proc. pén., art. 9).

§1 La diversité des infractions prévues par le Code du travail et le Code pénal

94 Pour présenter de façon la plus claire toute l'étendue des infractions et sanctions pénales prévues par le droit en matière de santé et de sécurité au travail, il convient d'introduire une double distinction entre les infractions :

- prévues par le **Code du travail** ou par le **Code pénal ;**
- celles qui se réalisent même en l'absence de préjudice corporel (infractions dites « ***formelles*** ») et celles qui ne se réalisent qu'en présence d'un préjudice corporel (infractions dites « ***matérielles*** »).

A. - Infractions formelles prévues par le Code du travail

95 Ces infractions sont extrêmement nombreuses, la principale étant prévue par l'article L. 4741-1 du Code du travail : *« Est puni d'une amende de 3 750 euros, le fait pour l'employeur ou le préposé de méconnaître par sa faute personnelle les dispositions suivantes et celles des décrets en Conseil d'État pris pour leur application : 1° Titres premier, III et IV ainsi que section 2 du chapitre IV du titre V du livre premier ; 2° Titre II du livre II ; 3° Livre III ; 4° Livre IV ; 5° Titre premier, chapitres III et IV du titre III et titre IV du livre V ; 6° Chapitre II du titre II du présent livre »*. Selon la même disposition, l'amende délictuelle est appliquée autant de fois qu'il y a de salariés concernés par *« la ou les »* infractions relevées dans le procès-verbal dressé par l'inspecteur du travail.

DISPOSITIONS DU CODE DU TRAVAIL DONT LA MÉCONNAISSANCE CONSTITUE L'INFRACTION PRÉVUE À L'ARTICLE L. 4741-1 DU CODE DU TRAVAIL (LISTE LIMITATIVE)

Livre premier (dispositions générales) :

- titre premier (champ et dispositions d'application) ;
- titre III (droits d'alerte et de retrait) ;
- titre IV (information et formation des travailleurs) ;

- titre V (dispositions particulières à certaines catégories de travailleurs) :
  - chapitre IV (salariés titulaires d'un CDD et salariés temporaires),
  - section 2 (obligations particulières d'information et de formation).

Livre II (dispositions applicables aux lieux de travail) :
- titre II (obligations de l'employeur pour l'utilisation des lieux de travail).

Livre III (équipements de travail et moyens de protection)
Livre IV (prévention de certains risques d'exposition)
Livre V (prévention des risques liés à certaines activités ou opérations) :
- titre premier (travaux réalisés dans un établissement par une entreprise extérieure) ;
- titre III (bâtiment et génie civil) :
  - chapitre III (prescriptions techniques applicables avant l'exécution des travaux),
  - chapitre IV (prescriptions techniques de protection durant l'exécution des travaux) ;
- titre IV (autres activités et opérations).

Les infractions formelles prévues par le Code du travail sont en fait très diverses, tant au regard de la peine applicable qu'au regard de la personne punissable (voir tableau ci-dessous).

96 Les infractions prévues par le Code du travail (hors chantiers du bâtiment ou du génie civil)

Définition de l'infraction / Texte enfreint	Peine	Texte pénal (Code du travail) (1)
ARRÊT TEMPORAIRE DE TRAVAUX OU D'ACTIVITÉ Le fait pour l'employeur, de ne pas s'être conformé aux mesures prises par l'inspecteur du travail en application de l'article L. 4731-1	Emprisonnement d'un an et amende de 3 750 euros	Art. L. 4741-3
DOCUMENT UNIQUE Le fait de ne pas transcrire ou de ne pas mettre à jour les résultats de l'évaluation des risques, dans les conditions prévues aux articles R. 4121-1 et R. 4121-2	Amende prévue pour les contraventions de cinquième classe (1 500 euros au plus)	Art. R. 4741-1

Définition de l'infraction / Texte enfreint	Peine	Texte pénal (Code du travail) [1]
MISE EN DEMEURE PAR LE DIRECCTE Le fait de ne pas avoir satisfait à la mise en demeure du directeur de la DIRECCTE prévue à l'article L. 4721-1 à l'expiration du délai prévu à l'article R. 4721-2	Amende prévue pour les contraventions de la cinquième classe (1 500 euros au plus). L'amende est appliquée autant de fois qu'il y a de travailleurs directement exposés à la situation dangereuse visée par la mise en demeure. La récidive est réprimée conformément aux articles 132-11 et 132-15 du Code pénal	Art. R. 4741-2
DOCUMENTS ET AFFICHAGES Le fait de méconnaître les dispositions des articles L. 4711-1 à L. 4711-5, ainsi que celles des articles D. 4711-1 à D. 4711-3 relatives aux documents et affichages obligatoires	Amende prévue pour les contraventions de la quatrième classe (750 euros au plus). L'amende est appliquée autant de fois qu'il y a de personnes employées dans des conditions susceptibles d'être sanctionnées	Art. R. 4741-3
SUBSTANCES ET PRÉPARATIONS Le fait de ne pas donner aux travailleurs et à leurs représentants l'accès aux informations prévues à l'article 35 du règlement (CE) n° 1907/2006 (substances et préparations qu'ils utilisent ou auxquelles ils peuvent être exposés dans le cadre de leur travail)	Amende prévue pour les contraventions de la cinquième classe (1 500 euros au plus). L'amende est appliquée autant de fois qu'il y a de personnes employées dans les conditions susceptibles d'être sanctionnées. La récidive est réprimée conformément aux articles 132-11 et 132-15 du Code pénal	Art. R. 4741-3-1
ÉQUIPEMENTS DE TRAVAIL ET MOYENS DE PROTECTION Le fait pour **toute personne autre que celles mentionnées à l'article** L. 4741-1 [2], de méconnaître par sa faute personnelle les dispositions des articles L. 4311-1 à L. 4311-4, L. 4314-1, L. 4321-2, L. 4321-3, L. 4411-1, L. 4411-2, L. 4411-4 à L. 4411-6, L. 4451-1 et L. 4451-2 et celles des décrets en Conseil d'État pris pour leur application	Amende de 3 750 euros. La récidive est punie d'un emprisonnement d'un an et d'une amende de 9 000 euros. L'amende est appliquée autant de fois qu'il y a de salariés de l'entreprise concernés par la ou les infractions relevées dans le procès-verbal	Art. L. 4741-9 Art. L. 4741-10

Définition de l'infraction / Texte enfreint	Peine	Texte pénal (Code du travail) (1)
CHSCT Le fait de porter atteinte ou de tenter de porter atteinte soit à la constitution, soit à la libre désignation des membres, soit au fonctionnement régulier du CHSCT, notamment par la méconnaissance des dispositions du livre IV de la deuxième partie relatives à la protection des représentants du personnel à ce comité	Emprisonnement d'un an et amende de 3 750 euros	Art. L. 4742-1
SERVICE DE SANTÉ AU TRAVAIL Le fait de méconnaître les dispositions relatives aux missions et à l'organisation des services de santé au travail, prévues aux articles L. 4622-1 à L. 4622-7 ainsi que celles des décrets pris pour leur application. Le fait de méconnaître les dispositions relatives au recrutement, aux conditions d'exercice et à la protection dont bénéficie le médecin du travail, prévues aux articles L. 4623-1 à L. 4623-7 et celles des décrets pris pour leur application. Le fait de méconnaître les dispositions relatives à l'action du médecin du travail, prévues à l'article L. 4624-1 et celles des décrets pris pour leur application	Amende prévue pour les contraventions de la cinquième classe (1 500 euros au plus)	Art. R. 4745-1 Art. R. 4745-2 Art. R. 4745-3
SERVICE DE SANTÉ AU TRAVAIL Le fait de méconnaître les dispositions des articles L. 4621-1 à L. 4623-7 et des règlements pris pour leur application est puni, en cas de récidive dans le délai de trois ans	Emprisonnement de quatre mois et amende de 3 750 euros	Art. L. 4745-1
DISPOSITIONS CARSAT Infraction aux dispositions générales de prévention étendues à l'ensemble du territoire en application du premier alinéa de l'article L. 422-1 du Code de la sécurité sociale	Amende prévue pour les contraventions de la cinquième classe (1 500 euros au plus). L'amende est appliquée autant de fois qu'il y a de salariés de l'entreprise concernés par la ou les infractions relevées dans le procès-verbal. En cas de récidive, il pourra être prononcé l'amende prévue pour les contraventions de la cinquième classe	CSS, art. R. 471-1

1) Sauf précision contraire.
2) Rappel : les personnes visées à l'article L. 4741-1 sont *« l'employeur ou le préposé »*.

En cas d'infraction aux dispositions de l'article L. 4221-1, de celles du livre III ainsi que des articles L. 4411-7, L. 4525-1 et L. 4721-4 du Code du travail et des décrets prévus pour leur application, le jugement fixe, outre la peine, le délai dans lequel sont exécutés les travaux de sécurité et de salubrité imposés par ces dispositions. Ce délai ne peut excéder dix mois (C. trav., art. L. 4741-4).

B. - Infractions matérielles prévues par le Code pénal

97 Il s'agit des **délits et contraventions** relatifs aux atteintes involontaires à la vie ou à l'intégrité de la personne (homicide et blessures par imprudence). La sévérité des peines prévues par ces dispositions varie en fonction :

– de la gravité du **préjudice** causé à la victime ;

– et de la gravité du **comportement** ayant causé ce préjudice :

- gravité **objective** par référence à la violation d'un texte particulier, précis,
- gravité **subjective** par référence au caractère délibéré de la violation.

Définition de l'infraction	Peine	Texte pénal
Fait de causer par maladresse, imprudence, inattention ou manquement à une obligation de sécurité ou de prudence imposée par la loi ou le règlement, la **mort d'autrui**	**Délit** Trois ans d'emprisonnement et 45 000 euros d'amende	C. pén., art. 221-6
Idem, en cas de violation manifestement **délibérée** d'une obligation **particulière** de sécurité ou de prudence imposée par **la loi ou le règlement**	**Délit** Cinq ans d'emprisonnement et 75 000 euros d'amende	C. pén., art. 221-6-1
Fait de causer à autrui par maladresse, imprudence, inattention, négligence ou manquement à une obligation de sécurité ou de prudence imposée par la loi ou le règlement, une **incapacité totale de travail pendant plus de trois mois**	**Délit** Deux ans d'emprisonnement et de 30 000 euros d'amende	C. pén., art. 222-19
Idem, en cas de violation manifestement **délibérée** d'une obligation **particulière** de sécurité ou de prudence imposée par **la loi ou le règlement**	**Délit** Trois ans d'emprisonnement et 45 000 euros d'amende	C. pén., art. 222-19-1
Fait de causer à autrui une **incapacité totale de travail d'une durée inférieure ou égale à trois mois**, par la violation manifestement **délibérée** d'une obligation **particulière** de sécurité ou de prudence imposée par **la loi ou le règlement**	**Délit** Un an d'emprisonnement et 15 000 euros d'amende	C. pén., art. 222-20

Définition de l'infraction	Peine	Texte pénal
Fait de causer à autrui, par maladresse, imprudence, inattention, négligence ou manquement à une obligation de sécurité ou de prudence imposée par la loi ou le règlement, une **incapacité totale de travail d'une durée inférieure ou égale à trois mois**	Amende prévue pour les **contraventions de la 5e classe**, soit 1 500 euros	C. pén., art. R. 625-2
Fait, par maladresse, imprudence, inattention, négligence ou manquement à une obligation de sécurité ou de prudence imposée par la loi ou le règlement, de porter atteinte à l'intégrité d'autrui **sans qu'il en résulte d'incapacité totale de travail**	Amende prévue pour les **contraventions de la 2e classe**, soit 150 euros	C. pén., art. R. 622-1
Fait, par la violation manifestement **délibérée** d'une obligation **particulière** de sécurité ou de prudence prévue par **la loi ou le règlement** de porter atteinte à l'intégrité d'autrui **sans qu'il en résulte d'incapacité totale de travail**	Amende prévue pour les **contraventions de la 5e classe**, soit 1 500 euros	C. pén., art. R. 625-3

C. - Infractions formelles prévues par le Code pénal

Le Code pénal prévoit plusieurs infractions qui peuvent être constituées en l'absence d'atteinte à la vie ou à l'intégrité de la personne.

98 Mise en danger

Le fait d'exposer directement autrui à un risque immédiat de mort ou de blessures de nature à entraîner une mutilation ou une infirmité permanente par la violation manifestement délibérée d'une obligation particulière de sécurité ou de prudence imposée par la loi ou le règlement est puni d'un an d'emprisonnement et de 15 000 euros d'amende (C. pén., art. 223-1). Ce délit n'est constitué qu'en cas de manquement à une obligation particulière résultant de la loi ou d'un règlement (décret ou arrêté). Par conséquent, un manquement à l'obligation générale de sécurité résultant de l'article L. 4121-2 (ancien art. L. 230-2) du Code du travail, en l'absence de toute violation d'un règlement précis, ne permet pas de caractériser ce délit [(1)].

99 Harcèlement moral

Le fait de harceler autrui par des agissements répétés ayant pour objet ou pour effet une dégradation des conditions de travail susceptible de porter atteinte à ses droits et à

1) Cass. crim., 17 sept. 2002, n° 01-84.381.

sa dignité, d'altérer sa santé physique ou mentale ou de compromettre son avenir professionnel, est puni d'un an d'emprisonnement et de 15 000 euros d'amende (C. pén., art. 222-33-2) [1].

NOTE

En matière de harcèlement sexuel ou moral, la loi n° 2010-769 du 9 juillet 2010 a aligné le montant des amendes prévues par le Code du travail sur celui des amendes prévues par le Code pénal, soit 15 000 euros au lieu de 3 750 euros. Cette même loi a inséré dans le Code pénal une disposition suivant laquelle « *les personnes physiques ou morales coupables de l'une des infractions prévues par les articles 222-33 et 222-33-2 encourent également la peine complémentaire d'affichage ou de diffusion de la décision prévue par l'article 131-35* » (C. pén., art. 222-50-1), répondant ainsi à un vide législatif [2].

100 Omission de porter secours

Quiconque s'abstient volontairement de porter à une personne en péril l'assistance que, sans risque pour lui ou pour les tiers, il pouvait lui prêter soit par son action personnelle, soit en provoquant un secours est puni de 5 ans d'emprisonnement et de 75 000 euros d'amende (C. pén., art. 223-6). Constitue un tel délit le fait, pour un cadre, de laisser un salarié retourner chez lui avec son véhicule, à l'issue d'un repas « *arrosé* » pris sur le lieu de travail [3].

101 Soumission à des conditions de travail indignes

Le fait de soumettre une personne, dont la vulnérabilité ou l'état de dépendance sont apparents ou connus de l'auteur, à des conditions de travail ou d'hébergement incompatibles avec la dignité humaine est puni de 5 ans d'emprisonnement et de 150 000 euros d'amende (C. pén., art. 225-14). Ces peines sont majorées (C. pén., art. 225-15) lorsque le délit est commis à l'égard de plusieurs personnes ou d'un mineur (sept ans/200 000 euros), ou de plusieurs personnes parmi lesquelles figurent un ou plusieurs mineurs (dix ans/300 000 euros). Les mineurs ou les personnes qui ont été victimes des faits décrits par ces articles à leur arrivée sur le territoire français sont considérés comme des personnes vulnérables ou en situation de dépendance (C pén., art. 225-15-1).

1) Sur le harcèlement moral, voir ci-dessus, n°s 34 et s., 377 et s.
2) Cass. crim., 15 sept. 2009, n° 09-80.155.
3) Cass. crim., 5 juin 2007, n° 06-86.228.

D. - Cumul des infractions

102 Limitations

Compte tenu de la multiplicité des infractions pénales décrites ci-dessus, il n'est pas rare que, par un même comportement, une personne commette plusieurs infractions et encoure plusieurs peines. En particulier, il est fréquent qu'à la suite d'un accident du travail causé par un manquement aux lois et règlements de santé et de sécurité, une même personne de l'entreprise soit poursuivie, à la fois au titre de l'infraction aux règles de sécurité (C. trav., art. L. 4741-1) **et** au titre d'un homicide ou de blessures involontaires. En ce cas, il est fait application des **règles propres au droit pénal concernant les concours d'infraction et cumul de peines** (C. pén., art. 132-2 et s.), car ces deux types d'incriminations tendent à la protection d'intérêts collectifs ou individuels distincts [1]. Ainsi, en infligeant deux peines d'amende distinctes à la même personne, d'une part pour le délit d'infraction à la réglementation sur la santé et la sécurité au travail, et d'autre part pour la contravention de blessures involontaires avec incapacité n'excédant pas trois mois, les juges ont fait l'exacte application de l'article 132-7 du Code pénal selon lequel les peines d'amende pour contraventions se cumulent entre elles et avec celles encourues ou prononcées pour des crimes ou délits en concours [2]. Mais il doit être aussi tenu compte des dispositions de **l'article L. 4741-1 du Code du travail**, précisant qu'en cas d'infraction aux règles de santé et de sécurité au travail, l'amende est appliquée autant de fois qu'il y a de salariés de l'entreprise concernés par « *la ou les* » infractions relevées dans le procès-verbal : ainsi, les juges constatant qu'une même personne a commis trois infractions à la réglementation, ayant chacune concerné trois salariés, ne peuvent infliger que trois amendes, et non neuf [3].

103 Paiement des amendes par l'employeur

Lorsqu'une des infractions énumérées à l'article L. 4741-1 du Code du travail a été commise par un préposé, et qu'elle a provoqué la mort ou des blessures dans les conditions définies aux articles 221-6, 222-19 et 222-20 du Code pénal, ou involontairement, des blessures, coups ou maladies n'entraînant pas une incapacité totale de travail personnelle supérieure à trois mois, le tribunal peut, compte tenu des circonstances de fait et des conditions de travail de l'intéressé, décider que le paiement des amendes prononcées sera mis, en totalité ou en partie, à la charge de l'employeur (C. trav., art. L. 4741-2).

---

1) Cass. crim., 16 mars 1999, n° 97-86.048 ; Cass. crim., 13 sept. 2005, n° 04-85.736 P ; Cass. crim., 2 mars 2010, n° 09-82.607 P.

2) Cass. crim., 11 sept. 2007, n° 06-86.564.

3) Cass. crim., 6 mai 2008, n° 07-86.587.

104 Plan de rétablissement des conditions de santé et de sécurité

La juridiction pénale doit, dans certains cas, enjoindre à l'entreprise de présenter, dans un délai qu'elle fixe, un plan de réalisation des mesures propres à rétablir des conditions normales de santé et de sécurité au travail, accompagné de l'avis motivé du comité d'entreprise et du CHSCT ou, à défaut, des délégués du personnel (C. trav., art. L. 4741-11). Cette obligation s'impose à la juridiction lorsque :

- elle est saisie de poursuites à la suite d'un **accident du travail** survenu dans une entreprise où ont été relevés des **manquements graves ou répétés** aux règles de santé et de sécurité au travail ;
- et que, pour autant, elle **relaxe** la ou les personnes **physiques** poursuivies sur le fondement des articles 221-6, 222-19 et 222-20 du Code pénal.

Après avis du directeur de la DIRECCTE (antérieurement, directeur départemental du travail), la juridiction adopte le plan présenté. À défaut de présentation ou d'adoption d'un tel plan, elle condamne l'entreprise à exécuter pendant une période qui ne saurait excéder **cinq ans** un plan de nature à faire disparaître les manquements visés ci-dessus. Dans ce dernier cas, les **dépenses** mises à la charge de l'entreprise ne peuvent annuellement dépasser le montant annuel moyen des cotisations d'accidents du travail [(1)] prélevé au cours des cinq années antérieures à celle du jugement, dans le ou les établissements où ont été relevés les manquements aux règles de santé et de sécurité. Le **contrôle** de l'exécution des mesures prescrites est exercé par l'inspecteur du travail. S'il y a lieu, il saisit le juge des référés, qui peut ordonner la **fermeture totale ou partielle** de l'établissement pendant le temps nécessaire pour assurer cette exécution. Dans le délai imparti pour la présentation du plan, aucune infraction nouvelle ne pourra être constatée pour la même cause (C. trav., art. L. 4741-12). En cas de **récidive** constatée au sein d'un établissement ayant fait l'objet d'une condamnation prononcée dans le cadre défini ci-dessus, le tribunal correctionnel peut ordonner la fermeture totale ou partielle, définitive ou temporaire de l'établissement. La décision du juge ne peut entraîner ni rupture, ni suspension du contrat de travail, ni aucun préjudice pécuniaire à l'encontre des salariés concernés. Néanmoins, lorsque la fermeture totale et définitive entraîne le licenciement du personnel, elle donne lieu, en dehors de l'indemnité de préavis et de l'indemnité de licenciement, aux dommages-intérêts prévus aux articles L. 1235-2 à -5 du Code du travail en cas de rupture du contrat de travail (C. trav., art. L. 4741-13). L'employeur qui, dans les délais prévus, n'a pas présenté le plan ou n'a pas pris les mesures nécessaires à la réalisation du plan arrêté par la juridiction, est puni d'une **amende** de 18 000 euros.

---

1) Voir ci-dessus, nos 46 et s.

§2 Les procédures spécifiques aux infractions prévues par le Code du travail

105 Les poursuites pénales, au titre des infractions rappelées ci-dessus ne peuvent être exercées par l'inspecteur du travail. La mise en mouvement de l'action publique relève de la compétence du **Ministère public** (qui apprécie l'opportunité des poursuites), ou de la **victime** de l'infraction (action civile).

Les **syndicats** « *ont le droit d'ester en justice. Ils peuvent devant toutes les juridictions exercer tous les droits relativement aux faits portant un préjudice direct ou indirect à l'intérêt collectif de la profession qu'ils représentent* » (C. trav., art. L. 2132-3). La jurisprudence ne donne aucun critère permettant de distinguer l'intérêt collectif défendu par l'organisation syndicale, de l'intérêt individuel de la victime et de l'intérêt général justifiant l'action du ministère public. Il n'existe pas *a priori* de domaines du droit pénal du travail qui soient fermés à l'action civile des syndicats. Il en est différemment pour les infractions de droit commun. En matière d'homicide ou blessures par imprudence (C. pén., art. 221-6, 222-19 et 222-20), la Cour de cassation a largement admis la recevabilité de l'action civile d'un syndicat, en l'absence même d'infraction à un texte particulier relevant de la législation du travail, dès lors les imprudences et négligences retenues comme élément constitutif de l'infraction prévue par le code pénal ont eu « *pour résultat de compromettre la sécurité des travailleurs et de causer ainsi un préjudice aux intérêts collectifs de la profession représentée par le syndicat* » (1).

106 Constat des infractions aux règles de santé et sécurité

L'inspecteur du travail peut constater l'infraction aux règles de santé et de sécurité par un **procès-verbal** qui fait foi jusqu'à preuve du contraire. Ce procès-verbal est dressé en double exemplaire dont l'un est envoyé au préfet du département et l'autre déposé au Parquet (C. trav., art. L. 8113-7).

L'infraction peut également être constatée par les **officiers et agents de police judiciaire**, notamment à l'occasion d'un accident grave.

S'agissant de la conformité des **équipements de travail et moyens de protection**, l'infraction aux dispositions du Code du travail commise à l'occasion des opérations d'exposition, vente, importation, location, mise à disposition ou cession de ces équipements et moyens peut aussi être constatée, en dehors des lieux d'utilisation, au moyen d'un procès-verbal transmis au Parquet, par les agents des **douanes**, les agents de la **concurrence**, de la consommation et de la répression des fraudes, les ingénieurs des **mines**, les ingénieurs de l'industrie et des mines (C. trav., art. L. 4311-6).

1) Cass. crim., 23 nov. 1982, n° 82-91.224 P ; v. aussi Cass. crim., 11 oct. 2005, n° 05-82.414 P.

S'agissant des **chantiers du bâtiment ou du génie civil**, l'infraction aux dispositions du Code du travail (C. trav., art. L. 4744-1 à -5) peut être constatée par l'officier de police judiciaire, l'inspecteur du travail et tout **fonctionnaire et agent de l'État et des collectivités publiques** assermenté et commissionné à cet effet par le maire ou le ministre chargé de l'Urbanisme suivant l'autorité dont il relève (C. trav., art. L. 4744-7 et C. urb., art. L. 480-1).

107 Mise en demeure préalable

Lorsque le texte méconnu **le prévoit**, l'inspecteur du travail doit, avant de dresser procès-verbal, mettre l'employeur en demeure de se conformer aux prescriptions enfreintes (C. trav., art. L. 4721-4). La mise en demeure est notifiée par écrit à l'employeur par remise en main propre contre décharge ou par lettre recommandée avec avis de réception (C. trav., art. R. 8113-4), datée et signée. Elle indique les infractions constatées et fixe un **délai** à l'expiration duquel ces infractions devront avoir disparu. Ce délai est fixé en tenant compte des circonstances, à partir du minimum établi par le texte enfreint (minimum incompressible de quatre jours, C. trav., art. L. 4721-6). Avant l'expiration du délai, et au plus tard dans les 15 jours qui suivent la mise en demeure, par envoi en recommandé avec accusé de réception, l'employeur peut saisir le directeur de la DIRECCTE d'un recours, à effet suspensif (C. trav., art. R. 4723-1 et s.). Il y est statué dans un délai de 21 jours à compter de la date de présentation du recommandé, délai pouvant être prolongé d'une nouvelle période de 21 jours si les nécessités de l'instruction l'exigent (auquel cas l'employeur en est informé par lettre recommandée avec accusé de réception). La non-communication à l'employeur de la décision du directeur de la DIRECCTE dans ce délai vaut acceptation de la réclamation. Le délai d'exécution des mises en demeure, comme les délais de recours, partent du jour de remise de la notification ou du jour de la première présentation de la lettre recommandée (C. trav., art. R. 8113-5). Par exception, l'inspecteur est toujours autorisé à dresser immédiatement procès-verbal, sans mise en demeure préalable, lorsque les faits qu'il constate présentent un **danger grave ou imminent** pour l'intégrité physique des travailleurs. Le procès-verbal précise explicitement les circonstances de fait et de législation ou les règlements applicables à l'espèce (C. trav., art. L. 4721-5).

108 DIRECCTE

Le directeur de la DIRECCTE (antérieurement, le directeur départemental du travail) intervient également pour mettre en demeure le chef d'entreprise de remédier à certaines situations de risque qui ne sont **pas prévues par les textes** en vigueur et n'emportent aucune infraction à une règle particulière. Ainsi, il peut mettre en demeure le chef d'établissement de prendre toutes mesures utiles pour remédier à une situation dangereuse (C. trav., art. L. 4721-1 et s., R. 4721-1 et s.), sur le rapport de l'inspecteur du travail constatant :

1 - le non-respect par l'employeur des **principes généraux de prévention** prévus par les articles L. 4121-1 à L. 4121-5 et L. 4522-1 (1) ;

ou

2 - une infraction à **l'obligation générale de sécurité** résultant des dispositions légales (2), notamment dans le cas où le risque professionnel trouve son origine dans les conditions d'organisation du travail ou d'aménagement du poste de travail, l'état des surfaces de circulation, l'état de propreté et d'ordre des lieux de travail, le stockage des matériaux et des produits de fabrication.

Cette mise en demeure est faite par écrit, datée et signée et fixe un délai d'exécution tenant compte des difficultés de réalisation, au minimum quatre jours ouvrables. Si, à l'expiration de ce délai, l'inspecteur du travail constate que la situation dangereuse n'a pas cessé, il peut dresser **procès-verbal** au chef d'établissement, qui est alors puni d'une **amende de cinquième classe** (1 500 euros au plus, autant de fois que de travailleurs exposés ; C. trav., art. R. 4741-2). Avant l'expiration du délai, et au plus tard dans les 15 jours qui suivent la mise en demeure, par envoi en recommandé avec accusé de réception, l'employeur peut saisir le directeur de la DIRECCTE d'un recours, à effet suspensif (C. trav., art. R. 4723-1 et s.). Il y est statué dans un délai de 21 jours à compter de la date de présentation du recommandé, délai pouvant être prolongé d'une nouvelle période de 21 jours si les nécessités de l'instruction l'exigent (auquel cas l'employeur en est informé par lettre recommandée avec accusé de réception). La non-communication à l'employeur de la décision du directeur de la DIRECCTE dans ce délai vaut acceptation de la réclamation. Le délai d'exécution de la mise en demeure, comme le délais de recours, partent du jour de remise de la notification ou du jour de la première présentation de la lettre recommandée (C. trav., art. R. 8113-5).

---

1) Voir ci-dessus, n°s 22 et s.

2) Voir ci-dessous, n°s 110 et s.

Chapitre 2

Comprendre la notion d'obligation de sécurité de résultat

109 Longtemps, on a admis que l'employeur satisfaisait à ses obligations en matière d'hygiène et de sécurité à partir du moment où il appliquait et faisait appliquer la réglementation publique relative aux bâtiments, aux installations, aux machines, aux produits utilisés, etc. Aujourd'hui on tend plutôt à considérer, un peu rapidement, que l'employeur doit répondre de tous les sinistres (accidents et maladies) qui surviennent dans l'entreprise ou en relation avec le travail, et ce quels que soient les efforts qu'il a pu entreprendre pour les prévenir.

La vérité du droit est sans doute à mi-chemin.

D'un côté, il est certain qu'en cas de sinistre ou même simplement de risque avéré, l'employeur ne peut plus se contenter, pour échapper à ses responsabilités, de démontrer qu'il a respecté la réglementation : se conformer à des règlements n'est plus *suffisant*, car l'obligation de sécurité mise à la charge de l'employeur est une **obligation générale** (section I).

D'un autre côté, il n'est pas vrai que l'employeur doive pour autant être *nécessairement* tenu responsable de tout sinistre ou de toute situation de risque constaté dans l'entreprise. Même si son obligation de sécurité est une **obligation de résultat** (section II), sa responsabilité reste, selon nous, soumise à des conditions autres que la seule existence du sinistre ou du risque.

En d'autres termes :

- l'employeur est tenu d'agir pour prévenir l'ensemble des risques professionnels existants, y compris en allant au-delà de ce que prévoit la réglementation ;
- pour autant, ses capacités de prévention n'étant pas illimitées, il ne peut être tenu responsable des risques qu'il n'aura pas pu prévoir ou prévenir.

ATTENTION

Le plus souvent, l'obligation de sécurité de l'employeur est invoquée dans le cadre de procédures destinées à engager la responsabilité de l'employeur (ou d'un de ses représentants) à la suite d'un d'un accident ou d'une maladie, c'est-à-dire **d'un risque *réalisé*** (ou sinistre).
Or la première obligation de l'employeur, à la lumière des principes généraux de prévention [1] est de supprimer les risques *« à la source »*. Dès lors, la seule existence d'un **risque *créé***, même non réalisé, peut donner lieu à l'engagement de la responsabilité de l'employeur.

SECTION I Le caractère général de l'obligation de sécurité

110 Énoncé

Depuis plusieurs décennies, il est admis en jurisprudence que l'employeur a, vis-à-vis des salariés, une obligation de sécurité générale [2], c'est-à-dire qui ne se limite pas au seul respect des lois et règlements en vigueur : *« indépendamment des mesures expressément rendues obligatoires par les textes réglementaires relatifs à la sécurité des travailleurs, il appartient au chef d'entreprise de prendre les dispositions nécessaires commandées par les circonstances et relevant de son obligation générale de sécurité »* [3].

Cela signifie concrètement qu'en cas de sinistre ou même de situation de danger, le fait que l'entreprise ait strictement appliqué les lois et règlements en vigueur n'exclut pas nécessairement que l'employeur puisse voir engager sa responsabilité. Pour autant, cela ne signifie pas que l'employeur soit responsable de plein droit (sans faute) de tout sinistre ou danger. Simplement, le juge a le pouvoir de considérer, au cas par cas, qu'en dépit de son application stricte des lois et règlements en vigueur, l'employeur a commis une négligence ayant joué un rôle dans la survenance du sinistre ou la création du danger.

1) Voir ci-dessus, n°s 22 et s.

2) Cass. crim., 23 oct. 1990, n° 89-84.718 P ; Cass. crim., 29 oct. 1968, n° 67-93.661 P.

3) Cass. crim., 11 juin 1987, n° 86-90.933.

Ainsi, le respect des obligations particulières de prévention (par exemple, la mise en conformité des machines au regard des règlements et normes publics) n'exclut pas le constat d'une faute. En cas d'accident causé par une machine, les juges doivent rechercher si, au-delà du constat de la conformité de la machine aux normes en vigueur, l'employeur a accompli toutes les diligences normales lui incombant [1].

Cette jurisprudence peut se fonder sur les termes très généraux des articles L. 4121-1 et L. 4221-1 du Code du travail (anciens art. L. 232-1 et L. 233-1) [2], selon lesquels :

- *« l'employeur prend les mesures nécessaires pour assurer la sécurité et protéger la santé physique et mentale des travailleurs »* (C. trav., art. L. 4121-1) ;
- *« les établissements et locaux de travail sont aménagés de manière à ce que leur utilisation garantisse la sécurité des travailleurs. Ils sont tenus dans un état constant de propreté et présentent les conditions d'hygiène et de salubrité propres à assurer la santé des intéressés »* (C. trav., art. L4221-1).

Les mêmes principes peuvent d'ailleurs trouver application à un stade plus précoce, c'est-à-dire avant même la réalisation d'un sinistre. Par exemple, si l'inspecteur du travail constate dans une entreprise l'existence d'une situation de risque grave, laquelle pourtant ne contrevient à aucun règlement particulier, il lui est possible, cela étant, de faire adresser à l'employeur une mise en demeure visant à ce qu'il soit remédié à la situation, par le biais d'une procédure particulière [3]. De même, si un salarié estime être exposé à une situation de risque grave, il pourra, selon les cas, exercer son droit de retrait, voire prendre acte de la rupture de son contrat de travail aux torts de l'employeur, et/ou solliciter des dommages-intérêts au titre du préjudice qu'il aura subi du fait de cette exposition [4].

111 Prévention et précaution

Les deux dernières décennies ont vu prospérer le concept éthique et juridique dit du *« principe de précaution »*, qui peut être énoncé *a minima* de la façon suivante : dès lors que l'existence d'un risque grave est considérée comme scientifiquement plausible, l'absence de certitude sur l'existence de ce risque ne suffit pas à justifier qu'on puisse s'abstenir de prendre toute mesure de protection des personnes.

Ainsi énoncé, le principe de précaution n'a jamais été consacré de façon expresse et générale en droit de la santé et de la sécurité au travail. La Charte de l'environnement adossée à notre Constitution consacre le principe de précaution (art. 5) [5], tout en

1) Cass. crim., 19 nov. 1996, n° 95-85.945 P.

2) Cass. crim., 8 nov. 1994, n° 93-81.274 P.

3) Voir ci-dessus, n° 108.

4) Voir ci-dessous, n°s 120 et s.

5) *« Lorsque la réalisation d'un dommage, bien qu'incertaine en l'état des connaissances scientifiques, pourrait affecter de manière grave et irréversible l'environnement, les autorités publiques veillent, par application du principe de précaution et dans leurs domaines d'attributions, à la mise en oeuvre de procédures d'évaluation des risques et à l'adoption de mesures provisoires et proportionnées afin de parer à la réalisation du dommage ».*

limitant sa portée aux actions des autorités publiques en matière de prévention des dommages graves et irréversibles pouvant affecter l'environnement. Les dispositions générales du Code du travail en matière de santé et de sécurité au travail ne font pas référence au principe de précaution. En revanche, on peut trouver des manifestations d'un certain esprit de précaution dans plusieurs dispositions législatives ou réglementaires. Exemples : radioprotection (C. santé pub., art. L. 1333-1), déclaration des substances chimiques avant leur mise sur le marché (C. trav., art. L. 4411-3 [1] ; art. R. 4411-3 et R. 4411-42 et s. [2]), etc.

En tout état de cause, l'engagement de la responsabilité de l'employeur au titre d'un risque précis demeure subordonné à la conscience qu'avait ou qu'aurait dû avoir l'employeur de l'existence de ce risque. À titre d'exemple, il a été admis que le juge civil puisse refuser de condamner l'employeur qui a utilisé ou travaillé indirectement l'amiante (et non produit ou transformé l'amiante) à une époque où les textes ne faisaient pas état de la dangerosité de telles opérations [3]. Le même raisonnement a été retenu à propos de l'exposition des salariés au formol, dès lors qu'à l'époque les effets cancérogènes de ce produit étaient méconnus [4].

Cela étant, peut-on considérer que l'employeur avait ou devait avoir conscience d'un risque dont l'existence, au plan scientifique, n'est pas prouvée mais simplement considérée comme plausible ? Rien ne permet de l'exclure. Un employeur pourrait voir sa responsabilité engagée du fait qu'il n'a pas pris de mesure de prévention à l'égard d'un risque dont il avait ou devait avoir conscience de la potentialité, dès lors que celle-ci était fondée sur des présomptions scientifiques suffisantes. Sans même évoquer le principe de précaution, les sources publiques d'information sur les risques sont multiples. Ainsi, compte tenu notamment des données disponibles sur Internet [5], aucune entreprise ne peut ignorer l'évolution des connaissances scientifiques relatives aux risques des produits qu'elle utilise, et doit à cet égard organiser une veille. Par ailleurs, le droit fait une place croissante au principe de substitution. Le Code du travail énonce de façon générale qu'il faut remplacer ce qui est dangereux par ce qui ne l'est pas ou ce qui l'est moins (C. trav., art. L. 4121-2), sans se prononcer clairement sur le degré de certitude requis quant à l'existence du danger.

---

1) Ord. n° 2009-229, 26 févr. 2009.

2) D. n° 2008-1310, 11 déc. 2008.

3) Cass. 2e civ., 25 oct. 2006, n° 05-21.167 ; Cass. 2e civ., 17 janv. 2007, n° 06-13.920. Voir cependant, pour une appréciation plus sévère : Cass. 2e civ.,16 sept. 2010, n° 09-16.209 ; Cass. 2e civ., 3 juin 2010, n° 09-13842 ; Cass. 2e civ., 3 juill 2008, n° 07-18.689 P, ou encore à propos de la silice : Cass. 2e civ. 21 oct. 2010, nos 09-16.883 et 09-16.884.

4) Cass. 2e civ., 3 juin 2010, n° 09-14.063.

5) Exemple : <www.sante-environnement-travail.fr>.

SECTION II Les impacts de l'obligation de résultat

112 Depuis 2002, la jurisprudence consacre l'existence, à la charge de l'employeur, d'une obligation de sécurité *« de résultat »* vis-à-vis du salarié. À certains égards, cette jurisprudence semble opérer une transposition, dans le cadre de la relation de travail, d'un concept juridique classique, appliqué pour la première fois au contrat de transport de personnes en 1911.

En droit des contrats, **l'obligation de sécurité** désigne l'obligation contractuelle par laquelle l'une des parties à un contrat (par exemple le transporteur, dans un contrat de transport de personne) s'engage à rendre l'autre partie (le client, l'usager) saine et sauve à la fin de l'exécution du contrat. L'obligation de sécurité est dite « ***de résultat*** » (par opposition à l'obligation dite « ***de moyens*** ») lorsqu'elle a pour objet la réalisation même du résultat, et non seulement la mise en œuvre des moyens nécessaires pour y parvenir. Celui qui est tenu d'une obligation de sécurité de résultat manque à cette obligation par le seul fait que son cocontractant se trouve victime d'un dommage corporel à l'occasion de l'exécution du contrat, peu importent les moyens que lui-même a mis en œuvre pour éviter ce dommage. À l'inverse, celui qui est tenu d'une obligation de moyens ne manque à cette obligation que s'il s'est abstenu de mettre en œuvre les moyens nécessaires pour éviter le dommage, en d'autres termes que s'il s'est montré peu prévoyant, imprudent ou négligent.

113 Transposée à la matière qui nous intéresse, l'idée n'est pas sans susciter de graves interrogations. En effet, la sécurité du travailleur ne saurait, comme on l'a vu, se résumer au seul respect de son intégrité physique : l'employeur doit prévenir toute atteinte à la santé, l'intégrité mentale... Dès lors, l'employeur serait-il tenu non seulement de restituer le salarié sain et sauf à la *« sortie »* de l'entreprise, mais aussi de lui garantir qu'à l'issue du travail – au sens large, la fin de la journée, la fin de la relation, la fin de la carrière –, ni sa santé ni son espérance de vie n'auront été altérées par le fait du travail ? L'employeur est-il nécessairement responsable de toute altération de la santé survenue à l'occasion du travail, et ce quels que soient les moyens de prévention mis en œuvre ?

Disons-le clairement, une telle interprétation n'est pas recevable. Le principe de l'obligation de sécurité de résultat nous semble, ici, plutôt coïncider avec celui de l'obligation générale de sécurité [1]. Certes, l'obligation de sécurité de l'employeur ne se limite pas au seul respect des lois et règlements en vigueur, ni à la mise en œuvre de *moyens* de prévention ; elle a pour objet de parvenir à un *résultat*, la protection de la

1) Voir ci-dessus, n°s 110 et s.

santé des travailleurs [1]. Mais cela ne signifie pas pour autant que l'employeur, dont les capacités de prévention ne sont pas illimitées, puisse être tenu responsable de risques qu'il n'aura pas pu prévoir ou prévenir. Le risque zéro n'existe pas, même en droit, comme en attestent de nombreuses dispositions réglementaires (par exemple, C. trav., art. R. 4224-20 sur les zones de danger).

114 Tel ne peut être, par conséquent, le sens de la jurisprudence actuelle relative à l'obligation de sécurité de résultat, dont il convient de présenter les différentes manifestations. Celles-ci se sont agrégées en plusieurs étapes, au gré de l'évolution de la jurisprudence :

- élargissement de la notion de faute inexcusable (§ 1) ;
- sanction civile de l'exposition au risque (§ 2) ;
- interdiction de l'aggravation des risques (§ 3).

§1 L'élargissement de la notion de faute inexcusable

115 La faute inexcusable

Il convient tout d'abord de préciser le cadre dans lequel le débat a été posé. En cas d'accident du travail ou de maladie professionnelle (au sens du droit de la sécurité sociale), la responsabilité de l'employeur peut être engagée, comme on l'a vu [2], à condition que l'accident ou la maladie résulte de la **faute inexcusable** de l'employeur (CSS, art. L. 452-1), point qui relève de l'appréciation du **tribunal des affaires de sécurité sociale** (TASS) saisi par la victime ou ses ayants droit.

En cas de faute inexcusable constatée, la victime ou ses ayants droit bénéficieront d'un **complément d'indemnisation** (CSS, art. L. 452-2 et -3), dont la charge sera supportée par la sécurité sociale, puis reportée **sur l'employeur fautif**.

La notion de *« faute inexcusable »* n'étant pas définie par la loi, une jurisprudence bien établie avait considéré qu'elle s'entendait d'une *« faute d'une gravité exceptionnelle, dérivant d'un acte ou d'une omission volontaire, de la conscience du danger que devait en avoir son auteur, de l'absence de toute cause justificative,* [à défaut d']*élément intentionnel »* [3].

116 Les arrêts du 28 février 2002

Cette définition n'a plus cours depuis les arrêts de la Chambre sociale de la Cour de cassation du 28 février 2002, lesquels ont admis que l'existence d'une *« faute inexcu-*

1) Sur le passage de l'*« hygiène »* à la *« santé »*, voir ci-dessus, introduction.

2) Voir ci-dessus, n°s 80 et s.

3) Cass. ch. réunies, 15 juill. 1941, *Veuve Villa*.

sable» devait s'apprécier au regard de l'obligation de sécurité de résultat à laquelle l'employeur est tenu vis-à-vis du salarié : *« en vertu du contrat de travail le liant à son salarié, l'employeur est tenu envers celui-ci d'une obligation de sécurité de résultat, notamment en ce qui concerne les maladies professionnelles* (...) ; *que le manquement à cette obligation a le caractère d'une faute inexcusable, au sens de l'article L. 452-1 du Code de la sécurité sociale, lorsque l'employeur avait ou aurait dû avoir conscience du danger auquel était exposé le salarié et qu'il n'a pas pris les mesures nécessaires pour l'en préserver»* [1].

Impressionnant par son énoncé, ce principe n'a cependant qu'une portée technique limitée. En effet, l'obligation de sécurité de résultat n'a pas réduit à néant la faute inexcusable, dont la reconnaissance est toujours **une condition légalement nécessaire à l'engagement de la responsabilité de l'employeur** en cas d'accident du travail ou de maladie professionnelle (CSS, art. L. 452-1).

Par réaction au scandale de l'amiante, la Cour de cassation, entendait faciliter l'accès des victimes à une indemnisation améliorée [2]. Mais elle n'avait pas pour autant le pouvoir de supprimer la première condition d'accès à ce complément d'indemnisation : l'existence d'une faute inexcusable de l'employeur. À défaut, elle a donc décidé d'élargir sa propre définition de la faute inexcusable. Pour justifier ce revirement, elle a choisi de faire application à la relation employeur/salarié du concept d'obligation de sécurité de résultat. C'est d'ailleurs la vocation normale du concept d'obligation de sécurité de résultat que d'être *« découverte »* par la jurisprudence dans certains contrats afin de satisfaire un impératif d'indemnisation des dommages corporels.

117 Des effets limités

Reste qu'en matière d'accidents du travail, l'obligation de sécurité de résultat ne peut en aucun cas produire ses effets habituels, c'est-à-dire permettre que le débiteur de l'obligation de sécurité de résultat (ici, l'employeur) voie sa responsabilité engagée *par le seul fait* que le créancier (ici, le salarié) soit victime d'un dommage corporel à l'occasion de l'exécution du contrat.

En effet, l'engagement de la responsabilité civile de l'employeur suppose toujours – condition légale –, la preuve que celui-ci a commis une faute inexcusable, même si cette notion est réduite à sa plus simple expression. Suivant la nouvelle jurisprudence issue des arrêts du 28 février 2002, la faute inexcusable de l'employeur sera caractérisée dès lors que celui-ci :

– avait ou devait avoir conscience du risque auquel était exposé le salarié ;

1) Cass. soc., 28 févr. 2002, n° 99-17.201 P. Babin M., Pichon N., Obligation de sécurité et faute inexcusable de l'employeur, Droit soc. 2002, n° 09-10.

2) Sargos P., L'évolution du concept de sécurité au travail et ses conséquences en matière de responsabilité, JCP G 2003, I, n° 104.

– et n'a pas pris les mesures nécessaires pour prévenir ce risque ou en prémunir le salarié... étant néanmoins précisé que ces conditions sont cumulatives, et que la preuve en incombe à la victime devant le TASS [1].

Ainsi entendue, l'obligation de sécurité de résultat n'entraîne aucunement une responsabilité *« sans faute »* de l'employeur. Ce dernier ne verra *pas* sa responsabilité engagée s'il n'a pas failli dans l'évaluation ou la prévention du risque, c'est-à-dire s'il pouvait légitimement ignorer l'existence du risque qui s'est réalisé, ou encore si celui-ci s'est réalisé après que l'employeur a pris les mesures nécessaires en l'état de ce qu'il savait ou devait savoir du risque, bref si l'employeur a mis en œuvre les *moyens* de prévention que l'on pouvait attendre de lui.

L'obligation de *« résultat »* est donc ici **une obligation de résultat *« diminuée »***, en clair : une obligation de moyens qui ne dit pas son nom. On ne voit d'ailleurs pas comment il pourrait en être autrement tant que la loi subordonnera l'indemnisation complémentaire de la victime à l'existence d'une faute inexcusable de l'employeur (sauf à retirer toute substance à la notion même de faute inexcusable).

Au surplus, il était déjà admis, bien avant les arrêts du 28 février 2002, que la faute inexcusable pouvait être reconnue alors même que l'employeur n'avait manqué à aucune obligation particulière de sécurité résultant d'une loi ou d'un règlement [2]. Simplement, la reconnaissance de la faute inexcusable supposait que l'employeur eût commis une faute d'une *« exceptionnelle gravité »*, ce que la jurisprudence n'exige plus désormais.

118 Notion de mesure nécessaire

Les termes suivant lesquels la jurisprudence définit la faute inexcusable correspondent assez directement, *en négatif*, à ceux qu'emploie la loi pour définir *positivement* l'obligation de l'employeur en matière de prévention des risques professionnels. La loi n° 91-1414 du 31 décembre 1991 a énoncé que l'employeur doit :

– prendre les **mesures nécessaires** pour assurer la sécurité et protéger la santé des salariés (C. trav., ancien art. L. 230-2-I, nouvel art. L. 4121-1) [3] ;

– et, en premier lieu, **évaluer les risques** (C. trav., ancien art. L. 230-2-II et III, nouveaux art. L. 4121-2 et -3) [4].

Ainsi, la faute inexcusable de l'employeur sera logiquement caractérisée lorsque celui-ci avait ou devait avoir conscience du risque auquel était exposé le salarié, et n'a pas pris les mesures nécessaires pour prévenir ce risque ou en prémunir le salarié.

1) Voir ci-dessus, n° 91.
2) Cass. soc., 22 oct. 1981, n° 80-13.709 P.
3) Voir ci-dessus, n°s 21 et s.
4) Voir ci-dessous, n°s 238 et s.

La *« conscience »* renvoie assez clairement à l'évaluation des risques. En cas d'accident du travail ou de maladie professionnelle, l'employeur ne peut affirmer qu'il pouvait légitimement ignorer l'existence du risque ainsi réalisé, que s'il a procédé à une évaluation correcte des risques professionnels dans l'entreprise, c'est-à-dire une évaluation diligente, rigoureuse et respectueuse du formalisme requis par les textes.

Il paraît plus difficile, en revanche, de déterminer à quoi renvoie la notion de *« mesure nécessaire »*. Dans quels cas l'employeur, s'il ne peut pas prétendre avoir pu ignorer l'existence du risque qui s'est réalisé, peut au moins affirmer avoir pris les mesures de prévention *« nécessaires »* en l'état de ce qu'il savait (ou devait) savoir du risque ? La notion de mesure nécessaire n'est pas définie. Elle relève de la souveraine appréciation du TASS, au cas par cas.

Cet état du droit n'est pas satisfaisant du point de vue du justiciable que constitue l'employeur. Certes, le droit n'est pas censé tout prévoir, et ne peut davantage être rendu totalement prévisible. Mais l'employeur devrait au moins savoir sur la base de quels critères le TASS devra apprécier le caractère « nécessaire » des mesures de prévention qu'il a prises ou qu'il « aurait dû » prendre.

Une approche simple pourrait consister à dire que l'employeur doit prendre toutes les mesures de prévention qu'il lui est **possible** de prendre. Cette conception trouve d'ailleurs plusieurs illustrations dans la réglementation. On peut se reporter, à ce titre, aux dispositions du Code du travail relatives au risque chimique (C. trav., art. R. 4412-15) (1), aux agents cancérogènes (C. trav., art. R. 4412-68) (2), au bruit (C. trav., art. R. 4434-7) (3) ou encore à l'aération des lieux de travail (C. trav., art. R. 4222-12) (4). Mais comment déterminer ce qu'il est *« possible »* de faire ou non ? Doit-on se contenter d'un simple critère de ***« faisabilité »* technique** ? Ou doit-on également prendre en considération les **coûts économiques, sociaux, environnementaux**, etc. inhérents aux mesures de prévention envisagées, en les comparant aux conséquences potentielles du risque à prévenir, suivant un dispositif de ***« bilan bénéfices-risques »*** ?

---

1) *« Le risque que présente un agent chimique dangereux pour la santé et la sécurité des travailleurs doit être supprimé. Lorsque la suppression de ce risque est **impossible**, ce dernier est réduit au minimum par la substitution d'un agent chimique dangereux par un autre agent chimique ou par un procédé non dangereux ou moins dangereux ».*

2) *« Lorsque le remplacement d'un agent cancérogène, mutagène ou toxique pour la reproduction par une substance, une préparation ou un procédé sans danger ou moins dangereux pour la sécurité ou la santé **n'est pas réalisable**, l'employeur prend les dispositions nécessaires pour que la production et l'utilisation de l'agent cancérogène, mutagène ou toxique pour la reproduction aient lieu dans un système clos ».*

3) *« **En cas d'impossibilité** d'éviter les risques dus à l'exposition au bruit par d'autres moyens, des protecteurs auditifs individuels, appropriés et correctement adaptés, sont mis à la disposition des travailleurs dans les conditions suivantes (...) ».*

4) *« Les émissions sous forme de gaz, vapeurs, aérosols de particules solides ou liquides, de substances insalubres, gênantes ou dangereuses pour la santé des travailleurs sont supprimées, y compris, par la mise en œuvre de procédés d'humidification en cas de risque de suspension de particules, **lorsque les techniques de production le permettent**. À défaut, elles sont captées au fur et à mesure de leur production, au plus près de leur source d'émission et **aussi efficacement que possible**, notamment en tenant compte de la nature, des caractéristiques et du débit des polluants ainsi que des mouvements de l'air. S'il n'est **techniquement pas possible** de capter à leur source la totalité des polluants, les polluants résiduels sont évacués par la ventilation générale du local ».*

À cette question, les dispositions générales du Code du travail n'apportent aucune réponse, se contentant d'énoncer que l'employeur doit *« tenir compte de l'état d'évolution de la technique »* et *« planifier la prévention en y intégrant, dans un ensemble cohérent, la technique, l'organisation du travail, les conditions de travail, les relations sociales et l'influence des facteurs ambiants »* (C. trav., art. L. 4121-2). Il semble en résulter, à tout le moins, que l'appréciation des efforts de prévention entrepris par l'employeur ne saurait se limiter aux seuls aspects techniques. On pourrait aller jusqu'à dire que l'employeur peut légitimement renoncer à prendre une mesure qui, au plan technique, paraît la plus apte à assurer la prévention d'un risque, s'il justifie cet abandon par d'autres considérations telles que :

- l'incompatibilité de la mesure envisagée avec l'organisation du travail et/ou de la production, voire la nature même de l'activité ;
- un coût économique disproportionné par rapport à la gravité du risque ;
- les nouveaux risques générés par les mesures envisagées, parfois en raison d'interférence avec d'autres mesures de prévention répondant à des risques plus graves, etc.

Il nous semble que, nonobstant son obligation *« de résultat »*, l'employeur n'est tenu d'assurer la sécurité des travailleurs que dans la mesure où cela est raisonnablement praticable (en anglais : *« so far as is reasonably practicable »*). Ce principe « ***SFAIRP*** » est formellement consacré par le droit du Royaume-Uni et, de façon plus ponctuelle, par le droit français (en matière d'exposition aux rayonnements ionisants, voir C. trav., art. L. 4451-1 et R. 4451-10 et C. env., art. L. 1333-10). La Cour de justice de l'Union européenne a jugé ce principe conforme aux dispositions de la directive-cadre du 12 juin 1989 [1].

119 Toutes ces questions demeurent aujourd'hui posées, l'obligation de sécurité de résultat ne leur apportant aucune réponse. Car à vouloir insister sur le résultat, on occulte nécessairement la question des moyens. L'obligation de résultat ne marque donc pas le parachèvement du droit de la santé et de la sécurité au travail, mais constitue simplement une étape dans sa nécessaire maturation.

Cette étape n'est d'ailleurs pas achevée.

Depuis 2003, le contentieux de la faute inexcusable a été confié à une autre formation de la Cour de cassation (la seconde chambre civile), laquelle a repris à son compte la jurisprudence de la chambre sociale – tandis que celle-ci, poursuivant sur sa lancée, a trouvé de nouvelles applications au concept d'obligation de sécurité de résultat, cette fois dans le champ des relations individuelles et collectives de travail.

---

1) Voir ci-dessous, n° 129.

§2 La sanction civile de l'exposition au risque

120 Par-delà le cadre de la législation relative aux accidents du travail et maladies professionnelles, la chambre sociale de la Cour de cassation a développé de nouvelles expressions de l'obligation de sécurité de résultat. Depuis 2005, une série d'arrêts de la Cour de cassation a posé en principe qu'avant même toute survenance d'un accident du travail ou d'une maladie professionnelle, l'employeur peut se voir reprocher par un salarié l'absence d'*« effectivité »* de la protection de la santé et de la sécurité dans l'entreprise.

A. - Les domaines de l'obligation de sécurité de résultat

121 Dans ces arrêts, dont la portée est souvent difficile à mesurer, la jurisprudence réaffirme que l'employeur est tenu d'une obligation de sécurité de résultat, et ce dans **différents domaines** :

- **interdiction de fumer** (C. santé publ., art. L. 3511-7, R. 3511-1 à -8) [1] : si l'employeur ne satisfait pas aux exigences imposées par les textes, un salarié peut prendre acte de la rupture de son contrat de travail à ses torts exclusifs, ce qui produit les effets d'un licenciement sans cause réelle et sérieuse ;
- organisation de la **visite médicale de reprise** à l'issue d'un arrêt de travail : l'employeur ne peut laisser un salarié reprendre son travail après une période d'absence imposant l'organisation d'une visite médicale de reprise auprès du médecin du travail, sans le faire bénéficier de cette visire lors de la reprise du travail, ou au plus tard dans les huit jours de celle-ci (C. trav., art. R. 4624-21 à R. 4624-24) [2] ;
- prise en considération des **préconisations du médecin du travail** (C. trav., art. L. 4624-1) [3] ;
- respect de l'exercice légitime, par un salarié, de son **droit de retrait** (C. trav., art. L. 4131-1 et L. 4131-1-3) [4] ;
- protection des salariés contre le **harcèlement moral** (C. trav., art. L. 1152-1) [5] ; mais un salarié n'est pas fondé à se prévaloir d'un manquement de l'employeur à l'obligation de sécurité de résultat si lui-même n'a pas été personnellement

1) Cass. soc., 29 juin 2005, n° 03-44.412 P ; Cass. soc., 6 oct. 2010, n° 09-65.103 P.

2) Cass. soc., 28 févr. 2006, n° 05-41.555 P ; Cass. soc., 13 déc. 2006, n° 05-44.580 P ; Cass. soc., 9 janv. 2008, n° 06-46.043 ; Cass. soc., 25 mars 2009, n° 07-44.408 P ; Cass. soc., 16 juin 2009, n° 08-41.519 P.

3) Cass. soc., 19 déc. 2007, n° 06-43.918 P ; Cass. soc., 11 mars 2009, n° 07-44.816 ; Cass. soc., 7 juill. 2009, n° 08-42.300 ; Cass. soc., 23 sept. 2009, n° 08-42.629 P ; Cass. soc., 14 oct. 2009, n° 08-42.878 P.

4) Cass. soc., 28 janv. 2009, n° 07-44.556 P.

5) Cass. soc., 21 juin 2006, n° 05-43.914 P ; Cass. soc., 1er juill. 2009, n° 07-44.198 ; Cass. soc., 3 févr. 2010, n° 08-44.019 P.

victime d'une dégradation de ses conditions de travail, en particulier si les agissements du chef de bureau ont été subis par un autre salarié [1];
– protection des salariés contre les **violences physiques ou morales** exercées par un autre salarié, quand bien même l'employeur aurait pris des mesures en vue de faire cesser ces agissements [2];
– protection des salariés contre les actes d'incivilité et de délinquance commis, sur leur lieu de travail, par des personnes extérieures à l'entreprise [3];
– adoption de mesures permettant de prémunir un salarié contre une réaction allergique connue [4].

B. - Les types d'actions ouverts au salarié

122 Ainsi, le salarié exposé à un risque pour sa santé ou sa sécurité peut invoquer le manquement de l'employeur à son obligation de sécurité de résultat, afin d'obtenir, devant le **conseil des prud'hommes** (et non le TASS, exclusivement compétent en matière d'AT/MP et de faute inexcusable) [5]:
– la **rupture du contrat de travail aux torts de son employeur,** par la voie d'une prise d'acte de rupture ou d'une action en résiliation judiciaire;
– et/ou la **condamnation de l'employeur au versement de dommages-intérêts**.

LA PRISE D'ACTE DE RUPTURE ET LA RÉSILIATION JUDICIAIRE

La **prise d'acte de rupture** s'entend de la décision par laquelle un salarié rompt son contrat de travail en imputant cette rupture à une faute de son employeur. Dans un premier temps, aucune des parties ne peut dire si cette rupture doit produire les effets d'une démission (point de vue de l'employeur) ou d'un licenciement abusif (point de vue du salarié). L'employeur ne peut pas mentionner, sur l'attestation destinée à Pôle emploi, que la rupture constitue une démission : il s'agit d'une « *prise d'acte* ». D'un autre côté, le salarié ne sera pas considéré par Pôle emploi comme privé involontairement d'emploi, et ne pourra donc pas prétendre aux allocations chômage. Seul le juge (le conseil de prud'hommes), saisi à l'initiative du salarié, pourra dire si les faits invoqués par ce dernier pour justifier la rupture sont réels et suffisamment graves. Si tel n'est pas le cas, la rupture produira les effets d'une démission. Dans le cas

1) Cass. soc., 20 oct. 2010, n° 08-19.748 P.
2) Cass. soc., 3 févr. 2010, n° 08-40.144 P ; Cass. soc., 15 déc. 2010, n° 09-41.099.
3) Cass. soc., 6 oct. 2010, n° 08-45.609 P : salariée d'une gare routière.
4) Cass. soc., 2 déc. 2009, n° 08-44.969.
5) Voir ci-dessus, n° 89.

contraire, la rupture produira les effets d'un licenciement abusif, ouvrant droit pour le salarié, de la part de son employeur au versement d'indemnités en conséquence (dommages-intérêts, indemnité compensatrice de préavis de licenciement, et congés payés afférents, indemnité légale ou conventionnelle de licenciement), et de la part de Pôle emploi au service des allocations chômage (qui devront être remboursées à Pôle emploi par l'employeur, sous certaines conditions et limites).

La **résiliation judiciaire** s'entend de l'action par laquelle un salarié demande au juge (le conseil de prud'hommes) de procéder à la rupture du contrat de travail en imputant cette rupture à une faute de son employeur. Tant que le juge n'a pas prononcé la résiliation, les parties demeurent liées par le contrat, qui continue à s'exécuter. Le juge devra, là encore, dire si les faits invoqués par le salarié pour demander la résiliation sont réels et suffisamment graves. Si tel n'est pas le cas, la demande sera rejetée, et les parties demeurent liées par le contrat. Dans le cas contraire, la demande sera acceptée, et la rupture du contrat produira les effets d'un licenciement abusif, avec les mêmes conséquences que celles évoquées ci-dessus.

123 De même, l'obligation de sécurité de résultat a été invoquée dans le cadre de décisions procédant à la remise en cause d'une sanction disciplinaire ou d'un licenciement prononcé à l'encontre d'un salarié :

- **annulation d'une sanction disciplinaire**, faute de prise en considération par l'employeur des recommandations formulées par le médecin du travail à propos du salarié [1] ;
- **annulation d'un licenciement** prononcé pour un motif lié à l'exercice légitime, par un salarié, de son droit de retrait [2].

NOTE

L'annulation est une forme particulièrement lourde de remise en cause d'un licenciement, offrant le droit au salarié, soit d'obtenir sa réintégration dans son emploi contre le gré de son employeur ainsi qu'une indemnisation au titre de la perte de salaire subie entre le licenciement annulé et la réintégration, soit d'obtenir des dommages-intérêts au titre de la nullité du licenciement, lesquels ne pourront pas être inférieurs à six mois de salaire brut.

1) Cass. soc., 19 déc. 2007, n° 06-43.918.
2) Cass. soc., 28 janv. 2009, n° 07-44.556.

On remarquera que ces arrêts ont été rendus dans des espèces où l'employeur avait violé des dispositions législatives ou réglementaires spécifiques et bien connues, en matière de prévention du tabagisme passif, de surveillance médicale des salariés, de protection contre le harcèlement moral, de droit de retrait, etc. Ainsi, ce nouvel emploi du concept d'obligation de sécurité de résultat n'a pas pour objet de rappeler aux employeurs qu'ils doivent respecter de telles dispositions (les lois et règlements se suffisent à eux-mêmes !), mais plutôt d'indiquer aux salariés qu'ils peuvent recourir, en cas de non-respect de ces dispositions, aux voies de droit relativement exceptionnelles que sont :

- la rupture du contrat de travail aux torts de l'employeur, produisant les effets d'un licenciement dépourvu de cause réelle et sérieuse (prise d'acte de rupture, ou résiliation judiciaire) ;
- la réparation par l'employeur du préjudice spécifique résultant, pour le salarié, de l'exposition à un risque manifestement anormal.

C. - Le problème de l'immunité civile de l'employeur

124 Cette action spécifique en indemnisation pose problème, notamment en ce qu'elle peut entrer en conflit avec le principe de l'immunité civile dont bénéficie l'employeur en matière d'accident du travail et de maladie professionnelle.

LE PRINCIPE D'IMMUNITÉ CIVILE DE L'EMPLOYEUR

Le Code de la sécurité sociale interdit à la victime d'un accident du travail ou d'une maladie professionnelle d'agir contre son employeur en réparation de cet accident ou de cette maladie (CSS, art. L. 451-1 ; dispositions jugées conformes à la Constitution [1]) : **principe d'immunité civile de l'employeur**.

Il est fait **exception** à ce principe lorsque l'accident du travail ou la maladie professionnelle trouve sa cause dans une **faute inexcusable de l'employeur** (CSS, art. L. 452-1). Dans ce cas, la victime a une action spécifique à l'encontre de son employeur.

Cette action spécifique en indemnisation relève de la **compétence exclusive du tribunal des affaires de sécurité sociale** (TASS ; CSS, art. L. 452-4).

Ce principe est d'application large, et interdit au salarié d'agir directement contre l'employeur, y compris par la voie :

- d'une action civile auprès d'une juridiction pénale [2] ;

1) Cons. const., déc. n° 2010-8 QPC, 18 juin 2010.
2) Cass. crim., 13 sept. 2005, n° 04-85.736 P.

– ou d'une action dirigée contre l'employeur en sa qualité de *« civilement responsable »* de :
  - la personne ayant causé le préjudice [1] (salariée d'une association victime d'un accident du travail causé par l'un des pensionnaires dont celle-ci était civilement responsable sur le fondement de l'article 1384, alinéa 1er, du Code civil),
  - de la chose ayant causé le préjudice [2].

Dès lors, autoriser le salarié à saisir le conseil de prud'hommes pour demander réparation du préjudice résultant du manquement de son employeur à son obligation de sécurité de résultat, pose problème à plusieurs niveaux :

– cette action déroge au **principe d'immunité civile** posé par l'article L. 451-1 du Code de la sécurité sociale ;
– elle déroge à la **compétence exclusive du TASS** en matière d'indemnisation des accidents du travail et maladies professionnelles ;
– elle déroge, potentiellement, au principe selon lequel la responsabilité de l'employeur ne peut être engagée qu'en cas de **faute inexcusable** de sa part.

Bien entendu, la chambre sociale de la Cour de cassation n'ignore aucunement ces principes, et a d'ailleurs récemment admis qu'*« aucune action en réparation des accidents du travail et maladies professionnelles ne peut être exercée conformément au droit commun, par la victime et ses ayants droit, sous réserve des dispositions relatives à la faute inexcusable »* [3].

En l'espèce, une salariée victime d'une intoxication au travail avait été placée en arrêt de travail pour cause d'accident du travail ; elle avait ensuite demandé la condamnation de l'employeur à lui payer une somme à titre de dommages-intérêts, en réparation du préjudice financier subi en raison de cet arrêt, en invoquant un manquement à son obligation de sécurité de résultat. La cour d'appel avait fait droit à cette demande aux motifs que l'intoxication dont la salariée avait été victime trouvait sa cause dans des fumées émises par l'usine dans laquelle elle était employée. Cette décision est censurée au motif qu'elle enfreint le principe d'immunité civile de l'employeur à l'égard du salarié victime d'un accident du travail. En l'espèce, la salariée avait fait reconnaître un accident du travail, et avait été prise en charge à ce titre par la sécurité sociale : elle ne pouvait donc pas agir contre son employeur en réparation de l'accident, sauf action en reconnaissance d'une faute inexcusable devant le TASS.

---

1) Cass. 2e civ., 22 févr. 2007, n° 05-11.811 P.
2) Cass. 2e civ., 16 nov. 2004, n° 02-21.013 P.
3) Cass. soc., 17 févr. 2010, n° 08-44.463.

125 Quel critère de distinction ?

On perçoit néanmoins le caractère quelque peu artificiel, voire inique, de la distinction posée :

– dès lors que le salarié a **demandé et obtenu** la reconnaissance d'un accident du travail ou d'une maladie professionnelle, il ne pourra engager la responsabilité civile de son employeur qu'en cas de faute inexcusable de ce dernier, suivant les conditions et modalités définies par la législation de sécurité sociale (CSS, art. L. 452-1 et s.), devant le TASS ;
– en revanche, le salarié qui se prévaut d'une dégradation de son état de santé, **sans avoir demandé ou obtenu** la reconnaissance d'un accident du travail ou d'une maladie professionnelle, pourrait engager la responsabilité civile de son employeur suivant les conditions, apparemment plus souples, définies par la jurisprudence et ce, devant le conseil de prud'hommes.

Prise en charge d'un AT ou d'une MP ▼ Application du principe d'immunité civile de l'employeur, sauf faute inexcusable ▼ Action au titre de la faute inexcusable : compétence exclusive du TASS	Absence de prise en charge d'un AT/MP ▼ Non-application du principe d'immunité civile de l'employeur ▼ Action au titre de l'obligation de sécurité de résultat : compétence exclusive du conseil de prud'hommes

La distinction devrait, selon nous, être plutôt de l'ordre suivant :

– lorsque le salarié ne sollicite la réparation que d'un **préjudice exclusivement moral**, lié au fait d'avoir été exposé à un risque (préjudice d'exposition), il ne peut pas inscrire sa demande dans le processus défini par la législation des accidents du travail et des maladies professionnelles, et ne peut donc pas se voir opposer la nécessité de devoir prouver la faute inexcusable de son employeur ;
– en revanche, dès lors que le salarié sollicite la réparation d'un **préjudice autre qu'exclusivement moral**, et plus spécialement un préjudice lié à un trouble effectif à sa santé, il peut et doit inscrire cette demande dans le processus défini par la législation des accidents du travail et des maladies professionnelles, et ne peut engager la responsabilité civile de son employeur qu'en cas de faute inexcusable de ce dernier.

Trouble effectif à la santé ▼ Déclaration d'un AT ou d'une MP ▼ Application du principe d'immunité civile de l'employeur, sauf faute inexcusable ▼ Action au titre de la faute inexcusable : compétence exclusive du TASS	Préjudice exclusivement moral (exposition) ▼ Absence de déclaration d'un AT ou d'une MP ▼ Non-application du principe d'immunité civile de l'employeur ▼ Action au titre de l'obligation de sécurité de résultat : compétence exclusive du conseil de prud'hommes

La Cour de cassation a semblé aller dans ce sens, par un arrêt du 30 septembre 2010 (1).

En l'espèce, la salariée d'une caisse primaire d'assurance maladie (agent d'accueil) avait été victime, le 14 novembre 2005, d'insultes au travail de la part d'un assuré social et placée en arrêt de travail pour accident du travail jusqu'au 25 avril 2006. Pendant qu'elle était en arrêt de travail, elle a demandé à faire valoir ses droits à la retraite à compter du 1er juin 2006, alors qu'elle était âgée de 58 ans. Soutenant que l'employeur n'avait pas pris toutes les mesures pour la protéger des agressions dont elle a été victime au travail, elle a saisi la juridiction prud'homale pour demander le paiement d'une somme en réparation du préjudice résultant de son départ anticipé à la retraite. La Cour de cassation censure la décision portant condamnation de l'employeur, en relevant *« qu'il résultait de ses constatations que* ***sous couvert d'une action en responsabilité à l'encontre de l'employeur pour mauvaise exécution du contrat de travail, la salariée demandait en réalité la réparation du préjudice résultant de l'accident du travail dont elle avait été victime, ce dont il découlait qu'une telle action ne pouvait être portée que devant le tribunal des affaires de sécurité sociale*** *et que la juridiction prud'homale était incompétente pour en connaître ».*

126 Préjudice d'exposition

Cela étant, la notion même de préjudice d'exposition est une notion potentiellement très extensive.

Ainsi, la Cour de cassation a admis (2) que doivent être indemnisés par leur employeur, au titre d'un **préjudice spécifique d'anxiété**, les salariés qui, bien que non atteints d'une maladie professionnelle, bénéficient, sur leur demande, d'une allocation de cessation anticipée d'activité (dite *« ACAATA »*) en raison du fait qu'ils ont travaillé dans l'entreprise à une époque où y étaient fabriqués ou traités des produits contenant de **l'amiante** (3).

1) Cass. soc., 30 sept. 2010, n° 09-41.451 P.
2) Cass. soc., 11 mai 2010, n° 09-42.241 e.a.
3) L. n° 98-1194, 23 déc. 1998, art. 41.

Selon la cour, ces salariés se trouveraient, par le fait de l'employeur, dans une situation d'inquiétude permanente face au risque de déclaration à tout moment d'une maladie liée à l'amiante, et sont d'ailleurs amenés à subir des contrôles et examens réguliers propres à réactiver cette angoisse. Leur action en indemnisation de ce préjudice, exercée devant le **conseil de prud'hommes**, est donc fondée. La Cour de cassation a ainsi rejeté l'argument soulevé par l'employeur, selon lequel, si l'anxiété suscitée par l'exposition au risque constituait un trouble psychologique suffisamment caractérisé pour appeler une « *réparation spécifique* », il ne saurait être pris en charge *que* dans les conditions prévues par les dispositions du Code de la sécurité sociale pour les maladies professionnelles. En revanche, la Cour a **écarté toute réparation d'une perte de revenu**, s'agissant de salariés qui ont cessé leur activité, sur leur demande, pour bénéficier de l'allocation de cessation anticipée d'activité [1].

Enfin, et encore plus récemment, la Cour de cassation a admis qu'un salarié puisse être indemnisé par son employeur au titre d'un préjudice lié à **l'exposition à un risque d'intoxication** [2].

En l'espèce, un travailleur temporaire, employé en qualité de soudeur inox, avait été déclaré inapte à son poste par le médecin du travail à la suite d'une contamination par le chrome **sans qu'une lésion ou une maladie ait été déclarée.** Il avait saisi la juridiction prud'homale pour voir condamner solidairement l'entreprise de travail temporaire et l'entreprise utilisatrice au paiement de dommages-intérêts pour manquement à leur obligation de sécurité. Le Conseil des prud'hommes s'était déclaré incompétent au profit du TASS. Saisie par le salarié, la Cour d'appel avait infirmé cette décision, ordonné une mesure d'expertise médicale, puis débouté le demandeur au motif, notamment, qu'une contamination par le chrome n'était pas établie et que dès lors, l'inaptitude, prononcée à titre préventif et uniquement en raison des résultats des deux dosages de chrome, ne pouvait être imputée à une faute quelconque de l'employeur ou de l'entreprise utilisatrice. La Cour de cassation a censuré cette décision en relevant qu'un risque d'exposition aux fumées de soudage avait été identifié, en prévention duquel des masques à adduction d'air devaient être mis à la disposition des soudeurs, et qu'un tel masque n'avait pas été fourni au travailleur dès le début de sa mission : cette « *seule circonstance* (...) *constituait un manquement de l'entreprise utilisatrice à son obligation de sécurité de résultat* ***causant nécessairement un préjudice au salarié*** » [3].

1) Voir aussi Cass. soc., 3 févr. 2011, n° 10-11959P. De même, la Cour de cassation a admis que ce dispositif ne s'oppose pas à ce qu'un salarié prenne acte de la rupture de son contrat de travail, et bénéficie de l'allocation de cessation anticipée d'activité, puis saisisse la juridiction prud'homale afin de demander qu'en raison de manquements de l'employeur à ses obligations contractuelles la prise d'acte produise les effets d'un licenciement sans cause réelle et sérieuse, dès lors que ces manquements sont *étrangers aux circonstances dans lesquelles il a été exposé à l'amiante* (Cass. soc., 17 nov. 2010, n° 08-45.647 P).

2) Cass. soc., 30 nov. 2010, n° 08-70.390 P.

3) Cass. soc., 30 nov. 2010, n° 08-70.390 P. Rappr. Cass. soc., 6 oct. 2010, n° 09-65.103 P, à propos de la prise d'acte de rupture prononcé par un salarié exposé au tabagisme passif du fait de la méconnaissance par son employeur de l'interdiction de fumer, peu important les « *constatations relatives à l'insuffisance du taux de nicotine trouvé dans le sang du salarié exposé aux fumées de cigarettes* ».

127 Préjudice moral et préjudice mental

En conclusion de ce point, il nous semble important de rappeler que l'action en indemnisation ouverte devant le conseil de prud'hommes au titre de l'obligation de sécurité de résultat ne doit pas concerner les préjudices résultant d'une atteinte *effective* à la santé ou l'intégrité physique ou mentale. L'indemnisation de tels préjudices relève par nature de la législation relative aux accidents du travail et maladies professionnelles, et non d'une action en indemnisation devant le conseil de prud'hommes. Or le problème se pose de manière particulièrement aiguë concernant les **risques psychosociaux**, et plus largement toutes les formes d'atteinte à l'équilibre mental : stress, souffrance mentale, harcèlement moral, etc. On sait que ces formes de risques professionnels ont peu de chance, en pratique, d'être qualifiées par la sécurité sociale d'accident du travail ou de maladie professionnelle [(1)]. Dès lors, pour ceux qui s'estiment victimes de tels risques, la tentation peut être grande de renoncer à en faire la déclaration au titre d'un accident du travail ou d'une maladie professionnelle afin d'agir devant le Conseil des prud'hommes et obtenir réparation de leur préjudice au titre d'une violation par l'employeur de son obligation de sécurité de résultat.

Si la jurisprudence a pu ménager un accueil favorable à de telles actions [(2)], celles-ci ne doivent, selon nous, pas être admises. En effet, quelles que soient les carences de la législation de sécurité sociale en matière de reconnaissance des risques psychosociaux, l'action en indemnisation devant le conseil de prud'hommes n'a pas vocation à servir de palliatif ou de dérivatif à de telles carences. Celles-ci doivent être résolues sur leur propre terrain, celui de la définition des accidents du travail et maladies professionnelles, des règles d'administration de la preuve, des procédures de reconnaissance, etc. [(3)] Ainsi, les juges prud'homaux doivent être particulièrement vigilants à ce que, sous couvert d'une action en réparation d'un préjudice moral, un salarié ne recherche pas à obtenir réparation de ce qu'il estime être, en réalité, une atteinte à sa *santé mentale*, ce qui s'appréciera au cas par cas en fonction des propres écrits du salarié, des démarches qu'il a pu entreprendre pour obtenir une reconnaissance d'un accident du travail ou d'une maladie professionnelle (exemple : prescription par le médecin traitant

1) Extrait d'une étude de la DARES publiée en septembre 2010 à propos de l'exposition des salariés aux maladies professionnelles en 2007 : « *Les maladies professionnelles* "hors tableau", *très peu nombreuses chaque année (112 en 2007), peuvent éventuellement permettre de repérer les risques professionnels émergents. En effet, leur reconnaissance repose sur une expertise médicale montrant que ces maladies, suffisamment graves pour avoir infligé à la victime une incapacité permanente d'au moins 25 % (ou le décès), sont causées par le travail. Un quart de ces maladies professionnelles hors tableau correspond à un cancer (des bronches, des poumons ou de la glotte notamment). Parmi ces cancers, un quart concerne un cancer lié à l'amiante mais non listé dans un tableau de maladie professionnelle (cancer du larynx notamment). Un autre quart de ces maladies professionnelles hors tableau est attribuable à des maladies du système ostéo-articulaire et des muscles (arthroses principalement), contractées à la suite d'une succession de mouvements répétitifs ou de ports de charges lourdes. Enfin, une sur cinq relève de troubles mentaux et du comportement (troubles de l'adaptation, dépressions, anxiétés)* ».

2) Cass. soc., 15 nov. 2006, n° 05-41.489 P.

3) Voir Babin M., *Le risque professionnel*, thèse préc., p. 134 et s.

d'un arrêt AT/MP), de la concomitance de sa demande avec un ou plusieurs arrêts de travail, des propres écrits du médecin du travail, etc.

Mais la distinction est parfois difficile à appliquer entre l'atteinte à la santé mentale (non indemnisable devant le conseil des prud'hommes) d'une part, et le préjudice lié à l'exposition à un risque (indemnisable devant le Conseil des prud'hommes), d'autre part.

Un arrêt du 16 octobre 2010 (n° 08-45.609 P) illustre bien cette problématique. Une salariée affectée à la gare routière de Limoges avait saisi la juridiction prud'homale aux fins de voir condamner son employeur à lui verser des dommages-intérêts pour violation de son obligation de sécurité, arguant que n'étaient pas assurées les conditions propres à assurer sa sécurité contre les incivilités et agressions provenant de l'extérieur. L'employeur faisait valoir, entre autres, que le manquement à une prétendue obligation de sécurité de résultat à l'égard du salarié *« suppose de constater une atteinte objective à la sécurité de celui-ci »*, et qu'en l'espèce la salariée ne faisait qu'éprouver un *« sentiment d'insécurité »* sans avoir jamais été victime de la moindre agression. Il prétendait en outre que la salariée s'était elle-même exposée à un risque en adoptant une attitude imprudente (transport de fonds). La Cour de cassation a néanmoins confirmé la décision portant condamnation de l'employeur en relevant que les mesures prises par l'employeur pour assurer la sécurité de la salariée sur les lieux de travail n'étaient pas suffisantes, et que la Cour d'appel avait pu en déduire, sans avoir à rechercher si l'attitude de la salariée était à l'origine de son *sentiment d'insécurité*, que l'employeur n'avait pas respecté ses obligations.

D. - Une responsabilité sans faute ?

128 Certains ont cru pouvoir déduire des termes extrêmement généraux de certaines des décisions évoquées ici, et notamment l'arrêt précité du 21 juin 2006 (n° 05-43.914 P), que toute atteinte à la santé et à la sécurité d'un salarié dans l'entreprise engage la responsabilité civile de l'employeur, y compris *« en l'absence de faute de sa part »*. De même, les arrêts relatifs aux cas de harcèlement moral ou de violences au travail, ont admis que l'employeur était responsable de telles situations *« quand bien même il aurait pris des mesures en vue de faire cesser ces agissements »* :

« L'employeur, tenu d'une obligation de sécurité de résultat en matière de protection de la santé et de la sécurité des travailleurs, manque à cette obligation, lorsqu'un salarié est victime sur le lieu de travail d'agissements de harcèlement moral ou sexuel exercés par l'un ou l'autre de ses salariés, ***quand bien même il aurait pris des mesures en vue de faire cesser ces agissements*** » (nous soulignons) [1].

1) Cass. soc., 3 févr. 2010 n° 08-44.019.

Or, on a vu que la première expression de l'obligation de sécurité de résultat, celle qui a cours devant le TASS en matière d'indemnisation des victimes d'accidents du travail et maladies professionnelles [1], ne va pas jusqu'à imposer une responsabilité «*sans faute*» de l'employeur.

La contradiction n'est selon nous qu'apparente.

129 Une orientation contredite par la Cour européenne

Au préalable, il convient d'observer que la Cour de justice de l'Union européenne a tranché, dans un arrêt du 14 juin 2007 [2], le point de savoir si les dispositions de la directive-cadre du 12 juin 1989 «*imposent aux employeurs une responsabilité sans faute du fait de tous les accidents survenus sur le lieu de travail*» (comme le faisait valoir la Commission européenne). La CJUE a répondu par la **négative** à cette question, après avoir rappelé qu'aux termes de l'article 5, paragraphe 1 de la directive-cadre, « [l]*'employeur est obligé d'assurer la sécurité et la santé des travailleurs dans tous les aspects liés au travail*». Selon la CJUE, cette disposition soumet l'employeur à l'obligation d'assurer aux travailleurs un environnement de travail sûr, dont le contenu est précisé par plusieurs directives particulières qui prévoient les mesures de prévention devant être adoptées dans certains secteurs de production spécifiques [3]. En revanche, il ne saurait être affirmé que doit peser sur l'employeur une **responsabilité sans faute** en vertu du seul article 5 de la directive-cadre. Cette disposition se borne en effet à consacrer **l'obligation générale de sécurité** pesant sur l'employeur, sans se prononcer sur une quelconque forme de responsabilité. Plus largement, il n'est nullement démontré en quoi l'objectif de la directive-cadre, qui consiste en «*la mise en œuvre de mesures visant à promouvoir l'amélioration de la sécurité et de la santé des travailleurs au travail*», ne saurait être atteint par d'autres moyens que par l'instauration d'un régime de responsabilité sans faute des employeurs. En d'autres termes, la Cour considère que l'existence d'une responsabilité «*sans faute*» des employeurs à l'égard de tout accident du travail, n'est ni imposée par la directive-cadre, ni nécessaire pour réaliser l'objectif de prévention des risques professionnels.

Cette décision ne remet pas directement en cause le principe de l'obligation de sécurité de résultat tel qu'il est formulé par les juges français. Mais elle contribue certainement à l'effritement du fondement politique et juridique de cette jurisprudence d'une particulière sévérité. Par ailleurs, il ne nous semble pas que la jurisprudence française consacre réellement l'existence d'une responsabilité sans faute de l'employeur en matière de santé et de sécurité au travail.

1) Voir ci-dessus, n°s 80 et s., 115 et s.
2) CJCE, 14 juin 2007, aff. C-127/05.
3) Voir ci-dessus, n° 9.

130 L'employeur engagerait sa responsabilité du fait des agissements fautifs de préposés

Les trois arrêts précités (celui du 21 juin 2006 et ceux du 3 févr. 2010) ont tous été rendus dans des cas où le salarié avait déjà été victime d'un harcèlement moral ou de violences avérés au sein de l'entreprise. La responsabilité *« sans faute »* de l'employeur se justifiait ici :

- d'une part, et précisément, parce qu'une **faute** (harcèlement moral, violence) avait été commise par un salarié de l'entreprise ;
- et d'autre part, parce qu'un **employeur** doit civilement répondre des dommages causés par la faute de son **préposé.**

Ce principe de responsabilité civile de l'employeur du fait de ses préposés résulte des dispositions du Code civil (C. civ., art. 1384, al. 5). Mais il peut également résulter – c'est le choix ici de la Cour de cassation – de l'obligation de sécurité à laquelle est tenu l'employeur vis-à-vis de ses salariés. En tout état de cause, il n'est donc pas anodin que, dans les deux arrêts du 3 février 2010, la Cour de cassation ait pris soin de relever que l'employeur était responsable des agissements de harcèlement ou de violences « ***exercés par l'un ou l'autre* [des] *salariés*** » de l'entreprise.

131 Caractère fautif du comportement

A contrario, lorsque le comportement à l'origine du dommage causé au salarié est le fait de l'employeur lui-même, la Cour de cassation ne manque pas de relever le caractère fautif de ce comportement.

EXEMPLES

- Cass. soc., 24 juin 2009, n° 07-41.911 : l'employeur est condamné à indemniser une salariée victime d'*« angoisse professionnelle avec trouble »*, dès lors qu'il apparaît que lui-même a pris des mesures ayant eu pour objet ou pour effet de compromettre la santé de la salariée (cette dernière, comptable, présentait des signes apparents de décompensation anxio-dépressive lorsqu'il lui a été demandé d'effectuer, en plus de ses tâches et dans un climat social tendu, la comptabilité dégradée d'une autre association avec des suspicions de malversation).
- Cass. soc., 17 févr. 2010, n° 08-44.298 : un manquement de l'employeur à l'obligation de sécurité de résultat justifie sa condamnation à payer au salarié une somme à titre de dommages et intérêts (en l'espèce, le salarié disait avoir été victime d'une altération de sa santé du fait de la dégradation de ses conditions de travail et des pressions imposées par la restructuration de son entreprise ; l'employeur, pourtant alerté par plusieurs courriers de celle-ci, n'avait pris aucune mesure pour résoudre les difficultés qu'elle avait exposées).

132 Absence de faute de l'employeur

De même, on peut se demander si, lorsque le comportement à l'origine du dommage causé au salarié est le fait d'un tiers à l'entreprise, il n'est pas nécessaire qu'une faute de l'employeur soit constatée pour que la responsabilité de celui-ci soit engagée.

L'arrêt précité du 16 octobre 2010 (1) semble répondre négativement à cette question. En l'espèce, la salariée de la gare routière avait saisi la juridiction prud'homale aux fins de voir condamner son employeur à lui verser des dommages-intérêts pour violation de son obligation de sécurité. Elle prétendait, notamment, que n'étaient pas assurées les conditions propres à assurer sa sécurité contre les incivilités et agressions provenant de l'extérieur. L'employeur faisait valoir qu'il avait pris les mesures nécessaires pour prévenir les risques en cause, et que la salariée n'avait elle-même pas respecté les consignes en vigueur. La Cour de cassation a néanmoins confirmé la décision portant condamnation de l'employeur en relevant *« qu'après plusieurs réunions avec le CHSCT, liées aux problèmes de sécurité à la gare routière de Libourne, les mesures prises par l'employeur pour assurer la sécurité de la salariée sur les lieux de travail n'étaient pas suffisantes et que les photos versées au dossier démontraient que les locaux de la gare routière n'étaient pas dans un état d'hygiène conforme à ce qu'un salarié peut normalement exiger »* et *« qu'en l'état de ces constatations,* [la cour d'appel] *a pu en déduire, **sans avoir à caractériser une faute de la société**, ni à rechercher si l'attitude de Mme X... était à l'origine de son sentiment d'insécurité, que l'employeur n'avait pas respecté ses obligations »*.

Cette solution est à la fois équivoque et paradoxale.

Équivoque, car, dans cet arrêt, la Cour de cassation a bien relevé, sans le dire, une faute de l'employeur, à savoir *« l'insuffisance »* des mesures prises par ce dernier pour assurer la sécurité de la salariée sur les lieux de travail.

Paradoxale, car la Cour de cassation semble admettre que l'employeur engagerait sa responsabilité *« sans faute »* à l'égard du salarié qui serait simplement *exposé* à une agression, alors qu'en cas d'agression *réelle*, sa responsabilité ne pourrait être retenue qu'en cas de *« faute inexcusable »* de sa part.

En témoigne un arrêt de la seconde chambre civile de la Cour de cassation du 1er juillet 2010 (2), écartant la responsabilité de l'employeur à l'égard d'un salarié victime d'un vol à main armé commis au guichet d'une gare SNCF : *« le fait pour l'employé de disposer de la clef n'était pas une mesure propre à éviter les agressions du type de celle subie par M. X..., une telle mesure étant, au contraire, de nature à inciter les malfaiteurs à renouveler des actions violentes pour obtenir sous la menace la remise des fonds contenus dans le coffre » ; « de ces constatations et énonciations, la cour d'appel a pu*

---

1) Cass. soc., 16 oct. 2010, n° 08-45.609 P.
2) Cass. 2e civ., 1er juill. 2010, n° 09-66.587.

déduire, sans inverser la charge de la preuve, que la circonstance invoquée par la victime pour caractériser la faute inexcusable de l'employeur n'était pas à l'origine de l'accident ».

133 Faire cesser une situation de risque n'est pas suffisant

Par ailleurs, les trois arrêts précités (celui du 21 juin 2006 et ceux du 3 févr. 2010) ont été rendus dans des cas où le salarié, bien que victime de harcèlement moral ou de violences, **n'avait pas demandé la prise en charge d'un accident du travail ou d'une maladie professionnelle**, et n'avait donc pas eu à agir devant le TASS (si tel avait été le cas, la responsabilité de l'employeur n'aurait pu être engagée qu'au titre de sa faute inexcusable), mais devant le conseil de prud'hommes.

Dès lors, se pose à nouveau la question déjà évoquée : l'employeur aurait-il davantage de responsabilité *avant* que l'accident ou la maladie ne survienne, *qu'après* ? En effet, **en cas** d'accident du travail ou de maladie professionnelle, l'employeur n'est responsable, devant le TASS, qu'au titre de sa faute inexcusable, c'est-à-dire s'il avait ou devait avoir conscience du risque auquel était exposé le salarié *et* n'a pas pris les mesures nécessaires pour prévenir ce risque ou en prémunir le salarié. Comment comprendre alors que, lorsque l'accident ou la maladie n'est **pas survenu**, par exemple en cas de harcèlement moral n'entraînant pas de trouble tel qu'il justifie la déclaration d'un accident du travail ou d'une maladie professionnelle, l'employeur soit, devant le conseil de prud'hommes, tenu responsable « *sans faute* » de cette situation ? Il y aurait là un paradoxe fort dérangeant.

En effet, si un salarié victime de harcèlement ou d'une agression au travail a davantage de chance d'engager la responsabilité civile de son employeur devant le Conseil des prud'hommes que devant le TASS, n'a-t-il pas intérêt à ne *pas* solliciter la prise en charge de ce harcèlement ou de cette agression au titre d'un accident du travail ou d'une maladie professionnelle ?

Cela n'est pas si sûr.

En effet, dire que l'employeur est responsable d'agissements de harcèlement moral ou de violences, et ce « *quand bien même il aurait pris des mesures en vue de* [les] *faire cesser* » (deux arrêts du 3 février 2010), ne signifie pas qu'il en soit responsable sans faute. La première obligation de l'employeur en matière de risque professionnel, n'est pas de **faire cesser** la situation par laquelle le risque s'est déjà manifesté, mais bien d'agir afin de **prévenir** le risque, faire en sorte qu'il ne se réalise pas. Il est donc normal que l'employeur ne puisse pas s'exonérer de sa responsabilité *au seul motif* qu'il ait agi afin de *mettre un terme* au harcèlement ou à la violence.

Mais cela ne signifie pas, selon nous, qu'il ne puisse pas s'exonérer en démontrant :
- soit qu'il pouvait légitimement ignorer qu'il existait un risque de harcèlement ou de violence (l'employeur et ses représentants ignoraient totalement l'existence des comportements en cause, ou de tensions préexistantes, etc.) ;

– soit qu'il avait pris les mesures nécessaires afin de prévenir ce risque en l'état de ce qu'il en savait ou pouvait en savoir (l'employeur avait eu connaissance de tensions, avait reçu les intéressés et avait sanctionné le fautif ou l'avait rappelé à ses obligations, etc.).

En d'autres termes, l'obligation de sécurité de résultat, même dans ce cadre, ne permet d'engager la responsabilité de l'employeur que si celui-ci avait ou aurait dû avoir conscience du danger, et n'a pas pris les mesures nécessaires pour prémunir le salarié.

134 Preuve du manquement à l'obligation de sécurité

Cela résulte d'ailleurs implicitement d'un récent arrêt de la Cour de cassation, par lequel celle-ci s'est prononcée sur la question de la **charge de la preuve** du manquement à l'obligation de sécurité [1]. En l'espèce, le salarié, après avoir été victime d'un accident du travail, avait **pris acte de la rupture** du contrat de travail en raison d'un manquement par l'employeur à son obligation de sécurité, les juges prud'homaux avaient décidé que cette prise d'acte devait produire les effets d'une démission, au motif qu'il appartenait à la victime d'un accident du travail de prouver que l'employeur n'a pas pris toutes les mesures nécessaires pour assurer de manière effective la sécurité et protéger la santé des travailleurs. La Cour de cassation censure cette décision: *« il appartient à l'employeur qui considère injustifiée la prise d'acte de la rupture par un salarié qui, étant victime d'un accident du travail, invoque une inobservation des règles de prévention et de sécurité, de démontrer que la survenance de cet accident est étrangère à tout manquement à son obligation de sécurité de résultat »*.

On relèvera ici que la salariée n'aurait pas été droit de solliciter du conseil de prud'hommes une indemnisation au titre de son accident du travail: cette action relève de la compétence du TASS, lequel doit vérifier l'existence d'une *« faute inexcusable »* de l'employeur [2]. Mais elle pouvait solliciter du conseil de prud'hommes la requalification en licenciement abusif de la prise d'acte de son contrat de travail, y compris en invoquant une inobservation des règles de prévention et de sécurité caractérisant le manquement de son employeur à son obligation de sécurité. En l'espèce, l'inspecteur du travail avait d'ailleurs dressé un procès-verbal d'infraction à l'article R. 4324-2 du Code du travail (utilisation des équipements de travail à parties mobiles). Si, selon la Cour de cassation, il appartenait alors à l'employeur de démontrer que l'accident ne trouvait pas sa cause dans un manquement à son obligation de sécurité, on relèvera qu'il n'était **aucunement question ici d'une responsabilité sans faute**. Simplement, et contrairement aux règles de preuve applicables dans le cadre d'un contentieux *« faute inexcusable »* devant le TASS, c'est à l'employeur qu'il appartenait

1) Cass. soc., 12 janv. 2011, n° 09-70.838 P.
2) Cass. soc., 17 févr. 2010, n° 08-44.463 ; Cass. soc., 30 sept. 2010, n° 09-41.451 P.

ici de prouver qu'il n'avait pas manqué à son obligation, ou que ce manquement n'était pas à l'origine de l'accident.

Trouble effectif à la santé	Préjudice exclusivement moral (exposition au risque)
Déclaration d'un AT ou d'une MP ▼ Application du principe d'immunité civile de l'employeur, sauf faute inexcusable ▼ **Action en indemnisation du préjudice** Compétence : TASS Condition : faute inexcusable **Action en contestation du licenciement, prise d'acte de rupture, résiliation judiciaire, etc.** Compétence : conseil de prud'hommes Condition : manquement de l'employeur à son obligation de sécurité de résultat	Absence de déclaration d'un AT ou d'une MP ▼ Non-application du principe d'immunité civile de l'employeur ▼ **Action en indemnisation du préjudice, en contestation du licenciement, prise d'acte de rupture, résiliation judiciaire, etc.** Compétence : conseil de prud'hommes Condition : manquement de l'employeur à son obligation de sécurité de résultat

§3 L'interdiction de l'aggravation des risques ?

135 Dans un arrêt très remarqué, dit arrêt « *SNECMA* » (1), la chambre sociale de la Cour de cassation a donné à l'obligation de sécurité de résultat une nouvelle dimension, en admettant que « *l'employeur est tenu, à l'égard de son personnel, d'une obligation de sécurité de résultat qui lui impose de prendre les mesures nécessaires pour assurer la sécurité et protéger la santé des travailleurs* » et qu'***« il lui est interdit, dans l'exercice de son pouvoir de direction, de prendre des mesures qui auraient pour objet ou pour effet de compromettre la santé et la sécurité des salariés »*** (2).

RAPPEL

En l'espèce, la société SNECMA envisageait de mettre en place sur l'un de ses sites une nouvelle organisation du travail de maintenance et de surveillance. Informé et consulté sur ce projet, le CHSCT désignait un expert puis émettait un avis négatif, suivi en cela par le comité d'établissement. La direction ayant informé le personnel, par note de service, de l'application de la nouvelle organisation, le Tribunal de grande instance, saisi par une organisation syndicale, annulait cette

1) Cass. soc., 5 mars 2008, n° 06-45.888 P. Babin M., JCP E 2008, n° 25.
2) Motivation reprise par Cass. soc., 24 juin 2009, n° 07-41.911.

note et ordonnait la suspension de la réorganisation, décision confirmée en cause d'appel. La Cour de cassation a validé l'arrêt d'appel en observant que les juges avaient constaté, dans l'exercice de leur pouvoir souverain d'appréciation, que la nouvelle organisation entraînait l'isolement du technicien de maintenance et de surveillance dans plusieurs circonstances, que cet isolement augmentait les risques liés au travail, et que le dispositif d'assistance mis en place était insuffisant pour garantir la sécurité des salariés.

136 Analyse

Cet arrêt franchit de nouveaux degrés dans l'usage de l'obligation de sécurité de résultat.

Tout d'abord, il inscrit cette obligation dans la sphère des relations **collectives** (l'obligation de sécurité de résultat lie l'employeur au « *personnel* ») : l'action était ici engagée par un syndicat devant le Tribunal de grande instance, afin d'obtenir l'annulation d'une mesure collective (nouvelle organisation du travail par équipes de maintenance et de surveillance).

Ensuite, cet arrêt assigne à l'obligation de sécurité de résultat une vocation de **prévention « *primaire* »**, consistant non pas à réparer un préjudice ni même à faire cesser une situation de risque, mais à empêcher la **naissance** d'un nouveau risque ou l'aggravation d'un risque existant ; cela est d'autant plus vrai que la décision de l'employeur ne portait pas sur des conditions d'exposition des salariés à un risque donné, mais sur une mesure d'organisation du travail considérée comme ayant pour effet d'augmenter « *les* » risques existants, et donc comme étant « *de nature à* » compromettre la sécurité des salariés [1].

Cette double innovation resterait néanmoins limitée s'il ne s'agissait que d'accorder au juge le pouvoir de suspendre une mesure qui violerait une réglementation spécifique. Or, l'arrêt *SCNEMA* va plus loin en consacrant implicitement l'idée suivant laquelle l'obligation de sécurité a, même à ce stade très précoce, **une portée générale** (il n'a pas été constaté, en l'espèce, que l'employeur eût méconnu une obligation particulière de sécurité résultant d'une loi ou d'un règlement).

Surtout, le juge ne se contente pas ici de contrôler l'exercice d'un droit individuel ou collectif tendant à contrer la décision de l'employeur (prise d'acte de rupture du contrat de travail, exercice du droit de retrait ou du droit de grève) ; il est lui-même habilité à **suspendre** la mise en œuvre d'une décision relevant du pouvoir de direction de l'employeur, lorsqu'une telle décision a, selon sa propre appréciation souveraine, pour objet ou pour effet de compromettre la santé et la sécurité des salariés.

1) Facteur « *organisationnel* », voir ci-dessus, nos 27 et s.

Ainsi, le juge se voit confier un pouvoir exorbitant, celui de suspendre une décision prise par l'employeur au motif qu'elle est susceptible de créer ou d'aggraver un risque pour la sécurité des salariés et ce, sans autre fondement que celui, très général et de création purement jurisprudentielle, de l'obligation de sécurité de résultat. Au-delà de l'application qui en a été faite en l'espèce, ce pouvoir exorbitant soulève au moins deux problèmes.

A. - L'absence de tout fondement textuel, et donc de toute limite, au pouvoir ainsi reconnu au juge ?

137 Certes, la Cour de cassation n'habilite les juges du fond qu'à suspendre la mise en œuvre d'une mesure décidée par l'employeur, et non à imposer à l'employeur de prendre telle ou telle mesure ou à négocier les modalités d'organisation du travail. On constatera néanmoins que, si la loi accorde expressément à l'administration ou au juge le pouvoir de suspendre l'activité d'un établissement, d'un chantier, etc., elle ne le fait que dans des conditions et selon des modalités strictes.

138 **Les limites des pouvoirs de l'administration**

L'inspecteur du travail n'est habilité à prescrire l'arrêt temporaire d'une activité que lorsqu'il constate un **manquement à des dispositions particulières** en matière de sécurité [(1)].

En l'absence de tels manquements à une obligation particulière de sécurité, **seul le directeur de la DIRECCTE** (anciennement, le départemental du travail) peut, sur le rapport de l'inspecteur du travail *« constatant une situation dangereuse »* résultant notamment d'un non-respect par l'employeur des principes généraux de prévention (C. trav., art. L. 4121-1 à L. 4121-5 et L. 4522-1) mettre en demeure l'employeur de prendre toutes mesures utiles pour y remédier [(2)].

139 **Les limites des pouvoirs du juge**

De même, l'intervention du juge visant à faire cesser une situation de risque, est strictement encadrée par la loi.

- Le **bureau de jugement du conseil de prud'hommes** statuant selon la forme des référés sur saisine d'un salarié ou d'un délégué du personnel ne peut ordonner toute mesure propre à « faire cesser » un risque que s'il est constaté *« une atteinte aux droits des personnes, à leur santé physique et mentale* (...) » (C. trav., art. L. 2313-2) [(3)].

---

1) Voir ci-dessous, n°s 365 et s.

2) Voir ci-dessus, n° 108.

3) Voir ci-dessous, n°s 358, 359.

– Le **juge des référés** ne peut ordonner toutes mesures propres à *« faire cesser »* un risque que lorsqu'il constate *« un risque sérieux d'atteinte à l'intégrité physique d'un travailleur »* résultant de **l'inobservation de dispositions précisément listées** (C. trav., art. L. 4732-1).
– La **juridiction saisie de poursuites pénales** à la suite d'un accident du travail ne peut faire obligation à l'entreprise de prendre toutes mesures pour *« rétablir des conditions normales de santé et sécurité au travail »* que lorsqu'ont été relevés des *« manquements graves ou répétés aux règles de santé et sécurité au travail »* (C. trav., art. L. 4741-11).

Toutes les limites ainsi posées par la loi au pouvoir du juge dans le cadre de ces différents dispositifs sont, d'une certaine façon, balayées par l'arrêt *SNECMA*.

B. - L'absence de méthodologie clairement adoptée par les juges dans l'appréciation de la décision de l'employeur

140 Il n'est pas satisfaisant de voir justifier la suspension de la décision de l'employeur aux seuls motifs que la nouvelle organisation mise en œuvre *« augmentait les risques liés au travail »* et que, dès lors, cette organisation était *« de nature à compromettre la santé et la sécurité des travailleurs concernés »*. Voilà un **raisonnement d'apparence tautologique** qui n'est guère éclairant, et qu'on aurait souhaité voir s'appuyer sur les principes généraux de prévention des risques professionnels pourtant clairement énoncés aux articles L. 4121-1 à L. 4121-5 et L. 4522-1 du Code du travail [(1)]. L'employeur est certes tenu de *« prendre les mesures nécessaires pour assurer la sécurité et protéger la santé des travailleurs »*, car cela résulte des termes de l'article L. 4121-1 du Code du travail [(2)]. Il paraît néanmoins étonnant de voir affirmer, sans plus de précaution, qu'une décision de l'employeur ayant pour effet d'augmenter *« les »* risques du travail, et sauf à ce que la sécurité des salariés puisse être *« garantie »* par ailleurs, constitue un manquement de l'employeur à son obligation de sécurité.

Ce raccourci impose le rappel d'une évidence : en l'absence de manquement à une obligation particulière de sécurité résultant d'une loi ou d'un règlement, ni l'existence d'un risque du travail, ni même son aggravation, ne sauraient *en eux-mêmes* caractériser un défaut de prévention de la part de l'employeur. Mettre en place une organisation du travail quelconque, ou la modifier de quelconque manière, aboutit nécessairement à exposer les salariés à de nouveaux risques. De manière plus générale, **toute situation de travail est une situation à risque** : tout au plus peut-on distinguer les situations de travail suivant le degré de risque qu'elles comportent, c'est-à-dire la probabilité que les faits qui la constituent causent un préjudice, plus ou moins grave,

1) Voir ci-dessus, n° 22.
2) Voir ci-dessus, n° 21.

à plus ou moins long terme, etc. La question n'est donc pas de savoir si l'existence d'une situation de risque est acceptable par principe, mais *dans quelle mesure* elle est acceptable. À raisonner en termes d'obligation de *« résultat »*, on échoue nécessairement à apporter une réponse fine à cette question.

L'analyse des risques professionnels suppose la prise en compte de l'ensemble des éléments qui déterminent, de manière plus ou moins directe, le niveau de sécurité et de santé dont bénéficient les salariés [1]. C'est pourquoi l'employeur doit évaluer l'ensemble des risques pour la santé et la sécurité des travailleurs, et transcrire cette évaluation dans un document unique (C. trav., art. L. 4121-3, R. 4121-1 et s.) [2]. C'est à la suite de cette évaluation générale que l'employeur met en œuvre les actions de prévention et planifie la prévention *« en y intégrant, dans un ensemble cohérent, la technique, l'organisation du travail, les conditions de travail, les relations sociales et l'influence des facteurs ambiants »*, et en respectant les principes de prévention qui le conduisent d'abord à privilégier la suppression du risque avant d'envisager sa seule limitation, le recours à des moyens collectifs par priorité sur les équipements individuels, etc. L'analyse des risques étant globale, et l'employeur n'étant tenu que de prendre des **mesures *« nécessaires »*** (C. trav., art. L. 4121-1), c'est-à-dire celles qui sont les mieux à même d'assurer la sécurité des travailleurs **dans la mesure où cela est raisonnablement praticable** (en anglais : *« so far as is reasonably practicable »*).

Ainsi, et sauf respect des dispositions d'ordre public, l'employeur devrait pouvoir légitimement renoncer à prendre une mesure qui, en théorie, serait la plus apte à assurer la prévention d'un risque donné s'il justifie cet abandon par le fait que cette mesure générerait, en pratique, de nouveaux risques, ou du fait qu'elle serait incompatible avec une autre mesure dont il résulte un bénéfice plus grand pour les travailleurs. Suivant la même logique, il n'est nullement exclu qu'une décision de l'employeur, *bien que générant ou aggravant un risque donné*, puisse se justifier parce qu'elle permet de supprimer ou de réduire un autre risque plus grave, ou parce qu'elle améliore sous d'autres aspects les conditions de travail – auquel cas on doit admettre qu'elle n'a ni pour objet ni pour effet de *« compromettre la santé et la sécurité des salariés »*.

On touche là aux limites de la notion d'obligation de sécurité « de résultat », qui ne permet manifestement pas d'envisager de manière fine ce qui est attendu de l'employeur face à une situation donnée. Conscient d'agir dans un univers incertain, l'employeur doit donc chercher à mettre en œuvre la politique de prévention qui soit la plus convaincante possible.

---

1) Voir ci-dessus, n°s 27 et s.

2) Voir ci-dessous, n°s 239 et s.

Partie 2

LA POLITIQUE DE PRÉVENTION DES RISQUES

Conscient des multiples implications de son obligation de sécurité de résultat, l'employeur doit s'attacher à mener une politique de prévention qui mobilise un ensemble d'acteurs (chapitre 1) et d'outils (chapitre 2) que le droit rend incontournables.

Chapitre 1

Les acteurs de la prévention

141 Si le droit de la santé et de la sécurité au travail repose sur le **principe de responsabilité de l'employeur**, il ne fait pas de l'employeur le seul acteur de la santé et de la sécurité au travail. Contrairement à ce que pourrait laisser penser une interprétation trop littérale de l'obligation de sécurité *« de résultat »*, l'employeur est considéré en droit :

- non pas comme ayant la maîtrise absolue de l'ensemble des risques auxquels sont exposés les travailleurs – ce qui justifierait alors qu'il soit le seul acteur et responsable de la sécurité des travailleurs ;
- mais comme celui qui dispose de la *meilleure* maîtrise *des différents* facteurs de risque propres à l'entreprise (facteurs environnementaux, techniques, organisationnels, humains, etc.) – ce qui justifie qu'il ait **la responsabilité de s'adjoindre et coordonner l'ensemble des compétences requises** (aux plans fonctionnel, technique, médical, organisationnel, etc.), tant dans l'entreprise (section I) qu'en dehors de l'entreprise (section II).

C'est d'ailleurs le sens que donne le droit à la technique de la **délégation de pouvoirs**, qui ne se résume pas une technique de transfert de la responsabilité pénale du chef d'entreprise vers l'un de ses subordonnés (même si elle produit bien cet effet), mais constitue bien un outil au service de la prévention, ayant pour objet de situer au juste niveau de décision la charge de définir et mettre en œuvre, conformément à la réglementation, des outils de prévention adaptés à la réalité des risques.

SECTION I Les acteurs dans l'entreprise

Acteur principal de la santé et de la sécurité au travail, l'employeur (§ 1) doit associer à son action les travailleurs et leurs représentants (§ 2).

§1 L'employeur

142 Du chef d'établissement à l'employeur

Dans son ancienne rédaction, le Code du travail prévoyait qu'il incombait au « ***chef d'établissement*** » de prendre les mesures nécessaires pour assurer la sécurité et protéger la santé physique et mentale des salariés de l'établissement (C. trav., art. L. 230-2-I ancien). Il ne fallait pas croire, pour autant, qu'au sein d'une entreprise comprenant plusieurs établissements distincts, *seuls les chefs d'établissement au sens strict* étaient responsables, chacun à l'échelle de son établissement, de la définition et de la mise en œuvre de la politique de santé et de sécurité au travail. La référence au *« chef d'établissement »* paraissait donc mal adaptée ; le nouveau Code du travail lui a substitué, à juste titre, le terme « ***employeur*** » (C. trav., art. L. 4121-1). Pour autant, énoncer que c'est à l'employeur qu'il incombe de prendre les mesures nécessaires pour assurer la sécurité et protéger la santé des travailleurs ne signifie pas que *seul l'employeur au sens juridique* soit responsable, aux plans civil et pénal, en cas d'infraction aux règles de santé ou de sécurité au travail, ou en cas d'accident ou de maladie du travail. La répartition des responsabilités civile ou pénale est exclusivement déterminée par les règles du droit pénal ou du droit civil, et non par celles du droit du travail.

143 Détermination du cadre de la politique de prévention des risques professionnels

L'abandon de la référence au *« chef d'établissement »* vient au moins battre en brèche l'idée selon laquelle la politique de prévention des risques professionnels devrait être conçue à l'échelle de chaque établissement, dans l'ignorance des facteurs de risques communs à plusieurs établissements ou de la situation des travailleurs qui exercent en dehors de tout établissement (de façon occasionnelle ou permanente). Dans une entreprise dotée de plusieurs établissements distincts, la politique de prévention des risques professionnels doit certainement être définie **à l'échelle de l'entreprise**, puis déclinée, adaptée, modifiée, voire redéfinie et complétée à l'échelle de chaque établissement, le cas échéant de chaque service, unité, etc. En revanche, il n'existe pas de dispositions organisant la prévention des risques professionnels à l'échelle des **groupes de sociétés** ou des groupements d'employeurs, etc. Le comité de groupe (C. trav., art. L. 2331-6 et s.) n'a pas d'équivalent en matière de santé et de sécurité. La jurisprudence admet cependant que la prévention des risques professionnels à l'échelle du groupe puisse donner lieu à l'établissement de délégations de pouvoirs de *« groupe »*. Indépendamment des problématiques propres aux groupes, différentes sociétés constituant une **unité économique et sociale** ou présentes sur un même site peuvent constituer un service de santé au travail commun ou être amenées à constituer des instances de concertation communes. De même, plusieurs entreprises de moins de 50 salariés peuvent se regrouper en vue de la constitution d'un CHSCT (C. trav., art. L. 4611-6 et R. 4613-7).

144 Détermination du responsable des atteintes à la santé ou à la sécurité au travail

Un tout autre problème est de savoir qui, en tant qu'*« employeur »*, doit être tenu responsable d'une situation portant atteinte à la santé ou à la sécurité d'un ou plusieurs travailleurs. Nous avons vu, en effet, qu'une même situation peut conduire à engager **plusieurs types de responsabilité** (1). En outre, dans une même entreprise, les responsabilités peuvent s'attacher à **plusieurs personnes**, alternativement ou cumulativement : l'entreprise *« personne morale »* (société, association...) ; le chef d'entreprise, personne physique ; le délégataire du chef d'entreprise ; tout travailleur (salarié, intérimaire, stagiaire, bénévole).

a) Responsabilité civile

Nous avons vu qu'au plan de la **responsabilité civile** – celle qui se manifeste au plan de la législation des accidents du travail (2) ou encore sur le plan prud'homal (3) –, la responsabilité est clairement celle de l'employeur au sens contractuel, c'est-à-dire la personne physique ou morale qui emploie le travailleur et s'acquitte des cotisations AT/MP. Cela ne résulte pas, selon nous, d'un choix rationnel du législateur, mais plutôt de ce que la législation relative aux accidents du travail et maladies professionnelles a pour finalité première de permettre l'*indemnisation* des risques professionnels suivant un dispositif *mutualisé* (ce sont les cotisations patronales qui financent le régime), censé concilier l'intérêt des victimes et ceux des employeurs ; le dispositif de tarification des cotisations AT/MP n'est qu'un correctif à cette mutualisation, à visée sans doute préventive, mais en tout cas nécessairement dirigé vers le cotisant, donc l'employeur contractuel.

b) Responsabilité pénale

L'état du droit est tout autre au **plan de la responsabilité pénale**, et nécessite que l'on s'y arrête. En effet, au plan pénal, la responsabilité d'une infraction à la législation en matière de santé et de sécurité au travail ne s'attache que rarement (et presque jamais exclusivement) à l'employeur au sens contractuel. Cela résulte précisément d'un choix rationnel, relevant d'une politique à visée préventive : l'effet recherché par l'application de la peine n'est pas tant répressif que dissuasif, misant sur la crainte ressentie par la personne à la perspective de sa condamnation pénale (ou d'une nouvelle condamnation). À cet égard, la question de savoir qui doit être désigné responsable

---

1) Voir ci-dessus, n°s 43 et s.

2) Voir ci-dessus, n°s 45 et s., 115 et s.

3) Voir ci-dessus, n°s 120 et s.

d'une infraction devrait être uniquement guidée par le point de savoir, non pas quelle personne a commis l'infraction (puisque dans une entreprise, comme dans toute organisation complexe, il est rare qu'une infraction ne soit pas le fruit de l'action combinée de plusieurs personnes), mais quelle personne était la mieux à même de prévenir l'infraction, c'est-à-dire le cas échéant, de coordonner l'intervention des différents acteurs concernés. De ce point de vue, le droit devrait offrir un cadre d'analyse aisément compréhensible par chacun. Tel n'est pas le cas, et l'on peut le déplorer [1].

Afin de bien saisir toute la complexité de la matière, il convient d'envisager les principes gouvernant la responsabilité pénale de l'employeur (A), avant d'envisager les principales distinctions en jeu, entre le chef d'entreprise et le délégataire (B), le chef d'entreprise et l'employeur (C), l'employeur et l'utilisateur (D).

A. - L'employeur, responsable pénal

145 Si, en droit pénal, *« nul n'est responsable que de son propre fait »* (C. pén., art. 121-1), ce principe ne s'applique pas de manière uniforme en matière de santé et de sécurité au travail pour deux raisons :

- **la charge de veiller à la santé et la sécurité des travailleurs pèse en premier lieu sur l'employeur et non sur les travailleurs eux-mêmes** [2]. C'est d'ailleurs l'essence du droit du travail que d'opérer une telle répartition des obligations, transposant ainsi au plan juridique la réalité de l'équilibre des pouvoirs employeur/salarié, ici en matière de prévention des risques professionnels ;
- **selon la même logique, la responsabilité pénale des sinistres pèse en premier lieu sur la personne qui a la capacité d'en assurer la prévention, plutôt que sur leur auteur direct.** C'est pourquoi le droit pénal du travail conduit à retenir la responsabilité de l'employeur dans des hypothèses où ce dernier n'a commis aucun fait matériel qui soit la cause directe de l'accident. Le but recherché, en sanctionnant l'employeur, n'est pas tant répressif que préventif. Il s'agit d'inciter à l'action celui qui, en fait et en droit, dispose de la meilleure et de la plus large capacité de prévenir les risques. Si cette politique n'exclut pas totalement la responsabilité pénale des travailleurs ainsi que des autres acteurs de la prévention, l'objectif poursuivi est bien de faire peser principalement la pression pénale sur la personne, physique ou morale, qui a la plus grande capacité préventive.

Il résulte ainsi d'une **jurisprudence** constante que la responsabilité pénale des infractions aux règles de santé et de sécurité au travail pèse en principe sur le **chef d'entreprise** ou sur la personne à laquelle ce dernier a **délégué** ses pouvoirs en la

1) Voir Babin M., *Le risque professionnel*, thèse préc., p. 575 et s.

2) Voir ci-dessus, n° 20.

matière (chef d'établissement ou de service, etc.). En réalité, ce principe doit être relativisé au regard de la distinction entre :

- les **infractions formelles** (exposition d'autrui à un risque), dont le type est l'infraction aux lois et règlements de santé et de sécurité (C. trav., art. L. 4741-1) ;
- et les **infractions matérielles** (dommage causé à autrui), dont le type est le délit d'homicide ou blessures involontaires [1].

1° Infractions formelles

146 S'agissant des infractions formelles (exemple : infraction aux lois et règlements de santé et sécurité), la pratique consiste à appliquer un principe de responsabilité alternative et abstraite (un seul responsable de principe par infraction).

- **Responsabilité alternative** : même si les textes visent à la fois l'*« employeur »* et le *« préposé »* en tant que personnes punissables (C. trav., art. L. 4741-1), en réalité seul le chef d'entreprise **ou**, le cas échéant, son délégataire peut être tenu responsable d'une même infraction aux lois et règlements de santé et de sécurité.
- **Responsabilité abstraite** : même si les textes prévoient que l'intéressé ne peut être responsable que de sa *« faute personnelle »* (C. trav., art. L. 4741-1), en réalité le seul constat d'un manquement aux lois et règlements de santé et de sécurité caractérise la faute personnelle du chef d'entreprise ou de son délégataire, même si le manquement résulte matériellement du comportement d'un travailleur.

147 Causes d'irresponsabilité

De manière générale, tout manquement aux lois et règlements de santé et de sécurité caractérise une faute d'imprudence au plan pénal. À cet égard, la jurisprudence n'admet pas qu'un tel manquement soit dénué de caractère fautif du simple fait qu'il a été ignoré ou toléré par l'inspecteur du travail ou un agent de la CARSAT [2]. De même, la **force majeure** est rarement retenue : si la loi prévoit que n'est pas responsable la personne qui a agi sous l'empire d'une *« contrainte à laquelle elle n'a pu résister »* (C. pén., art. 122-2), la jurisprudence n'admet pas qu'un employeur ayant méconnu les lois et règlements de santé ou de sécurité puisse être exonéré du seul fait que l'application de la règle méconnue était difficile, voire même empêchait le travail de s'effectuer [3]. En revanche, l'employeur peut invoquer une **erreur sur le droit**, s'il n'était pas en mesure d'éviter cette erreur et a donc pu se croire légitime à exercer son activité dans des conditions qui s'avèrent contraires à la réglementation (C. pén., art. 122-3). Une telle excuse semble très rarement admise, même lorsque l'erreur

1) Voir ci-dessus, n° 97.
2) Cass. crim., 28 oct. 1986, n° 85-91.163 ; Cass. crim., 7 déc. 1993, n° 93-81.120.
3) Cass. crim., 27 nov. 1990, n° 89-84.709 P.

provient d'une information erronée émanant de l'inspection du travail ou d'un avis consultatif du ministère du Travail [1]. Au moins le dirigeant d'une entreprise peut-il s'exonérer en invoquant le fait que la faute a été commise par son **prédécesseur ?** Non, semble avoir répondu la Cour de cassation [2] : le responsable de la société de maintenance, dont le salarié a été victime d'une chute mortelle alors qu'il se trouvait sur une passerelle extérieure dépourvue de garde-corps latéraux, ne devait pas se satisfaire de la seule élaboration par son prédécesseur d'un plan de prévention des risques, et aurait dû se rendre sur les lieux pour s'assurer du respect des règles de sécurité.

2° Infractions matérielles

148 S'agissant des infractions matérielles (homicide ou blessures involontaires), la pratique conduit à appliquer un principe de responsabilité cumulative et concrète (autant de responsables que d'auteurs fautifs du dommage).

- **Responsabilité cumulative** : toutes les personnes qui ont commis une faute d'imprudence et ont, de ce fait, contribué au dommage peuvent être tenues responsables : chef d'entreprise, travailleur, tiers à l'entreprise, etc. [3] Est potentiellement concerné tout acteur de la prévention des risques professionnels dans l'entreprise : membre du CHSCT, médecin du travail, IPRP, etc.
- **Responsabilité concrète :** chacun ne peut être tenu responsable que s'il a commis une faute personnelle, constituée par un comportement concret précisément identifié (imprudence, négligence, inattention, etc., C. pén., art. 121-3).

149 Faute caractérisée ou délibérée

La distinction entre responsabilité abstraite et responsabilité concrète est néanmoins de faible portée à l'égard du chef d'entreprise ou de son délégataire. Lorsqu'une infraction aux lois et règlements de santé ou de sécurité est commise et que cette infraction a causé un accident du travail, le chef d'entreprise sera tenu responsable par principe de la première infraction et risque fort d'être également condamné au titre du délit d'homicide ou blessures involontaires, alors même qu'il peut n'avoir commis aucune faute matérielle concrète.

Afin de limiter les possibilités d'engagement de la responsabilité pénale des dirigeants dans de tels cas, un amendement dit « *Fauchon* » de la loi n° 2000-647 du 10 juillet 2000 a modifié l'article 121-3 du Code pénal et instauré la distinction suivante :

- les personnes **physiques** qui ont causé **directement** un dommage sont responsables pénalement de toute faute d'imprudence, de négligence ou de manque-

1) Cass. crim., 7 juin 2006, n° 05-82.412.
2) Cass. crim., 9 nov. 2010, n° 10-82.153.
3) Pour une illustration, voir Cass. crim., 17 janv. 2006, n° 05-81.765.

ment à une obligation de prudence ou de sécurité prévue par la loi ou le règlement ;

– les personnes **physiques** qui n'ont **pas** causé **directement** un dommage, mais qui ont créé ou contribué à créer la situation qui a permis la réalisation du dommage ou qui n'ont pas pris les mesures permettant de l'éviter, ne sont responsables pénalement que s'il est établi qu'elles ont :
  - soit violé de façon manifestement délibérée une obligation particulière de prudence ou de sécurité prévue par la loi ou le règlement (**faute délibérée**),
  - soit commis une faute caractérisée et qui exposait autrui à un risque d'une particulière gravité qu'elles ne pouvaient ignorer (**faute caractérisée**).

Comme il est rare que l'employeur soit l'auteur direct du dommage [1], sa responsabilité pénale ne peut donc être engagée qu'en cas de faute délibérée ou caractérisée de sa part.

150 Faute délibérée

La faute délibérée n'est constituée qu'en cas de manquement à une **obligation particulière** résultant de la loi ou d'un règlement, lorsque ce manquement résulte manifestement d'une action ou d'une abstention « ***délibérée*** ». Cela supposerait, en théorie, que le juge d'une part détermine précisément la règle violée ainsi que sa source légale ou réglementaire (décret ou arrêté) et d'autre part, constate que le prévenu avait nécessairement connaissance de l'obligation, mais également qu'il a fait le choix de méconnaître celle-ci.

À titre d'illustrations, une faute délibérée a été retenue à l'encontre :

– du chef de service de la partie toiture haubans du Stade de France, titulaire d'une délégation de pouvoirs en matière de santé et de sécurité, n'ayant pas pris toutes les mesures pour vérifier la complète fermeture d'une trappe, alors qu'il ne pouvait ignorer les risques des travaux effectués à l'intérieur de la toiture du stade [2] ;

– d'un directeur d'établissement ayant manqué à l'obligation de mettre à la disposition d'un travailleur un équipement de travail approprié au travail à réaliser, alors que la machine en cause aurait dû être impérativement protégée dès le 31 décembre 2000, et qu'il appartenait à l'intéressé de vérifier le matériel ancien, de dresser un inventaire des équipements non conformes, de faire la liste des travaux à effectuer et de procéder avant cette date à la mise en œuvre [3].

1) Voir cependant Cass. crim., 16 sept. 2008, n° 08-80.204.

2) Cass. crim., 28 mars 2006, n° 05-82.975.

3) Cass. crim., 15 mai 2007, n° 06-86.589.

151 Faute caractérisée

Contrairement à la faute délibérée, la faute caractérisée peut être constituée même en cas de manquement au devoir général de prudence, en l'absence d'infraction à une obligation particulière de sécurité. Mais elle n'est constituée que lorsque ce manquement exposait autrui à un risque *« d'une* ***particulière gravité*** », et lorsque le prévenu **ne *« pouvait ignorer »*** l'existence de ce risque.

Rares sont les décisions de la Cour de cassation qui permettent d'illustrer jusqu'à quel point ces nouvelles dispositions conduisent à écarter la responsabilité pénale d'un chef d'entreprise en cas d'accident du travail [1]. En pratique, la *« faute caractérisée »* sera très souvent retenue en cas d'infraction aux lois et règlements de santé et de sécurité, précisément lorsque la *« faute délibérée »* ne pourra pas l'être [2].

À titre d'illustrations, une faute caractérisée a été retenue à l'encontre :

- du directeur d'un hôtel-restaurant qui ne pouvait ignorer, en qualité de maître de stage, la nécessité de demander une dérogation préalable à l'inspection du travail avant de faire travailler une personne de moins de 18 ans sur une machine dangereuse, en l'occurrence un hachoir [3] ;
- de l'employeur qui a continué à employer un bûcheron dans les mêmes conditions que préalablement à un grave accident du travail, en contradiction avec l'avis du médecin du travail [4] ;
- du dirigeant d'une société d'installation d'ascenseurs ayant eu connaissance des problèmes posés par les nouveaux ascenseurs, et ayant laissé un responsable technique intervenir seul sur un ascenseur dont les problèmes de fonctionnement étaient connus [5] ;
- du directeur d'une sucrerie qui ne pouvait qu'être conscient du risque de manipulation d'un pneu gonflé avec un mélange d'air et d'azote, mais qui n'a affiché aucune consigne écrite dans l'atelier, ni organisé aucune formation spécifique au bénéfice de la victime [6] ;
- du gérant de société de montage de structures métalliques, qui avait envisagé l'agrandissement des locaux de travail en raison de leur exiguïté, n'a, dans l'attente, mis en œuvre aucune mesure de nature à assurer le stockage en toute sécurité des pièces fabriquées, et en particulier n'a pas imposé l'utilisation des tréteaux qui étaient pourtant à disposition [7].

---

1) Voir cependant Cass. crim., 16 mai 2006, n° 05-84.944 P.
2) Voir Cass. crim., 23 janv. 2007, n° 06-80.937.
3) Cass. crim., 3 oct. 2006, n° 05-87.287.
4) Cass. crim., 20 mars 2007, n° 06-85.638.
5) Cass. crim., 12 juin 2007, n° 06-84.153.
6) Cass. crim., 6 nov. 2007, n° 02-84.458.
7) Cass. crim., 30 sept. 2008, n° 07-87.148.

B. - *Le chef d'entreprise et le délégataire*

152 Obligation de l'employeur de désigner des responsables de la santé et de la sécurité au travail

Aucune règle législative ou réglementaire ne fait clairement obligation à l'employeur de désigner un ou plusieurs responsables de la santé et de la sécurité au travail, c'est-à-dire un ou plusieurs représentants, dotés d'une parcelle de pouvoir de direction, et chargés des questions de prévention des risques professionnels dans un cadre géographique ou fonctionnel donné. La loi prévoit qu'assiste aux réunions du CHSCT le chef du service de sécurité et des conditions de travail ou, à défaut, l'agent chargé de la sécurité et des conditions de travail (C. trav., art. R. 4614-2), mais n'impose aucunement la création de telles fonctions au sein de l'établissement.

Si la nécessité de désigner un responsable de la santé et de la sécurité existe bien néanmoins, c'est indirectement, en application de la jurisprudence relative à la désignation du responsable pénal des infractions aux règles de santé et de sécurité au travail. Tout délit en la matière étant imputable en principe au chef d'entreprise, ou le cas échéant au titulaire d'une **délégation de pouvoirs**, le dirigeant qui, sauf à de rares exceptions, n'aura pas la capacité matérielle de veiller personnellement à la stricte application des textes, est incité à déléguer ses pouvoirs, c'est-à-dire à mettre en place une **organisation humaine de la sécurité**. L'absence de désignation d'un responsable de la santé et de la sécurité, doté des compétences, pouvoirs et moyens adaptés, est indirectement considérée comme révélant une faute du chef d'entreprise.

Selon la **directive-cadre communautaire** du 12 juin 1989, l'employeur doit désigner un ou plusieurs travailleurs pour s'occuper des activités de protection et de prévention des risques professionnels de l'entreprise et/ou de l'établissement (art. 7 : services de protection et de prévention). Ces dispositions n'imposent pas à l'employeur de désigner ce travailleur parmi les représentants de la direction, ni de le doter d'une partie de son pouvoir de direction. En droit français, on considérait jusqu'à présent que l'employeur satisfait à cette obligation dès lors qu'il constitue ou adhère à un service de santé au travail et fait appel, dans ce cadre, à un intervenant en prévention des risques professionnels ; ce point a cependant vocation à changer avec la réforme de l'organisation de la médecine du travail [1].

---

1) Voir ci-dessous, n° 194.

NOTE : LES INFIRMIERS ET LES SECOURISTES

Infirmiers

Un **établissement non industriel** d'au moins 500 salariés, doit employer (C. trav., art. R. 4623-51 et s.) :

- au moins un infirmier pour 500 à 1 000 salariés ;
- un infirmier supplémentaire par tranche de 1 000 salariés.

Dans un établissement de moins de 500 salariés, un infirmier est recruté si le médecin du travail et le comité d'entreprise en font la demande. Si l'employeur conteste la demande, la décision est prise par l'inspecteur du travail après avis du médecin inspecteur régional du travail.

Un **établissement industriel** d'au moins 200 salariés, doit employer (C. trav., art. R. 4623-51 et s.) :

- au moins un infirmier pour 200 à 800 salariés ;
- un infirmier supplémentaire par tranche de 600 salariés.

Dans une entreprise ou un établissement de moins de 200 salariés, un infirmier est recruté si le médecin du travail et le comité d'entreprise en font la demande. Si l'employeur conteste la demande, la décision est prise par l'inspecteur du travail après avis du médecin inspecteur régional du travail.

Le personnel infirmier est recruté avec l'accord du médecin du travail, qu'il a pour mission notamment d'assister dans l'ensemble de ses activités. Dans les établissements soumis à l'obligation de recruter du personnel infirmier, celui-ci est mis à la disposition du médecin du travail du service interentreprises. Lorsque le nombre d'infirmiers le permet, leurs heures de travail sont réparties de telle façon qu'au moins un infirmier soit toujours présent pendant les heures normales de travail du personnel.

Secouristes

En l'absence d'infirmier, ou lorsque leur nombre ne permet pas d'assurer une présence permanente de ce personnel, l'employeur prend, après avis du médecin du travail, les mesures nécessaires pour assurer les premiers secours aux accidentés et aux malades (C. trav., art. R. 4224-16). Ces mesures, prises en liaison notamment avec les services de secours d'urgence extérieurs à l'entreprise, sont adaptées à la nature des risques. Elles sont consignées dans un document tenu à la disposition de l'inspecteur du travail. En tout état de cause, un membre du personnel doit avoir reçu la formation de secouriste nécessaire pour donner les premiers secours en cas d'urgence (C. trav., art. R. 4224-15) :

- dans chaque atelier où sont accomplis des travaux dangereux (1) ;

1) Sur la notion de travaux dangereux en matière de surveillance médicale renforcée, voir ci-dessous, nos 276 et s.

– dans chaque chantier occupant 20 personnes au moins pendant plus de 15 jours, où sont accomplis des travaux dangereux.

Le sauvetage-secourisme du travail fait l'objet d'une circulaire n° 32/2010 du 3 décembre 2010 de la CNAM-TS [1].

L'employeur est tenu d'afficher, dans des locaux normalement accessibles aux travailleurs, l'adresse et le numéro d'appel des services de secours d'urgence (C. trav., art. D. 4711-1).

153 Enjeux

La délégation de pouvoirs est une pratique courante en matière de santé et de sécurité pour les raisons suivantes :

– dans les structures complexes, il est impossible que le chef d'entreprise puisse vérifier, pour chaque situation de travail l'application des règles concernant la santé et la sécurité ;
– rendant les délégataires responsables, donc normalement plus vigilants, la délégation de pouvoirs est considérée par les tribunaux comme une preuve de la prise en compte des exigences de la sécurité dans la conduite de l'entreprise. *A contrario*, l'absence de délégation dans certaines structures d'activité est jugée comme contraire aux exigences de la sécurité : *« Qu'eu égard à la structure de l'entreprise et aux conditions dans lesquelles celle-ci exerce son activité à travers une multitude de chantiers disséminés dans toute la France, l'absence de mise en place de délégation de pouvoir en bonne et due forme faisant référence aux textes légaux, en sorte que le délégué ne puisse se méprendre sur l'étendue de ses engagements, constitue une faille importante dans l'organisation de l'entreprise, de nature à générer les plus graves conséquences au regard de la sécurité du travail, dès lors manifestement que le prévenu (le chef d'entreprise) n'est pas en mesure de veiller personnellement à l'observation stricte du règlement relatif à la sécurité »* [2].

Dans sa rédaction antérieure, le Code du travail appelait à la mise en place de délégations puisqu'il évoquait, et notamment dans son article L. 263-2, la responsabilité d'autres personnes que le chef d'entreprise, *« les chefs d'établissement, directeurs, gérants, préposés »*, montrant par là que le législateur avait bien envisagé le transfert de la responsabilité pénale sur des délégataires. Le fait que ces différentes expressions soient désormais remplacées par le terme *« employeur »*, dans le nouveau code (C. trav.,

1) Consultable sur : <www.cfrc.fr/documents/cir-32-2010.pdf>.

2) CA Besançon, 19 juin 1990, repris dans l'arrêt Cass. crim., 1er oct. 1991, n° 90-85.024 ; voir aussi Cass. crim., 28 févr. 1995, n° 94-82.577.

art. L. 4741-1), n'est pas pour autant révélateur d'une remise en cause de cette politique.

154 Effets

La délégation de pouvoirs **transfère la responsabilité pénale** de l'employeur auprès du délégataire, comme l'indique clairement la formule souvent utilisée par la Cour de cassation : le chef d'entreprise ne peut être exonéré de sa responsabilité que s'il démontre que l'infraction a été commise dans un service dont il a confié la direction et la surveillance à un préposé désigné par lui et pourvu de la compétence ainsi que de l'autorité nécessaires pour veiller efficacement à l'observation des dispositions en vigueur. Cette possibilité d'exonération connaît néanmoins des limites.

Le transfert de responsabilité ne s'effectuera pas si le fait reproché a pour cause une décision du délégant ou si lui-même a participé à l'infraction.

De même, ce transfert ne s'effectue que dans les domaines visés par la délégation de pouvoirs, ce qui autorise l'engagement de la responsabilité pénale du délégant et du délégataire, à la suite d'un même accident, sur la base d'infractions commises dans deux domaines différents, attribués respectivement au délégant et au délégataire [1].

Enfin, cette délégation ne joue que pour les infractions pénales prévues par le Code du travail : en ce qui concerne les dispositions du Code pénal (homicide ou blessures involontaires ; C. pén., art. 221-6, 222-19, 222-20), la responsabilité du délégant et celle du délégataire peuvent être cumulatives en fonction de leur participation respective à la réalisation de l'infraction.

155 Conditions de validité

Pour que la délégation de pouvoirs produise ses effets, elle doit évidemment être valide. Toute irrégularité de la délégation exonère le délégataire de sa responsabilité. La validité de la délégation s'examine aux niveaux tant du délégataire que de la délégation elle-même.

a) En ce qui concerne le délégataire

Le délégataire, selon la formule consacrée, doit avoir la compétence, l'autorité et les moyens nécessaires pour assumer cette responsabilité [2].

- **La compétence** : le délégataire doit notamment avoir les connaissances techniques nécessaires pour analyser la situation de travail, évaluer les risques, et constater éventuellement un écart entre la réalité de cette situation et les exi-

1) Cass. crim., 15 janv. 2008, n° 06-87.805.

2) Pour une illustration récente, voir Cass. crim., 8 déc. 2009, n° 09-82.183 P : *« pour rejeter l'argumentation de Jean X… qui sollicitait sa relaxe en invoquant les délégations de pouvoirs consenties en 2001 et 2003 à un chef d'équipe devenu chef de chantier, le tribunal a retenu qu'il n'était pas établi que le préposé concerné, âgé de vingt et un ans lors de la signature de la première délégation, moins d'une année après son arrivée dans l'entreprise, ait disposé d'une compétence et d'une autorité suffisantes et ont déclaré la prévention établie »*.

gences de la réglementation relative à la santé, à la sécurité et aux conditions de travail. Il doit avoir également des connaissances juridiques nécessaires pour appréhender cette réglementation.

- **L'autorité** : le délégataire doit avoir une position et un statut dans l'entreprise qui lui permettent d'exiger que tout un chacun, travaillant dans son périmètre de délégation, respecte les règles relatives à la santé, la sécurité et aux conditions de travail. Il doit pouvoir être en mesure de sanctionner les récalcitrants.
- **Les moyens** : le délégataire doit également avoir les moyens, notamment matériels et financiers d'assurer l'application de la réglementation. S'il n'est pas nécessaire qu'il dispose lui-même d'un budget conséquent, il doit être en mesure de pouvoir engager les dépenses liées aux exigences de la sécurité. Si ces dernières entraînent des engagements pécuniaires que seul l'employeur pouvait prendre, la délégation perd alors tout effet.
- **L'information du délégataire** : le délégataire doit être informé de cette délégation. Il n'est pas nécessaire qu'il l'accepte formellement dans la mesure où elle entre dans ses attributions contractuelles et en constitue en quelque sorte le prolongement au niveau de la responsabilité pénale.

b) En ce qui concerne la délégation elle-même

- **La forme de la délégation** : il n'est pas nécessaire, mais il est néanmoins fortement recommandé, que la délégation soit passée par écrit. C'est avant tout un problème de preuve. En théorie, la délégation peut être purement verbale, et son existence être prouvée par la nature des pouvoirs réellement exercés par le délégataire. En réalité, la nécessité de l'écrit est évidente.
- **Le contenu de la délégation** : la délégation doit indiquer très précisément les domaines sur lesquels elle porte. Une délégation rédigée en termes généraux ou peu clairs est contestable. Elle doit également indiquer ses effets, à savoir que c'est désormais sur le délégataire que reposera la responsabilité pénale pour les infractions survenues dans le périmètre du délégataire. La délégation doit être *« certaine et dépourvue d'ambiguïté »* [1].
- **L'exclusivité de la délégation** : le délégant ne peut déléguer le même domaine de responsabilité à plusieurs délégataires, sous peine de confusion. Un des buts de la mise en place d'un système de délégation est de clarifier les responsabilités. La même délégation faite à des salariés différents est contraire à la logique de la délégation : *« Le chef d'entreprise ne peut déléguer ses pouvoirs à plusieurs personnes pour l'exécution d'un même travail, un tel cumul étant de nature à restreindre l'autorité et à entraver les initiatives des prétendus délégataires »* [2].

1) Cass. crim., 29 oct. 1985, n° 84-95.559.
2) Cass. crim., 19 mars 1996, n° 94-84.854.

– **La date de la délégation :** la délégation ne peut avoir d'effet que dans la mesure où elle est antérieure aux faits ayant entraîné l'infraction.
– **La subdélégation** : La délégation peut subdéléguer sa responsabilité. Il n'est pas nécessaire que cette subdélégation ait été autorisée par le délégant [(1)]. En revanche, celui-ci peut l'interdire explicitement. La subdélégation doit être faite à une personne qui remplit, en matière d'appartenance à l'entreprise, de compétences, d'autorité et de moyens, les conditions nécessaires pour assurer cette délégation. Sa validité est également subordonnée au respect des formes requises pour la délégation, et notamment être dénuée d'ambiguïté [(2)].

c) La délégation de pouvoirs dans les groupes

La jurisprudence a admis la validité des délégations de pouvoirs dans les groupes de sociétés. Ainsi il a été jugé que le chef d'un groupe de sociétés, président de la société mère, avait pu déléguer ses pouvoirs en matière d'hygiène et de sécurité à un salarié d'une autre société du groupe, sur lequel il exerçait un pouvoir hiérarchique [(3)]. Cependant, les circonstances spécifiques de l'espèce rendaient incertaine la portée de cet arrêt apparemment novateur. Dans les faits, la responsabilité pénale du délégataire avait été mise en œuvre au titre d'infractions commises dans la société dirigée par le dirigeant du groupe, lequel avait consenti la délégation et exerçait un « ***pouvoir hiérarchique*** » sur le délégataire.

Dans un arrêt postérieur, la Cour de cassation a réaffirmé la possibilité de procéder à des délégations de pouvoirs à l'échelle d'un groupe, en censurant un arrêt d'appel ayant écarté la validité d'une telle délégation : selon la Cour, les juges auraient dû répondre aux conclusions du prévenu (dirigeant de la filiale au sein de laquelle un accident était survenu), selon lequel l'ingénieur investi par délégation des fonctions de chef de sécurité pour l'ensemble des sociétés composant le groupe, avait pour mission de contrôler l'application de la réglementation, d'assurer la charge de la prévention des accidents du travail et d'organiser des stages, et disposait ainsi de tous les moyens nécessaires pour assurer la sécurité des travailleurs [(4)]. Dans cet arrêt, la Cour de cassation n'exige pas expressément des juges qu'ils vérifient l'existence d'un rapport hiérarchique entre l'auteur et le destinataire de la délégation de pouvoirs.

De telles délégations de pouvoirs sont donc valables. L'important est de s'assurer que le délégataire dispose bien de l'autorité, de la compétence et des moyens nécessaires pour prendre en charge efficacement les questions de sécurité pour l'ensemble des sociétés du groupe. Cette règle bouscule la thèse classique selon laquelle la délégation de pouvoirs ne peut se concevoir que dans des relations d'employeur à

1) Cass. soc., 30 oct. 1996, n° 94-83.650.
2) Cass. crim., 6 nov. 2007, n° 02-84.458.
3) Cass. crim., 26 mai 1994, n° 93-83.179, n° 93-83.213, n° 93-83.180.
4) Cass. crim., 7 févr. 1995, n° 94-81.832.

préposé. À tout le moins, il semble prudent de considérer que le destinataire de la délégation de pouvoirs doive au moins être le **préposé de l'une des sociétés du groupe**, la Cour de cassation ayant admis qu'« (...) *une délégation de pouvoirs en matière de sécurité* (...) *ne saurait être juridiquement assimilée à une convention autonome, mais doit être interprétée comme une modalité de l'exécution du contrat de travail liant le chef d'entreprise à l'un ou l'autre de ses préposés* (...) »[1]. De même, la Cour de cassation a exclu qu'un chef d'entreprise pût faire état d'un contrat conclu avec un bureau d'études ayant pour objet la réalisation de travaux relatifs à la sécurité d'un chantier important pour considérer par là même qu'il avait délégué son pouvoir à cette société[2].

Cette jurisprudence peut également s'appliquer à tout groupement de sociétés. Ainsi, la question s'était posée dans une espèce où cinq entreprises du bâtiment, chargées des travaux de gros œuvre du chantier d'une ligne de métro, avaient constitué une **société en participation** et délégué à un directeur de chantier, salarié de l'une des sociétés, les pouvoirs nécessaires pour prendre toutes mesures destinées à assurer sur le site l'hygiène et la sécurité de l'ensemble du personnel (chaque dirigeant ayant donné, par écrit, délégation de pouvoirs à l'intéressé). Un accident était survenu à un salarié de l'une de ces sociétés ; mais en l'occurrence, la victime n'était pas employée par la même société que celle qui employait le délégataire de pouvoirs. Les juges ont déclaré coupable du délit de blessures involontaires la société qui employait la victime, en considérant que le délégataire de pouvoirs avait commis l'infraction et qu'ayant reçu une délégation de pouvoirs régulière du dirigeant de la société concernée, il avait engagé la responsabilité pénale de celle-ci[3]. La Cour de cassation a validé le raisonnement en relevant que « *la délégation de pouvoirs en matière de sécurité a été consentie, par le représentant légal de chacune des entreprises intervenant sur le chantier, à un **préposé de l'une d'entre elles** qui disposait effectivement des pouvoirs, de la compétence et des moyens nécessaires à l'exécution de sa mission* »[4].

Dans un tel cas néanmoins, **seule la responsabilité pénale de la personne morale qui *employait* la victime pourra être engagée** : « *en cas d'accident du travail, les infractions en matière d'hygiène et de sécurité des travailleurs commises par le délégataire de pouvoirs désigné par chacune des sociétés constituant un groupement d'entreprises à l'occasion de l'attribution d'un marché engagent la responsabilité pénale de la seule personne morale, membre du groupement, qui est l'employeur de la victime* »[5]. De même, il a récemment jugé « *qu'en cas d'accident du travail, les manque-*

1) Cass. crim., 21 déc. 1982, arrêt statuant sur la preuve de la délégation de pouvoirs. Voir : http://www.legifrance.gouv.fr/affichJuriJudi.do?oldAction=rechExpJuriJudi&idTexte=JURITEXT000007519243&fastReqId=776148261&fastPos=2.

2) Cass. crim., 12 déc. 1989, n° 89-81.074 P.

3) À propos de la responsabilité pénale des personnes morales, voir ci-dessous, n°s 156 et s.

4) Cass. crim., 14 déc. 1999, n° 99-80.104 P.

5) Cass. crim., 13 oct. 2009, n° 09-80.857 P.

ments en matière d'hygiène et de sécurité des travailleurs commis par le délégataire de pouvoirs désigné par ***chacune*** *des sociétés constituant un groupement d'entreprises à l'occasion de l'attribution d'un marché, engagent la responsabilité pénale de la personne morale, membre du groupement, qui est* ***l'employeur*** *de la victime, ou, en cas de recours à une main-d'œuvre intérimaire, de la personne morale ayant la qualité d'entreprise utilisatrice au sens des dispositions du Code du travail relatives au travail temporaire »* [1].

C. - Le chef d'entreprise et l'employeur

156 En partant toujours du principe qu'une infraction aux lois et règlements de santé et de sécurité est nécessairement imputable à l'employeur, on peut également s'interroger sur la manière dont s'applique ce principe lorsque l'entreprise employant le ou les salariés concernés est constituée sous forme de personne morale. Si initialement, la responsabilité de la personne morale était plutôt conçue comme une responsabilité complémentaire de celle de la personne physique du dirigeant, elle tend en théorie à se substituer à celle de la personne physique.

157 Conditions générales de la responsabilité pénale de la personne morale

La loi prévoit que les personnes morales, à l'exclusion de l'État, sont responsables pénalement des infractions commises, pour leur compte, par leurs organes ou représentants (C. pén., art. 121-2). Pour qu'une personne morale soit tenue responsable d'une infraction pénale, il faut que cette dernière soit commise :

– par une personne **physique** ayant la qualité d'**organe** ou de **représentant** de la personne morale ;
– et « ***pour le compte*** » de la personne morale.

À qualité d'« *organe* » la personne physique qui représente la personne morale par l'effet de la loi ou des statuts, et qualité de « *représentant* » celle qui représente la personne morale à un autre titre, tel qu'un mandat. Le salarié titulaire d'une délégation de pouvoirs en matière de santé et de sécurité [2] est le bien représentant de la personne morale [3]. L'infraction doit avoir été commise « *pour le compte* » de la personne morale, c'est-à-dire au moins dans le but de faire retirer à celle-ci un profit ou une économie.

158 Principe de responsabilité cumulative avec celle des personnes physiques

La responsabilité pénale de la personne morale n'a pas vocation à se substituer à celle des personnes physiques. Il est d'ailleurs prévu par la loi que la responsabilité

1) Cass. crim., 23 nov. 2010, n° 09-85.115 P.
2) Voir ci-dessus, n°s 153 et s.
3) Cass. crim., 30 mai 2000, n° 99-84.212 ; Cass. crim., 14 déc. 1999, n° 99-80.104.

pénale des personnes morales n'exclut pas celle des personnes physiques auteurs ou complices des mêmes faits (C. pén., art. 121-2). Pour autant, la responsabilité pénale des personnes morales n'implique pas nécessairement que soit engagée celle de la personne physique qui a commis l'infraction. Il faut, mais il suffit, que l'infraction ait été commise par un organe ou un représentant de la personne morale. Il n'est pas nécessaire que cet organe ou ce représentant soit lui-même jugé responsable et condamné. Depuis plusieurs années, toutes les réformes apportées au régime de la responsabilité pénale des personnes morales tendent d'ailleurs à permettre la substitution de celle-ci à la responsabilité pénale des personnes physiques [1].

159 Abandon du principe de spécialité

Jusqu'à la loi dite *« Perben II »* n° 2004-204 du 9 mars 2004 (entrée en vigueur sur ce point le 31 déc. 2005), les personnes morales ne pouvaient voir engager leur responsabilité pénale que *« dans les cas prévus par loi ou le règlement »*, c'est-à-dire lorsque la loi ou le règlement définissant l'infraction le prévoyait expressément (**principe de spécialité** de la responsabilité pénale des personnes morales). En matière de sécurité au travail, cette condition conduisait à établir une distinction entre les infractions prévues par le Code du travail et celles prévues par le Code pénal. Alors que les secondes (homicide ou blessures involontaires, mise en danger d'autrui, etc.) prévoyaient expressément la possibilité d'engagement de la responsabilité pénale des personnes morales, tel n'était pas le cas des premières (infraction aux règlements de santé et de sécurité, défaut de constitution du document unique, etc.). En clair, et en pratique, les personnes morales ne voyaient leur responsabilité pénale engagée qu'en cas d'homicide ou de blessures par imprudence. Depuis la réforme évoquée ci-dessus, cette distinction n'a plus cours et théoriquement les personnes morales peuvent voir leur responsabilité pénale engagée **au titre de toute infraction**. Sous l'empire de l'ancien Code du travail, on pouvait néanmoins douter que les infractions visant expressément les *« chefs d'établissement, directeurs, gérants »* (C. trav., art. L. 263-2) pussent être imputées à des personnes morales, car ces qualités n'étaient manifestement adaptées qu'aux personnes physiques [2]. Cette difficulté a été levée, dans le nouveau code, par la substitution à ces diverses expressions du terme « ***employeur*** » (notamment C. trav., art. L. 4741-1), lequel peut sans conteste s'appliquer à une personne morale [3].

1) Voir, en ce sens, Circ. min. just. n° 3, 13 févr. 2006.

2) Voir Cass. crim., 1er déc. 1998, n° 97-80.560.

3) Voir, pour illustration, Cass. crim., 16 mars 2010, n° 09-82.041 ; Cass. crim., 13 avr. 2010, n° 09-86.429.

160 Absence d'exigence d'une faute délibérée ou caractérisée

On a vu qu'en matière d'imprudence ayant causé un dommage, un amendement dit « *Fauchon* » de la loi n° 2000-647 du 10 juillet 2000 a modifié l'article 121-3 du Code pénal pour instaurer une distinction suivant que la personne a causé le dommage directement (auquel cas toute faute d'imprudence engage sa responsabilité) ou n'a causé le dommage qu'indirectement (auquel cas seule une faute **délibérée ou caractérisée** engage sa responsabilité) [1]. Cette distinction ne concerne expressément **que les personnes « *physiques* »**. *A contrario*, une personne morale peut voir sa responsabilité engagée au titre d'une d'imprudence simple (c'est-à-dire ni caractérisée, ni délibérée) n'ayant causé un dommage « *qu'indirectement* ». Cela conduit donc au schéma suivant : si un chef d'entreprise commet une faute d'imprudence ayant causé indirectement un accident du travail, il ne peut voir sa responsabilité engagée à ce titre qu'en cas de faute délibérée ou caractérisée de sa part. En revanche, la personne morale peut voir sa responsabilité engagée sur le simple constat de la faute d'imprudence commise par son représentant [2].

<table>
<tr><th colspan="2"></th><th colspan="2">Chef d'entreprise et délégataires</th><th colspan="2">Employeur personne morale</th></tr>
<tr><td colspan="2">Manquement à la réglementation</td><td colspan="2">Responsabilité alternative
Une seule personne physique responsable par infraction :
chef d'entreprise ou délégataire</td><td colspan="2">Responsabilité cumulative avec celle de la personne physique, organe ou représentant, responsable de l'infraction</td></tr>
<tr><td colspan="2">Homicide ou blessures par imprudence ou manquement à la réglementation</td><td colspan="2"></td><td colspan="2"></td></tr>
<tr><td>Absence de faute caractérisée ou délibérée</td><td>Faute caractérisée ou délibérée</td><td>Néant</td><td>Responsabilité cumulative
Chaque personne physique répond de sa faute personnelle.</td><td>Responsabilité exclusive, au titre de la faute d'imprudence commise par l'organe ou le représentant</td><td>Responsabilité cumulative avec celle des personnes physiques, organe ou représentant, responsables de leur faute d'imprudence</td></tr>
</table>

1) Voir ci-dessus, n°s 149 et s.

2) Cass. crim., 24 oct. 2000, n° 00-80.378 ; voir Cass. crim., 19 déc. 2006, n° 05-86.977 ; Cass. crim., 20 juin 2006, n° 05-87.147 ; Cass. crim., 4 déc. 2007, n° 07-81.072 ; Cass. crim., 28 avr. 2009, n° 08-83.843.

161 Abandon de la condition de désignation de l'auteur matériel

Enfin, la chambre criminelle de la Cour de cassation considère clairement, depuis un arrêt du 20 juin 2006 [1] que la responsabilité pénale de la personne morale peut être engagée sans même que soit précisée l'identité de la personne physique auteur des manquements constitutifs de l'infraction pénale. Encore faut-il qu'il soit constaté que l'infraction a été commise pour le compte de la personne morale, par ses organes ou ses représentants [2]. Cette solution paraît logique si l'on se souvient qu'en matière d'infraction aux lois et règlements de santé et de sécurité prévaut un principe de responsabilité alternative et formelle, suivant lequel toute infraction a un responsable de principe parmi les personnes physiques de l'entreprise (chef d'entreprise ou délégataire). De fait, cette solution conduit également à faciliter la substitution pure et simple de la responsabilité des personnes morales à celle des personnes physiques en matière de prévention des risques professionnels. Il arrive parfois que, dans la motivation même des décisions, la faute pénale soit directement imputée à la personne morale [3]. Pour autant, le chef d'entreprise ne peut en aucun cas invoquer la responsabilité pénale de la personne morale pour tenter d'échapper à sa propre responsabilité, puisqu'en la matière la loi prévoit toujours que la responsabilité pénale des personnes morales n'exclut pas celle des personnes physiques auteurs ou complices des mêmes faits (C. pén., art. 121-2).

D. - L'employeur et l'utilisateur

162 Si le Code du travail n'est pas très explicite concernant la nécessaire désignation d'un ou plusieurs responsables de la santé et de la sécurité au travail, il est plus précis lorsque l'employeur fait intervenir son personnel au service ou dans l'enceinte d'une autre entreprise.

1° Intervention de travailleurs temporaires au sein d'une entreprise utilisatrice

163 L'entreprise utilisatrice qui a recours à un travailleur temporaire, est responsable, au premier chef, de la protection de sa sécurité et de sa santé. Pendant la durée de la mission, l'utilisateur est responsable des conditions d'exécution du travail (durée du travail, travail de nuit, repos hebdomadaire, jours fériés, santé et sécurité, travail des femmes, des enfants et des jeunes travailleurs) telles qu'elles sont déterminées par les mesures législatives, réglementaires et conventionnelles applicables au lieu du travail (C. trav., art. L. 1251-21). D'ailleurs, tout employeur doit prendre les mesures nécessaires pour assurer la sécurité et protéger la santé physique et mentale des travailleurs de l'établissement, y compris les travailleurs temporaires (C. trav., art. L. 4111-6).

---

1) Cass. crim., 20 juin 2006, n° 05-85.255 ; Cass. crim., 26 juin 2007, n° 06-84.821.

2) Voir déjà Cass. crim., 18 janv. 2000, n° 99-80.318.

3) Voir Cass. crim., 27 oct. 2009, n° 09-80.490 : « *la société n'a pas fourni un matériel disposant des équipements de sécurité exigés* [ce dont il se déduit] *un manquement délibéré aux obligations de sécurité* ».

164 Équipements de protection individuelle

Les équipements de protection individuelle doivent être fournis par l'utilisateur. Toutefois, certains équipements de protection individuelle personnalisés, définis par voie de convention ou d'accord collectif, peuvent être fournis par l'entreprise de travail temporaire. Le travailleur temporaire ne doit pas supporter la charge financière des équipements de protection individuelle (C. trav., art. L. 1251-23).

165 Formation à la sécurité

L'utilisateur est tenu d'assurer la formation à la sécurité des travailleurs temporaires, à l'exception de ceux auxquels il est fait appel en vue de l'exécution de travaux urgents nécessités par des mesures de sécurité et déjà dotés de la qualification nécessaire à cette intervention (C. trav., art. L. 4141-2). Il doit même, dans certains cas, organiser une formation spécifique à leur bénéfice [(1)].

166 Règlement intérieur

Les mesures d'application de la réglementation en matière de santé et de sécurité du règlement intérieur s'appliquent à toutes les personnes qui exécutent un travail dans l'entreprise ou l'établissement, y compris les travailleurs temporaires. Cependant, l'entreprise utilisatrice ne pouvant exercer son pouvoir disciplinaire qu'à l'égard des salariés qui lui sont liés par un contrat de travail, les dispositions du règlement intérieur relatives à la nature et l'échelle des sanctions ainsi qu'à la procédure disciplinaire ne peuvent s'appliquer qu'à ces salariés [(2)].

167 Surveillance médicale

S'agissant de la surveillance médicale par la médecine du travail, l'obligation principale pèse sur l'entreprise de travail temporaire (C. trav., art. L. 1251-22). Néanmoins, lorsque l'activité exercée par le travailleur temporaire nécessite une surveillance médicale renforcée, les obligations correspondantes sont à la charge de l'utilisateur. La surveillance médicale des travailleurs temporaires fait d'ailleurs l'objet de dispositions spécifiques (C. trav., art. D. 4625-1 et s.) [(3)]. L'ensemble de ces dispositions s'applique également à toute opération de prêt de main-d'œuvre à but non lucratif (C. trav., art. L. 8241-2). Des dispositions similaires sont prévues à l'égard des opérations de mise à disposition de personnel dans le cadre de groupements d'employeurs (C. trav., art. L. 1253-12 et s.).

---

1) Voir ci-dessous, n° 329.

2) CE, 4 mai 1988, n° 74589 ; CE, 1er juill. 1988, n° 81445 ; CE, 12 nov. 1990, nos 95823, 95856.

3) Voir ci-dessous, n° 272.

168 Travaux interdits

Il existe des catégories de postes pour lesquels le recours aux travailleurs temporaires, comme aux salariés en CDD, est interdit (C. trav., art. L. 1242-6, L. 1251-10, L. 4154-1, D. 1242-4 et -5, D. 1251-2, D. 4154-1 et s.). Cette liste est arrêtée sous la responsabilité de l'employeur et de l'utilisateur, sur la base d'une définition réglementaire (C. trav., art. D. 4154-1 et s.).

POSTES POUR LESQUELS LE RECOURS AUX SALARIÉS SOUS CONTRAT À DURÉE DÉTERMINÉE OU AUX TRAVAILLEURS TEMPORAIRES EST INTERDIT

1° Amiante : opérations d'entretien ou de maintenance sur des flocages ou calorifugeages ; travaux de confinement, de retrait ou et de démolition ;
2° Amines aromatiques suivantes : benzidine, ses homologues, ses sels et ses dérivés chlorés, 3, 3'diméthoxybenzidine (ou dianisidine), 4-aminobiphényle (ou amino-4 diphényle) ;
3° Arsenite de sodium ;
4° Arséniure d'hydrogène (ou hydrogène arsénié) ;
5° Auramine et magenta (fabrication) ;
6° Béryllium et ses sels ;
7° Bêta-naphtylamine, N, N-bis (2-chloroéthyl)-2-naphtylamine (ou chlornaphazine), o-toluidine (ou orthotoluidine) ;
8° Brome liquide ou gazeux, à l'exclusion des composés ;
9° Cadmium : travaux de métallurgie et de fusion ;
10° Composés minéraux solubles du cadmium ;
11° Chlore gazeux, à l'exclusion des composés ;
12° Chlorométhane (ou chlorure de méthyle) ;
13° Chlorure de vinyle lors de la polymérisation ;
14° Dichlorure de mercure (ou bichlorure de mercure), oxycyanure de mercure et dérivés alkylés du mercure ;
15° Dioxyde de manganèse (ou bioxyde de manganèse) ;
16° Fluor gazeux et acide fluorhydrique ;
17° Iode solide ou vapeur, à l'exclusion des composés ;
18° Oxychlorure de carbone ;
19° Paraquat ;
20° Phosphore, pentafluorure de phosphore, phosphure d'hydrogène (ou hydrogène phosphoré) ;
21° Poussières de lin : travaux exposant à l'inhalation ;
22° Poussières de métaux durs ;

23° Rayonnements ionisants : travaux accomplis dans des zones où le débit de dose horaire est susceptible d'être supérieur à 2 millisieverts ;
24° Sulfure de carbone ;
25° Tétrachloroéthane ;
26° Tétrachlorométhane (ou tétrachlorure de carbone) ;
27° Travaux de désinsectisation des bois (pulvérisation du produit, trempage du bois, empilage ou sciage des bois imprégnés, traitement des charpentes en place) et des grains lors de leur stockage.

Des dérogations exceptionnelles peuvent être accordées par le directeur de la DIRECCTE (antérieurement, le directeur départemental du travail). La demande est adressée par courrier recommandé avec avis de réception, accompagnée de l'avis du CHSCT (à défaut des délégués du personnel) et du médecin du travail. Le directeur de la DIRECCTE statue dans un délai d'un mois après enquête de l'inspecteur du travail et avis du médecin-inspecteur régional du travail. À défaut de réponse, l'autorisation est réputée acquise. La Cour de cassation a jugé que cette dérogation doit être obtenue préalablement à l'affectation du travailleur temporaire [1].

IMPORTANT

Ce récent arrêt de la Cour de cassation vient surtout bousculer les idées reçues en matière de travail temporaire. En l'espèce, un travailleur temporaire, employé en qualité de soudeur inox, avait été déclaré inapte à son poste par le médecin du travail à la suite d'une contamination par le chrome, sans qu'une lésion ou une maladie ait été déclarée. Il avait saisi la juridiction prud'homale pour voir condamner solidairement l'entreprise de travail temporaire et l'entreprise utilisatrice au paiement de dommages-intérêts pour manquement à leur obligation de sécurité. Les juges du fond ont débouté le demandeur au motif, notamment, qu'une contamination par le chrome n'était pas établie et que dès lors, l'inaptitude, prononcée à titre préventif et uniquement en raison des résultats des deux dosages de chrome, ne pouvait être imputée à une faute quelconque de l'employeur **ou** de l'entreprise utilisatrice. La Cour de cassation a censuré cette décision en relevant :

– à l'égard de **l'entreprise utilisatrice** : un risque d'exposition aux fumées de soudage avait été identifié, en prévention duquel un **masque à adduction d'air** aurait dû être fourni au travailleur dès le début de sa mission ; à défaut,

1) Cass. soc., 30 nov. 2010, n° 08-70.390 P.

était constitué un manquement de **l'entreprise utilisatrice** à son obligation de sécurité de résultat, causant nécessairement un préjudice au salarié ;
- de manière plus générale : la Cour de cassation consacre le principe d'une responsabilité conjointe de l'employeur et de l'utilisateur :
« Vu les articles L. 4121-1 et L. 1251-21 du Code du travail ; Attendu, selon le premier de ces textes, que ***l'employeur*** *prend les mesures nécessaires pour assurer la sécurité et protéger la santé physique et mentale des travailleurs et, selon le second, que pendant la durée de la mission,* ***l'entreprise utilisatrice*** *est responsable des conditions d'exécution du travail telles qu'elles sont déterminées par les dispositions légales et conventionnelles applicables au lieu de travail, notamment pour ce qui a trait à la santé et la sécurité au travail ; qu'il en résulte que l'****entreprise de travail temporaire et l'entreprise utilisatrice sont tenues****, à l'égard des salariés mis à disposition, d'une obligation de sécurité de résultat dont elles doivent assurer l'effectivité,* ***chacune au regard des obligations que les textes mettent à leur charge en matière de prévention des risques*** *»*.

La Cour de cassation en déduit que les juges du fond ne pouvaient exonérer l'entreprise de travail temporaire *« sans s'expliquer sur les manquements de* [celle-ci] *à ses obligations »*[1]. Cette décision invite à considérer que, vis-à-vis du travailleur temporaire, l'entreprise de travail temporaire et l'entreprise utilisatrice sont liées conjointement par la même obligation de sécurité, à la seule exclusion, pour chacune, des obligations qui relèvent expressément de la responsabilité de l'autre (par exemple, la fourniture des équipements de sécurité pour l'utilisateur ; la surveillance médicale de droit commun pour l'entreprise de travail temporaire).

2° Intervention d'une entreprise au sein d'une autre entreprise ou sur un chantier du bâtiment ou du génie civil

169 Lorsqu'un employeur fait intervenir son personnel au sein d'une autre entreprise sur un chantier du bâtiment ou du génie civil, toutes les entreprises concernées ont l'obligation de coordonner leurs politiques de prévention des risques professionnels (C. trav., art. L. 4121-5, R. 5411-1 et s. ; art. L. 4531-1 et s., R. 4532-1 et s.), comme nous aurons l'occasion de l'exposer plus loin[2].

Mais qu'en est-il en termes de responsabilité pénale ? En partant du principe qu'une infraction aux lois et règlements de santé et de sécurité est nécessairement imputable à l'employeur, on peut s'interroger sur la manière dont s'applique ce principe lorsque plusieurs entreprises font intervenir leur personnel sur un même site. De ce point de vue, il faut établir plusieurs distinctions.

1) Cass. soc., 30 nov. 2010, n° 08-70.390 P.
2) Voir ci-dessous, nos 336 et s.

170 Infractions prévues par le Code du travail

Au plan des infractions prévues par le Code du travail, pour lesquelles prévaut un principe de responsabilité alternative et formelle (un seul responsable de principe par infraction), il faut distinguer suivant que l'infraction porte sur des dispositions de santé et de sécurité au travail, ou sur des dispositions spécifiques aux situations de co-activité.

a) Infractions aux dispositions spécifiques aux situations de co-activité (intervention d'une entreprise extérieure, chantier du bâtiment et du génie civil)

La désignation du responsable de principe sera parfois déterminée par le **texte d'incrimination**, celui qui prévoit l'infraction et la peine. Ainsi, certains textes punissant les infractions aux règles relatives aux chantiers du bâtiment ne désignent que le maître d'ouvrage (exemple: défaut de mise en place d'un collège interentreprises, C. trav., art. R. 4741-4). Lorsque le texte d'incrimination ne désigne pas un responsable de principe, sa désignation peut également être déterminée par le **texte définissant la règle qui a été méconnue**. Ainsi, en cas d'intervention d'une entreprise extérieure, c'est le chef de l'entreprise utilisatrice qui doit prendre l'initiative de réunions et inspections périodiques avec l'entreprise extérieure (C. trav., art. R. 4513-2) ; l'absence d'inspections périodiques lui est donc théoriquement imputable. Mais d'autres textes sont beaucoup plus vagues, et laissent posée la question de la désignation du responsable de l'infraction.

b) Infractions aux dispositions de santé et de sécurité au travail

Nous n'évoquerons pas ici les hypothèses dans lesquelles la règle méconnue incombe nécessairement à une entreprise déterminée. Ainsi, l'absence de document unique propre à un établissement donné, ou le défaut de consultation du CHSCT de l'établissement, constituent des infractions qui sont nécessairement imputables à la direction de l'établissement lui-même, même en situation de co-activité.

La question se pose de façon plus délicate en cas d'infraction aux lois et règlements de santé et de sécurité. Les textes relatifs aux situations de co-activité semblent poser en principe que chaque chef d'entreprise est responsable des infractions qui pourraient menacer la santé ou la sécurité de son propre personnel. Ainsi, en cas d'intervention d'une entreprise extérieure au sein d'une entreprise utilisatrice, chaque chef d'entreprise demeure responsable de l'application des mesures de prévention nécessaires à la protection des travailleurs qu'il emploie (C. trav., art. R. 4511-6). De même, sur les chantiers du bâtiment, la désignation d'un coordonnateur n'exclut ni ne limite la responsabilité propre de chaque participant au chantier (C. trav., art. L. 4532-6). On relèvera enfin que lorsqu'un délégataire de pouvoirs est désigné par plusieurs sociétés constituant un groupement d'entreprises, les infractions imputables au délégataire engagent la responsabilité pénale de la seule personne morale, membre du groupement, qui est l'employeur de la victime [1].

---

1) Cass. crim., 13 oct. 2009, n° 09-80.857 P ; Cass. crim., 23 nov. 2010, n° 09-85.115 P.

La jurisprudence retient cependant un principe quelque peu différent, suivant lequel est responsable des infractions aux lois et règlements de santé et de sécurité celui qui assure la **direction réelle** du travail des travailleurs concernés par l'infraction. Il s'agit, en principe, de l'employeur des travailleurs, sauf s'il a confié la direction du travail à une autre entreprise [1] ou si l'utilisateur s'est réservé la direction du travail [2]. De même, sur un chantier où interviennent plusieurs entreprises, chaque employeur est responsable des infractions menaçant la sécurité de ses salariés [3], sauf si le travail a été placé sous une direction unique autre que la sienne [4] (sans préjudice de la légalité ou non de cette situation).

171 Infractions prévues par le Code pénal

Au plan des infractions prévues par le Code pénal, qu'il s'agisse d'infractions matérielles (homicide ou blessures involontaires) ou formelles (mise en danger d'autrui), le principe reste celui de la **responsabilité cumulative et matérielle** (autant de responsables que de fautifs). Lorsqu'un travailleur est exposé à un danger ou victime d'un accident, toutes les personnes qui ont commis une faute d'imprudence et ont, de ce fait, contribué à l'exposition au risque ou à la survenance du dommage peuvent être cumulativement tenues responsables : employeur, utilisateur, maître d'ouvrage, travailleur, tiers à l'entreprise, etc. Ainsi, lorsqu'un accident a eu lieu sur un chantier et qu'il s'avère que cet accident n'aurait pu survenir si certaines mesures avaient été prises conformément aux règlements, on peut envisager que l'employeur du salarié soit responsable au titre de l'infraction aux règlements, et que le donneur d'ordre le soit également au titre d'une faute d'imprudence distincte, faute *« caractérisée »* ou *« délibérée »* [5], telle que le défaut de transmission de consignes, etc. [6]

IMPORTANT

L'état actuel du droit sur ces questions n'est donc pas propre à assurer une pleine prévisibilité de la répartition des responsabilités pénales en situation de coactivité. Les acteurs doivent pallier cette imprévisibilité, en organisant clairement et précisément la répartition des obligations entre eux. À cet égard, ils doivent saisir l'obligation qui leur est faite de coordonner leurs actions en matière de prévention [7] pour formaliser par écrit la répartition des missions,

1) Notamment en cas de prêt de main-d'œuvre : Cass. crim., 14 févr. 1989, n° 88-80.439.

2) Cass. crim., 25 mai 1982, n° 81-91.999.

3) Cass. crim., 16 sept. 1997, n° 96-82.618 P.

4) Cass. crim., 17 nov. 1987, n° 86-92.514.

5) Voir ci-dessus, nos 149 et s.

6) Pour une illustration : Cass. crim., 5 déc. 2000, n° 00-82.108 ; Cass. crim., 14 mars 2006, n° 05-84.836 ; Cass. crim., 12 nov. 2008, n° 08-80.681.

7) Voir ci-dessous, nos 336 et s.

des moyens et des responsabilités, sur le modèle de ce qui se pratique en matière de délégation de pouvoirs. Même s'il ne s'agit pas d'une délégation de pouvoirs au sens strict, celle-ci supposant en principe l'existence d'un rapport de subordination entre le délégant et le délégataire [1], une telle formalisation sera nécessairement prise en compte, en tant qu'élément de fait, dans l'appréciation des responsabilités respectives des intervenants [2].

172 La combinaison des responsabilités

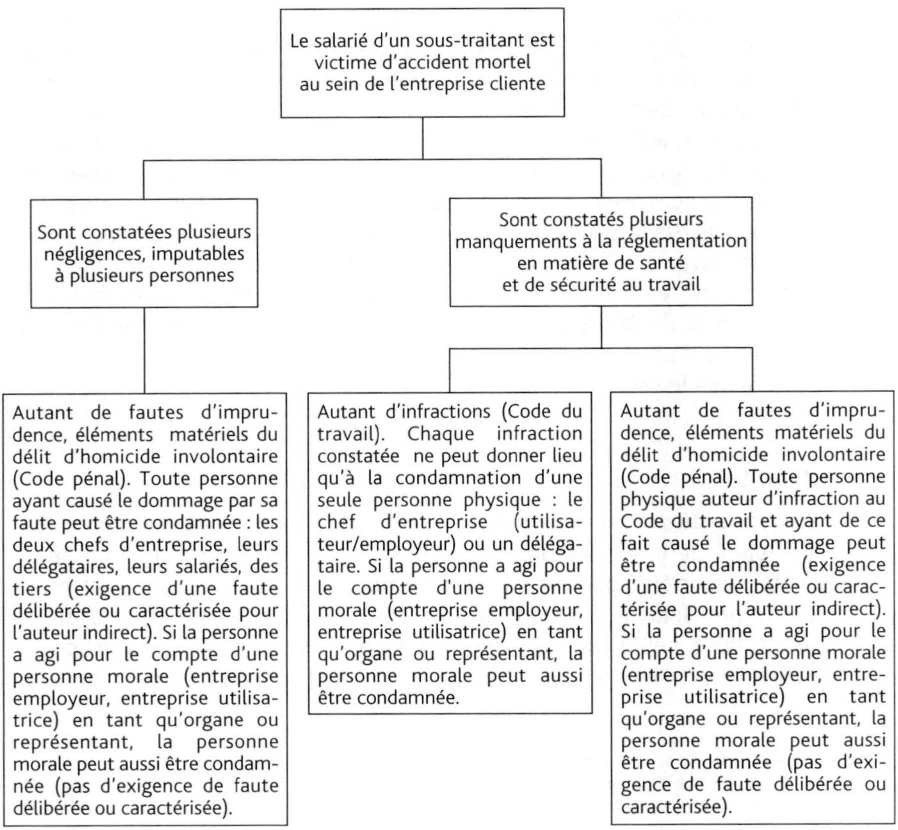

1) Voir ci-dessus, n° 155.

2) Voir s'agissant d'un accord-cadre conclu entre une société de transport et une société d'accueil, Cass. crim., 28 mars 2006, n° 05-84.298.

§2 Le travailleur et ses représentants

173 L'un des apports essentiels de la directive-cadre du 12 juin 1989 (transposée en droit français par la loi n° 91-1414 du 31 déc. 1991) a consisté à consacrer le travailleur comme un acteur de la santé au travail (A), indépendamment des missions confiées aux représentants du personnel (B).

A. - Le travailleur

174 Obligation de sécurité du travailleur

Dans leur version actuelle, issue de la transposition de la directive-cadre communautaire du 12 juin 1989, les dispositions du Code du travail énoncent clairement que c'est à l'employeur qu'il appartient de prendre les mesures nécessaires pour assurer la sécurité et protéger la santé physique et mentale des travailleurs (C. trav., art. L. 4121-1). D'ailleurs, les mesures prises en matière de santé et de sécurité au travail ne doivent en aucun cas entraîner de charges financières pour les travailleurs (C. trav., art. L. 4122-2). Pour autant, les institutions communautaires se sont refusées à consacrer un principe d'immunité (ou d'irresponsabilité) du travailleur en matière de santé et de sécurité au travail. Un tel principe serait à la fois contraire à l'éthique de responsabilité (toute personne doit pouvoir répondre de ses actes) et aux connaissances acquises sur la place du facteur humain dans la genèse des accidents du travail. La directive-cadre du 12 juin 1989 a donc affirmé, dans le même temps, l'existence d'une **obligation de sécurité à la charge du travailleur**, et le **caractère secondaire** de cette obligation par rapport à celle mise à la charge de l'employeur. Ainsi, le Code du travail prévoit à la fois :

- qu'il incombe à chaque travailleur de prendre soin, en fonction de sa formation et selon ses possibilités, de sa santé et de sa sécurité ainsi que de celles des autres personnes concernées par ses actes ou ses omissions au travail, et ce conformément aux consignes qui lui sont données par l'employeur (dans les conditions prévues au règlement intérieur pour les entreprises tenues d'en élaborer un ; C. trav., art. L. 4122-1) ;
- mais aussi que ces dispositions sont sans incidence sur le principe de la responsabilité de l'employeur (C. trav., art. L. 4122-1, al. 3).

175 Portée de cette obligation de sécurité

Cette obligation de sécurité a un large champ d'application. Elle s'impose à tout travailleur sans exception et vise à la préservation de sa sécurité comme de celle *« des autres personnes concernées par ses actes ou ses omissions au travail »* (autres travailleurs de l'entreprise, travailleurs d'autres entreprises, clients/usagers, etc.). Elle s'applique également lorsque le travailleur exerce son droit de retrait (C. trav., art. L. 4132-1) [1]. Cependant, cette obligation fait l'objet de plusieurs réserves, qui n'en font qu'une obligation secondaire par rapport à celle de l'employeur. L'obligation du travailleur s'apprécie en fonction des « *instructions* » qui lui sont données par l'employeur, mais aussi de sa « *formation* » et de ses « *possibilités* ». Or la délivrance de consignes adaptées aux travailleurs est une composante de l'obligation de sécurité mise à la charge de l'employeur (C. trav., art. L. 4121-2-9°), de même que la formation à la sécurité [2]. Quant à la référence aux « *possibilités* » du travailleur, elle implique simplement que le comportement d'un travailleur doit toujours être analysé en fonction de ses caractéristiques propres (âge, expérience, condition physique, etc.) et de la situation concrète à laquelle il est confronté. En d'autres termes, on ne peut reprocher à un travailleur de n'avoir pas respecté une règle de sécurité sans caractériser concrètement ce qu'il aurait pu et dû faire. À cet égard, l'obligation du travailleur diffère nettement de celle de l'employeur, qui est appréciée de façon beaucoup plus abstraite [3].

176 Obligation complémentaire de celle de l'employeur

L'obligation de sécurité mise à la charge du travailleur n'est pas contradictoire avec celle mise à la charge de l'employeur. Elle est même **complémentaire** de cette dernière. La loi affirme clairement que les dispositions relatives à l'obligation de sécurité du travailleur sont sans incidence sur le principe de la responsabilité de l'employeur (C. trav., art. L. 4122-1, al. 3). Cela se vérifie à plusieurs égards :

- l'obligation du travailleur n'existe que dans la mesure où l'employeur a, dans une certaine mesure, satisfait sa propre obligation. Si l'employeur n'assure pas la **formation** du travailleur à la sécurité, ou ne lui donne pas de**consignes** adaptées, il peut difficilement être reproché au travailleur un manquement à son obligation de sécurité ;
- la responsabilité du travailleur n'exclut pas la responsabilité de l'employeur. Au plan pénal notamment, on peut tout à fait envisager qu'un même accident du travail donne lieu, cumulativement, à l'engagement de la responsabilité de l'employeur de la victime et d'un autre travailleur.

En pratique, la responsabilité du travailleur et celle de l'employeur relèvent plutôt de **champs différents**. La responsabilité de l'employeur a vocation à être engagée au plan pénal et au plan civil, comme on l'a vu [4]. Celle du travailleur a plutôt vocation à s'exprimer sur le plan disciplinaire [5]. C'est précisément parce que l'employeur a le pouvoir de contrôler, de diriger et de sanctionner les travailleurs, qu'il peut être

1) Voir ci-dessous, n°s 364 et s.
2) Voir ci-dessous, n°s 324 et s.
3) Voir ci-dessus, n°s 145 et s.
4) Voir ci-dessus, n°s 142 et s.
5) Voir ci-dessous, n°s 335 et s.

amené à répondre pénalement de leurs agissements. Ainsi, l'obligation de sécurité du travailleur découle de l'obligation de sécurité de l'employeur autant qu'elle la renforce.

177 Intéressement des salariés à la sécurité

Dans un autre registre, l'obligation de sécurité du salarié a été consacrée comme fondement d'une politique vertueuse visant à intéresser les salariés à l'amélioration de la sécurité dans l'entreprise. Ainsi, un accord d'intéressement des salariés à l'entreprise (C. trav., art. L. 3311-1 et s.) peut prévoir la prise en considération du taux de fréquence des accidents du travail, et plus largement des critères tenant à l'amélioration de la sécurité dans l'entreprise, sous réserve de ne pas méconnaître le caractère collectif de l'intéressement [1]. L'accord ne doit pouvoir aboutir à la diminution ou à la suppression de la prime d'intéressement que pour l'ensemble des salariés d'un établissement, dont aucun ne doit pouvoir être individuellement désavantagé.

178 Responsabilité au regard du Code pénal

Le principe de responsabilité première de l'employeur n'est pas pour autant exclusif de la responsabilité du salarié. Il est rare qu'une situation de danger ou un accident du travail n'implique pas, à un degré quelconque, l'imprudence d'un ou plusieurs travailleurs. Or il n'est pas choquant que chacun, salarié ou non, ait à répondre pénalement de ses imprudences. Le salarié reste, bien heureusement, un citoyen doté de toutes ses capacités, et qui, s'il commet des infractions sur ordre de l'employeur ou se rend complice des délits commis par ce dernier, demeure responsable pénalement, sans qu'il puisse être soutenu que le lien de subordination invoqué par le prévenu ait pour effet de soustraire celui-ci à sa responsabilité pénale [2]. À cet égard, il ne faut aucun doute que tout travailleur, même non titulaire d'une délégation de pouvoirs, puisse être tenu pénalement responsable, en cas d'accident ou de danger grave, de l'une des infractions prévues par le Code pénal : homicide ou blessures involontaires, omission de porter secours, voire mise en danger d'autrui... Constitue ainsi le délit d'omission de porter secours le fait, pour un gardien, de laisser un travailleur retourner chez lui avec son véhicule, à l'issue d'un repas *« arrosé »* pris sur le lieu de travail, alors qu'*« il aurait pu, sans employer la force et sans risque pour lui-même, maintenir la barrière fermée pour l'empêcher de sortir »* [3].

179 Responsabilité pénale au regard du Code du travail

En revanche, il est douteux qu'un travailleur non titulaire d'une délégation de pouvoirs puisse être tenu pénalement responsable, sur le fondement du Code du travail,

---

1) Cass. soc., 24 sept. 2002, n° 00-18.290 et n° 00-18.291.
2) Cass. crim., 14 janv. 1980, n° 77-92.082 P.
3) Cass. crim., 5 juin 2007, n° 06-86.228.

d'une infraction aux lois et règlements de santé et de sécurité, même si l'article L. 4741-1 du Code du travail vise expressément le *« préposé »* comme personne punissable, apparemment au même titre que l'employeur. La jurisprudence considère en effet que la responsabilité pénale des infractions aux lois et règlements de santé et de sécurité au travail pèse en principe sur le chef d'entreprise ou, le cas échéant, sur la personne à laquelle ce dernier a délégué ses pouvoirs en la matière (chef d'établissement ou de service, responsable sécurité, etc.) : *« une infraction aux règles de sécurité ne [peut], selon les dispositions de l'article L. 263-2 du Code du travail, devenu l'article L. 4741-1 du même code, être imputée qu'au seul chef d'établissement ou à son délégataire »* [1].

180 Incidence de la faute du travailleur sur la responsabilité pénale de l'employeur

La question de la responsabilité des travailleurs au plan pénal peut également être posée au regard de la responsabilité pénale de l'employeur (au sens large) : dans quelle mesure l'employeur est-il responsable pénalement des imprudences commises par ses travailleurs ? De ce point de vue, il faut distinguer différentes hypothèses.

a) Première hypothèse

Par son comportement, le travailleur a manqué aux lois et règlements de santé et de sécurité, et commis une **infraction pénale au regard du Code du travail**.

Le juge considérera fréquemment que ce manquement est par principe imputable au chef d'entreprise ou, le cas échéant, à son délégataire, et non au travailleur. La jurisprudence justifie cette responsabilité de principe en admettant que le chef d'entreprise doit veiller personnellement à la *« stricte et constante exécution »* des dispositions légales et réglementaires [2]. Cette idée est d'ailleurs relayée par nombre de dispositions réglementaires prévoyant que l'employeur doit prendre les mesures nécessaires pour que les règles de sécurité soient effectivement appliquées et observées (respect des délimitations des zones de danger, utilisation des équipements de protection, voir notamment C. trav., art. R. 4434-7, R. 4224-4, R. 4222-6 et R. 4321-4). Selon cette logique, la faute du travailleur révèle nécessairement l'existence d'une faute d'organisation, de direction ou de surveillance de l'employeur, etc.

À la rigueur, peut se poser la question de savoir si, lorsque l'infraction est la cause d'un accident, l'employeur doit également être tenu responsable au regard du Code pénal, d'un homicide ou de blessures involontaires, alors même que le seul auteur matériel de l'accident est un travailleur. À cet égard, la jurisprudence est d'une particulière sévérité, admettant que l'employeur n'est exonéré que si le dommage trouve sa

1) Cass. crim., 8 avr. 2008, n° 07-80.535.

2) Cass. crim., 16 janv. 1990, n° 88-83.193 ; Cass. crim., 22 janv. 1986, n° 84-95.210.

cause *« exclusive »* dans la faute du travailleur [1]. On rappellera, à cet égard, que l'article L. 4122-1 du Code du travail prévoit que ses dispositions relatives à l'obligation de sécurité du travailleur *« sont sans incidence sur le principe de la responsabilité de l'employeur »*. D'un autre côté, l'employeur, n'étant que l'auteur indirect de l'accident, ne peut être condamné du chef d'homicide ou blessures involontaires que s'il a commis une faute *« caractérisée »* ou *« délibérée »* [2]. Par ailleurs, rien n'interdit aux juges d'écarter l'existence de la faute de l'employeur en raison du caractère totalement imprévisible du comportement fautif du travailleur victime [3].

b) Deuxième hypothèse

Sans avoir manqué aux lois et règlements de santé et de sécurité, le travailleur a commis une **imprudence punissable au regard du Code pénal**, en ce qu'elle a exposé autrui à un risque grave (mise en danger : C. pén., art. 223-1) ou causé un dommage à autrui (homicide ou blessures involontaires). Un tel comportement constitue une infraction pénale imputable par principe à son auteur, et à lui seul (C. pén., art. 121-1). Aucun principe ne conduit à faire peser sur l'employeur une quelconque responsabilité *« du fait d'autrui »* dans un tel cas. Néanmoins, rien ne permet d'exclure que l'employeur soit lui-même poursuivi en raison de son propre comportement, notamment s'il s'avère qu'il a commis une faute *« caractérisée »* ou *« délibérée »* dans l'organisation du travail, la direction ou la surveillance du travailleur fautif.

B. - Les institutions représentatives du personnel

En matière de santé et de sécurité au travail, le CHSCT occupe bien entendu une place centrale (1), qui ne doit cependant pas occulter celles des délégués du personnel (2) et du comité d'entreprise (3).

1° Le CHSCT

181 Institution souvent présentée comme ayant une vocation technique, le Comité d'hygiène, de sécurité et des conditions de travail (CHSCT) est avant tout une véritable institution représentative du personnel [4]. À ce titre, il a pour fonction de participer au travail d'évaluation des risques et des techniques de prévention, en représentant les intérêts des salariés et en exprimant leur volonté. Doté d'une possibilité d'expression collective pour la défense des intérêts dont il a la charge, le CHSCT dispose de la personnalité civile [5].

---

1) Cass. crim., 14 mars 2006, n° 05-82.732 : état alcoolique du travailleur ; Cass. crim., 30 juin 1998, n° 97-84.263 : utilisation d'une machine non conforme à sa destination ; Cass. crim., 15 mai 2007, n° 06-85.715 ; Cass. crim., 29 janv. 2008, n° 06-86.481 ; Cass. crim., 16 mars 2010, n° 09-82.041.

2) Voir ci-dessus, n°s 149 et s.

3) Cass. crim., 20 nov. 2007, n° 06-86.218.

4) Cottin J.-B., Le CHSCT, Lamy Axe Droit, 2010.

5) Cass. soc.,17 avr. 1991, n°s 89-17.993, 89-43.770 et 89-43.767.

182 Conditions de mise en place et composition

Un CHSCT doit être constitué dans tout établissement occupant **au moins 50 salariés**, si ce seuil d'effectif a été atteint pendant 12 mois (consécutifs ou non) au cours des trois années précédentes (C. trav., art. L. 4611-1).

Rappelons que le non-respect par l'employeur des règles relatives à la constitution, à la libre désignation des membres, ou au fonctionnement régulier du CHSCT constitue un délit d'entrave, puni d'un emprisonnement d'un an et/ou d'une amende de 3 750 euros (C. trav., art. L. 4742-1).

183 Composition

Le CHSCT comprend (C. trav., art. L. 4613-1 et s., R. 4613-1 et s.) :

- l'**employeur** ou son représentant, qui **préside** le CHSCT ;
- une **délégation du personnel**, parmi lesquels le comité désigne un **secrétaire**, dont les membres sont désignés pour une durée de **deux ans** renouvelable par un collège constitué par les membres élus du comité d'entreprise ou d'établissement et les délégués du personnel ;
- de personnes qui assistent avec voix consultative aux séances du comité : **médecin du travail** et **chef du service sécurité** (ou à défaut, l'agent chargé de la sécurité, C. trav., art. R. 4614-2).

Le comité peut également faire appel à titre consultatif et occasionnel au concours de toute personne de l'établissement qui lui paraîtrait qualifiée.

184 Missions

Le CHSCT a une mission large (C. trav., art. L. 4612-1), puisqu'il est censé :

- contribuer à la protection de la **santé physique et mentale** et de la sécurité des travailleurs de l'établissement (et de ceux mis à sa disposition par une entreprise extérieure, y compris les travailleurs temporaires) ;
- contribuer à l'amélioration des **conditions de travail**, notamment en vue de faciliter l'accès des femmes à tous les emplois et de répondre aux problèmes liés à la maternité ;
- veiller à l'observation des **prescriptions** légales prises en ces matières.

Cette mission n'affecte aucunement le principe de la responsabilité de l'employeur tel qu'il résulte de l'article L. 4121-1 du Code du travail. Le CHSCT est une instance de concertation, de contrôle, de proposition, d'alerte, mais ce n'est pas sur lui que pèse la charge de veiller à la sécurité et à la santé des travailleurs.

185 Actions

Pour accomplir ses missions, le CHSCT procède à des actions concrètes (C. trav., art. L. 4612-2 et s.) :

– **analyse** des risques professionnels auxquels peuvent être exposés les travailleurs de l'établissement (y compris les femmes enceintes), ainsi que des conditions de travail et de l'exposition des salariés à des facteurs de pénibilité ;
– **inspections** à intervalles réguliers (fréquence au moins égale à celle de ses réunions ordinaires) ;
– **enquêtes** en matière d'accidents du travail ou de maladies professionnelles ou à caractère professionnel.

Le CHSCT fixe les missions qu'il confie à ses membres pour l'accomplissement de ces tâches. Bien que cela ne soit pas prévu par les textes, les membres du CHSCT jouissent de la **liberté de circulation** dans l'entreprise [1].

186 Réunions

Le président du CHSCT doit veiller à ce que celui-ci soit réuni (C. trav., art. L. 4614-7) :
– au moins tous les trimestres ;
– plus fréquemment en cas de besoin, notamment dans les branches d'activité présentant des risques particuliers ;
– à la suite de tout accident ayant entraîné ou ayant pu entraîner des conséquences graves ;
– à la demande motivée de deux de ses membres représentants du personnel ;
– en cas d'exercice par un membre du CHSCT de son droit d'alerte (C. trav., art. L. 4132-3) [2].

L'**ordre du jour** de la réunion établi par le président et le secrétaire est transmis aux membres du comité, à l'inspecteur du travail et aux agents de services de prévention des organismes de sécurité sociale, qui peuvent assister aux réunions (C. trav., art. L. 4614-8 et -11, R. 4614-3).

187 Moyens

Le CHSCT reçoit de l'employeur les moyens nécessaires à la préparation et à l'organisation des réunions et aux déplacements imposés par les enquêtes ou inspections (C. trav., art. L. 4614-9). Contrairement à ce qui est prévu pour le comité d'entreprise, la loi ne fait pas obligation à l'employeur de verser une subvention de fonctionnement au CHSCT, ni de mettre à sa disposition un local aménagé (sauf pour la tenue des réunions, C. trav. art. R. 4614-4). En tout état de cause, l'employeur est tenu de laisser à chacun des représentants du personnel au CHSCT le temps nécessaire à l'exercice de leurs fonctions, sous la forme d'**heures de délégation** (C. trav., art. L. 4614-3 et s.). Il doit également rémunérer comme temps de travail effectif le

1) Cass. soc., 26 févr. 1992, n° 88-45.284.
2) Voir ci-dessous, n°s 360 et s.

temps passé par les membres du CHSCT aux réunions du comité, à certaines enquêtes, recherches, etc.

188 Formation

Les représentants du personnel au CHSCT bénéficient de la formation nécessaire à l'exercice de leurs missions (C. trav., art. L. 4614-14 et s.). Cette formation, à la charge de l'employeur, doit être renouvelée lorsque les représentants ont exercé leur mandat pendant quatre ans (consécutifs ou non). Les modalités de cette formation, qui varient selon que l'établissement occupe 300 salariés ou moins, sont définies aux articles R. 4614-21 et suivants du Code du travail et, le cas échéant, par convention ou accord collectif [1]. Une formation spécifique est prévue pour les représentants du personnel au CHSCT dans les établissements comportant une installation classée visée à l'article L. 4521-1 du Code du travail.

2° Les délégués du personnel

189 Suppléance du CHSCT

a) Dans un établissement de ***moins de 50 salariés***

Les délégués du personnel (DP) sont investis des **missions** dévolues aux membres du CHSCT, qu'ils exercent dans le cadre des heures de délégation qui leur sont propres (C. trav., art. 4611-3 et L. 2323-16, al. 2). L'accord national interprofessionnel du 13 septembre 2000 sur la santé au travail et la prévention des risques professionnels (art. 1.4) prévoit que dans un établissement dont l'effectif est compris entre 11 et 50 salariés, les délégués du personnel ont comme prérogatives de s'occuper des activités de prévention des risques professionnels et qu'à défaut, l'employeur désignera un salarié dûment formé pour s'occuper de ces activités. Il convient néanmoins d'observer que cet accord, non étendu, subordonne sa mise en œuvre à la transposition intégrale de ces dispositions au plan réglementaire et législatif (art. 7). Or cette transposition n'a pas eu lieu à proprement parler.

b) Dans un établissement de ***50 salariés et plus***

À défaut de CHSCT (par exemple en cas de carence de candidats), les délégués du personnel des établissements concernés ont les **mêmes missions** et les **mêmes moyens** que les membres du CHSCT (C. trav., art. L. 4611-2 et L. 2323-16, aL. 1). Cette notion de « *moyens* » n'est pas clairement définie. Il s'agit certainement des heures de délégation associées au mandat de membre au CHSCT, mais qu'en est-il des réunions trimestrielles ou occasionnelles, du recours à l'expert, etc. ?

1) Voir Cass. soc., 8 juin 1999, n° 96-45.833.

Dans les deux cas, les DP assumant les missions des membres du CHSCT sont soumis aux mêmes obligations que ces derniers (C. trav., art. L. 2323-16), et bénéficient de la formation spécifique au CHSCT (C. trav., art. L. 4614-14).

190 Collaboration avec le CHSCT

Les délégués du personnel ont pour mission générale de présenter à l'employeur les **réclamations individuelles ou collectives** relatives à l'application du Code du travail et des autres lois ou règlements concernant la santé et la sécurité (C. trav., art. L. 2313-1). Cette mission de transmission des réclamations se manifeste également dans les rapports des délégués du personnel avec le CHSCT : lorsqu'il existe un CHSCT, les délégués du personnel ont qualité pour lui communiquer les suggestions et observations du personnel sur toutes les questions entrant dans la compétence du comité (C. trav., art. L. 2313-9). Par ailleurs, les délégués du personnel peuvent demander au CHSCT de se prononcer sur une question qu'ils lui soumettent (C. trav., art. L. 4612-13).

191 Compétences propres

Les délégués du personnel ont certaines compétences propres à propos de questions qui intéressent directement la prévention des risques professionnels. Ainsi, ils ont un rôle d'alerte en cas d'atteinte aux droits des personnes ou à leur santé physique et mentale (C. trav., art. L. 2313-2) [(1)] et un pouvoir consultatif concernant la mise ou la remise au travail des travailleurs handicapés (en l'absence de CE, C. trav., art. L. 2313-15). De même, ils ont vocation à se prononcer lorsqu'à l'issue d'un arrêt de travail pour cause d'accident de travail ou de maladie professionnelle, un salarié est déclaré par le médecin du travail inapte à reprendre l'emploi qu'il occupait précédemment. L'employeur est tenu de proposer au salarié un autre emploi, compte tenu des conclusions écrites du médecin du travail et après consultation des délégués du personnel (C. trav., art. L. 1226-10). Cette consultation des délégués du personnel est obligatoire. Elle doit intervenir, le cas échéant, avant que la proposition de reclassement soit adressée au salarié et, en tout état de cause, avant que soit engagée la procédure de licenciement justifiée par l'impossibilité du reclassement. En cas de licenciement du salarié, l'absence de consultation des délégués du personnel est sanctionnée par la condamnation de l'employeur à verser au salarié une indemnité ne pouvant être inférieure à 12 mois de salaire (C. trav., art. L. 1226-15) [(2)]. En revanche, ces mêmes dispositions ne prévoient pas la consultation du CHSCT [(3)].

1) Voir ci-dessous.
2) Cass. soc., 22 mars 2000, n° 98-41.166.
3) Cass. soc., 26 mars 1996, n° 93-40.325.

3° Le comité d'entreprise

192 Compétences propres

Même si le CHSCT a pour mission de contribuer à l'amélioration des conditions de travail (C. trav., art. L. 4612-1), les problèmes généraux concernant les conditions de travail relèvent de la compétence du comité d'entreprise (C. trav., art. L. 2323-7). Le comité d'entreprise (CE) est informé et consulté sur les **problèmes généraux concernant les conditions de travail** résultant de l'organisation du travail, de la technologie, des conditions d'emploi, de l'organisation du temps de travail, des qualifications et des modes de rémunération. À cet effet, le comité d'entreprise étudie les incidences sur les conditions de travail des projets et décisions de l'employeur dans ces domaines et formule des propositions. Il jouit également de compétences propres concernant l'organisation et l'administration du service de santé au travail. Dans une entreprise du bâtiment et des travaux publics occupant entre 50 et 299 salariés et n'ayant pas de CHSCT, les missions du CHSCT sont mises en œuvre par le comité d'entreprise (C. trav., art. L. 4612-18).

193 Collaboration avec le CHSCT

Le comité d'entreprise bénéficie du **concours** du CHSCT dans les matières relevant de la compétence de ce dernier. Les avis du CHSCT sont transmis au comité d'entreprise. Notamment, ce dernier reçoit pour information le rapport sur la situation générale de l'hygiène et de la sécurité et le programme de prévention des risques professionnels [1], accompagné de l'avis du CHSCT (C. trav., art. L. 4612-17).

Le CE :

- peut **confier** au CHSCT le soin de procéder à des études portant sur des matières de la compétence de ce dernier (C. trav., art. L. 2323-28) ;
- est consulté, en **liaison** avec le CHSCT, sur les mesures prises en vue de faciliter la mise ou la remise au travail des accidentés du travail, des invalides de guerre et assimilés, des invalides civils, des travailleurs handicapés (C. trav., art. L. 2323-30) ;
- peut **saisir** le CHSCT afin que celui-ci se prononce sur toute question de sa compétence (C. trav., art. L. 4612-13).

Lorsque l'employeur envisage de mettre en œuvre des mutations technologiques importantes et rapides, il établit un plan d'adaptation, transmis, pour information et consultation, au CE et au CHSCT (C. trav., art. L. 2323-14 et L. 4612-10). Lorsque le CHSCT est consulté sur une question précise [2], les textes prévoient parfois également la consultation du comité d'entreprise ou, à défaut, des délégués du personnel.

---

1) Voir ci-dessous, n° 301.
2) Voir ci-dessous, n°s 296 et s.

SECTION II Les acteurs hors de l'entreprise

Le service de santé au travail (§ 1) est censé être le premier interlocuteur de l'entreprise ; mais celle-ci doit également tenir compte de l'intervention d'autres acteurs institutionnels (§ 2).

§1 Le service de santé au travail

194 Depuis 2002, les services de santé au travail (A) font l'objet de réformes récurrentes, ayant notamment pour but de valoriser le rôle préventif des médecins du travail (B) et des intervenants en prévention des risques professionnels – IPRP (C).

A. - Le service

LA RÉFORME DES SERVICES DE SANTÉ AU TRAVAIL

La réforme des services de santé au travail répond à la fois à la nécessité d'assurer la transposition de l'article 7 de la directive-cadre communautaire n° 89/391 du 12 juin 1989 (prescrivant le recours de tout employeur à des personnes ou services de prévention et de protection), mais aussi à une « *crise* » profonde de la médecine du travail « *à la française* » : déclin démographique du personnel médical, insuffisance des actions préventives mise en lumière par le scandale de l'amiante, etc. [1]

Partiellement inspirée d'un accord national interprofessionnel du 13 septembre 2000 [2], une première réforme [3] a conduit notamment au changement de la dénomination des services de médecine du travail (devenus services de santé au travail), à l'institution des IPRP [4] et à la modification de la fréquence des visites médicales périodiques (passée de 12 à 24 mois).

Une seconde réforme devait être portée par la loi n° 2010-1330 du 9 novembre 2010 relative à la réforme des retraites, mais les dispositions correspondantes ont été invalidées par le Conseil constitutionnel, pour des raisons de procédure législative (ces dispositions ne présentaient pas un lien suffisamment étroit

1) Voir Babin M., Les perspectives de la médecine du travail, Dr. soc. 2005, p. 653 sq. Gosselin H., Aptitude et inaptitude médicale au travail : diagnostic et perspectives. Rapport pour le ministre délégué à l'emploi, au travail et à l'insertion professionnelle des jeunes, janv. 2007. Conso F.,Frimat P. et *alii,* Rapport sur le bilan de la réforme de la médecine du travail, IGAS, n° 2007-087, octobre 2007. Dellacherie C., L'avenir de la médecine du travail, CES Avis, 2008.

2) Consultable notamment sur : http://www.uimm.fr/fr/pdf/accords_interpro/ani_13-09-2000.pdf.

3) L. n° 2002-73, 17 janv. 2002 ; D. n° 2004-760 ; 28 juill. 2004 ; Circ. DRT n° 2005-03, 7 avr. 2005 relative a la reforme de la médecine du travail. Consultable notamment sur : <www.circulaires.gouv.fr/index.php>.

4) Voir ci-dessous, n°s 209 et s.

avec la question des retraites). Ces dispositions ont été reprises, moyennant quelques modifications, par une proposition de loi relative à la réforme de la médecine du travail, non encore adoptée à l'heure où sont écrites ces lignes.

1° Recours au service de santé au travail

195 Service interentreprises ou service autonome

Tout employeur visé à l'article L. 4111-1 du Code du travail [1] **doit organiser ou rejoindre un service de santé au travail** (C. trav., art. L. 4621-1). D'ailleurs, il est tenu d'afficher, dans des locaux normalement accessibles aux travailleurs, l'adresse et le numéro d'appel du médecin du travail ou du service médical du travail compétent pour l'établissement (C. trav., art. D. 4711-1).

Selon l'importance de l'entreprise, le service :
- soit est propre à l'entreprise : on parle alors de service d'entreprise (au sens large), ou **service autonome ;**
- soit est organisé en commun avec d'autres entreprises : on parle alors de **service interentreprises.**

Un service autonome ne peut être constitué que dans une entreprise d'une certaine importance. À cet égard, l'article D. 4622-5 du Code du travail prévoit **deux seuils** :
- l'un à partir duquel l'entreprise peut **choisir** soit de constituer un service autonome, soit d'adhérer à un service interentreprises ;
- l'autre à partir duquel l'entreprise **doit** constituer un service autonome (et ne peut donc pas adhérer à un service interentreprises).

Le choix entre la constitution d'un service autonome ou l'adhésion à un service interentreprises, lorsque ce choix est possible, est fait par l'employeur, après **consultation du comité d'entreprise** ou, à défaut, des délégués du personnel (C. trav., art. D. 4622-2). En cas d'opposition motivée du comité ou des délégués, la décision de l'employeur est subordonnée à l'**autorisation du directeur de la DIRECCTE** (ex-directeur régional du travail, prise après avis du médecin-inspecteur régional du travail.

Les critères déterminant la forme du service à adopter sont (C. trav., art. D. 4622-5 et R. 4623-10) :
- le **nombre de salariés suivis** : à cet égard, le seuil est établi par référence à un plafond fixé à **3 300** salariés suivis par médecin à temps complet ;
- le **nombre d'examens médicaux pratiqués** : à cet égard, le seuil est établi par référence à un plafond fixé à **3 200** examens pratiqués **par an** et par médecin à temps complet.

1) Voir ci-dessus, n° 13.

196 Tableau récapitulatif des seuils de constitution

Types de services	Constitution possible	Constitution obligatoire
SST d'entreprise (au sens strict) SST d'établissement	À partir de 412,5 salariés ou de 401 examens	À partir de 2 200 salariés ou de 2 134 examens
SST interétablissements	À partir de 412,5 salariés ou de 401 examens	
SST d'UES	À partir de 1 650 salariés ou de 1 601 examens	
SST de site	À partir de 2 200 salariés ou de 2 134 examens	

197 Appréciation par établissement

Dans une entreprise possédant plusieurs établissements, les critères de mise en place d'un service autonome s'apprécient par établissement. Lorsqu'un établissement constitue un service autonome, il est désigné par l'expression **service d'établissement** (C. trav., art. D. 4622-15). Selon qu'il atteint ou non les seuils ci-dessus, chaque établissement peut se trouver dans l'une des trois situations suivantes :

- il ne peut pas constituer de service autonome : dans ce cas, il adhère à un service interentreprises compétent territorialement ;
- il a le choix de constituer un service autonome ou d'adhérer à un service interentreprises ;
- il doit constituer un service autonome et ne peut alors adhérer à un service interentreprises.

198 Service interétablissements

Il convient cependant d'ajouter deux précisions :

- il est possible de constituer un service interétablissements entre plusieurs établissements d'une même entreprise, lorsque l'effectif de salariés suivis ou le nombre d'examens médicaux pratiqués dépasse le **1/8e** des seuils mentionnés ci-dessus (C. trav., art. D. 4622-9). Il résulte de ce texte que la constitution d'un service interétablissements n'est donc **jamais obligatoire** ;
- le service interétablissements peut être constitué d'établissements situés dans des **régions différentes**, même non limitrophes. Un établissement qui n'est pas tenu de constituer de service autonome peut être rattaché au service autonome d'un établissement de la même entreprise situé dans une autre région, sur autorisation du directeur de DIRECCTE qui agréé le service de rattachement, et sous réserve de

l'accord du directeur de DIRECCTE géographiquement compétent pour l'établissement rattaché (C. trav., art. D. 4622-17).

Selon la terminologie retenue par l'administration [1], on parle de service de santé au travail :

- d'**entreprise** (au sens strict) lorsque l'entreprise ne compte qu'un établissement ;
- d'**établissement** (au sens strict) lorsque le service est propre à un établissement d'une entreprise qui compte plusieurs établissements ;
- **interétablissements d'entreprise** lorsque le service est commun à plusieurs établissements de la même entreprise. Le service de santé au travail interétablissements d'entreprise peut réunir l'ensemble des établissements de l'entreprise, mais il peut aussi n'être commun qu'à certains d'entre eux.

Pour plus de simplicité, le terme de **service autonome** est utilisé ici pour évoquer de façon générale le service d'entreprise, d'établissement ou interétablissements.

199 Unité économique et sociale (UES)

Lorsqu'une unité économique et sociale (UES) a été reconnue entre des entreprises distinctes (C. trav., art. L. 2322-4) et que, soit l'effectif de salariés suivis, soit le nombre d'examens médicaux pratiqués dépasse la **moitié** des seuils mentionnés ci-dessus (soit 1 650 salariés ou 1 601 examens), il peut être institué un service de santé au travail commun à ces entreprises, par un **accord collectif** conclu entre les employeurs et les organisations syndicales représentatives au niveau national intéressées (C. trav., art. D. 4622-13). Sauf dans le cas où il est administré paritairement en vertu de cet accord, ce service est placé sous la surveillance du comité d'entreprise commun.

200 Site

Un service de santé au travail peut également être constitué entre des établissements travaillant sur un même site et appartenant à des entreprises différentes, lorsqu'ils ont conclu un accord de coopération pour la mise en œuvre des mesures de prévention relatives à la santé et à la sécurité de leurs salariés (C. trav., art. D. 4622-24). La création de ce service est **autorisée par le directeur de la DIRECCTE,** après consultation des comités d'entreprise ou d'établissement intéressés et lorsque l'effectif des salariés suivis ou le nombre d'examens médicaux pratiqués atteint les **2/3** des seuils mentionnés ci-dessus (soit 2 200 salariés ou 2 134 examens). Le service est constitué, administré et contrôlé selon les mêmes modalités qu'un service interentreprises (C. trav., art. D. 4622-23). Selon l'administration [2], la création d'un tel service de santé au travail est **facultative**.

1) Circ. DRT n° 2005-03, 7 avr. 2005.

2) Circ. DRT n° 2005-03, 7 avr. 2005.

On doit entendre par **site**, une zone géographique, dont le périmètre est circonscrit, à l'intérieur de laquelle sont implantés des établissements correspondant à des entités juridiquement distinctes. Cette zone peut être une zone d'activité, une plate-forme industrielle, un centre commercial, un immeuble ou un ensemble d'immeubles, etc. et il n'est pas nécessaire que les établissements appartiennent au même secteur d'activité.

L'**accord de coopération** est un document contractuel écrit qui peut notamment porter sur des mesures collectives de prévention (mesures de protection contre l'incendie, mesures appropriées relatives à la sécurité des circulations), sur l'organisation des secours, des soins infirmiers. La liste des entreprises ou établissements adhérents à ce service est limitativement établie, et ne peut être modifiée que sur autorisation du directeur de la DIRECCTE prise dans les mêmes conditions que lors de l'autorisation initiale. Selon l'administration, le service de site n'a vocation qu'à accueillir des entreprises ou établissements au sens strict, et non de simples antennes ou agences, présentes sur le site, même en permanence, lorsqu'elles ne constituent pas des établissements; il est cependant fait exception à cette exclusion dans le cas d'antennes ou agences isolées.

201 Salariés éloignés

Chaque établissement relève d'un service interentreprises ou d'un service autonome qui lui est propre. Selon une interprétation répandue, le choix du service interentreprises doit se porter sur un **service territorialement compétent au regard de la localisation géographique de l'établissement**. Le service compétent est alors chargé de la surveillance de tous les salariés rattachés à l'établissement. Cette règle de compétence territoriale pose problème à l'égard du **salarié éloigné**, celui qui effectue une mission de longue durée dans un autre département que celui de son établissement de rattachement, voire qui travaille de façon habituelle dans un autre département (au sein d'une agence ou d'une antenne n'ayant pas la qualité d'établissement distinct, voire à son domicile, etc.). Il paraît opportun, pour ce salarié, que sa surveillance médicale et la surveillance de ses conditions de travail, soient assurées par un service proche de son lieu de travail (« ***service de proximité géographique*** »), plutôt que par le service éloigné auquel il est administrativement rattaché (« ***service principal*** »).

a) Principe d'unicité du service

Cette question fait l'objet d'une circulaire DGT n° 01 du 5 février 2007 [1], qui énonce un **principe d'unicité de service** de santé au travail pour un site de travail. Il n'est pas question de faire exception à ce principe pour le salarié éloigné, mais plutôt de l'aménager. Concrètement, l'application des obligations en matière de santé au

1) Consultable notamment sur : <www.travail-emploi-sante.gouv.fr/publications/picts/bo/30092007/TRE_20070009_0110_0001.pdf>.

travail (action sur le milieu de travail et suivi médical individuel) pour les salariés et sites éloignés s'opère :

- soit par le **déplacement des salariés éloignés** auprès du médecin du travail du service principal (ou inversement le déplacement, auprès des salariés éloignés, du médecin du travail du service principal) ;
- soit par l'intervention, auprès des salariés éloignés, d'un **service de santé de proximité**.

Exceptionnellement, l'administration considère que les antennes et agences isolées, même si elles ne constituent pas des établissements à proprement parler, puissent entrer dans un service de site [1], s'il en existe un localement.

b) Recours à un service de proximité

Un grand éloignement entre le lieu de travail des salariés et le service principal de santé au travail peut aboutir à ce que les obligations en la matière ne soient pas toujours réalisées, particulièrement les visites médicales et l'action du médecin sur le milieu de travail. Par ailleurs, s'il se fait en voiture, le déplacement répété de tout le personnel du site éloigné sur de longues distances est source de risque routier. C'est pourquoi l'administration autorise, dans ce cas, l'employeur à faire appel à un service de proximité, situé dans le même département que le salarié éloigné. Cette possibilité n'est ouverte que pour des sites où les salariés ont une affectation suffisamment durable permettant un véritable suivi médical et, dans le cas de salariés travaillant hors site, pour des salariés dont l'affectation est, pareillement, suffisamment durable. En tout état de cause, l'employeur ne peut faire appel à plus d'un service de santé au travail par département. Tous les salariés de l'entreprise situés dans le même département sont suivis par le même médecin du travail. Enfin, pour les obligations réglementaires attachées à l'établissement principal et soumises à une condition d'effectif [2], cet effectif est calculé sur l'ensemble de l'établissement, y compris les salariés éloignés, même s'il a été fait le choix du recours à un service de proximité pour ces derniers.

c) Cas d'exclusion du recours à un service de proximité

Le recours à un service de proximité pour les salariés et sites éloignés n'est pas autorisé :

- pour les établissements dotés d'un service autonome (service d'établissement, interétablissements d'entreprise ou commun à plusieurs entreprises constituant une UES), qui, selon l'administration, peuvent sans difficulté s'organiser de sorte que leur médecin du travail visite les sites de travail éloignés ;

---

1) Voir ci-dessus, n° 200.

2) Voir tableau ci-dessus, n° 196.

– pour un salarié éloigné qui exécute son contrat de travail en partie sur le site principal de l'établissement avec une certaine régularité, ou qui se rend régulièrement au siège administratif de l'établissement.

d) Coordination entre médecins

Le médecin du travail du service de proximité doit avoir les coordonnées du médecin du travail du service principal, et inversement. Le principe qui guide le médecin du travail dans toute l'exécution de ses missions est celui de l'échange utile d'informations entre confrères, dans le respect des règles de la déontologie médicale. Par exemple, lorsque, en application de l'article D. 4624-45 du Code du travail, le médecin du travail établit un rapport annuel propre à l'entreprise, ce rapport est élaboré par le médecin du travail du service principal en collaboration avec les médecins du travail des services de proximité pour l'ensemble de l'établissement. La démarche de coopération et d'échange d'informations entre médecins du travail doit être notamment mise en œuvre lors de la recherche d'un poste de reclassement pour un salarié devenu inapte à se maintenir à son poste de travail ou à son emploi.

NOTE

Une proposition de loi actuellement en débat, relative à l'organisation de la médecine du travail, prévoit qu'un régime spécifique de recours au service de santé au travail et de surveillance médicale pourra être défini par décret pour :

- les travailleurs exécutant habituellement leur contrat de travail dans une entreprise autre que celle de leur employeur ;
- les travailleurs éloignés exécutant habituellement leur contrat de travail dans un département différent de celui où se trouve l'établissement qui les emploie.

Ces travailleurs devront néanmoins bénéficier d'une protection égale à celle des autres travailleurs, sans possibilité de modifier la périodicité des examens médicaux définie par le Code du travail (C. trav., art. L. 4625-1).

B. - Le médecin du travail

202 Conseiller de l'employeur, des salariés et de leurs représentants, le médecin du travail est un acteur-clé de la politique de prévention des risques professionnels de l'entreprise.

203 Missions légales et réglementaires

Le service de santé au travail (service autonome ou interentreprises) est assuré par un ou plusieurs médecins du travail (C. trav., art. L. 4622-2 et -3). Le rôle du médecin du travail est exclusivement **préventif**. Le médecin du travail a l'interdiction de prodiguer de soins. Simplement, il est tenu, comme tout médecin qui se trouve en présence d'un malade ou d'un blessé en péril, de lui porter assistance ou de s'assurer qu'il reçoit les soins nécessaires (C. santé publ., art. R. 4127-9).

Le rôle préventif du médecin du travail consiste à éviter toute altération de la santé des travailleurs du fait de leur travail, notamment en surveillant leurs conditions d'hygiène du travail, les risques de contagion et leur état de santé. Le médecin du travail agit, dans le cadre de l'entreprise, **dans l'intérêt exclusif de la santé et de la sécurité des salariés** dont il assure la surveillance médicale (C. trav., art. R. 4623-15). Le médecin du travail est le ***« conseiller »*** (C. trav., art. R. 4623-1) de l'employeur, des travailleurs, des représentants du personnel et des services sociaux, en ce qui concerne notamment :

- l'amélioration des conditions de vie et de travail dans l'entreprise ;
- l'adaptation des postes, des techniques et des rythmes de travail à la physiologie humaine ;
- la protection des salariés contre l'ensemble des nuisances, et notamment contre les risques d'accidents du travail ou d'utilisation des produits dangereux ;
- l'hygiène générale de l'établissement ;
- l'hygiène dans les services de restauration ;
- la prévention et l'éducation sanitaires dans le cadre de l'établissement en rapport avec l'activité professionnelle ;
- la construction ou les aménagements nouveaux ;
- les modifications apportées aux équipements ;
- la mise en place ou la modification de l'organisation du travail de nuit.

En résumé, et quel que soit le type de service dans lequel il exerce, le médecin du travail se voit assigner un **objectif** ambitieux, puisqu'il doit contribuer à :

- **éviter l'altération de la santé** des salariés du fait de leur travail, voire créer les conditions de maintien d'un niveau optimal de santé au travail ;
- **maintenir la capacité de travail** des salariés dans un contexte personnel et professionnel parfois difficile (contraintes posturales, vieillissement, etc.).

Pour cela, il intervient à la fois sur les **conditions de travail** dans leurs dimensions collectives (adaptation des postes à l'homme) et individuelles (aptitude du salarié au poste).

Dans ces deux domaines, il intervient en qualité :
- d'**expert** : évaluation des risques, évaluation de l'aptitude au poste, etc. ;
- de **conseiller** : définition des mesures de prévention, d'adaptation de postes, de reclassement, etc.

204 Action en milieu de travail et suivi médical

Pour l'essentiel, les actions du médecin sont classées par les textes en deux grandes catégories. Afin d'exercer ses missions, le médecin du travail :
- conduit des actions sur le milieu de travail ;
- procède à des examens médicaux.

Par son intervention sur le milieu de travail, le médecin du travail apporte son expertise et ses conseils, en proposant des actions correctrices des conditions collectives de travail. Grâce au suivi médical individuel des salariés, il contribue à la protection de la santé des salariés.

205 Compétence exclusive

Le médecin du travail est seul compétent pour effectuer la surveillance médicale des salariés (1). Un employeur ne satisfait pas ses obligations en termes de surveillance médicale des salariés s'il fait accomplir les examens d'embauche, périodiques, de reprise, par un médecin autre qu'un médecin du travail. De même, le médecin du travail est seul habilité à constater une inaptitude au travail (2). Commet une faute (susceptible d'être qualifié de grave) le salarié qui refuse d'exécuter les tâches qui lui étaient dévolues en produisant un certificat médical de son médecin traitant contre-indiquant le port de charges lourdes, *dès lors que* l'employeur aura pris soin de solliciter l'avis du médecin du travail et que celui-ci aura confirmé l'aptitude du salarié. Un employeur ne peut se fonder sur les conclusions d'un médecin autre qu'un médecin du travail lorsqu'il procède aux recherches de reclassement d'un salarié déclaré inapte à son poste par le médecin du travail (3).

1) Voir ci-dessous, n°s 261 et s.

2) Cass. soc., 9 oct. 2001, n° 98-46.144.

3) Cass. soc., 28 juin 2006, n° 04-47.672.

NOTE

Une proposition de loi actuellement en débat, relative à l'organisation de la médecine du travail, prévoit le recours à des médecins non spécialisés à propos de certaines catégories de travailleurs (voir ci-dessous).

206 Rapport annuel d'activité

Le médecin du travail établit un rapport annuel d'activité qu'il présente au plus tard à la fin du quatrième mois qui suit l'année pour laquelle il a été établi (C. trav., art. D. 4624-42 et s.). Si l'entreprise emploie des travailleurs de nuit, la question du travail de nuit est traitée spécifiquement dans le rapport (C. trav., art. R. 3122-2). Ce rapport comporte également des éléments particuliers consacrés à la surveillance médicale des travailleurs temporaires (C. trav., art. D. 4625-14). Lorsqu'elle relève d'un **service interentreprises**, l'entreprise ou établissements de plus de 300 salariés fait l'objet d'un rapport annuel qui lui est propre, transmis au comité d'entreprise ou d'établissement, ainsi qu'au CHSCT (C. trav., art. D. 4624-45). Il en est de même des autres entreprises ou établissements, lorsque le comité concerné en fait la demande. Dans un **service autonome**, le rapport du médecin est présenté au comité d'entreprise. L'employeur en transmet un exemplaire (accompagné, le cas échéant, des observations formulées par le comité), dans le délai d'un mois à compter de sa présentation devant le comité, à l'inspecteur du travail et au médecin-inspecteur régional du travail.

207 Indépendance

Bien que le médecin du travail soit salarié (selon le cas, du service interentreprises, ou de l'entreprise ayant constitué un service autonome), son contrat de travail est conclu dans les conditions prévues par le Code de déontologie médicale (C. trav., art. R. 4623-4 ; C. santé publ., art. R. 4127-1 et s.). Ce cadre garantit au médecin du travail une indépendance dans l'ensemble des missions définies aux articles L. 4622-3 et L. 4622-4 (C. trav., art. R. 4623-15, aL. 1).

En vertu de cette indépendance :

- le médecin du travail ne doit pas tenir compte, dans l'exercice de ses missions, de considérations autres que celles relatives à la santé des salariés.
  Le médecin du travail agit **dans l'intérêt exclusif de la santé et de la sécurité des salariés** dont il assure la surveillance médicale (C. trav., art. R. 4623-15, al. 2).
  C'est pourquoi les fonctions de médecin du travail sont exclusives de toute autre fonction dans les établissements dont il a la charge (C. trav., art. R. 4623-16) ;

– le médecin du travail ne peut faire l'objet d'ingérence du service ou de l'entreprise qu'il suit dans l'exercice de ses activités cliniques et de son action en milieu de travail.
  Le médecin du travail n'est pour autant pas soustrait au pouvoir de direction de son employeur, notamment pour ce qui se limite à l'organisation administrative de son activité. L'indépendance du médecin du travail ne s'oppose pas à ce que le service ou l'entreprise qui l'emploie s'assure, selon des modalités appropriées, que ses missions sont effectivement réalisées, particulièrement en ce qui concerne la réalisation du plan annuel d'activité, ou l'établissement des fiches d'entreprises [1] ;
– le médecin du travail ne doit pas faire l'objet, par le biais des décisions le concernant, d'une pression indirecte sur l'exercice de ses activités cliniques et de son action en milieu de travail. C'est pourquoi le médecin du travail bénéficie d'un statut protecteur.

208 Statut protecteur

Le médecin du travail ne peut être **nommé** (ou **changé d'affectation**, si ce changement est contesté) qu'avec l'accord du comité d'entreprise ou du comité d'établissement (celui du service interentreprises, ou celui de l'entreprise qui l'emploie). À défaut d'accord, la nomination (ou le changement d'affectation contesté) ne peut intervenir que sur autorisation de l'inspecteur du travail prise après avis du médecin-inspecteur régional du travail (C. trav., art. R.4623-5 et s., et R. 4623-12 et s.).

Le médecin du travail ne peut voir son contrat **rompu** (sauf probablement en cas de démission) que sur l'autorisation de l'inspecteur du travail, après consultation du comité d'entreprise ou d'établissement (C. trav., art. L. 4623-4 et s., R. 4623-20 et s.). Ces dispositions s'appliquent non seulement au licenciement, mais aussi et notamment à la rupture du contrat de travail à l'initiative de l'employeur pendant la période d'essai [2] et à la mise à la retraite [3]. Par ailleurs, le statut protecteur dont bénéficie un médecin du travail en cas de rupture de la période d'essai ou de licenciement s'applique à compter de la date à laquelle il a été engagé, peu important que les instances compétentes n'aient pas encore donné leur accord sur cette nomination [4].

C. - L'intervenant en prévention des risques professionnels (IPRP)

209 La création d'une nouvelle catégorie d'acteurs en prévention des risques professionnels est l'une des grandes innovations de ces dernières années, qu'il convient

1) Circ. DRT n° 2005-03, 7 avr. 2005.
2) Cass. soc., 26 oct. 2005, n° 03-44.585.
3) Cass. crim., 2 févr. 1982, n° 81-91.352.
4) Cass. soc., 29 oct. 2010, n° 08-70.412.

d'ailleurs de mettre en relation avec l'institution du document unique d'évaluation des risques [1].

210 Cadre communautaire

La **directive-cadre communautaire du 12 juin 1989** [2] prévoit que l'employeur doit :

- désigner un ou plusieurs **salariés** pour s'occuper des activités de protection et des activités de prévention des risques professionnels de l'entreprise et/ou de l'établissement, les personnes désignées devant *« avoir les capacités nécessaires et disposer des moyens requis »* ;
- ou, si les compétences de l'entreprise et/ou de l'établissement sont insuffisantes, faire appel à des compétences (personnes ou services) **extérieures** à l'entreprise et/ou à l'établissement pour organiser ces activités de protection et de prévention. Les personnes ou services extérieurs consultés doivent avoir les aptitudes nécessaires et être en nombre suffisant.

La Commission européenne a considéré que le dispositif français de médecine du travail ne garantissait pas la transposition intégrale de la directive. Un employeur ne remplit pas l'obligation prévue à l'article 7 de la directive lorsqu'il a recours à l'intervention d'un médecin du travail (que ce soit en constituant un service autonome, ou en adhérant à un service interentreprises). La Commission relevait que le médecin du travail n'a pas de tâches qui lui soient confiées dans le domaine de la sécurité, volet qui est inhérent aux activités de protection et de prévention des risques professionnels. Par ailleurs, on peut considérer que, compte tenu de l'étendue des connaissances nécessaires pour appréhender de façon globale les questions de prévention des risques professionnels, la seule intervention de médecins ne saurait suffire.

211 Transposition française

Aussi la loi n° 2002-73 du 17 janvier 2002, préfigurée sur ce point par l'accord national interprofessionnel du 13 septembre 2000 sur la santé au travail et la prévention des risques professionnels [3], a instauré **l'obligation** pour l'employeur de faire appel à des intervenants en prévention des risques professionnels *« afin d'assurer la mise en œuvre des compétences médicales, techniques et organisationnelles nécessaires à la prévention des risques professionnels et à l'amélioration des conditions de travail »* (C. trav., art. L. 4622-4). Cette obligation, s'organise pour l'essentiel **dans le cadre du service de santé au travail** (C. trav., art. R. 4623-26 et s.) [4], c'est-à-dire,

---

1) Voir ci-dessous, n°s 239 et s.

2) Voir ci-dessus, art. 7 : services de protection et de prévention.

3) Voir ci-dessus, n° 19.

4) Arr. 24 déc. 2003, JO 31 déc.

suivant la forme d'organisation du service, dans le cadre de l'entreprise elle-même (si elle est dotée d'un **service autonome**) ou dans le cadre du **service interentreprises**. Le respect de ces dispositions est pris en compte dans la procédure d'agrément du service autonome [1]. Selon l'administration, la **pluridisciplinarité** répond à la nécessité de réformer structurellement le système français de prévention des risques professionnels, auparavant orienté vers la seule médecine du travail, pour enrichir l'offre de prévention à destination des entreprises (par l'apport de compétences non médicales) et permettre d'appréhender de manière collective les conditions de travail (par un travail en réseau des médecins et des autres intervenants) [2].

212 Habilitation

Le service de santé au travail fait appel aux compétences d'un intervenant en prévention des risques professionnels (IPRP), désigné parmi les **personnes ou organismes** suivants (C. trav., art. L. 4622-4 et R. 4623-28) :

- les CARSAT ;
- l'organisme professionnel de prévention du bâtiment et des travaux publics (OPPBTP) ;
- les associations régionales du réseau de l'Agence nationale pour l'amélioration des conditions de travail (ANACT/ARACT) ;
- les personnes ou organismes habilités, en qualité d'IPRP, par les CARSAT, l'OPPBTP ou les ARACT.

L'**habilitation** est délivrée par un **collège régional** composé d'un nombre égal de représentants de la CARSAT, de l'ARACT et du comité régional de l'OPPBTP (C. trav., art. R. 4623-36 et s.). L'habilitation n'est pas soumise à renouvellement lorsqu'elle est délivrée à une **personne physique**. Elle a une durée de cinq ans, renouvelable, lorsqu'elle est délivrée à une **personne morale**. L'habilitation est valable sur l'ensemble du territoire national. Le **retrait** de l'habilitation peut être sollicité auprès du collège compétent par l'employeur, le président du service interentreprises, le CHSCT, le comité d'entreprise ou d'établissement, les organismes de contrôle du service interentreprises, le directeur de la DIRECCTE. Le retrait de l'habilitation est prononcé, après que la personne ou l'organisme concerné a été appelé à présenter ses observations, lorsque l'IPRP ne se conforme pas aux prescriptions légales ou n'est plus en mesure d'assurer sa mission.

L'habilitation est délivrée en fonction de différents **critères** [3] :

- garanties d'**indépendance** (au moyen d'une déclaration d'intérêt produite, sur l'honneur, par le candidat) ;

1) Circ. DRT n° 2005-03, 7 avr. 2005, III, 3.
2) Circ. DRT n° 2004-01, 13 janv. 2004. Consultable notamment sur : <www.circulaires.gouv.fr/index.php>.
3) Arr. 24 déc. 2003, JO 31 déc.

- garanties de **compétence** (titre d'ingénieur, ou diplôme sanctionnant deux ans d'études supérieures dans les domaines de la santé, de la sécurité ou de l'organisation du travail, ou diplôme sanctionnant trois ans d'études supérieures dans un domaine scientifique ou dans une matière relevant des sciences humaines et liée au travail) ;
- **expérience** acquise dans le domaine de la prévention des risques professionnels et de l'amélioration des conditions de travail (trois ans minimum, ou huit ans au moins en tant que membre d'une instance représentative spécialisée en matière de santé et de sécurité au travail, tel qu'un CHSCT ou un comité technique régional de la sécurité sociale) ;
- **moyens** dont dispose le candidat pour exécuter les missions pour lesquelles il est habilité.

L'administration [1] relève que, pour être habilité, le candidat doit faire état, *soit* d'une qualification particulière, *soit* d'une expérience professionnelle acquises dans le domaine de la prévention des risques professionnels et de l'amélioration des conditions de travail, même si *« qualification et expérience peuvent naturellement être combinées »*.

213 Modalités de recours

Deux voies sont offertes à l'entreprise pour recourir aux IPRP [2] :

- le **conventionnement**, lorsqu'elle souhaite faire appel aux intervenants externes, et non aux salariés déjà présents au sein de l'entreprise. Une convention est conclue avec l'intervenant (C. trav., art. R. 4623-20) ;
- **l'emploi salarié**, si elle veut satisfaire à ses obligations en recrutant une personne physique en vue de lui confier une mission de sécurité ou de santé au travail. Cette modalité permet :
  - de recruter une **personne extérieure** à l'entreprise, dans le cadre d'une politique classique d'embauche,
  - ou de recourir à des **salariés présents dans l'entreprise**, et qui exercent déjà une mission de sécurité ou de santé au travail (au sein du service de sécurité de l'entreprise, par exemple).

En résumé, une entreprise peut avoir recours à une personne ou un organisme habilité, en qualité d'IPRP :

- en faisant habiliter un salarié (option n° 1) ;

1) Circ. DRT n° 2004-01, 13 janv. 2004.
2) *Ibid.*

- ou en embauchant une personne habilitée, en tant que salarié (option n° 2) ;
- ou en ayant recours à une personne extérieure habilitée (mais non salariée) ou un organisme extérieur habilité (option n° 3).

Les textes n'imposent pas de forme juridique spécifique au recours à l'IPRP. Une entreprise peut donc avoir recours à une **personne morale ou à une personne physique**. Si elle a recours à une personne physique, elle n'a **pas l'obligation de l'embaucher**. L'administration [1] adopte une position plus stricte, en considérant que :

- pour une **mission temporaire**, l'entreprise ou le service interentreprises peut faire appel, via une convention d'objectifs, soit aux trois organismes désignés par la loi (CARSAT, OPPBTP, ARACT), soit à une personne ou un organisme habilité ;
- pour une **mission permanente**, l'entreprise ou le service interentreprises peut, soit recruter une personne extérieure habilitée, soit avoir recours à une personne habilitée déjà présente au sein de la structure.

Lorsque l'entreprise a constitué un service autonome, elle jouit des trois options précitées. Néanmoins, lorsque l'entreprise a le choix entre constituer un service autonome ou adhérer à un service interentreprises [2], elle ne peut faire appel à des compétences extérieures (option n° 3 ci-dessus) que si ses propres compétences sont insuffisantes (C. trav., art. R. 4623-29), ce qui peut s'avérer d'appréciation délicate au cas par cas.

Lorsque l'entreprise adhère à un **service interentreprises**, c'est l'option n° 3 qui s'impose naturellement. Toutefois, si les compétences pluridisciplinaires constituées au sein d'un service interentreprises sont mises à la disposition de toutes les entreprises adhérentes, celles-ci n'ont pas obligation d'y recourir si elles disposent déjà de ressources internes dédiées à la prévention et utilisées au titre de la pluridisciplinarité [3]. On peut alors se demander si une entreprise adhérente d'un service interentreprises a l'obligation d'avoir recours aux compétences du service si elle a déjà recours à des ressources externes. L'accord national interprofessionnel du 13 septembre 2000 sur la santé au travail va dans ce sens (art. 1.2), bien qu'il faille noter que ses dispositions, non étendues, n'ont pas d'effet impératif (art. 7).

1) *Ibid.*
2) Voir tableau ci-dessus, n° 196.
3) Circ. DRT n° 2004-01, préc., 13 janv. 2004.

214 Absence de normes quantitatives

Les textes ne déterminent pas le **nombre minimal d'IPRP** auquel l'entreprise doit avoir recours (par rapport aux effectifs), ni la **fréquence minimale** de leurs interventions. L'administration [1] relève que, loin d'organiser la pluridisciplinarité comme une contrainte supplémentaire, le dispositif légal vise à la rendre accessible à tous. C'est la raison pour laquelle elle s'organise autour d'objectifs de qualité. Il n'est pas demandé aux entreprises d'atteindre un objectif quantifié, c'est-à-dire de recruter un nombre déterminé d'intervenants, ou de conclure un nombre déterminé de conventions. En particulier, si des salariés exercent d'ores et déjà, à un titre ou à un autre, des fonctions de santé ou de sécurité au sein de l'entreprise, l'objectif n'est pas que tous ces salariés obtiennent le statut d'IPRP. Il n'y a pas même obligation, pour l'entreprise ou le service interentreprises, d'engager, pour le compte de tout ou partie de leurs salariés, des procédures d'habilitation, car le respect de l'obligation de pluridisciplinarité peut également être atteint par le biais du conventionnement. Dans une entreprise dotée d'un service autonome, il appartient au chef d'entreprise de désigner les salariés qui, en raison de leurs fonctions, sont astreints à la procédure d'habilitation. Ce choix doit être fait en fonction des caractéristiques de l'organisation de chaque service autonome, pour assurer l'effectivité de l'obligation de pluridisciplinarité. L'habilitation de quelques spécialistes (couvrant les trois compétences, médicales, techniques et organisationnelles requises par la loi) est suffisante. Il paraît également de bonne administration que le responsable du service (hors le cas où ce responsable est médecin du travail) soit habilité en tant qu'IPRP, afin que la fonction pluridisciplinaire soit clairement identifiée dans l'entreprise et favorise l'échange entre l'employeur, les intervenants et les médecins du travail.

215 Missions

L'IPRP participe, dans un **objectif exclusif de prévention**, à la préservation de la santé et de la sécurité des travailleurs et à l'amélioration des conditions de travail (C. trav., art. R. 4623-27). Il a vocation, par exemple en matière de risque sonore, à concourir à l'évaluation des niveaux de bruit et à leur mesurage, ainsi qu'à l'information et la formation des salariés (C. trav., art. R. 4432-2 et R. 4436-1).

216 Compétences

Dans un souci de pluridisciplinarité, le recours aux IPRP a pour objet d'assurer la mise en œuvre des compétences **médicales, techniques et organisationnelles** nécessaires à la prévention des risques professionnels et à l'amélioration des conditions de travail (C. trav., art. L. 4622-4). La convention liant l'IPRP à l'employeur ne peut

---

1) *Ibid.*

comporter de clauses autorisant l'intervenant à effectuer des actes relevant de la compétence médicale du médecin du travail et des infirmiers placés sous son autorité (C. trav., art. R. 4623-32). S'agissant plus précisément du champ des compétences requises des IPRP, l'accord national interprofessionnel du 13 septembre 2000 sur la santé au travail et la prévention des risques professionnels (art. 1.2) vise les domaines suivants : ergonomie, hygiène du travail, épidémiologie, secourisme, toxicologie industrielle, psychosociologie du travail, acoustique. Le choix de mettre l'accent sur telle ou telle compétence doit dépendre en particulier de la nature et de la gravité des risques identifiés dans l'entreprise, au stade de l'évaluation des risques professionnels [1].

217 Indépendance

L'appel aux compétences des IPRP s'effectue dans des conditions garantissant les règles d'indépendance des professions médicales et des IPRP (C. trav., art. L. 4622-4). Le comité d'entreprise (ou d'établissement) est consulté préalablement avant tout recrutement ou licenciement de la personne employée par l'entreprise en qualité d'IPRP (C. trav., art. R. 4623-33). Si l'IPRP n'est pas salarié, le comité d'entreprise (ou d'établissement) et le CHSCT sont consultés préalablement à la conclusion de la convention avec l'IPRP (C. trav., art. R. 4623-31).

218 Droit d'accès et secret

L'IPRP a accès aux informations relatives aux risques pour la santé et la sécurité des salariés ainsi qu'aux mesures et aux activités de protection et de prévention nécessaires à l'accomplissement de ses missions. Ce droit d'accès s'exerce dans des conditions garantissant le caractère confidentiel des données individuelles, ainsi que la protection des informations couvertes par le secret industriel (C. trav., art. R. 4623-34 et R. 4624-9). Dans ce cadre, l'IPRP peut, notamment, être autorisé à consulter le document unique d'évaluation des risques et avoir connaissance des actions menées ou envisagées par le chef d'entreprise [2]. Ces dispositions ne sauraient porter atteinte au respect du secret médical à l'égard des salariés [3].

219 Collaboration avec le médecin du travail

Les modalités de la collaboration entre l'IPRP et le médecin du travail doivent être définies par le service. Le médecin du travail reçoit communication des informations relatives à la santé au travail recueillies par l'intervenant (C. trav., art. R. 4623-35).

1) Voir ci-dessous, n°s 239 et s.
2) Circ. DRT n° 2004-01, préc., 13 janv. 2004.
3) CE, 20 oct. 2004, n° 258379.

220 Commission médico-technique

Dans un service employant au moins trois médecins du travail, une commission médico-technique formule des propositions relatives aux priorités du service et aux actions à caractère pluridisciplinaire conduites par ses membres (C. trav., art. D. 4622-74 et s.). La commission est réservée aux échanges professionnels entre médecins et IPRP, en présence de l'employeur (service autonome) ou du président du service (service interentreprises). Sa vocation est d'être un lieu de dialogue technique sur les priorités du service et sur la mise en œuvre de l'approche pluridisciplinaire, qui fait appel à des compétences médicales, techniques et organisationnelles [1]. Constituée à la diligence de l'employeur, elle est **composée** de :

- l'employeur (service autonome) ou du président du service (service interentreprises) ;
- des médecins du travail du service ou, s'il y a lieu, de leurs délégués (C. trav., art. R. 4622-19) ;
- des IPRP du service ou, s'il y a lieu, de leurs délégués ;
- si l'entreprise (dotée d'un service autonome de santé au travail) n'a pas d'IPRP en interne [2], la commission est formée des médecins du travail et de l'employeur [3]. Qu'en est-il de la composition de cette commission s'il existe plusieurs IPRP au sein du personnel de l'entreprise ? Les textes prévoient qu'en cas de pluralité d'IPRP dans l'entreprise, ceux-ci élisent leurs délégués à raison d'un titulaire et d'un suppléant pour huit intervenants. Mais ni la présence des IPRP, ni celle de leurs délégués ne sont prévues aux réunions du comité d'entreprise, contrairement à ce qui est édicté à propos des médecins du travail par les articles R. 4623-18 et -19 du Code du travail.

La commission est **consultée**, en temps utile, sur les questions touchant notamment à :

- la mise en œuvre des compétences médicales, techniques et organisationnelles au sein du service ;
- l'équipement du service ;
- l'organisation d'actions en milieu de travail et des examens médicaux (par exemple, pour que la chronologie des études du milieu de travail et des examens médicaux soit optimisée) ;
- l'organisation d'enquêtes et de campagnes.

La commission médico-technique se réunit **au moins trois fois par an**. Elle communique ses conclusions au comité d'entreprise (pour un service autonome) et lui présente, chaque année, l'état de ses réflexions et travaux.

1) Circ. DRT n° 2004-01, préc., 13 janv. 2004.
2) Dans la mesure où le choix est possible entre la pluridisciplinarité interne et la pluridisciplinarité externe, voir ci-dessus.
3) Circ. DRT n° 2004-01, préc., 13 janv. 2004.

§2 Les institutions

Tout employeur doit connaître les attributions respectives de l'État (A), de la sécurité sociale (B) et d'institutions spécialisées (C).

A. - L'État

L'État joue bien entendu un rôle majeur dans la protection de la santé et de la sécurité au travail et ce, à au moins trois niveaux.

221 Réglementation

L'État définit, par voie législative, les principes généraux de prévention des risques professionnels et, plus largement, les grands axes de la politique de protection de la santé et de la sécurité au travail dans l'entreprise. Il détermine, par voie de règlements (décrets et arrêtés), les règles particulières à certains risques professionnels et les modalités de mise en œuvre de la politique de prévention. À cet égard, l'État a une responsabilité première dans la protection de la santé des travailleurs, qui n'est d'ailleurs pas contradictoire avec l'obligation générale de sécurité mise à la charge des employeurs. Ainsi en a jugé le Conseil d'État à propos de l'insuffisance des règles de prévention définies par l'État avant 1997 concernant les risques liés à l'inhalation de poussières d'amiante [1]. « *Si, en application de la législation du travail désormais codifiée à l'article L. 230-2* [art. L. 4121-1 nouveau] *du Code du travail, l'employeur a l'obligation générale d'assurer la sécurité et la protection de la santé des travailleurs placés sous son autorité, **il incombe aux autorités publiques** chargées de la prévention des risques professionnels de se tenir informées des dangers que peuvent courir les travailleurs dans le cadre de leur activité professionnelle, compte tenu notamment des produits et substances qu'ils manipulent ou avec lesquels ils sont en contact, et **d'arrêter**, en l'état des connaissances scientifiques, au besoin à l'aide d'études ou d'enquêtes complémentaires, **les mesures les plus appropriées pour limiter et si possible éliminer ces dangers*** ». En cas d'accident du travail ou de maladie professionnelle causée par l'absence des mesures de prévention nécessaires, **la carence de l'État** dans la définition de ces mesures peut aboutir à ce que sa responsabilité civile soit engagée à l'égard de la victime. L'État peut demander à ce que sa responsabilité soit atténuée au regard des fautes commises par les différents employeurs de la victime [2]. On peut également envisager que l'employeur de la victime, s'il est lui-même condamné, exerce une action récursoire (en partage de responsabilité) à l'encontre de l'État.

1) CE, 3 mars 2004, n° 241153.
2) CE, 13 févr. 2008, n° 29271.

222 Contrôle

L'État veille, au moyen de ses agents de contrôle (inspecteurs et contrôleurs du travail, notamment), à l'application des dispositions du Code du travail et des lois et règlements non codifiés relatifs au régime du travail, ainsi qu'à celles des conventions et accords collectifs de travail, et constate les infractions à ces dispositions.

223 Planification

Au-delà de ce rôle réglementaire et de contrôle, l'État entend jouer un rôle de planification en matière de santé au travail, c'est-à-dire de mobilisation des acteurs publics et privés, au plan national et local, autour d'objectifs pluriannuels. C'est dans cet esprit que, depuis février 2005, le ministère du Travail élabore un plan quinquennal consacré à la santé au travail [1].

LES PRIORITÉS DU PLAN SANTÉ AU TRAVAIL 2010-2014

Des risques prioritaires

- ***Risque chimique***
  - développer les méthodes de mesurage de l'air dans les lieux de travail (extension du champ d'application des valeurs limites d'exposition professionnelle, amélioration des méthodes de mesurage, vérification périodique des installations d'aspiration et de l'efficacité du captage) ;
  - développer la surveillance biologique des expositions ;
  - améliorer les repérages de l'amiante avant travaux ou interventions de maintenance ;
  - poursuivre les actions engagées sur l'incitation et l'aide à la substitution (action 11 PNSE 2, travaux engagés par l'AFSSET dans le cadre de l'action 4.9 du PST1) ;
  - inciter les entreprises, avec l'aide de leur branche, à élaborer des plans pluriannuels de réduction de l'utilisation des principaux CMR de catégorie 1 et 2, assortis d'indicateurs chiffrés ;
  - effectuer des campagnes de contrôle de l'application des réglementations auprès des entreprises en ciblant les cancérogènes les plus utilisés ;
  - conduire des actions de communication sur l'amélioration des connaissances scientifiques et les évolutions réglementaires associées (fibres d'amiante, CMR, produits phytosanitaires) et organiser des séminaires régionaux et nationaux d'information sur la substitution ;

---

1) <www.travail-emploi-sante.gouv.fr/actualite-presse,42/dossiers-de-presse,46/plan-sante-au-travail-2010-2014,11031.html>.

- assurer l'effectivité de la mise en œuvre des dispositions nationales de transposition des règlements Reach et CLP ;
- modifier le décret de 1987 sur les travaux d'application de produits phyto pharmaceutiques ;
- mettre en place d'ici 2015 un Certificat d'aptitude dénommé Certif – phyto visant l'ensemble des professionnels (agricoles ou non) appelés à conseiller, vendre, distribuer ou utiliser des produits phyto-pharmaceutiques (soient environ 900 000 personnes).

▌*Troubles musculo-squelettiques (TMS)*

- inciter chaque entreprise avec l'aide de sa branche à élaborer un « *plan de prévention pluriannuel des TMS* », assorti d'indicateurs chiffrés ;
- renforcer la formation des acteurs de prévention, notamment les IPRP (à envisager avec CRAM, INRS, OPPBTP, ARACT, CCMSA, au niveau régional ou inter-régional) ;
- renforcer la cohérence des actions entre agents de contrôle et préventeurs ;
- poursuivre les actions de communication sur la prévention des TMS.

▌*Risques psychosociaux (RPS)*

- prendre en compte les recommandations de la mission *Lachmann ;*
- mieux connaître les risques psychosociaux et surveiller leur évolution grâce à la mise en place d'indicateurs statistiques nationaux ;
- développer la diffusion des outils d'aide à la prévention des RPS auprès des branches et des entreprises :
  - favoriser la mise en place, avec l'appui de l'ANACT, de l'INRS et des services de santé au travail, d'actions d'information, d'outils de diagnostic et d'indicateurs d'action,
  - construire une recommandation et un guide (à adapter en fonction des branches et des secteurs d'activité),
  - élaborer un appel à projet national DGT, CNAMTS, ANACT à l'égard des branches professionnelles ;
- prendre en compte la prévention des RPS à l'occasion des processus de restructuration des entreprises ;
- assurer et contrôler l'ouverture de négociations sur le stress dans toutes les entreprises de plus de 1 000 salariés ;
- développer la formation des acteurs de l'entreprise sur les RPS en rationalisant l'offre de formation et en constituant une offre nationale avec l'appui de tous les acteurs institutionnels (INRS, CNAMTS, CRAM, INRS, OPPBTP, AFSSET, CCMSA).

- ***Risque routier professionnel***
  - mener à terme les essais permettant le développement de normes européennes ;
  - renforcer les exigences liées à l'usage du véhicule utilitaire léger : dans le Code de la route pour son usage privé et dans le Code du travail pour son usage professionnel ;
  - organiser des actions de formation sur les risques routiers et sur les véhicules utilitaires légers.
- ***Risques émergents (nanotechnologies et risques biologiques)***
  - sur les risques liés aux nanoparticules : poursuivre les travaux concernant l'identification des scénarios d'exposition et la caractérisation des expositions dans le but de développer des outils et des méthodes de métrologie adaptés ;
  - porter au niveau européen la mise en place d'une réglementation destinée à assurer la traçabilité de la présence de substance de taille nanométrique ;
  - renforcer la réglementation nationale en rendant obligatoire leur déclaration de mise sur le marché des substances à l'état nanométrique fabriquées ou importées sur le territoire ;
  - définir des pistes d'amélioration de l'information des travailleurs susceptibles d'être concernés par une exposition à des déchets contenant des particules de taille nanométrique ;
  - sur les biotechnologies : développer des méthodes et outils spécifiques d'évaluation des risques et des expositions ;
  - sur les risques toxiniques liés aux toxines secrétées par les moisissures ou bactéries :
    - renforcer les travaux dans le développement de méthodes de prélèvements et d'analyses permettant d'évaluer les risques générés par ces toxines dont certaines sont classées cancérogènes par le CIRC.

Des secteurs prioritaires

- ***Secteur du bâtiment et du génie civil***
  - intégrer l'explicitation obligatoire des lots santé et sécurité au travail dans le code des marchés ;
  - sensibiliser les maîtres d'ouvrage sur les obligations de coordination de conception ;
  - renforcer l'action de contrôle en matière de chutes de hauteur.

- ***Secteur agricole et forestier***
  - introduire dans le code rural des règles d'organisation des chantiers forestiers en sécurité ;
  - développer un « *permis de grimper en sécurité* ».
- ***Secteur des services à la personne***
  - travailler avec les branches professionnelles sur des mesures de prévention adaptées aux publics visés ;
  - assurer un meilleur suivi médical des populations concernées (dans le cadre de la réforme des services de santé au travail).

Des publics prioritaires

- ***Seniors***
  - participer à la mise œuvre du « *plan national d'action concerté pour l'emploi des seniors* » et au programme 6 de la COG ;
  - systématiser le recours à une visite de pré-reprise auprès du médecin du travail ;
  - renforcer l'acquis des médecins du travail sur les outils de maintien dans l'emploi par une formation ou information adaptées.
- ***Nouveaux embauchés :***
  - mener les études permettant d'identifier les déterminants de la sur-accidentabilité des nouveaux embauchés (travailleurs temporaires, travailleurs en CDD, jeunes) pendant la première année d'occupation des postes ;
  - moderniser la réglementation pour les jeunes au travail afin de leur permettre de poursuivre dans les meilleures conditions leur formation professionnelle quel que soit leur statut tout en bénéficiant d'un haut niveau de sécurité ;
  - organiser des campagnes de contrôle sur les conditions de sécurité des jeunes en formation.
- ***Saisonniers***
  - améliorer la prévention des risques liés aux expositions professionnelles des saisonniers agricoles aux produits phytosanitaires (action n° 12 PNSE 2) ;
  - renforcer le contrôle des travaux interdits aux CDD et ETT.
- ***Artisans et travailleurs indépendants***
  - mettre en place un programme de prévention des risques professionnels.
- ***Fonctions publiques***
  - assurer des suivis comparatifs avec les statistiques AT/MP de la fonction publique ;

- mettre en œuvre l'accord *« santé et sécurité au travail dans la fonction publique »* du 20 novembre 2009 (notamment : évolution des instances et rénovation du rôle des acteurs compétents ; évaluation et prévention des risques CMR, TMS et RPS ; formation des agents de la fonction publique ; meilleur accompagnement des atteintes à la santé).

224 Ministères concernés

Les questions de santé et de sécurité au travail ou de prévention des risques professionnels relèvent de la compétence du **ministre chargé du Travail** et des inspecteurs du travail, ou suivant le type d'activité de l'établissement d'autres corps de fonctionnaires placés sous le contrôle du ministre du Travail ou encore, plus exceptionnellement, d'autres ministres, tels que ceux chargés des Mines ou de la Défense (C. trav., art. R. 8111-1 et s.). Deux décrets n°s 2008-1503 et 2008-1510 du 30 décembre 2008 ont regroupé auprès du ministère du Travail les anciens services d'inspection du travail des transports, des lois sociales en agriculture et du travail maritime. On a vu néanmoins que la réglementation en matière de prévention des risques professionnels ne se limite pas au champ du Code du travail, et qu'elle sollicite également les dispositions du Code de la santé publique, du Code de l'environnement, etc. [1] L'ensemble des ministères concernés (santé, environnement, agriculture, consommation, etc.) a donc vocation à être impliqué dans les politiques publiques en matière de protection de la santé et de la sécurité au travail.

225 Inspecteur du travail

S'il contribue notamment à la prévention des risques professionnels ainsi qu'à l'amélioration des conditions de travail et des relations sociales (C. trav., art. R. 8112-1), l'inspecteur du travail a une compétence plus générale en matière de réglementation du travail. Dans ce cadre, il est chargé (C. trav., art. L. 8112-1) :

- de **veiller à l'application des dispositions** du Code du travail et des autres dispositions légales relatives au régime du travail, ainsi qu'aux stipulations des conventions et accords collectifs de travail ;
- de **constater les infractions** à ces dispositions (concurremment avec les agents et officiers de police judiciaire), ainsi qu'autres dispositions, et notamment :
  - les dispositions générales de prévention ayant fait l'objet d'une extension par arrêté à l'initiative de la CNAM-TS (CSS, art. L. 422-1) [2],

1) Voir ci-dessus, n° 15.
2) Voir ci-dessus, n° 17.

- les dispositions du Code de la sécurité sociale relatives à la déclaration des accidents du travail et à la remise d'une feuille d'accident (CSS, art. L. 441-2 et L. 441-5),
- les dispositions du Code de la santé publique relatives à la lutte contre le tabagisme (C. santé publ. art. L. 3511-7).

Il constate les infractions par des **procès-verbaux** qui font foi jusqu'à preuve du contraire. Ces procès-verbaux sont dressés en double exemplaire dont l'un est envoyé au préfet du département et l'autre est déposé au Parquet (C. trav., art. L. 8113-7), lequel décide de l'opportunité ou non de poursuites pénales [1].

L'inspecteur du travail jouit, en matière de santé et de sécurité, de la plénitude des **pouvoirs** qui lui sont accordés de façon générale, aux fins de contrôler l'application de la réglementation du travail (C. trav., art. L. 8113-1 et s.). Quiconque met obstacle à l'accomplissement des devoirs d'un inspecteur ou d'un contrôleur du travail commet un délit passible d'un emprisonnement d'un an et/ou de 3 750 euros d'amende (C. trav., art. L. 8114-1). L'inspecteur peut **entrer** dans tous établissements soumis à la réglementation du travail, à l'effet d'y assurer la surveillance et les enquêtes dont il est chargé ; toutefois, lorsque les travaux sont exécutés dans des locaux habités, il ne peut y pénétrer qu'après avoir reçu l'autorisation des personnes qui les occupent. Il a qualité pour procéder, aux fins d'analyse, à tous **prélèvements** portant sur les matières mises en œuvre et les produits distribués ou utilisés. Il peut se faire présenter, au cours de ses visites, l'ensemble des **livres, registres et documents** rendus obligatoires par le Code du travail ou par une disposition de loi ou de règlement relative au régime du travail [2]. Le défaut de présentation de ces documents est une contravention de troisième classe (C. trav., art. R. 3173-3). L'inspecteur peut exiger le retrait ou la modification de dispositions du **règlement intérieur**, de notes de services, etc. contraires à la loi ou aux droits et libertés des salariés (C. trav., art. L. 1322-1 et L. 1321-3).

L'inspecteur du travail bénéficie de **pouvoirs supplémentaires en matière de santé et de sécurité**, en particulier en cas de situation de danger grave et imminent, celui de prendre une décision d'arrêt temporaire des travaux, ou de saisir le juge des référés afin de voir ordonner des mesures de prévention pouvant aller jusqu'à l'arrêt temporaire des travaux [3].

L'inspecteur du travail a même un pouvoir décisionnel dans certains domaines (liste non exhaustive) :

– conditions d'embauche des personnels infirmiers [4] ;

1) Voir ci-dessus, n° 106.
2) Voir ci-dessous, n°s 247 et s.
3) Voir ci-dessous, n°s 365 et s.
4) Voir ci-dessus, n° 152.

- nomination, licenciement ou changement d'affectation d'un médecin du travail [1] ;
- recours exercé contre les avis médicaux du médecin du travail [2] ;
- diverses dérogations : lieu des examens médicaux (C. trav., art. R. 241-54), durée maximale quotidienne et hebdomadaire de travail des apprentis et des jeunes travailleurs de moins de 18 ans (C. trav., art. L. 6222-25 et L. 3162-2), aménagement des installations sanitaires (C. trav., art. R. 4228-16 C. trav.), etc.

L'inspecteur du travail est tenu au **secret professionnel**. Il prête serment de ne pas révéler les secrets de fabrication et, en général, les procédés d'exploitation dont il pourrait prendre connaissance dans l'exercice de ses fonctions (C. trav., art. L. 8113-10 et -11 et C. pén., art. 226-13).

226 Directeur de la DIRECCTE

Un décret n° 2009-1377 du 10 novembre 2009 a créé des *« Directions régionales des entreprises, de la concurrence, de la consommation, du travail et de l'emploi »* (DIRECCTE), services déconcentrés *communs* au ministère de l'Économie, de l'Industrie et de l'Emploi et au ministère du Travail, des Relations sociales, de la Famille, de la Solidarité et de la Ville. Depuis le 1er juillet 2010, les DIRECCTE se sont ainsi substituées aux directions régionales du travail, de l'emploi et de la formation professionnelle (DRTEFP), aux directions départementales du travail, de l'emploi et de la formation professionnelle (DDTEFP), mais aussi aux directions régionales de la concurrence, de la consommation et de la répression des fraudes, aux directions régionales du commerce extérieur, aux délégations régionales au tourisme. Chaque DIRECCTE comprend un pôle *« politique du travail »*, chargé de la politique du travail et des actions d'inspection de la législation du travail. Elles comprennent également des unités territoriales, comportant elles-mêmes des sections d'inspection du travail. Pour l'exercice des compétences en matière d'actions d'inspection de la législation du travail, le directeur de la DIRECCTE peut déléguer sa signature au chef du pôle *« travail »* et aux responsables d'unités territoriales. Le directeur de la DIRECCTE (anciennement, le directeur départemental du travail) peut intervenir, sur le rapport de l'inspecteur du travail, pour mettre en demeure le chef d'entreprise de remédier à certaines situations de risque qui ne sont pas prévues par les textes en vigueur [3]. Il a aussi compétence en matière d'agrément des services de santé au travail et à l'égard des mesures de prévention prises par la CARSAT [4], outre certaines compétences spécifiques (par exemple, prévention des incendies, C. trav., art. R. 4227-55).

---

1) Voir ci-dessus, n° 208.
2) Voir ci-dessous, nos 308 et s.
3) Voir ci-dessus, n° 108.
4) Voir ci-dessus, nos 17, 23, 229.

227 Médecin inspecteur régional du travail

Le médecin-inspecteur régional du travail et de la main-d'œuvre (C. trav., art. L. 8123-1 et s.), rattaché à la DIRECCTE, exerce une action permanente en vue de la protection de la santé physique et mentale des salariés au lieu de leur travail et participe à la veille sanitaire au bénéfice des salariés. Il agit en liaison avec les inspecteurs du travail et coopère avec eux à l'application de la réglementation relative à la santé au travail. Il dispose des mêmes pouvoirs et a les mêmes obligations que les inspecteurs du travail, à l'exception du pouvoir de dresser procès-verbal et mise en demeure. En vue de la prévention des affections professionnelles, il est autorisé à faire, aux fins d'analyse, tous prélèvements portant notamment sur les matières mises en œuvre et les produits utilisés. Son action porte en particulier sur l'organisation et le fonctionnement des services de santé au travail. Lorsque l'inspecteur du travail est saisi d'une contestation relative à l'avis d'un médecin du travail, les textes prévoient que la décision de l'inspecteur est rendue après avis du médecin-inspecteur régional du travail [(1)].

228 Médecin conseil et ingénieur conseil, ingénieur de prévention, cellule pluridisciplinaire

Les DIRECCTE doivent se doter de cellules régionales d'appui pluridisciplinaires composées d'ingénieurs de prévention, de médecins et de directeurs adjoints du travail, pour assurer, dans le champ de la santé et de la sécurité au travail, un appui scientifique, technique et méthodologique aux agents de contrôle de l'inspection du travail dans leurs missions de contrôle et de diffusion de la culture de prévention sur les lieux de travail [(2)]. Cet appui se concrétise, notamment, par l'accompagnement des agents dans certaines visites. Le ministre du travail peut charger (C. trav., art. L. 8123-6) des **médecins** et des **ingénieurs** de missions spéciales temporaires concernant l'application des dispositions relatives à la santé et la sécurité des travailleurs. Le médecin-conseil et l'ingénieur-conseil de l'inspection du travail jouissent, pour l'exécution de ces missions, des droits attribués aux inspecteurs. De même, lorsque l'ingénieur de prévention de la DIRECCTE assure un appui technique à l'inspecteur du travail dans ses contrôles, enquêtes et missions, il jouit à ce titre du droit d'entrée et du droit de prélèvement et du droit se faire présenter les registres et documents obligatoires, lorsqu'ils concernent la santé, la sécurité et les conditions de travail. Le médecin-conseil et l'ingénieur-conseil sont tenus de ne pas révéler les secrets de fabrication et, en général, les procédés d'exploitation dont ils pourraient prendre connaissance dans l'exercice de leurs fonctions (C. trav., art. L. 8123-4 et -5).

---

1) Voir ci-dessous, n°s 308 et s.

2) Plan national santé au travail 2005-2009, objectif 2.1.

B. - La sécurité sociale

229 À l'exemple de l'État, les organismes de sécurité sociale jouent un rôle à la fois majeur et diversifié en matière de prévention des risques professionnels. Dans le cadre du régime général, ces organismes assument, comme nous l'avons vu, différentes missions [1] :

- ils peuvent, dans une certaine mesure, **déterminer des règles** particulières à certains risques professionnels, et inviter individuellement l'employeur à prendre toutes mesures justifiées de prévention ;
- ils veillent, au moyen de leurs agents de contrôle (ingénieurs-conseils et contrôleurs de sécurité), à **l'application des règles** qu'elles définissent et des mesures qu'elles préconisent, et peuvent solliciter l'intervention des agents de contrôle de l'État aux fins de constater les infractions aux dispositions des lois et règlements, mais également prononcer elles-mêmes des sanctions financières à l'égard des employeurs ;
- ils assurent le **financement de la branche AT/MP** et gèrent à ce titre différents dispositifs dont la vocation est d'inciter les employeurs à la prévention des risques professionnels :
  - un dispositif général de tarification des cotisations patronales,
  - un dispositif de cotisations supplémentaires et de ristournes sur cotisations,
  - un dispositif d'avances et de subventions.

230 Les CARSAT peuvent faire procéder à toutes enquêtes qu'elles jugent utiles en ce qui concerne les conditions de santé et de sécurité (CSS, art. L. 422-3 et R. 421-13). Ces enquêtes sont effectuées par **les ingénieurs-conseils et les contrôleurs de sécurité** accrédités par la CARSAT, agents que les employeurs sont *« tenus de recevoir »* (CSS, art. L. 243-11 et R. 422-4) [2]. Avant d'entrer en fonction, les ingénieurs-conseils et les contrôleurs de sécurité prêtent, devant le juge d'instance, serment de ne rien révéler des secrets de fabrication et, en général, des procédés et résultats d'exploitation dont ils pourraient avoir connaissance (CSS, art. L. 422-3). Les textes prévoient néanmoins l'échange d'informations entre les services de la CARSAT et les services de l'inspection du travail et de l'inspection médicale du travail. Le secret auquel sont tenus les ingénieurs-conseils et contrôleurs de sécurité ne fait pas obstacle en lui-même à la communication à la victime ou à ses ayants droit (en cas d'action en réparation fondée sur la faute inexcusable de l'employeur) des rapports établis par ces ingénieurs-conseils et contrôleurs de sécurité [3].

---

1) Voir ci-dessus, n°s 17, 73.
2) Arr. 23 juill. 1997, JO 1er août.
3) CE, 20 nov. 1995, n° 119944.

C. - *Les institutions spécialisées*

231 Conseil d'orientation sur les conditions de travail (COCT) [1]

Par décret n° 2008-1217 du 25 novembre 2008, un Conseil d'orientation sur les conditions de travail a été institué en remplacement du Conseil supérieur de la prévention des risques professionnels ainsi que de la Commission nationale d'hygiène et de sécurité du travail en agriculture (C. trav., art. R. 4641-1 et s.). Le COCT est une autorité placée auprès du ministre chargé du travail, qui participe à l'élaboration de la politique nationale de prévention des risques professionnels et d'amélioration des conditions de travail. Il émet un avis sur les projets d'orientation des politiques publiques ainsi que sur les projets de lois, de décrets, d'arrêtés et d'instruments internationaux (C. trav., art. R. 4641-1 et -2). Il formule également des recommandations et des propositions d'orientation. Il est désormais assisté d'un **Observatoire de la pénibilité** [2].

232 Comités régionaux de prévention des risques professionnels

Selon les orientations du Plan national santé au travail (2005-2009 : objectif 3.3 ; 2010-2014 : objectif 4.1), la politique pilotée au plan national par le COCT, doit être relayée et complétée au plan local par des instances régionales. Ainsi ont été créés en 2007 les comités régionaux de prévention des risques professionnels (C. trav., art. R. 4641-30) [3]. Organisme consultatif placé auprès du préfet de région, le comité participe à la définition du volet régional de la politique de protection de la santé et de la sécurité au travail et d'amélioration des conditions de travail. À cette fin, il participe à l'élaboration et à l'actualisation de diagnostics territoriaux portant sur les conditions de travail et la prévention des risques professionnels. Il est consulté sur le plan régional de la santé au travail, qui fixe à l'échelle régionale des objectifs, actions et moyens en matière d'amélioration de la sécurité et de la santé au travail.

233 ANACT [4] et ARACT

L'Agence pour l'amélioration des conditions de travail (ANACT) a notamment pour mission d'appuyer les démarches d'entreprises en matière d'évaluation et de prévention des risques professionnels et d'apporter un appui méthodologique en vue de favoriser une diminution de l'exposition des salariés aux risques par une approche organisationnelle (C. trav., art. L. 4642-1). Pour susciter et encourager le développement d'opérations et d'expériences dans les entreprises, l'agence fournit à ces dernières des informations et leur donne la possibilité de consulter des experts (C. trav., art. R. 4642-1 et

1) <www.travailler-mieux.gouv.fr/Conseil-d-Orientation-sur-les.html>.

2) Voir ci-dessus, n° 41.

3) Circ. DGT n° 2007/09, 8 août 2007. Consultable notamment sur : <www.travail-emploi-sante.gouv.fr/publications/picts/bo/30092007/TRE_20070009_0110_0004.pdf>.

4) <www.anact.fr>.

-2). L'agence coordonne, au niveau régional, l'action d'associations régionales pour l'amélioration des conditions de travail (ARACT) auxquelles elle apporte son concours (C. trav., art. R. 4642-23 et s.).

234 ANSES (ex-AFSSET) [1]

L'Agence nationale chargée de la sécurité sanitaire de l'alimentation, de l'environnement et du travail (C. santé publ., art. L. 1313-1 et s., R. 1313-1 et s.) a pour mission, dans son champ de compétence, de réaliser l'évaluation des risques, de fournir aux autorités compétentes toutes les informations sur ces risques ainsi que l'expertise et l'appui scientifique et technique nécessaires à l'élaboration des dispositions législatives et réglementaires et à la mise en œuvre des mesures de gestion des risques. S'agissant de ses rapports avec les entreprises, l'Agence a un droit d'accès aux informations nécessaires à l'exercice de ses missions, qu'elle peut opposer à toute personne physique ou morale dans des conditions préservant la confidentialité des données à l'égard des tiers, et sans que puisse lui être opposé le secret médical ou le secret en matière commerciale et industrielle. Elle doit contribuer à l'information, à la formation et à la diffusion d'une documentation scientifique et technique et au débat public sur la sécurité sanitaire liée à l'environnement et au travail.

235 OPPBTP [2]

Les dispositions du Code du travail prévoient la création d'*« organismes professionnels d'hygiène, de sécurité et des conditions de travail »*, dans les branches d'activité présentant des risques particuliers (art. L. 4643-1 et s.). C'est ainsi qu'a été créé l'Organisme professionnel de prévention du bâtiment et des travaux publics (OPPBTP) par le décret n° 85-682 du 4 juillet 1985 (voir désormais C. trav., art. R. 4643-2 et s.). Les établissements tenus de constituer un CHSCT ne sont pas exonérés de l'obligation d'adhérer à l'organisme professionnel créé dans la branche d'activité dont ils relèvent. Ces organismes, qui doivent associer les représentants des organisations professionnelles d'employeurs et de salariés les plus représentatives et dont l'activité est coordonnée par l'ANACT, sont chargés notamment de promouvoir la formation à la sécurité, déterminer les causes techniques des risques professionnels, susciter les initiatives professionnelles en matière de prévention, proposer aux pouvoirs publics toutes mesures dont l'expérience aura fait apparaître l'utilité.

1) <www.afsset.fr/index_2010.php>.
2) <www.oppbtp.fr>.

236 INRS, Eurogip [1]

D'autres organismes spécialisés en matière de prévention des risques professionnels ont été créés à l'initiative des organismes de sécurité sociale :

- l'Institut national de recherche et de sécurité (INRS [2]), association *« loi 1901 »* créée en 1947 sous l'égide de la CNAM-TS, dont la mission est de conduire des programmes d'études et recherches, de concevoir des produits d'information et d'accompagner les démarches de prévention (assistante technique, formation, etc.). Le site de l'INRS comporte de très nombreuses informations utiles ;
- *Eurogip*, groupe d'intérêt public créé en 1991 au sein de la sécurité sociale française, constitué par la CNAM-TS et l'INRS, dont les activités s'articulent autour de cinq pôles (enquêtes, projets, information-communication, normalisation et coordination des organismes notifiés) ayant pour dénominateur commun la prévention ou l'assurance des accidents du travail et des maladies professionnelles en Europe.

1) <www.eurogip.fr/fr>.
2) www.inrs.fr.

Chapitre 2

Les axes de la politique de prévention

237 Aux termes des dispositions générales du Code du travail, l'employeur doit prendre les mesures nécessaires pour assurer la sécurité et protéger la santé physique et mentale des travailleurs (C. trav., art. L. 4121-1). Les mesures que l'employeur doit mettre en œuvre à cette fin comprennent des actions de prévention des risques professionnels, d'information et de formation ainsi que la mise en place d'une organisation et de moyens adaptés ; l'employeur doit veiller à l'adaptation de ces mesures pour tenir compte du changement des circonstances et tendre à l'amélioration des situations existantes (C. trav., art. L. 4121-1).

Au-delà des problèmes de terminologie (par exemple : l'information sur les risques n'est-elle pas une action de prévention ?), il convient de rappeler que l'objectif assigné par le droit à l'employeur est bien la **prévention** des risques professionnels, auquel le droit associe un certain nombre de **moyens**, que l'on peut décliner en :

- **principes d'action** : les principes généraux de prévention des risques professionnels ;
- **mesures techniques de prévention** : homologation des équipements, choix des produits, isolations sonores, utilisation d'équipements de protection individuelle (EPI) etc. ;
- **mesures organisationnelles de prévention** : évaluation, information, formation, délégation, etc. ;
- **outils de prévention** : document unique, plan de prévention, etc.

Il résulte de ces dispositions que la politique de prévention des risques professionnels repose nécessairement sur **différents axes** (dont tous doivent être mobilisés) et qu'elle doit être **évolutive** (elle doit générer elle-même le renouvellement des moyens de prévention).

Ainsi, toute entreprise qui prétend mettre en œuvre une politique visant à la protection de la santé et de la sécurité des travailleurs doit, pour répondre à cet objectif, se doter d'**un ensemble organisé de moyens** (évaluation, concertation, formation, etc.) destinés à permettre de prévenir les risques professionnels. Ces moyens seront pour une partie la transposition des prescriptions législatives et réglementaires, pour l'autre le fruit d'une réflexion menée par l'entreprise en dehors de tout texte spécifique, et devront donc évoluer en fonction de l'évolution du contexte réglementaire mais aussi des connaissances des risques propres à l'entreprise.

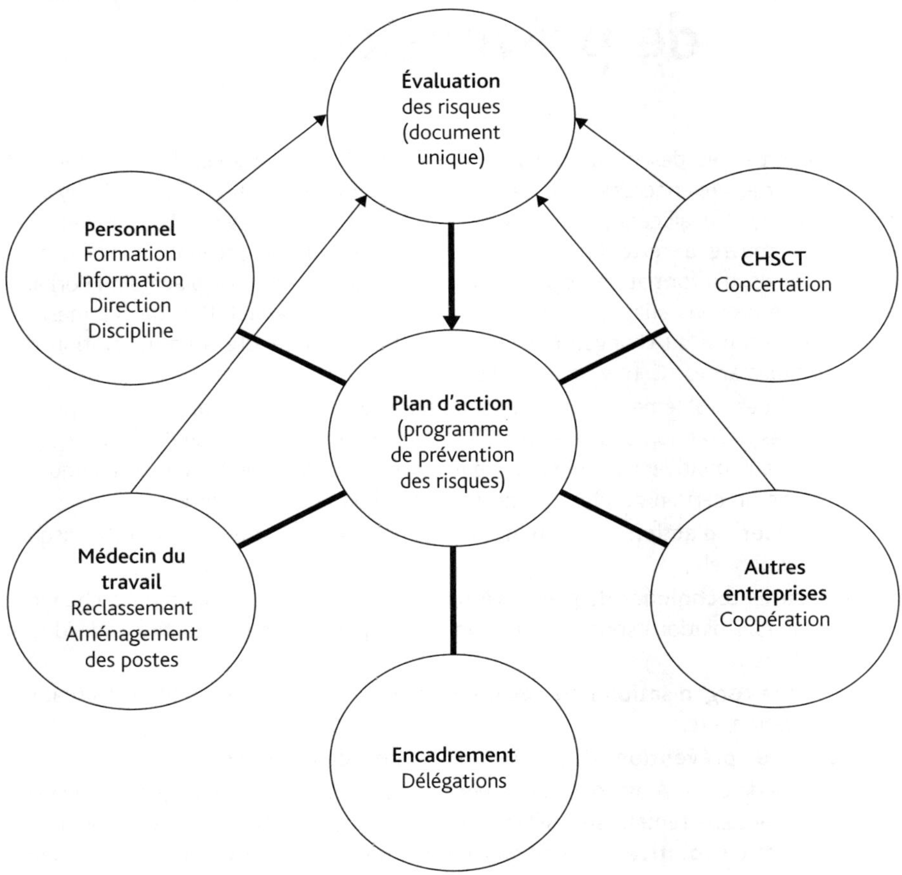

SECTION I L'évaluation des risques

238 Obligation de l'employeur

Depuis longtemps, la jurisprudence admet que l'employeur ne peut pas, en cas d'accident ou de maladie liés au travail, s'exonérer de sa responsabilité au seul motif qu'il ignorait l'existence du risque avant qu'il se réalise : encore faut-il déterminer si l'employeur aurait pu (et donc dû) avoir conscience de ce risque [1]. **L'ignorance peut être fautive**. Cela ne signifie pas que l'employeur ne puisse pas légitimement méconnaître ou mal estimer certains risques professionnels. Simplement, le caractère légitime de cette méconnaissance sera apprécié au cas par cas, en fonction de la qualité du **travail d'évaluation** effectué dans l'entreprise. Plus la qualité de l'évaluation est grande, plus l'employeur est en droit d'invoquer, le cas échéant, son ignorance à l'égard de tel ou tel risque.

À cet égard, le principe d'évaluation des risques est sans doute **le plus fondamental des principes généraux de prévention des risques professionnels** énoncés par l'article L. 4121-2 du Code du travail [2] : *« 1° éviter les risques ; 2° évaluer les risques qui ne peuvent pas être évités, etc. »*. Selon l'administration, l'évaluation *a priori* des risques constitue un des principaux leviers de progrès de la démarche de prévention des risques professionnels au sein de l'entreprise, *« sous la forme d'un diagnostic en amont – systématique et exhaustif – des facteurs de risques »* auxquels les salariés peuvent être exposés ; dans cette perspective, en reposant sur une approche globale et pluridisciplinaire, c'est-à-dire à la fois technique, médicale et organisationnelle, la démarche d'évaluation doit permettre de comprendre et de traiter l'ensemble des risques professionnels [3]. La notion de pluridisciplinarité renvoie ici directement à l'action des services de santé au travail, par le biais des médecins du travail et des intervenants en prévention des risques professionnels (IPRP) [4].

Selon les textes, l'employeur doit, compte tenu de la nature des activités de l'établissement, évaluer les risques pour la sécurité et la santé des travailleurs (C. trav., art. L. 4121-3), y compris dans : le choix des procédés de fabrication, des équipements de travail, des substances ou préparations chimiques ; l'aménagement ou le réaménagement des lieux de travail ou des installations ; la définition des postes de travail. À la suite de cette évaluation, les actions de prévention ainsi que les méthodes de travail et de production mises en œuvre par l'employeur doivent garantir un meilleur

1) Voir ci-dessus, n° 90.
2) Voir ci-dessus, n° 22.
3) Circ. DRT n° 2002-06, 18 avr. 2002. Consultable notamment sur : <www.circulaires.gouv.fr>.
4) IPRP, voir ci-dessus, n° 22.

niveau de protection de la sécurité et de la santé des travailleurs et être intégrées dans l'ensemble des activités de l'établissement et à tous les niveaux de l'encadrement.

L'obligation **générale** d'évaluation des risques professionnels, qui se manifeste par l'élaboration d'un document unique [1], est également déclinée dans de nombreuses dispositions législatives et réglementaires spécifiques correspondant soit à un type de danger, d'agents ou produits dangereux (amiante, bruit, risque biologique, chimique, cancérogène, etc.), soit à un type d'activité (manutention des charges, bâtiment-travaux publics, co-activité, etc.).

Par exemple (liste non exhaustive) les risques :

- liés aux situations de coactivité (C. trav., art. R. 4512-2 et s.) [2] ;
- liés à la manutention de charges (C. trav., art. R. 4541-5) ;
- liés au bruit (C. trav., art. R. 4431-1) ;
- liés aux écrans de visualisation (C. trav., art. R. 4542-3) ;
- chimiques (C. trav., art. R. 4412-5) ;
- cancérigènes (C. trav., art. R. 4412-61) ;
- biologiques (C. trav., art. R. 4423-1) ;
- liés aux vibrations mécaniques (C. trav., art. R. 4444-1).

§1 Le document unique

239 L'évaluation des risques professionnels dans l'entreprise se manifeste concrètement par l'élaboration d'un document dit *« unique »* (C. trav., art. R. 4121-1). Selon les dispositions du Code du travail, l'employeur doit transcrire et mettre à jour dans le document unique les résultats de l'évaluation des risques pour la santé et la sécurité des travailleurs. Cette évaluation comporte un inventaire des risques identifiés dans chaque unité de travail de l'entreprise ou de l'établissement, y compris ceux liés aux ambiances thermiques.

240 Unité de travail

L'évaluation porte sur chaque *« unité de travail »*. Cette condition ne signifie pas qu'il faille exclure l'évaluation des risques liés aux postes isolés. La notion d'unité de travail exprime plutôt une **exigence de précision dans l'évaluation des risques**. Ainsi, l'employeur :

- ne doit pas se contenter d'une évaluation globale *« tous postes »* : il lui faut affiner l'évaluation en distinguant différentes unités regroupant plusieurs types de postes ;

1) Voir ci-dessous, n°s 239 et s.
2) Voir ci-dessous, n°s 336 et s.

– mais il n'a pas nécessairement à procéder à une évaluation pour chaque type de poste. Les regroupements de postes par unité permettent de circonscrire l'évaluation des risques professionnels. Néanmoins, selon l'administration (1), les regroupements ne doivent pas occulter les particularités de certaines expositions individuelles. Il est donc préférable, en pratique, de procéder à une évaluation par type de poste...

En tout état de cause, la **notion d'unité de travail** doit être comprise au sens large, afin de recouvrir des situations très diverses d'organisation du travail. Son champ peut s'étendre d'un poste de travail, à plusieurs types de postes occupés par les travailleurs ou à des situations de travail présentant les mêmes caractéristiques. D'un point de vue géographique, l'unité de travail ne se limite pas forcément à une activité fixe, mais peut aussi bien couvrir des lieux différents (manutention, chantiers, transports, etc.). Même si cela n'est prévu par aucun texte, le découpage fonctionnel du site par unité de travail devrait être réalisé à l'occasion d'une réunion du CHSCT.

241 Forme

Les textes ne précisent pas la forme du document, sinon en exigeant qu'il s'agisse d'un document... unique. Ceci répond à des exigences de cohérence, de commodité et de traçabilité (2). L'administration en déduit l'obligation de :

– regrouper sur un seul support, les données issues de l'analyse des risques professionnels auxquels sont exposés les travailleurs ;
– réunir sur un même document les résultats des différentes analyses des risques réalisées sous la responsabilité de l'employeur ;
– reporter de façon systématique des résultats de l'évaluation des risques, afin que l'ensemble des éléments analysés figure sur un support.

Le support peut être **écrit ou numérique**. Dans tous les cas, la forme du support doit être de nature à garantir l'authenticité de l'évaluation. Pour tout support comportant des informations nominatives, l'employeur doit procéder à une déclaration auprès de la CNIL.

242 Contenu

Le document unique comporte un inventaire des risques identifiés dans chaque unité de travail de l'entreprise ou de l'établissement. Les textes ne définissent pas davantage le contenu du document unique. L'administration n'a pas cherché à pallier cette absence, par la circulaire DRT n° 2002-06 du 18 avril 2002, qui ne vise qu'à fournir des éléments de droit et de méthode utiles pour promouvoir cet outil et en faciliter la

---

1) Circ. DRT n° 2002-06, 18 avr. 2002, préc.
2) *Ibid.*

compréhension. Néanmoins, la notion d'inventaire conduirait à définir l'évaluation des risques, par unité de travail [1], en deux étapes :

– identifier les **dangers** (c'est-à-dire tout ce qui peut causer un dommage pour la santé : équipement, substance, méthode de travail, etc.) ;
– analyser les **facteurs de risques** (c'est-à-dire tout ce qui peut jouer un rôle dans l'exposition au danger, sans pouvoir être identifiés comme un danger en soi : par exemple le rôle du rythme de travail dans l'exposition au danger lié à l'utilisation d'un équipement donné) [2].

Ainsi, l'évaluation des risques ne se réduit **pas à un relevé brut** de données, mais constitue un véritable travail d'analyse des modalités d'exposition des travailleurs à des dangers ou à des facteurs des risques. La compilation des documents établis par le médecin du travail (fiche d'entreprise), le CHSCT, les fabricants de produits (fiches de données de sécurité), etc. ne constitue pas en tant que telle une évaluation des risques. Il ne s'agit que de **sources d'informations** utiles à l'analyse des risques réalisée par l'employeur [3]. L'évaluation des risques doit accorder une place aux **risques organisationnels** (le rôle de l'organisation du travail dans l'exposition aux dangers) et **psychosociaux** (stress, souffrance mentale, harcèlement moral) [4].

243 Mise à jour

Le document unique doit impérativement être actualisé de façon régulière. En tout état de cause, il doit être mis à jour :

– au minimum **chaque année** ;
– lors de toute **décision d'aménagement important** modifiant les conditions d'hygiène et de sécurité ou les conditions de travail (C. trav., art. L. 4612-8), et notamment toute transformation importante des postes de travail découlant de la modification de l'outillage, d'un changement de produit ou de l'organisation du travail, et toute modification des cadences et des normes de productivité liées ou non à la rémunération du travail ;
– lorsqu'une **information supplémentaire** concernant l'évaluation d'un risque dans une unité de travail est recueillie (progrès des connaissances scientifiques et techniques, survenue d'accidents du travail ou de maladies à caractère professionnel, évolution des règles de prévention, etc.).

En outre, l'évaluation des risques est réalisée lors (C. trav., art. L. 4121-3) :

– du choix des procédés de fabrication, des équipements de travail, des substances et préparations ;

1) Voir ci-dessus.
2) Voir introduction, n°s 27 et s.
3) Voir ci-dessous, n°s 247 et s.
4) Voir ci-dessus, n°s 31 et s., 377, 378.

– de l'aménagement des lieux de travail ;
– de la définition des postes de travail.

244 Accès

Depuis le décret n° 2008-1347 du 17 décembre 2008, l'accès au document unique est désormais ouvert à tout travailleur de l'entreprise. Ainsi, le document est tenu à la disposition (C. trav., art. R. 4121-4) :

1 - des travailleurs ;
2 - des membres du CHSCT ou des instances qui en tiennent lieu ;
3 - des délégués du personnel ;
4 - du médecin du travail ;
5 - des agents de l'inspection du travail ;
6 - des agents des services de prévention des organismes de sécurité sociale ;
7 - des agents des organismes professionnels de santé, de sécurité et des conditions de travail (exemple : OPPBTP) ;
8 - des inspecteurs de la radioprotection (C. santé publ., art. L. 1333-17 et -18).

Un **avis** indiquant les modalités d'accès des travailleurs au document unique est **affiché** à une place convenable et aisément accessible dans les lieux de travail. Dans les entreprises ou établissements dotés d'un règlement intérieur, cet avis est affiché au même emplacement que celui réservé au règlement intérieur. L'employeur doit veiller à ce que ces personnes puissent accéder directement aux résultats de l'évaluation des risques (par voie numérique ou sous la forme d'un support papier) [1].

245 Démarche de prévention

L'obligation de transcrire dans un document unique les résultats de l'évaluation des risques n'est pas qu'une obligation matérielle, ni l'évaluation des risques une fin en soi. Elle représente la première étape de la démarche générale de prévention dans l'entreprise. Selon l'administration, **la finalité** du document n'est nullement de justifier l'existence d'un risque, quel qu'il soit, mais, bien au contraire, de mettre en œuvre des mesures effectives, visant à l'élimination des risques, conformément aux principes généraux de prévention [2]. Cette remarque est importante, en ce qu'elle démontre que, selon l'administration, l'identification d'un risque dans le document unique ne constitue, de la part de l'employeur :

– ni la reconnaissance du caractère normal du risque identifié et évalué (tout risque a vocation à être prévenu ou limité) ;
– ni l'engagement de garantir que le risque identifié et évalué ne se réalisera jamais (le *« zéro risque »* n'existe pas).

---

1) Circ. DRT n° 2002-06, 18 avr. 2002, préc.
2) Circ. DRT n° 2002-06, 18 avr. 2002, préc.

Le document unique est plutôt le support à partir duquel l'employeur doit justifier des mesures de prévention qu'il estime nécessaire de prendre dans l'entreprise, en définissant nécessairement des priorités (en particulier à partir de la gravité respective des risques identifiés), un échelonnement des mesures à prendre, etc. C'est sur cette base qu'il peut, en cas d'accident ou de maladie défendre la qualité de sa politique d'évaluation et de prévention des risques. Inversement, c'est sur la base du document unique qu'il se verra, le cas échéant, reprocher de n'avoir pas mis en place une *« organisation plus rationnelle du travail »* au regard de certains risques spécifiques ainsi identifiés [(1)].

246 Repères de méthode

La circulaire DRT n° 2002-06 du 18 avril 2002 définit des *« repères de méthode »* visant à permettre d'inscrire l'évaluation *a priori* des risques dans la démarche de prévention des risques professionnels. De façon générale, cette démarche doit s'inscrire dans un **processus dynamique**. De même que l'entreprise connaît d'incessants changements organisationnels et techniques, la prévention des risques professionnels ne peut pas être envisagée de manière statique et définitive, mais doit être appréciée et construite dans le cadre d'un processus qui se répète, tenant compte de l'évolution dans l'entreprise des facteurs humains, techniques et organisationnels (embauche de nouveaux salariés, modification des installations, acquisition d'équipements, adoption de nouvelles méthodes de travail, etc.). Ainsi, la démarche de prévention peut se dérouler en cinq étapes successives :

a) Préparer la démarche : les acteurs, les moyens

Connaissance prise des principes généraux de prévention posés par l'article L. 4121-2 du Code du travail [(2)], il convient de définir :

– des objectifs ainsi que la méthode de l'évaluation ;
– le rôle des acteurs internes et externes à l'entreprise : médecin du travail, IPRP, représentants du personnel, travailleurs eux-mêmes, etc. [(3)] ;
– les moyens mis en œuvre.

Outre les ressources internes, l'employeur peut solliciter et mobiliser des ressources externes (experts techniques et cabinets de conseils) tout au long du processus de prévention, *« en tenant compte des moyens financiers dont il dispose »* [(4)]. Il peut faire appel à des organismes publics de prévention dotés des compétences techniques ou organisationnelles (CARSAT, OPPBTP, ANACT, MSA, etc.) [(5)].

1) Cass. crim., 15 mai 2007, n° 05-87.260.
2) Voir ci-dessus, n° 22.
3) Voir ci-dessus, n°s 141 et s.
4) Circ. DRT n° 2002-06, 18 avr. 2002, préc.
5) Voir ci-dessus, n°s 231 et s.

b) Évaluer les risques : prise en compte du travail réel

Cette deuxième étape intègre l'analyse du travail réel. La pertinence de l'évaluation des risques repose en grande partie sur la prise en compte des situations concrètes de travail, par opposition aux situations abstraites résultant de la stricte application des procédures prescrites par l'entreprise. Ainsi, l'activité exercée par le travailleur génère des prises de risques pour gérer les aléas ou les dysfonctionnements qui surviennent pendant le travail. Dans une démarche d'adaptation du travail à l'homme, l'analyse des risques doit donc avoir pour objet d'étudier les **contraintes** subies par les travailleurs et les **marges de manœuvre** dont ils disposent dans l'exercice de leur activité. L'association des travailleurs à la démarche, et l'apport de leur connaissance des risques ainsi que de leur expérience, s'avèrent à cet égard indispensables. Pour ces raisons, il est souhaitable que dans le document unique ne figurent pas uniquement les résultats de l'évaluation des risques, mais aussi une indication des méthodes utilisées pour y parvenir (utilisation de questionnaire, etc.).

c) Élaborer un programme d'actions

Cette troisième étape consiste dans la recherche de solutions et de choix, pris dans le respect des principes généraux de prévention, et sur la base desquels sera établi le programme annuel de prévention des risques professionnels, en associant les instances représentatives du personnel. Ainsi, le document unique doit être utilisé pour l'établir le rapport annuel et le programme annuel soumis au CHSCT (C. trav., art. L. 4612-6 et R. 4121-3) [1].

d) Mettre en œuvre des actions de prévention

La quatrième étape est celle de la mise en œuvre d'actions, sur la base du programme annuel de prévention, consistant aussi bien à assurer des **formations**, à élaborer des **consignes** de travail ou encore à engager des **travaux** importants liés aux installations ou équipements de travail ou à l'aménagement des locaux, etc.

e) Réévaluer des risques

Dans la mesure où les actions peuvent conduire à des changements techniques et organisationnels dans les situations de travail susceptibles de générer de nouveaux risques, il convient d'effectuer une nouvelle évaluation, tenant compte de ces éventuels nouveaux risques. Cette actualisation de l'évaluation des risques est au moins annuelle [2].

1) Voir ci-dessous, n° 301.
2) Voir ci-dessus, n° 243.

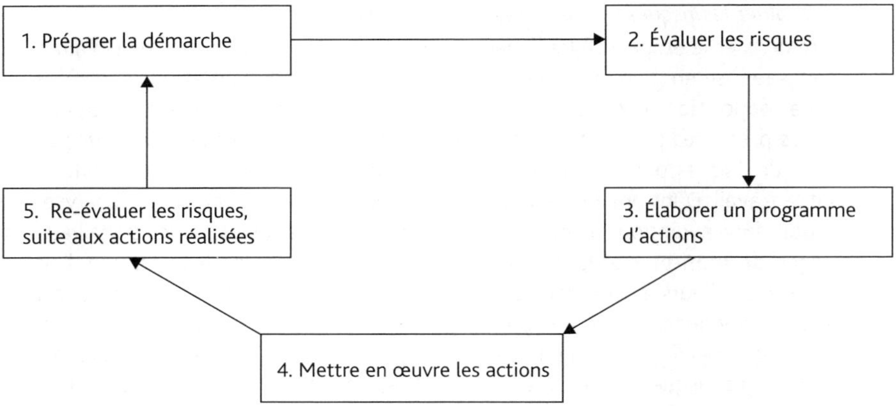

IMPORTANT

De nombreuses entreprises se plaignent (paradoxalement) de ne pas bénéficier d'un modèle officiel de document unique. En réalité, les premières qualités attendues du document unique tiennent davantage dans sa capacité à refléter la réalité des risques existant dans l'entreprise, et notamment l'évolution des connaissances relatives à ces risques. Les professionnels de la prévention s'accordent à dire qu'il vaut mieux que l'entreprise se dote, surtout si elle est de taille réduite, d'un document simple mais utile et « *vivant* », que d'un document très complet mais complexe, et qui ne sera, pour cette raison, jamais utilisé ni actualisé. C'est pourquoi, l'entreprise doit acquérir le réflexe d'actualiser le document unique à chaque fois qu'un événement marquant survient en relation avec les risques professionnels : un accident du travail ou une maladie professionnelle ; un incident sans conséquence mais qui révèle l'existence d'un risque jusqu'alors méconnu ou sous-évalué ; les résultats d'un contrôle ou d'une mesure ; les observations d'un organisme de contrôle ; les plaintes de travailleurs, etc.

§2 Les autres documents obligatoires

247 L'entreprise doit élaborer de nombreux documents, registres, fichiers, etc. et ce sur de nombreux aspects des risques professionnels. Sans prétendre à l'exhaustivité, il est possible de dresser une liste des documents qui doivent être constitués dans toute entreprise, quelle que soit son activité ou la nature des risques auxquels sont exposés les travailleurs.

A. - Les sources du document unique

248 Le registre unique de sécurité

L'employeur doit conserver pendant 5 ans (C. trav., art. L. 4711-1 et -2, D. 4711-2 et D. 4711-3) :

- les attestations, consignes, résultats et rapports relatifs aux **vérifications et contrôles** mis à sa charge au titre de la santé et de la sécurité du travail. Ces documents doivent être datés et mentionner l'identité de la personne ou de l'organisme chargé du contrôle ou de la vérification et celle de la personne qui a effectué le contrôle ou la vérification (voir aussi C. trav., art. R. 4412-26, R. 4323-23 et s., R. 4323-99 et s.) ;
- les observations et mises en demeure notifiées par **l'inspection du travail** en matière de santé, de sécurité, de médecine du travail et de prévention des risques ;
- les copies des **déclarations d'accidents du travail** déclarés à la caisse primaire d'assurance maladie.

Les deux premières catégories de documents sont :

- présentées à l'inspecteur du travail, l'agent du service de prévention des organismes de sécurité sociale, sur leur demande, au cours de leurs visites ;
- communiquées aux membres des CHSCT, aux délégués du personnel, au médecin du travail et, le cas échéant, à l'OPPBTP.

L'employeur est autorisé à réunir ces informations dans un registre unique, même si des textes plus spécifiques que ces informations doivent figurer dans des registres distincts (C. trav., art. L. 4711-5).

249 La fiche d'entreprise

Dans chaque entreprise ou établissement qu'il a en charge, quel que soit son effectif, le médecin du travail établit et met à jour une fiche d'entreprise ou d'établissement (C. trav., art. D. 4624-37 et s.), dont le modèle est fixé par arrêté du 29 mai 1989 (JO 8 juin), fiche sur laquelle sont consignés notamment les risques professionnels et les effectifs de salariés qui y sont exposés. Depuis le 1er janvier 2006, sa mise en place n'est plus limitée aux entreprises employant 11 salariés et plus [1]. Si l'entreprise adhère à un service de santé au travail interentreprises, la fiche doit être établie dans l'année qui suit l'adhésion de l'entreprise ou de l'établissement à ce service.

---

1) D. n° 2004-760, 28 juill. 2004.

Cette fiche est :
- transmise à l'employeur ;
- tenue à la disposition de l'inspecteur du travail et du médecin-inspecteur régional du travail ;
- présentée au CHSCT en même temps que le rapport annuel faisant le bilan de la situation générale de l'hygiène, de la sécurité et des conditions de travail [1] ;
- consultable par les agents des services de prévention des organismes de sécurité sociale et l'OPPBTP.

250 Les dossiers et carnets de maintenance, notices d'utilisation...

Ils sont nombreux, et l'employeur doit d'assurer de les posséder et de les tenir à jour. On citera en particulier :
- le dossier de maintenance des locaux (C. trav., art. R. 4211-3 et s. et R. 4224-17 et -19) ;
- le dossier de maintenance des installations et consignes d'utilisation (C. trav., art. R. 4224-17, R. 4222-21 et R. 4223-11) ;
- le carnet de maintenance des équipements de travail (C. trav., art. R. 4323-19 et s.) ;
- la notice fixant les conditions de l'entretien des installations et des appareils de protection collective (C. trav., art. R. 4412-24).

251 Les fiches de données de sécurité concernant les produits chimiques, réalisées par les fabricants, importateurs ou vendeurs (C. trav., art. R. 4411-73, R. 4412-38 et R. 4624-2) [2].

Le fournisseur d'une substance ou préparation dangereuse doit fournit au destinataire de cette substance ou préparation une fiche de données de sécurité conforme aux exigences prévues au titre IV et à l'annexe II du règlement (CE) n° 1907/2006 du 18 décembre 2006 (REACH).

252 Le registre d'alerte du CHSCT

Lorsqu'un membre du CHSCT exerce son droit d'alerte en présence d'un danger grave et imminent [3], il consigne son avis par écrit sur un registre spécial dont les pages sont numérotées et authentifiées par le tampon du comité (C. trav., art. R. 4132-1). Ce registre est tenu, sous la responsabilité de l'employeur, à la disposition des membres du CHSCT.

---

1) Voir ci-dessous, n° 301.
2) D. n° 2009-289, 13 mars 2009 ; sur la réglementation REACH, voir n° 11.
3) Voir ci-dessous, n° 360.

253 Les fiches d'aptitude

À l'issue de chaque examen médical, le médecin du travail établit une fiche d'aptitude dont il transmet un exemplaire à l'employeur, lequel doit le conserver pour être présenté à tout moment, sur leur demande, à l'inspecteur du travail et au médecin-inspecteur régional du travail (C. trav., art. D. 4624-47). Ces fiches n'ont pas pour vocation première de participer à l'évaluation collective des risques; elles peuvent néanmoins constituer une source d'information sur les risques, notamment lorsque l'employeur est confronté à une série d'avis médicaux comportant des restrictions identiques pour des salariés confrontés aux mêmes conditions de travail.

B. - Les déclinaisons du document unique

254 Le règlement intérieur et les consignes de sécurité

Nous renvoyons le lecteur aux numéros 332 et s.

255 Le rapport annuel et le programme annuel de prévention des risques professionnels

Nous renvoyons le lecteur au numéro 301.

256 Le plan de prévention

Nous renvoyons le lecteur au numéro 340.

257 La liste des postes de travail présentant des risques particuliers

Il n'existe pas de définition unique des postes *« à risque »*. La notion est même critiquable, puisqu'on ne saurait prétendre qu'il puisse existe des postes sans risque particulier... Théoriquement, deux catégories de postes à risque doivent néanmoins être identifiées, à savoir les postes nécessitant :

– **une surveillance médicale renforcée** (C. trav., art. R. 4624-19) (1) ;
Cette liste est arrêtée sous la responsabilité de l'employeur, sur la base d'une définition légale, réglementaire et conventionnelle ;
– **une formation renforcée à la sécurité** (C. trav., art. L. 4142-2 et L. 4154-2) (2).
Cette liste est arrêtée par l'employeur, après consultation du médecin du travail et du CHSCT ou à défaut des délégués du personnel. Elle est tenue à la disposition de l'inspecteur du travail.

1) Voir ci-dessous, n°s 376 et s.
2) Voir ci-dessous, n° 329.

258 La déclaration des procédés nocifs à la CPAM et à l'inspecteur du travail (CSS, art. L. 461-4)

Tout employeur qui utilise des procédés de travail susceptibles de provoquer des maladies professionnelles est tenu, dans les conditions prévues par décret en Conseil d'Etat (jamais publié !), d'en faire la déclaration à la CPAM et à l'inspecteur du travail. Le défaut de déclaration peut être constaté par l'inspecteur du travail, qui doit en informer la CPAM. Faute de décret d'application, ce texte est resté lettre morte.

259 Les mesures de premiers secours (C. trav., art. R. 4224-16)

En l'absence d'infirmiers, ou lorsque leur nombre ne permet pas d'assurer une présence permanente [(1)], l'employeur prend, après avis du médecin du travail, les mesures nécessaires pour assurer les premiers secours aux accidentés et aux malades. Ces mesures prises en liaison notamment avec les services de secours d'urgence extérieurs à l'entreprise sont adaptées à la nature des risques et consignées dans un document tenu à la disposition de l'inspecteur du travail.

260 Les consignes de sécurité incendie et le registre des essais et des visites périodiques (C. trav., art. R. 4227-37 et s.)

Les dispositions relatives à ces documents ont été modifiées par un décret n° 2010-78 du 21 janvier 2010.

	Établissements visés à l'article R. 4227-34 [(1)]	Autres établissements
Obligation en matière de mise en place de consignes de sécurité	Établissement d'une consigne au contenu et aux affichages réglementés (R. 4227-37, al. 1 à 3, et R. 4227-38)	Établissement d'instructions permettant d'assurer l'évacuation rapide des personnes occupées ou réunies dans les locaux (R. 4227-37, al. 4)
Contenu de l'information unique sur la sécurité (R. 4141-3-1)	- Emplacements des affichages ET – Identité des personnes chargées de la mise en œuvre des mesures prévues	- Contenu des instructions OU – (Si les instructions font l'objet d'un affichage) emplacement des affichages

1) Les établissements dans lesquels peuvent se trouver occupées ou réunies habituellement plus de cinquante personnes, ainsi que ceux, quelle que soit leur importance, où sont manipulées et mises en œuvre des matières inflammables mentionnées à l'article R. 4227-22.

1) Voir ci-dessus, n° 152.

SECTION II Les procédures de surveillance et de certification

L'employeur doit veiller au respect de procédures légales qui tendent à la protection de la santé et de la sécurité des travailleurs par un contrôle :

– régulier et ponctuel de l'état de santé des salariés (§ 1) ;
– préalable ou régulier de la conformité des équipements ou des installations (§ 2) ;
– régulier et ponctuel du respect des valeurs d'exposition (§ 3).

§1 La surveillance médicale des salariés

261 Finalité en termes de prévention

Le médecin du travail procède à la surveillance médicale des salariés, dans les cas prévus par les textes, au moyen de visites médicales. **L'examen médical**, en médecine du travail, se définit comme l'ensemble des moyens mis en œuvre par le médecin du travail, afin de recueillir des informations sur la santé du salarié et sur le lien entre sa santé et sa situation de travail [1]. Cet examen doit permettre, à la fois, de dégager des mesures individuelles appropriées et de recueillir des informations utiles pour l'action sur le milieu de travail [2].

La visite médicale peut donner lieu à :

– des conseils en matière de prévention des risques professionnels (éducation sanitaire, équipements de protection, etc.) ;
– la prescription ou la réalisation d'examens complémentaires, d'actes de prévention en lien avec les caractéristiques du poste de travail occupé par le salarié (vaccinations, etc.) ;
– des orientations médicales ;
– la délivrance d'un certificat médical initial de maladie professionnelle et, le plus souvent, la délivrance d'une **fiche d'aptitude** [3].

262 Nouveauté

La proposition de loi, actuellement débattue, relative à l'organisation de la médecine du travail prévoit qu'un régime spécifique de recours au service de santé au travail (organisation, choix et financement) et de modalités de surveillance médicale

1) Circ. DRT n° 2005-03, 7 avr. 2005. Consultable notamment sur : <www.circulaires.gouv.fr>.
2) Voir ci-dessous, nos 302 et s.
3) Voir ci-dessus, n° 253.

pourra être défini par **décret** pour les catégories de travailleurs suivantes (C. trav., art. L. 4625-1) :

Travailleurs devant bénéficiant d'une protection égale à celle des autres travailleurs, sans possibilité de modifier la périodicité des examens médicaux définie par le Code du travail	Cas particuliers des travailleurs salaisonniers
1° Salariés temporaires ; 2° Stagiaires de la formation professionnelle ; 3° Travailleurs des associations intermédiaires ; 4° Travailleurs exécutant habituellement leur contrat de travail dans une entreprise autre que celle de leur employeur ; 5° Travailleurs éloignés exécutant habituellement leur contrat de travail dans un département différent de celui où se trouve l'établissement qui les emploie ; 6° Travailleurs détachés temporairement par une entreprise non établie en France ; 7° Travailleurs saisonniers	Pour tenir compte de spécificités locales en matière de recours à des travailleurs saisonniers, l'autorité administrative peut approuver des accords adaptant les modalités définies par décret sous réserve que ces adaptations garantissent un niveau au moins équivalent de protection de la santé aux travailleurs concernés

Par ailleurs, des dérogations aux règles relatives à l'organisation et au choix du service de santé au travail ainsi qu'aux modalités de surveillance de l'état de santé, pourront être prévues par **accord collectif de branche étendu** pour les catégories de travailleurs suivantes (C. trav., art. L. 4625-2) :

Sans possibilité de modifier la périodicité des examens médicaux définie par le Code du travail	Cas particuliers des salariés du particulier employeur et des mannequins
1° Artistes et techniciens intermittents du spectacle ; 2° Mannequins ; 3° Salariés du particulier employeur ; 4° Voyageurs, représentants et placiers (VRP)	L'accord collectif de branche étendu après avis du Conseil national de l'ordre des médecins peut prévoir que le suivi médical soit effectué par des **médecins non spécialisés en médecine du travail** qui signent un protocole avec un service de santé au travail interentreprises. En l'absence d'accord étendu, un décret en Conseil d'État pris après avis du Conseil national de l'ordre des médecins déterminera les règles applicables à ces catégories de travailleurs

Le recours aux médecins non spécialisés en médecine du travail est une première brèche dans la compétence réservée des médecins du travail sur ces questions. Le service interentreprises et le médecin non spécialisé doivent signer un **protocole** prévoyant :

– des garanties en termes de formation du médecin non spécialisé ;

– les modalités de l'exercice au sein du service de santé au travail ;

– l'incompatibilité entre la fonction de médecin de soin du travailleur ou de l'employeur et le suivi médical du travailleur prévu par le protocole.

En cas de **difficulté ou de désaccord** avec les avis délivrés par les médecins non spécialisés en médecine du travail, l'employeur ou le travailleur peut solliciter un examen médical auprès d'un médecin du travail appartenant au service de santé au travail interentreprises ayant signé le protocole.

263 Visites obligatoires

C'est en principe à l'employeur qu'il appartient d'organiser, au bénéfice de chaque travailleur, l'ensemble des visites médicales obligatoires. Le non-respect de ce principe peut, selon les cas, justifier que le salarié prenne acte de la rupture du contrat de travail aux torts de l'employeur ou sollicite la résiliation judiciaire du contrat de travail et/ou sollicite des dommages-intérêts pour le préjudice qu'il a nécessairement subi. Cela a notamment été jugé en cas de carence dans l'organisation de la visite annuelle au titre d'une surveillance médicale renforcée [1], mais aussi à propos de la visite d'embauche [2] ou de la visite de reprise [3].

NOTE

En raison notamment du déclin démographique du personnel médical, les services de santé au travail ont de plus en plus de difficulté à assurer l'ensemble des examens médicaux prescrits par les textes. L'employeur ne doit pas se satisfaire de cette situation, qui engage potentiellement sa responsabilité civile et pénale. Il ne peut certes pas avoir avoir recours à un autre médecin que le médecin du travail auquel est attaché son personnel. Il doit néanmoins se constituer la **preuve** de ce qu'il a entrepris les démarches nécessaires auprès du médecin du travail afin d'obtenir que les examens obligatoires soient organisés (demandes formalisées et adressées selon tous moyens permettant de dater l'envoi : télécopie, recommandé, etc.).

264 Visite d'embauche (C. trav., art. R. 4624-10)

Un salarié nouvellement embauché fait obligatoirement l'objet d'une visite médicale ayant pour **objet** :

– de rechercher s'il n'est pas atteint d'une affection dangereuse pour les autres travailleurs ;

1) Cass. soc., 26 oct. 2010, n° 09-42.634 P.
2) Cass. soc., 5 oct. 2010, n° 09-40.913.
3) Cass. soc., 6 oct. 2010, n° 09-66.140 P.

– de s'assurer qu'il est médicalement apte au poste de travail auquel l'employeur envisage de l'affecter ;
– de proposer éventuellement les adaptations du poste ou l'affectation à d'autres postes.

La visite médicale a lieu avant l'embauche ou au plus tard avant l'expiration de la **période d'essai**. Cependant, le salarié soumis à une **surveillance médicale renforcée** doit obligatoirement bénéficier de cette visite médicale avant son embauche [1].

Par exception, un salarié embauché n'a **pas à faire l'objet d'une visite médicale** lorsque plusieurs conditions se trouvent réunies :
– le salarié ne relève pas d'une surveillance médicale renforcée ;
– il a déjà été soumis à un ou plusieurs examens médicaux dans le cadre d'un poste identique à celui auquel l'employeur envisage de l'affecter ;
– le médecin du travail supposé procéder à la visite d'embauche est en possession de la fiche d'aptitude établie lors du ou des précédentes visites ;
– aucune inaptitude n'a été reconnue lors de la dernière visite médicale intervenue :
  - au cours des 12 derniers mois (si le salarié est à nouveau embauché par le même employeur),
  - au cours des 6 derniers mois (lorsque le salarié change d'entreprise) ;
– le médecin du travail n'estime pas une nouvelle visite nécessaire ;
– le salarié ne fait pas la demande d'une nouvelle visite.

Ces mêmes dispositions s'appliquent lorsqu'un même salarié a plusieurs employeurs, sous réserve que ceux-ci aient conclu un accord prévoyant notamment les modalités de répartition de la charge de la surveillance médicale.

265 Visites périodiques (C. trav., art. R. 4624-16)

Chaque salarié bénéficie de visites médicales périodiques, en vue de s'assurer du maintien de son aptitude au poste de travail occupé. La périodicité minimale de ces visites est de **24 mois** ; la première de ces visites périodiques a lieu dans les 24 mois qui suivent la visite d'embauche. Pour le salarié relevant d'une **surveillance médicale renforcée** [2], cette périodicité est ramenée à l'**année** (C. trav., art. R. 4624-17).

266 Visite de reprise (C. trav., art. R. 4624-21)

Un salarié doit impérativement bénéficier d'un examen par le médecin du travail après **certains types d'absence** :

---

1) Voir ci-dessous, n°s 276 et s.
2) Voir ci-dessous, n°s 276 et s.

Motif d'absence	Condition de durée de l'absence
Congé maternité	Néant
Maladie professionnelle	Néant
Accident du travail	Huit jours Le médecin du travail doit être informé de tout arrêt de travail de moins de huit jours pour accident du travail afin d'apprécier l'opportunité d'un nouvel examen médical.
Maladie ou accident non professionnel	21 jours

ATTENTION

Les textes prévoient également qu'une visite de reprise doit être organisée **en cas d'absences répétées pour raisons de santé** [1].

L'examen doit avoir lieu lors de la reprise du travail et au plus tard dans un **délai de huit jours**. Il a pour seul **objet** d'apprécier l'aptitude de l'intéressé à reprendre son ancien emploi, la nécessité d'une adaptation des conditions de travail et/ou d'une réadaptation du salarié.

C'est à **l'employeur** qu'il incombe d'organiser la visite de reprise au terme de l'arrêt ; à défaut, la visite de reprise peut être sollicitée directement par le salarié, sous réserve que ce dernier en avise son employeur [2]. Inversement, le refus du salarié de se prêter à la visite de reprise organisée par l'employeur constitue une faute [3], voire une faute grave [4].

IMPORTANT

L'absence d'organisation, par l'employeur, d'une visite médicale obligatoire est une **carence grave** qui emporte de lourdes conséquences :

- elle constitue en soi une **contravention de cinquième classe** (C. trav., art. R. 4745-3) ;

1) Sur ce dernier point, voir Cass. soc., 16 juin 2009, n° 08-41.519 P : l'employeur ne peut laisser un salarié reprendre son travail après une succession d'arrêts de travail pour maladie, ni lui proposer une mutation géographique sans lui avoir fait passer une visite de reprise auprès du médecin du travail afin de s'assurer de son aptitude à l'emploi envisagé.

2) Cass. soc., 12 nov. 1997, n° 94-40.912 P.

3) Cass. soc., 17 oct. 2000, n° 97-45.286.

4) Cass. soc., 29 nov. 2006, n° 04-47.302 P.

- si elle concourt à la survenance d'un accident ou d'une maladie (ou entraîne un retard dans le dépistage d'une pathologie), elle peut être jugée constitutive :
  - d'un **délit d'homicide ou blessures involontaires** (1),
  - d'une faute civile de l'employeur, voire d'une **faute inexcusable** (2) ;
- cette carence peut également justifier que le salarié **prenne acte de la rupture** de son contrat de travail aux torts de l'employeur, ce qui produira les effets d'un licenciement abusif ;
- en l'absence de visite de reprise, la **suspension du contrat de travail** sera considérée, fictivement, comme n'ayant pris fin, ce qui aboutira, si cette suspension résultait d'un arrêt de travail pour cause d'accident du travail ou de maladie professionnelle, à rendre nul tout licenciement prononcé pour un motif autre qu'une faute grave (C. trav., art. L. 1226-9 et -13) (3).

ATTENTION

Selon une interprétation extensive de cette jurisprudence, on peut considérer que l'employeur doit, lorsque la visite de reprise s'impose, non seulement entreprendre toute diligence afin que la visite de reprise ait lieu au plus tard dans les huit jours de la fin de l'arrêt de travail, mais aussi **ne pas laisser le salarié reprendre son travail tant qu'il n'a pas bénéficié de la visite de reprise**. Reste alors à savoir quelle est la situation du salarié durant la période intercalaire entre la fin de son arrêt de travail et la visite médicale de reprise. En principe, son contrat demeurant suspendu (4), il est dispensé de travailler, de même que l'employeur est dispensé de lui fournir du travail et donc... de le rémunérer ? Situation délicate que l'employeur et le salarié pallieront en pratique par la prise de congés payés, de JRTT, etc. et ce, alors même que le contrat demeure théoriquement suspendu en raison de la maladie ! Confronté au choix de faire travailler le salarié avant la visite de reprise, ou de l'inviter à rester chez lui sans salaire, l'employeur se trouve dans une situation malaisée, victime (comme le travailleur) des imperfections du droit.

1) Cass. crim., 20 mars 2007, n° 06-85.638.

2) Cass. soc., 3 févr. 1994, n° 90-18.271 ; Cass. soc., 24 avr. 2001, n° 99-42.346.

3) Cass. soc., 28 févr. 2006, n° 05-41.555 P.

4) Voir ci-dessus.

À partir de quand l'employeur doit-il organiser la visite de reprise ? En principe, dès la reprise, c'est-à-dire dès la fin de l'arrêt. Mais qu'en est-il lorsque le salarié entend reprendre avant la fin de son arrêt ? Ou inversement, lorsque le salarié n'est pas en mesure de reprendre après la fin de son arrêt ?

267 Cas du salarié souhaitant reprendre avant la fin de son arrêt

Il n'est pas interdit à un salarié de solliciter une visite de reprise auprès du médecin du travail avant même la fin de l'arrêt prescrit par son médecin traitant [(1)]. Néanmoins, il est jugé que le salarié doit alors en avertir son employeur. Logiquement, l'information sera écrite, et préalable à la visite [(2)]. À défaut, l'avis délivré par le médecin du travail à l'issue de cette visite sera inopposable à l'employeur : celui-ci pourra alors prétendre ignorer l'avis médical déclarant le salarié apte ou inapte à la reprise, et organiser une visite de reprise à l'issue de l'arrêt de travail. Ainsi, si la visite organisée à l'insu de l'employeur aboutit à un constat d'inaptitude, l'employeur pourra opposer au salarié que cette visite ne doit pas être considérée comme la première visite constatant l'inaptitude au sens de l'article R. 4624-31 du Code du travail, et qu'il ne doit pas en être tenu compte pour l'application du délai d'un mois au-delà duquel la loi impose la reprise du paiement du salaire à défaut de reclassement ou de licenciement (C. trav., art. L. 1226-4 et L. 1226-11) [(3)].

268 Cas du salarié ne souhaitant pas reprendre après la fin de son arrêt

Il se peut également que le salarié, au terme de l'arrêt prescrit par son médecin traitant, n'ait pas la volonté et/ou la capacité de reprendre son poste, notamment lorsqu'il est reconnu par la sécurité sociale comme atteint d'une invalidité de deuxième catégorie (CSS, art. L. 341-4) et décide d'en informer son employeur. Dans ce cas, la question est de savoir si l'employeur doit ou non organiser une visite de reprise. Par un arrêt du 25 janvier 2011 [(4)], la chambre sociale de la Cour de cassation a considéré que *« dès lors que le salarié informe son employeur de son classement en invalidité deuxième catégorie sans manifester la volonté de ne pas reprendre le travail, il appartient à celui-ci de prendre l'initiative de faire procéder à une visite de reprise laquelle met fin à la suspension du contrat de travail »*. Tel est le cas, selon la Cour, lorsqu'un salarié demande à son employeur de l'informer des perspectives qu'il envisage à la suite de sa mise en invalidité deuxième catégorie... Si l'employeur tarde à organiser la visite de reprise, il s'expose à ce que le salarié prenne acte de la rupture du contrat de travail. Qu'en est-il lorsque le salarié ne fait pas état de son classement en invalidité ? En

1) Exemple : Cass. soc., 9 avr. 2008 n° 07-40.832.
2) Cass. soc., 16 sept. 2009, n° 08-42.620.
3) Voir Cass. soc., 9 juin 2010, n° 08-42.669 ; Cass. soc., 30 mai 2007, n° 05-43.341.
4) Cass. soc., 25 janv. 2011, n° 09-42.766 P ; voir aussi Cass. soc., 15 févr. 2011, n° 09-43.172 P.

principe, rien ne dispense l'employeur d'organiser la visite de reprise à l'issue de l'arrêt de travail. Si le salarié ne s'estime pas apte à reprendre le travail, l'employeur ne doit pas pour autant différer la visite de reprise puisque, précisément, seul le médecin du travail est compétent pour en juger [1].

269 Visite de pré-reprise (C. trav., art. R. 4624-23)

Préalablement à la visite de reprise, une visite de pré-reprise peut être organisée, à l'initiative du salarié, du médecin traitant ou du médecin conseil de l'organisme de sécurité sociale, lorsqu'une modification de l'aptitude au travail est prévisible. Le médecin du travail ne peut prendre lui-même l'initiative d'une telle visite. Lorsqu'elle lui est demandée, il procède à l'examen, qui a pour objet de faciliter la recherche des mesures nécessaires, et aucunement de se prononcer (même à titre temporaire) sur l'aptitude du salarié à reprendre son poste. D'ailleurs, l'avis du médecin du travail doit être sollicité à nouveau lors de la reprise effective, en visite de reprise [2]. Suivant la jurisprudence, le critère de distinction entre la visite de reprise et la visite de pré-reprise ne repose pas sur le point de savoir si, au moment de la visite, l'arrêt maladie a pris fin ou non. Le fait que le médecin du travail formule, à l'issue de la visite, un avis d'aptitude ou d'inaptitude démontre, en soi, que la visite a été organisée dans la perspective de la reprise ; il s'agit alors d'une visite de reprise, même si le salarié est toujours en arrêt de travail à la date de la visite ou si l'arrêt a été prolongé après la visite [3].

270 Visite sur demande (C. trav., art. R. 4624-18)

Tout salarié bénéficie d'un examen médical :
- à sa demande (cette demande ne peut motiver une sanction) ;
- ou à la demande de son employeur [4].

271 Examens complémentaires (C. trav., art. R. 4624-25)

Le médecin du travail peut prescrire les examens complémentaires nécessaires :
- à la détermination de l'aptitude médicale au poste de travail, et notamment au dépistage des affections comportant une contre-indication à ce poste de travail ;
- au dépistage des maladies à caractère professionnel n'ayant pas encore fait l'objet d'une reconnaissance juridique ;
- au dépistage des maladies dangereuses pour l'entourage.

Ces examens sont, selon le cas, à la charge soit de l'employeur (si celui-ci a constitué un service autonome), soit (dans le cas contraire) du service interentreprises,

1) Sur les conditions du constat de l'inaptitude médicale, voir ci-dessous, n°s 309 et s.

2) Voir ci-dessus, n° 266.

3) Cass. soc., 23 juin 2009, n° 08-42.618 P ; Cass. soc., 20 juin 2007, n° 06-42.923 ; Cass. soc., 19 janv. 2005, n° 03-41.904 P et n° 03-41.479.

4) Voir ci-dessous, n° 279.

lesquels sont tenus de fournir au médecin du travail le moyen d'assurer le respect de l'anonymat des examens. Le médecin choisit l'organisme chargé de pratiquer les examens. En cas de désaccord entre l'employeur et le médecin sur la nature et la fréquence de ces examens, le différend est soumis au médecin-inspecteur régional du travail qui décide.

272 Travailleurs temporaires

Les obligations afférentes à la surveillance médicale des travailleurs temporaires sont, en principe, à la charge de **l'entreprise de travail temporaire** (ETT ; C. trav., art. L. 1251-22). Toutefois, lorsque l'activité exercée par le travailleur temporaire nécessite une **surveillance médicale renforcée**, les obligations correspondantes sont à la charge de **l'utilisateur**. Lors de la signature du contrat de mise à disposition, l'ETT et l'utilisateur se communiquent l'identité de leur service de santé au travail. L'utilisateur fait, en outre, connaître si le poste de travail devant être occupé comporte des travaux relevant d'une surveillance médicale renforcée. Les médecins du travail de l'ETT et de l'utilisateur en sont également avisés. La visite d'embauche est effectuée par le médecin du travail de l'ETT. Elle peut avoir pour but de rechercher si le salarié est médicalement apte à plusieurs emplois, dans la limite de trois (C. trav., art. R. 4625-9). Lorsque le travailleur temporaire est affecté à un poste relevant d'une surveillance médicale renforcée, et plus particulièrement lorsqu'un texte prévoit la réalisation d'examens obligatoires destinés à vérifier l'absence de contre-indication au poste de travail, notamment avant l'affectation, ces examens sont effectués par le médecin de l'entreprise utilisatrice, qui se prononce sur l'existence ou l'absence de contre-indication (C. trav., art. R. 4625-12). Le médecin du travail de l'ETT est informé de leurs résultats.

273 Salariés éloignés

Lorsque la surveillance médicale d'un salarié éloigné de son établissement de rattachement est assurée par un service de proximité [(1)], son dossier médical est tenu par le médecin du service de proximité qui le suit. C'est ce même médecin qui détermine l'aptitude et prend les avis médicaux. Avec l'accord du salarié, son **dossier médical** est transmis entre médecins du travail à l'occasion de tout changement de site de travail, dans le respect des dispositions de l'article D. 4624-46 du Code du travail, et de la même façon que lors d'un changement d'établissement ou d'entreprise.

274 Salarié d'une entreprise extérieure

En cas d'intervention d'une entreprise extérieure [(2)], le médecin du travail de l'entreprise utilisatrice assure, pour le compte de l'entreprise extérieure, la réalisation des

1) Voir ci-dessus, n° 201.
2) Voir ci-dessous, n°s 336 et s.

examens complémentaires rendus nécessaires par la nature et la durée des travaux effectués par le salarié de l'entreprise extérieure dans l'entreprise utilisatrice (C. trav., art. R. 4513-11). Par accord entre les chefs de l'entreprise utilisatrice et de l'entreprise extérieure et les médecins du travail concernés, **la visite périodique** peut également être effectué par le médecin du travail de l'entreprise utilisatrice pour le compte de l'entreprise extérieure (C. trav., art. R. 4513-12).

Les **résultats** des examens pratiqués par le médecin du travail de l'entreprise utilisatrice sont communiqués au médecin du travail de l'entreprise extérieure, notamment en vue de la détermination de l'aptitude. Le médecin du travail de l'entreprise utilisatrice peut demander au médecin du travail de l'entreprise extérieure les éléments du **dossier médical** du salarié de l'entreprise extérieure qui lui sont nécessaires. Il fournit au médecin du travail de l'entreprise extérieure, sur demande de ce dernier, les indications sur les risques que présentent les travaux pour la santé des travailleurs intéressés de l'entreprise extérieure (C. trav., art. R. 4513-10).

NOTE

La proposition de loi actuellement en débat relative à l'organisation de la médecine du travail prévoit qu'un régime spécifique de recours au service de santé au travail et de surveillance médicale pourra être défini par décret pour :
- les travailleurs temporaires ;
- les travailleurs exécutant habituellement leur contrat de travail dans une entreprise autre que celle de leur employeur ;
- les travailleurs éloignés exécutant habituellement leur contrat de travail dans un département différent de celui où se trouve l'établissement qui les emploie.

Ces travailleurs devront néanmoins bénéficier d'une protection égale à celle des autres travailleurs, sans possibilité de modifier la périodicité des examens médicaux définie par le Code du travail (C. trav., art. L. 4625-1).

275 Secret médical et professionnel

À l'issue de chacune des visites médicales, le médecin du travail établit une **fiche d'aptitude** en double exemplaire (C. trav., art. D. 4624-47). Il en remet un exemplaire au salarié et transmet l'autre à l'employeur qui le conserve pour être présenté à tout moment, sur leur demande, à l'inspecteur du travail et au médecin-inspecteur régional du travail [1].

1) Voir ci-dessus, n° 253.

Le médecin du travail est tenu au **secret** à double titre :

– le secret **professionnel** (C. santé publ., art. R. 4127-4, R. 4127-72 et R. 4127-73, 95 ; C. pén., art. 226-13) couvre tout ce qui est venu à sa connaissance dans l'exercice de sa profession, c'est-à-dire non seulement ce qui lui a été confié, mais aussi ce qu'il a vu, entendu ou compris ;

– le secret **médical** (C. santé publ., art. L. 1110-4) garantit le droit de toute personne prise en charge par un professionnel de santé ou tout autre organisme participant à la prévention, au respect de sa vie privée et du secret des informations la concernant.

Le secret médical est également une garantie offerte au salarié dans ses rapports avec **l'employeur**. Ainsi, le salarié candidat à un emploi est en droit de ne confier les renseignements relatifs à son état de santé qu'au médecin chargé de l'examen médical d'embauche. Lorsque l'employeur décide que le salarié recruté avec une période d'essai prendra ses fonctions avant l'accomplissement de cet acte médical, il ne peut se prévaloir d'une prétendue tromperie du salarié quant à son état de santé ou à son handicap, que ce dernier n'a pas à lui révéler [(1)].

Selon la jurisprudence, le respect du secret médical et professionnel n'entre pas en contradiction avec le **devoir de conseil** auquel le médecin du travail est tenu vis-à-vis de l'employeur, et notamment l'obligation d'établir des fiches médicales d'aptitude au poste. Le médecin du travail doit indiquer, dans les conclusions écrites qu'il rédige à l'issue de visites médicales de reprise, les considérations de fait de nature à éclairer l'employeur sur son obligation de proposer au salarié un emploi approprié à ses capacités et notamment les éléments objectifs portant sur ces capacités qui le conduisent à recommander certaines tâches en vue d'un éventuel reclassement dans l'entreprise ou, au contraire, à exprimer des contre-indications. Une telle obligation, qui ne contraint pas le médecin à faire état des considérations médicales qui justifient sa position, peut être mise en œuvre dans le respect du secret médical [(2)].

276 Surveillance médicale renforcée

Le médecin du travail exerce une surveillance médicale renforcée (SMR) pour :

– certaines **catégories de salariés**, indépendamment de la nature du poste occupé :
  - les salariés venant de changer de type d'activité ou d'entrer en France, pendant une période de 18 mois à compter de leur nouvelle affectation,
  - les travailleurs handicapés,
  - les femmes enceintes,
  - les mères dans les six mois qui suivent leur accouchement et pendant la durée de leur allaitement,

1) Cass. soc., 21 sept. 2005, n° 03-44.855 P ; voir aussi Cass. soc., 7 nov. 2006, n° 05-41.380 P.

2) CE, 3 déc. 2003, n° 254000.

- les travailleurs de moins de 18 ans ;
- les salariés affectés à **certains travaux** comportant des exigences ou des risques déterminés par les dispositions particulières intéressant certaines professions ou certains modes de travail.

Les principaux travaux ou postes donnant lieu à une surveillance médicale renforcée sont :

- les travaux définis par l'arrêté du 11 juillet 1977 (JO 24 juill.) (1) ;
- les postes exposant aux agents biologiques (C. trav., art. R. 4426-1 et s.) ;
- les postes exposant aux agents cancérogènes, mutagènes ou toxiques pour la reproduction – CMR (C. trav., art. R. 4412-44 et s.) ;
- les postes de salariés de nuit (C. trav., art. R. 3122-18 et s.) ;
- les postes exposant aux rayonnements ionisants (C. trav., art. R. 4454-1 et s.) ;
- les postes exposant à certains niveaux de concentration de plomb dans l'air (C. trav., art. R. 4412-160) ;
- les postes exposant aux agents chimiques dangereux (C. trav., art. R. 4412-44 et s.) ;
- les postes exposant à un certain niveau de vibrations mécaniques (C. trav., art. R. 4446-1 et s.) ;
- les postes exposant à un certain niveau sonore (C. trav., art. R. 4435-1 et s.).

277 Travaux définis par l'arrêté du 11 juillet 1977

Les travaux comportant la préparation, l'emploi, la manipulation ou l'exposition aux agents suivants :

- fluor et ses composés ;
- chlore ;
- brome ;
- iode ;
- phosphore et composés, notamment les esters phosphoriques, pyrophosphoriques, thiophosphoriques, ainsi que les autres composés organiques du phosphore ;
- arsenic et ses composés ;
- sulfure de carbone ;
- oxychlorure de carbone ;
- acide chromique, chromates, bichromates alcalins, à l'exception de leurs solutions aqueuses diluées ;
- bioxyde de manganèse ;
- plomb et ses composés ;
- mercure et ses composés ;

1) Voir ci-dessous, n° 277.

– glucine et ses sels ;
– benzène et homologues ;
– phénols et naphtols ;
– dérivés halogénés, nitrés et aminés des hydrocarbures et de leurs dérivés ;
– brais, goudrons et huiles minérales ;
– rayons X et substances radioactives.

Les travaux suivants :

– application des peintures et vernis par pulvérisation ;
– travaux effectués dans l'air comprimé ;
– emploi d'outils pneumatiques à main, transmettant des vibrations ;
– travaux effectués dans les égouts ;
– travaux effectués dans les abattoirs, travaux d'équarrissage ;
– manipulation, chargement, déchargement, transport soit de peaux brutes, poils, crins, soies de porc, laine, os ou autres dépouilles animales, soit de sacs, enveloppes ou récipients contenant ou ayant contenu de telles dépouilles, à l'exclusion des os dégélatinés ou dégraissés et des déchets de tannerie chaulés ;
– collecte et traitement des ordures ;
– travaux exposant à de hautes températures, à des poussières ou émanations toxiques et concernant le traitement des minerais, la production des métaux et des verreries ;
– travaux effectués dans les chambres frigorifiques ;
– travaux exposant aux émanations d'oxyde de carbone dans les usines à gaz, la conduite des gazogènes, la fabrication synthétique de l'essence ou du méthanol ;
– travaux exposant aux poussières de silice, d'amiante et d'ardoise (à l'exclusion des mines, minières et carrières) ;
– travaux de polymérisation du chlorure de vinyle ;
– travaux exposant au cadmium et composés ;
– travaux exposant aux poussières de fer ;
– travaux exposant aux substances hormonales ;
– travaux exposant aux poussières de métaux durs (tantale, titane, tungstène et vanadium) ;
– travaux exposant aux poussières d'antimoine ;
– travaux exposant aux poussières de bois ;
– travaux en équipes alternantes effectués de nuit en tout en partie ;
– travaux d'opérateur sur standard téléphonique, sur machines mécanographiques, sur perforatrices, sur terminal à écran ou visionneuse en montage électronique ;
– travaux de préparation, de conditionnement, de conservation et de distribution de denrées alimentaires ;
– travaux exposant à un niveau de bruit supérieur à 80 décibels.

Si l'entreprise adhère à un service interentreprises, le nombre de salariés bénéficiant d'une SMR est défini dans le document ou la déclaration définissant les modalités d'application de la réglementation relative à la médecine du travail, après avis motivé du médecin du travail chargé de l'entreprise ou de l'établissement.

Un **accord collectif de branche étendu** (à l'exclusion donc d'un accord de branche non étendu, ou d'un accord d'entreprise) peut :

- préciser les métiers et postes relevant d'une surveillance médicale renforcée ;
- convenir de situations relevant d'une telle surveillance en dehors des cas prévus par la réglementation.

L'employeur conserve une certaine marge d'appréciation, même en présence d'un accord de branche étendu définissant les postes qui relèvent d'une SMR. En effet :

- c'est l'employeur qui décide (sous le contrôle du juge) si un salarié relève ou non d'un cas dans lequel la SMR est rendue obligatoire par la loi, un règlement ou l'accord de branche étendu [(1)] ;
- l'employeur n'est pas limité, dans son appréciation, par ce qui est prévu dans l'accord de branche étendu. Il ne peut pas aller en deçà de ce que prévoit l'accord, mais peut aller au-delà. En effet, un poste de travail peut être identifié dans l'entreprise, après évaluation des risques, comme relevant d'une SMR en vertu d'une disposition réglementaire, même si ce poste ne figure pas dans l'accord de branche étendu.

NOTE

Ce dispositif conventionnel est appelé à une profonde réforme. À l'issue d'un délai de 18 mois à compter de la publication de la loi actuellement en débat. relative à l'organisation de la médecine du travail, les clauses des accords collectifs comportant des obligations en matière d'examens médicaux réalisés par le médecin du travail différentes de celles prévues par le Code du travail ou le Code rural et de la pêche maritime seront **réputées caduques** (art. 1er, III). Néanmoins, la loi en débat prévoit également que des dérogations aux règles relatives à l'organisation et au choix du service de santé au travail ainsi qu'aux modalités de surveillance de l'état de santé, pourront être prévues par accord collectif de branche étendu pour certaines catégories de travailleurs (C. trav., art. L. 4625-2) [(2)].

1) Circ. DRT n° 2005-03, 7 avr. 2005.

2) Voir ci-dessus, n° 262.

Important : le **document unique** [1] doit permettre à l'employeur d'identifier, au sein de l'entreprise, l'ensemble des postes qui requièrent l'organisation d'une surveillance médicale renforcée.

278 Visite avant l'affectation sur un poste dangereux

L'affectation d'un salarié sur certains types de postes, relevant d'une surveillance médicale renforcée, doit être *précédée* d'un examen médical spécifique. Pour certains risques (en particulier les agents cancérogènes, mutagènes ou toxiques pour la reproduction – CMR), les textes prévoient même qu'un salarié ne peut être affecté par l'employeur à certains types de travaux que s'il a fait l'objet d'un examen préalable par le médecin du travail et si la **fiche d'aptitude** atteste qu'il ne présente **pas de contre-indication médicale** à ces travaux. Dans ces cas, le texte prévoit généralement que le salarié peut contester les mentions portées sur la fiche d'aptitude, dans les 15 jours qui suivent sa délivrance, auprès de l'inspecteur du travail ; celui-ci statue après avis conforme du médecin-inspecteur régional du travail, lequel peut faire pratiquer au frais de l'employeur des examens complémentaires par les spécialistes de son choix.

De même :

- lorsque le recours à la manutention manuelle est inévitable et que les aides mécaniques ne peuvent pas être mises en œuvre, un salarié ne peut être admis à porter d'une façon habituelle des charges supérieures à 55 kg qu'à condition d'y avoir été reconnu apte par le médecin du travail, sans que ces charges puissent être supérieures à 105 kg (C. trav., art. R. 4541-9) ;
- un jeune ne peut participer à certains travaux et être autorisé à utiliser certaines machines et appareils que s'il est munis du certificat d'aptitude professionnelle correspondant à l'activité qu'il exerce, sous réserve de l'avis favorable du médecin du travail (C. trav., art. D. 4153-47).

ATTENTION

La Cour de cassation a récemment jugé que, lorsque la fiche d'aptitude délivrée par le médecin du travail ne comporte aucune mention relative à l'absence de contre-indication à des travaux exposant le salarié à un agent cancérogène, mutagène ou toxique pour la reproduction (CMR ; C. trav., art. R. 4412-44), ne constitue pas une faute le refus du salarié d'effectuer une tâche l'exposant à un agent CMR, tâche à l'accomplissement de laquelle il ne peut être affecté dès lors que l'employeur n'a pas exécuté les obligations mises à sa charge pour assurer la

1) Voir ci-dessus, n°s 239 et s.

protection de la santé au travail[1]. La Cour admet implicitement que le salarié peut exercer ce **droit de refus** même si les conditions relatives à l'exercice du droit de retrait[2] ne sont pas réunies.

Une telle jurisprudence est potentiellement applicable à tous les risques soumis à un examen d'aptitude spécifique. L'employeur doit donc faire en sorte d'obtenir du médecin du travail une fiche d'aptitude dont le contenu soit conforme aux prescriptions légales. De nombreux médecins du travail se refusent à établir de telles attestations, qui selon eux s'apparentent à des *« permis d'exposer »* ou reviennent à garantir faussement au salarié l'innocuité de son poste. Or, selon le Conseil d'État, ces dispositions ne confient au médecin du travail que le soin de déceler les risques particuliers à certains salariés et, par suite, d'éviter que les personnes les plus vulnérables soient exposées à certains agents[3]. De fait, *« les médecins du travail disposent de plusieurs éléments d'ordre génétique, comportemental ou historique pour apprécier les risques particuliers que courent individuellement les salariés à être exposés à des agents cancérogènes, mutagènes ou toxiques pour la reproduction »*. En aucun cas, ces dispositions n'impliquent que le médecin du travail, qui se borne à attester de l'absence de contre-indication médicale particulière pour un salarié, *« garantisse à ce dernier l'absence de tout risque ou de toute dangerosité »* de l'exposition aux agents. Elles ne mettent donc en cause ni la mission de prévention du médecin du travail, ni son obligation de respect des règles déontologiques.

279 Autres cas de consultation

Outre l'affectation des salariés aux postes relevant d'une surveillance médicale renforcée, le médecin du travail est obligatoirement consulté sur :

- les dérogations qui peuvent être accordées par l'inspecteur du travail en matière de durée maximale quotidienne et hebdomadaire de travail **des apprentis et des jeunes de moins de 18 ans** (C. trav., art. L. 6222-25, art. L. 3162-1) ;
- la nécessité médicale de l'affectation temporaire dans un autre emploi d'une **salariée enceinte**, si ce changement intervient à l'initiative de l'employeur, ou en cas de désaccord entre la salariée et l'employeur (C. trav., art. L. 1225-7) ;
- l'adaptation des mesures de prévention des risques dus aux vibrations mécaniques ou au bruit, à l'égard des salariés particulièrement sensibles à ces risques (C. trav., art. R. 4445-5 et R. 4434-5).

1) Cass. soc., 18 déc. 2007, n° 06-43.801 P.
2) Voir ci-dessous, n° 364.
3) CE, 9 oct. 2002, n° 231869.

Plus largement, l'employeur a tout intérêt à consulter le médecin du travail, en organisant une visite médicale au bénéfice d'un salarié, chaque fois qu'il a des raisons sérieuses de penser que ce dernier présente des problèmes de santé susceptibles d'expliquer son comportement fautif ou son inadaptation au poste[1]. Ce sera le cas, en particulier, lorsque le salarié se plaint lui-même de problèmes de santé. À défaut de faire trancher ce point par le médecin du travail, en organisant un examen médical à sa propre demande (C. trav., art. R. 4624-18), l'employeur court le risque de voir annuler, comme discriminatoire au regard de l'état de santé (C. trav., art. L. 1132-1 et L. 1133-3), le licenciement qu'il aura prononcé en raison de la faute ou de l'insuffisance du salarié.

§2 La certification de conformité des équipements de travail et moyens de protection individuelle

280 Le **document unique**[2] doit impérativement permettre à l'employeur d'identifier, au sein de l'entreprise, l'ensemble des équipements, outils, matériels, etc. qui requièrent la mise en œuvre de procédures de certification. De très nombreux textes imposent la vérification de la conformité des équipements et installations aux règles de sécurité. Parfois, il est prescrit une vérification périodique, comme par exemple pour les installations électriques (C. trav., art. R 4226-14 à -21)[3], ou encore un contrôle *a priori*, comme pour les équipements de travail et moyens de protection individuelle, lesquels font l'objet de procédures de certification de conformité que l'employeur doit connaître.

281 **Équipements et moyens concernés (C. trav., art. L. 4311-1 et s., et R. 4311-1 et s.)**

La procédure de certification de conformité concerne :
- les **équipements de travail** (c'est-à-dire les machines, appareils, outils, engins, matériels et installations) ;
- ainsi que les **moyens de protection** (c'est-à-dire les protecteurs et dispositifs de protection, les équipements et produits de protection individuelle) ;

qui sont :

1) Voir Cass. soc., 14 juin 2007, n° 06-41.377.
2) Voir ci-dessus, n°s 239 et s.
3) D. n° 88-1056, 14 nov. 1988, modifié, non codifié, art. 47 ; D. n° 2010-1016, 30 août 2010.

– visés par **décrets** comme soumis aux obligations de sécurité (C. trav., art. L. 4311-7-1° et R. 4311-4 et s.) ;
– **et** exposés, mis en vente, vendus, importés, loués, mis à disposition ou cédés à quelque titre que ce soit (C. trav., art. L. 4311-1).

La partie réglementaire du Code du travail relative à ces questions a été profondément refondue par un décret n° 2008-1156 du 7 novembre 2008, portant transposition de la directive communautaire n° 2006/42/CE du 17 mai 2006, et dont les dispositions sont entrées en application le 29 décembre 2009.

282 Principes de conception

Les équipements et moyens soumis aux obligations de sécurité doivent satisfaire à des principes de conception (C. trav., art. L. 4311-1) :
– les équipements de travail doivent être conçus et construits de façon que leur mise en place, leur utilisation, leur réglage, leur maintenance, dans des conditions conformes à leur destination, n'exposent pas les personnes à un risque d'atteinte à leur santé ou à leur sécurité ;
– les moyens de protection doivent être conçus et fabriqués de manière à protéger les personnes, dans des conditions d'utilisation et de maintenance conformes à leur destination, contre les risques pour lesquels ils sont prévus.

283 Règles techniques de conception

Pour veiller à ce que ces principes de conception soient respectés, des décrets définissent des règles techniques de conception auxquelles doit satisfaire chaque type d'équipement de travail et de moyen de protection (C. trav., art. L. 4311-7-2°). Par extension, il est interdit à l'employeur de mettre en service ou d'utiliser des équipements de travail et des moyens de protection qui ne satisfont pas aux règles techniques de conception les concernant (C. trav., art. L. 4321-2).

L'employeur doit donc vérifier la **conformité** des équipements de travail et moyens de protection avec les règles et prescriptions techniques qui leur sont applicables, et ce sans préjudice des obligations qui s'imposent à lui concernant **l'utilisation** de ces équipements et moyens (point que nous n'abordons pas dans le cadre du présent ouvrage) [(1)]. L'acheteur ou le locataire d'un matériel non conforme dispose d'un **délai d'un an**, à compter du jour de la livraison, pour demander la résolution de la vente ou du bail, ainsi que, le cas échéant, des dommages-intérêts (C. trav., art. L. 4311-5).

1) Voir Babin M. et Le Cohu P., La prévention des risques professionnels, Liaisons sociales, 28 déc. 2007, bref n° 15024. Tous les équipements de travail et les moyens de protection mis en service ou utilisés dans les établissements soumis à la réglementation du travail doivent être équipés, installés, utilisés, réglés et maintenus de manière à préserver la sécurité et la santé des travailleurs, y compris en cas de modification de ces équipements de travail et de ces moyens de protection (C. trav., art. L. 4321-1).

284 Procédure de certification de conformité

Est définie par décret la procédure de certification qui est applicable à chaque type d'équipement de travail et de moyen de protection, afin de s'assurer de sa conformité aux règles techniques auxquelles doivent se soumettre les fabricants, importateurs et cédants (C. trav., art. L. 4311-7-4°). Aux termes du décret n° 2008-1156 du 7 novembre 2008, chaque catégorie de machine, équipement de travail ou équipement de protection individuelle relève de l'une des cinq procédures suivantes (C. trav., art. R. 4313-20 et s.) (1) :

- évaluation de la conformité avec contrôle interne de la fabrication (dite aussi procédure *« d'**auto-certification CE** »*) : le fabricant s'assure qu'un équipement de travail ou un moyen de protection satisfait aux règles techniques et établit, sous sa responsabilité, une déclaration de conformité en ce sens ;
- **examen CE de type** : un organisme notifié constate et atteste qu'un modèle d'équipement de travail ou de moyen de protection est conforme aux règles techniques. Les organismes notifiés sont habilités par arrêté du ministre chargé du travail et notifiés (d'où leur nom) à la Commission européenne ainsi qu'aux autres États membres ;
- **système d'assurance qualité complète** : un organisme notifié évalue, approuve le système de qualité d'un fabricant d'équipements de travail et en contrôle l'application. À cette fin, il s'assure que toutes les mesures ont été prises concernant la conception, la fabrication, l'inspection finale et le stockage ;
- **système de garantie de qualité CE** : un organisme notifié atteste que le fabricant d'un moyen de protection a pris toutes mesures nécessaires pour que le procédé de fabrication, y compris l'inspection finale et les essais, assure l'homogénéité de sa production et la conformité de chaque exemplaire soumis à cette procédure avec le modèle ayant fait l'objet de l'attestation d'examen CE de type et avec les règles techniques ;
- **système d'assurance qualité CE de la production avec surveillance** : un fabricant de moyen de protection fait approuver un système d'assurance qualité par un organisme notifié de son choix, et confie à cet organisme le soin de contrôler, par surveillance, qu'il remplit correctement les obligations résultant du système d'assurance qualité approuvé.

1) Voir circulaire DGT n° 2010-01 du 4 février 2010 concernant la mise en œuvre du décret du 7 novembre 2008 relatif aux équipements de travail et aux équipements de protection individuelle. Consultable sur : <www.circulaires.gouv.fr/index.php>. Liste des organismes notifiés pour les EPI : voir Arr. 20 déc. 2010 (JO 8 janv. 2011), abrogeant l'arrêté du 24 décembre 1996.

285 Normes de conception

Sont définies par arrêtés la liste des normes techniques [1] dont le respect, sans être obligatoire, est réputé satisfaire aux règles techniques. Certaines de ces normes peuvent être rendues obligatoires par arrêté (C. trav., art. L. 4311-7-6°).

286 Vérification

L'inspecteur du travail ou le contrôleur du travail peut demander à l'employeur de faire vérifier par des organismes accrédités la conformité des équipements de travail avec les dispositions qui leur sont applicables (C. trav., art. L. 4722-1 et -2, R. 4722-5 et s.) [2].

L'employeur peut saisir le directeur de la DIRECCTE, par lettre recommandée avec accusé de réception, et au plus tard dans les 15 jours suivant la demande de vérification, d'un recours qui est suspensif (C. trav., art. L. 4723-1, R. 4723-1 et s.). Le directeur de la DIRECCTE prend sa décision dans un délai de 21 jours, qui peut être prolongé d'une nouvelle période de 21 jours si les nécessités de l'instruction l'exigent, auquel cas l'employeur est informé par lettre recommandée avec accusé de réception. La non-communication à l'employeur de la décision du directeur de la DIRECCTE dans ce délai vaut acceptation de la réclamation. Tout refus de la part du directeur de la DIRECCTE doit être motivé.

§3 La mesure des niveaux d'exposition

287 Le **document unique** doit également permettre à l'employeur d'identifier, au sein de l'entreprise, l'ensemble des produits, substances, préparations, etc., qui requièrent le respect de niveaux d'exposition. De nombreux textes imposent le respect de valeurs limites lors de l'exposition des travailleurs à certains agents nocifs. Le respect de ces valeurs suppose que des mesures soient effectuées à des intervalles et dans des conditions définis.

288 Agents visés

Sont notamment visés :

- les agents chimiques dangereux (C. trav., art. R. 4412-27 et s., -149 et s. ; deux arrêtés du 15 déc. 2009, JO 17 déc.) [3] ;
- les agents cancérogènes, mutagènes ou toxiques pour la reproduction (C. trav., art. R. 4412-76 et s.) [4] ;

1) Voir ci-dessus, introduction, n° 18.

2) Arr. 22 oct. 2009, JO 5 nov.

3) Voir circulaire DGT n° 2010-03 du 13 avril 2010 relative au contrôle du risque chimique sur les lieux de travail. Consultable sur : <www.circulaires.gouv.fr/index.php?action=afficherCirculaire&hit=1>.

4) Arr. 5 janv. 1993, JO 19 févr., modifié par Arr. 18 sept. 2000, JO 28 sept., modifié par Arr. 13 juill. 2006, JO 29 juill.

– l'amiante (C. trav., art. R. 4412-104 et s.) ;
– les rayonnements ionisants (C. trav., art. R. 4451-10, -12 et s.) ;
– les vibrations mécaniques (C. trav., art. R. 4443-1 et -2) ;
– le bruit (C. trav., art. R. 4431-2 et s.) ;
– les poussières, gaz, aérosols liquides, vapeurs, etc. présents dans l'atmosphère (C. trav., art. R. 4222-10) [(1)] ;
– les niveaux d'éclairement (C. trav., art. R. 4223-4 et s.).

289 Valeur d'exposition

S'agissant des valeurs d'exposition, les textes distinguent plusieurs notions, notamment :
– la **valeur limite biologique** et la **valeur limite d'exposition professionnelle** (risque chimique : C. trav., art. R. 4412-27 et s., -32 et s.) ;
– la **valeur limite** et la **valeur limite indicative** (agents chimiques : C. trav., art. R. 4412-149 et -150). Les valeurs limites ne doivent aucunement être dépassées, alors que les valeurs limites indicatives constituent des objectifs de prévention dont le dépassement doit être pris en compte pour apprécier la nécessité de procéder à une nouvelle évaluation des risques d'exposition ;
– la **valeur limite supérieure** et la **valeur limite inférieure** (bruit : C. trav., art. R. 4431-2) : les valeurs limites ne doivent aucunement être dépassées, et justifient l'application de mesures de prévention propres à remédier à tout dépassement. Les autres valeurs limites justifient l'application de mesures de prévention proportionnées.

290 Différentes mesures

a) Mesures nécessaires

Certains textes n'imposent de mesure que si elle est nécessaire. C'est le cas pour le bruit : lorsqu'il procède à l'évaluation des risques pour la santé et la sécurité des travailleurs et à sa mise à jour, *« l'employeur évalue et, si nécessaire, mesure les niveaux de bruit auxquels les travailleurs sont exposés »* (C. trav., art. R. 4433-1). En cas de mesurage, celui-ci est renouvelé tous les cinq ans.

b) Mesures régulières

Dans d'autres cas, les textes prévoient que l'employeur doit procéder de façon régulière aux mesures permettant la vérification du respect des valeurs d'exposition. C'est le cas notamment pour les agents chimiques (C. trav., art. R. 4412-27) et les agents cancérogènes, mutagènes ou toxiques pour la reproduction (C. trav., art. R. 4412-76).

---

1) Arr. 30 juin 2004, JO 11 juill., modifié par Arr. 9 févr. 2006, JO 10 févr. ; Arr. 26 oct. 2007, JO du 28 oct.

c) Mesure sur prescription de l'inspecteur du travail

L'inspecteur du travail peut prescrire à l'employeur de faire procéder à des contrôles, mesures, relevés, nécessaires pour vérifier le respect des valeurs d'exposition, par une personne ou un organisme extérieur agréé choisi par l'employeur sur une liste dressée par arrêté ministériel (C. trav., art. L. 4722-1, R. 4722-1 à 4722-22).

L'employeur peut saisir le directeur de la DIRECCTE, par lettre recommandée avec accusé de réception, et au plus tard dans les 15 jours suivant la demande, d'un recours qui est suspensif (C. trav., art. L. 4723-1, R. 4723-1 et s.). Ce délai est réduit à huit jours en cas de demande d'analyse de substances et préparations dangereuses, l'effet suspensif ne faisant pas alors obstacle à l'exécution du prélèvement (C. trav., art. R. 4722-10 et R. 4723-5). Le directeur de la DIRECCTE prend sa décision dans un délai de 21 jours, qui peut être prolongé d'une nouvelle période de 21 jours si les nécessités de l'instruction l'exigent, auquel cas l'employeur est informé par lettre recommandée avec accusé de réception. La non-communication à l'employeur de la décision du directeur de la DIRECCTE dans ce délai vaut acceptation de la réclamation. Tout refus de la part du directeur de la DIRECCTE doit être motivé.

SECTION III La planification de la prévention

291 À partir du **document unique**, l'employeur doit définir les mesures de prévention qu'il estime nécessaire de prendre dans l'entreprise. Compte tenu de l'extrême variété de ces risques, la définition des mesures de prévention implique obligatoirement que l'employeur établisse une hiérarchie des risques (le cas échéant, par unité de travail), qu'il définisse des priorités (en particulier au regard de la gravité respective des risques identifiés), qu'il échelonne dans le temps les mesures à prendre (en fonction de leur coût, des contraintes techniques), etc. Il devra par ailleurs porter ces mesures à la connaissance des travailleurs, conformément à son obligation d'**information** [1]. En d'autres termes, l'employeur doit **planifier** la prévention, c'est-à-dire doter l'entreprise d'un ensemble de moyens qui soit organisé rationnellement dans l'espace et le temps. Ce travail de planification doit être fait en étroite concertation avec les instances représentatives du personnel, en particulier le CHSCT (§ 1), mais aussi avec les acteurs du service de santé au travail (§ 2), dont l'employeur doit connaître et respecter les missions et prérogatives.

1) Voir ci-dessous, n°s 320 et s.

§1 Les prérogatives du CHSCT

292 La politique de protection de la santé et de sécurité au travail, même si elle relève de la responsabilité de l'employeur, laisse une large place à la concertation avec les représentants du personnel, en particulier au sein du CHSCT.

ATTENTION

En l'absence de CHSCT, ce sont les délégués du personnel qui assument les missions de ce dernier[1]. L'ensemble des dispositions citées ci-dessous les concernent donc à ce titre.

293 Information

Le CHSCT reçoit de l'employeur les informations qui lui sont nécessaires pour l'exercice de ses missions (C. trav., art. L. 4614-9). Un manquement de l'employeur à ce devoir général d'information peut constituer le délit d'entrave au fonctionnement du CHSCT. Le droit à l'information du CHSCT connaît de multiples applications : ainsi, lors des visites effectuées par l'inspecteur ou le contrôleur du travail, les représentants du personnel au CHSCT sont informés de sa présence par l'employeur et peuvent présenter leurs observations (C. trav., art. L. 4612-7).

294 Documents à *communiquer* au CHSCT (liste non exhaustive)

Sont visés :

- les attestations, consignes, résultats et rapports relatifs aux vérifications et contrôles de certains appareils, machines et installations (appareils de levage, cuves, bassins et réservoirs, installations électriques, presses) doivent être communiqués au CHSCT (C. trav., art. L. 4711-1), de même qu'aux délégués du personnel et au médecin du travail ;
- les observations et mises en demeure notifiées par l'inspection du travail relatives à des questions d'hygiène, de sécurité, de médecine du travail et de prévention des risques sont conservées par l'employeur et communiquées au CHSCT (C. trav., art. L. 4711-2), de même qu'aux délégués du personnel et au médecin du travail ;
- lorsque l'urgence justifie que les prescriptions du règlement intérieur relatives à la santé et à la sécurité puissent recevoir application immédiate, ces prescriptions doivent immédiatement et simultanément être communiquées au secrétaire du

1) Voir ci-dessus, n° 189.

CHSCT, aux secrétaires du comité d'entreprise et à l'inspection du travail (C. trav., art. L. 1321-5) ;
- les injonctions de la CARSAT et décisions d'imposition de cotisations supplémentaires [1] ;
- les décisions de l'inspecteur du travail ou du directeur de la DIRECCTE à propos du retrait ou de la modification de dispositions du règlement intérieur, pour les matières relevant de la compétence du CHSCT (C. trav., art. L. 1322-2 et -3) ;
- les documents établis par le médecin du travail : rapport annuel propre à l'entreprise (C. trav., art. D. 4624-45), fiche d'entreprise (C. trav., art. D. 4624-39), rapports et résultats des études portant sur l'action en milieu de travail (C. trav., art. R. 4624-8) ;
- les documents établis à l'intention des autorités chargées de l'environnement (C. trav., art. L. 4612-15).

295 Documents à tenir *à la disposition* du CHSCT (liste non exhaustive)

Sont visés :
- le document unique d'évaluation des risques (C. trav., art. R. 4121-4) ;
- certains documents relatifs :
  - au risque chimique (C. trav., art. R. 4412-9, -48),
  - aux agents cancérogènes, mutagènes ou toxiques pour la reproduction (C. trav., art. R. 4412-43, -64, -86),
  - aux vibrations mécaniques (C. trav., art. R. 4444-4),
  - au bruit (C. trav., art. R. 4433-4),
  - aux équipements de travail (C. trav., art. R. 4323-5, -20),
  - aux équipements individuels de protection (C. trav., art. R. 4323-105),
  - en cas de dématérialisation des registres auxquels le CHSCT a un droit d'accès reconnu par la loi, celui-ci doit être consulté préalablement (C. trav., art. L. 4612-14).

Les membres du CHSCT sont tenus à une **obligation de discrétion** à l'égard des informations présentant un caractère confidentiel et données comme telles par l'employeur ; ils sont, en outre, tenus au secret professionnel pour toutes les questions relatives aux procédés de fabrication (C. trav., art. L. 4614-9).

296 Consultation

Le CHSCT est consulté (C. trav., art. L. 4612-8 et s.) sur les projets importants et documents se rattachant à sa mission [2]. Il est consulté :

---

1) Arr. 9 déc. 2010, JO 15 déc.

2) Sur ces missions, voir ci-dessus, n°s 184 et s.

- avant toute décision d'**aménagement important** modifiant les conditions d'hygiène et de sécurité ou les conditions de travail (notamment : avant toute transformation importante des postes de travail découlant de la modification de l'outillage, d'un changement de produit ou de l'organisation du travail, avant toute modification des cadences et des normes de productivité liées ou non à la rémunération du travail).
  Exemple : projet de transfert ayant pour conséquence le reclassement de 200 salariés au sein de la société Air France, ceux-ci étant contraints de suivre des formations pour s'adapter à leurs nouveaux emplois et voyant leurs conditions de travail modifiées notamment quant à la mobilité géographique [1] ;
- en cas d'**introduction de nouvelles technologies** (C. trav., art. L. 2323-13), à la fois sur le projet d'introduction **et** lors de l'introduction, quant aux conséquences de ce projet et de cette introduction sur la santé et la sécurité des travailleurs ;
- sur le **plan d'adaptation** lors de la mise en œuvre de **mutations technologiques** importantes et rapides (C. trav., art. L. 2323-14) ;
- sur tout document se rattachant à sa mission, et notamment le **règlement intérieur**.

Les dispositions du Code du travail ne prévoient pas expressément la consultation du CHSCT lors de l'élaboration du document unique, ou à l'occasion de ses modifications [2]. Il nous semble néanmoins logique que le CHSCT soit associé à ce travail d'évaluation, et donc consulté à chaque étape.

Plus largement, le comité se prononce sur **toute question de sa compétence** dont il est saisi par :
- le chef d'entreprise ou d'établissement ;
- le comité d'entreprise ou d'établissement ;
- les délégués du personnel.

ATTENTION

S'agissant de la notion d'« ***aménagement important*** », la Cour de cassation a jugé que « *le nombre de salariés concernés ne détermine pas, à lui seul, l'importance du projet* » et que les juges doivent rechercher, au cas par cas, si le projet en cause est ou non de nature à modifier les conditions de santé et de sécurité des salariés ou leurs conditions de travail [3].

1) Cass. soc., 12 juill. 2005, n° 03-10.633.
2) Voir ci-dessus, n°s 239 et s.
3) Cass. soc., 10 févr. 2010, n° 08-15.086 P.

La Cour de cassation a néanmoins tendance à faire une appréciation large de la notion de projet important [1]. Ainsi, elle a admis que l'employeur doit consulter le CHSCT sur un **projet de mise en place d'entretiens annuels d'évaluation,** dès lors que les évaluations annuelles doivent permettre une meilleure cohérence entre les décisions salariales et l'accomplissement des objectifs, qu'elles peuvent avoir une incidence sur le comportement des salariés, leur évolution de carrière et leur rémunération, et que les modalités et les enjeux de l'entretien sont manifestement de nature à générer une pression psychologique entraînant des répercussions sur les conditions de travail [2].

IMPORTANT

L'employeur doit notamment intégrer la consultation du CHSCT dans tout **projet de réorganisation ou de restructuration** ayant un impact important sur les conditions de travail, qu'il s'agisse de celle des salariés concernés par le projet, ou de celle des autres salariés [3].

297 Consultations obligatoires du CHSCT (liste non exhaustive)

Consultations périodiques		
Rapport annuel	L. 4612-16 et L. 4612-17	
Rapport annuel du médecin du travail	D. 4624-36	
Tabagisme	CSP, art. R. 3511-5	Mise en place d'un emplacement à la disposition des fumeurs et modalités de mise en œuvre – Consultations renouvelées tous les deux ans
Consultations ponctuelles		
Conditions de travail	L. 4612-8	Toute décision d'aménagement important modifiant les conditions de santé et de sécurité ou les conditions de travail et, notamment, avant toute transformation importante des postes de travail découlant de la modification de l'outillage, d'un changement de produit ou de l'organisation du travail, avant toute modification des cadences et des normes de productivité liées ou non à la rémunération du travail

1) Voir. Cottin J.-B, préc., n° 266 et s.

2) Cass. soc., 28 nov. 2007, n° 06-21.964 P.

3) Voir Cottin J.-B.,préc., nos 269 et s.

Protection et prévention	L. 1321-4	Règlement intérieur
	L. 1321-13	Notes de service instituant des règles générales et permanentes dans le domaine de l'hygiène et de la sécurité
	R. 4143-1	Formations à la sécurité (coopération du comité)
	R. 4623-31	Recours aux IPRP
	R. 4323-97	Conditions dans lesquelles les équipements de protection individuelle sont mis à disposition et utilisés
	R. 4412-24	Risque chimique : notice fixant les conditions de l'entretien des installations et des appareils de protection collective et les procédures à mettre en œuvre pour assurer leur surveillance
	R. 4412-75	Mesures nécessaires pour réduire le plus possible la durée d'exposition des travailleurs et pour assurer leur protection durant les activités pour lesquelles il existe un risque de contamination par des agents cancérogènes, mutagènes ou toxiques pour la reproduction
	R. 4412-76	Stratégie de prélèvement pour les contrôles réguliers de la concentration des agents cancérogènes, mutagènes ou toxiques pour la reproduction
	R. 4456-5	Désignation d'une personne compétente en radioprotection
	L. 4741-11	Plan de réalisation de mesures pour rétablir les conditions normales d'hygiène et de sécurité en cas d'accident du travail
	R. 4412-103	Organisation du travail en cas de risques d'exposition à l'amiante
	R. 4412-107	Stratégie de prélèvement pour le contrôle des niveaux d'empoussièrement en fibres d'amiante
	R. 4412-122	Plan de démolition, de retrait ou de confinement d'amiante
	R. 4412-141	Mode opératoire établi pou les activités et interventions sur des matériaux ou appareils susceptibles de libérer des fibres d'amiante
	R. 4514-3 et R. 4514-8 R. 4514-6	Mesures de prévention prises en cas de travaux réalisés par une entreprise extérieure (avis des membres du comité désignés pour participer à l'inspection commune préalable et inspections et réunions périodiques de coordination)

Aménagement des locaux	R. 4224-18	Mesures à prendre pour satisfaire aux obligations d'entretien et de nettoyage réguliers des locaux de travail et leurs annexes
	R. 4225-3	Liste des postes de travail pour lesquels, les conditions particulières de travail entraînant les travailleurs à se désaltérer fréquemment, l'employeur est tenu de mettre gratuitement à leur disposition au moins une boisson non alcoolisée autre que de l'eau
	R. 4222-17 et R. 4222-21	Installation ou modification des conditions de recyclage de l'air provenant d'un local à pollution spécifique consigne d'utilisation des dispositions prises pour la ventilation
	R. 4223-15	Dispositions nécessaires pour assurer la protection des travailleurs contre le froid et les intempéries
	R. 4228-22	Mise à disposition d'un local de restauration dans les établissements dans lesquels le nombre de travailleurs souhaitant prendre habituellement leur repas sur les lieux de travail est au moins égal à 25
	R. 4228-25	Utilisation du local de restauration ou de l'emplacement permettant de se restaurer comme local ou emplacement de repos
Emploi des handicapés	L. 4612-11	Mesures prises en vue de faciliter la mise, la remise ou le maintien au travail des accidentés du travail, des invalides de guerre, des invalides civils et des travailleurs handicapés, notamment sur l'aménagement des postes de travail
	L. 5213-5 et R. 5213-24	Moyens les mieux adaptés aux conditions d'exploitation et à la nature des activités professionnelles visant le ré-entraînement au travail et la rééducation professionnelle des salariés malades et blessés dans tout établissement ou groupe d'établissements appartenant à une même activité professionnelle de plus de 5 000 salariés
	R. 5213-33	Demande d'aide financière pour l'adaptation du lieu de travail
Plan d'adaptation	L. 4612-10	Plan d'adaptation établi lors de la mise en œuvre de mutations technologiques importantes et rapides

Autorisation	R. 4228-18	Demandes de dérogation adressées à l'inspecteur du travail pour l'aménagement des vestiaires, des lavabos et des douches, lorsque celui-ci ne peut, pour des raisons tenant à la disposition des locaux, être effectué dans les conditions réglementaires
	D. 4154-3	Demande de dérogation pour l'emploi de salariés en CDD et de salariés temporaires à des travaux dangereux
	R. 4227-56	Demande de dérogation aux mesures relatives à la prévention des incendies
	Arr. 19 sept. 1977	Attribution de ristournes sur la majoration forfaitaire correspondant à la couverture des accidents du trajet
	R. 4455-1	Autorisation d'exposition aux rayonnements ionisants
	R. 4451-16	Autorisation de méthodes de calcul dérogatoire pour les valeurs limites d'exposition aux rayonnements ionisants dans les activités nucléaires
	R. 4437-2	Demande d'autorisation à l'utilisation permanente de protecteurs auditifs individuels

298 Quelques questions-clés autour de la consultation du CHSCT [1]

a) Quand consulter le CHSCT ?

Dès lors que le projet considéré relève d'une consultation obligatoire du CHSCT [2], la consultation doit intervenir **préalablement** à la prise de décision par l'employeur, voire, en cas de projet comportant plusieurs étapes, avant chaque décision constituant l'une des étapes du projet.

b) Comment articuler la consultation du CHSCT avec celle du CE ?

On s'accorde à admettre que lorsqu'un même projet doit donner lieu à la consultation du CHSCT et du CE, le CHSCT, dont la compétence est plus étroite que celle du CE, doit être consulté **avant le CE**, de manière à ce que dernier puisse prendre connaissance de l'avis du CHSCT avant de rendre son propre avis. Cette articulation peut poser problème dans les entreprises à établissements multiples dotées de plusieurs CE et CHSCT, en particulier lorsque le projet relève par son importance des attributions du Comité central d'entreprise (CCE) : dans ce dernier cas, l'absence d'équivalent du CCE pour le CHSCT aboutira à ce que chaque établissement concerné par le projet doive

1) Voir Cottin J.-B., préc., n°s 253 et s.
2) Voir ci-dessus, n° 297.

consulter son CHSCT pour la part du projet le concernant, avant que le CCE soit consulté sur l'ensemble...

Lorsqu'un projet important concerne **plusieurs établissements**, et en l'absence de CHSCT constitué à l'échelle de l'ensemble de ces établissements, chaque CHSCT territorialement compétent doit être consulté [1].

c) Comment préparer la consultation ?

La consultation doit être mentionnée dans **l'ordre du jour** établi conjointement par le président et le secrétaire. Chaque membre doit être rendu destinataire de cet ordre du jour, accompagné d'**informations** suffisamment précises, délivrées par écrit dans le cadre d'une note accompagnée si nécessaire de documents complémentaires, et ce dans le **délai légal** de communication de l'ordre du jour, soit 15 jours au moins avant la réunion.

d) Comment procéder à la consultation ?

Par précaution, l'employeur s'assurera que la consultation du CHSCT donne lieu à un vote, dont le résultat sera transcrit dans le procès-verbal de la réunion.

e) Quid *en cas d'avis défavorable ?*

L'employeur n'est pas lié par l'avis du CHSCT, et peut donc passer outre l'avis défavorable du comité, c'est-à-dire prendre la décision que le comité aura rejetée. Dans ce cas, il s'expose à ce que le Tribunal de grande instance soit saisi, par le CHSCT ou par une autre personne (organisation syndicale, CE), d'une action visant à suspendre l'exécution de la décision en raison de ce qu'elle méconnaîtrait l'obligation de sécurité mise à la charge de l'employeur [2].

f) Quid *en cas de refus de délivrer un avis ?*

L'employeur ne peut passer outre l'absence d'avis du CHSCT que s'il s'est conformé à ses obligations en termes de consultation du comité, telles que visées aux points précédents (inscription à l'ordre du jour, délivrance d'informations suffisantes, etc.). À défaut, l'employeur doit procéder à une nouvelle consultation dans le cadre d'une nouvelle réunion, le cas échéant sur la base d'informations complémentaires.

g) Quels sont les enjeux en cas de non-respect de ces principes ?

L'employeur s'expose, premièrement, à une condamnation pénale au titre d'un délit d'entrave et, deuxièmement, à ce que le juge civil ordonne la suspension du projet

1) Cass. soc., 30 juin 2010, n° 09-13.640 P : constitue une décision d'aménagement important modifiant les conditions de travail au sens de ce texte, un projet de regroupement sur un même site d'un service commun réparti sur plusieurs sites intéressant 80 salariés, dont la mise en œuvre doit entraîner le transfert hors de leur secteur géographique d'origine ou le changement des attributions de ces salariés ; en l'absence d'un CHSCT unique compétent pour l'ensemble des sites concernés, le projet qui excède nécessairement les prérogatives de chacun des CHSCT impose la consultation de tous les CHSCT territorialement compétents pour ces sites.

2) Voir ci-dessus, n°s 135 et s.

faisant l'objet de la consultation, et condamne l'employeur à procéder à cette dernière sous astreinte.

299 Proposition

Le CHSCT contribue à la promotion de la prévention et suscite toute initiative qu'il estime utile dans cette perspective (C. trav., art. L. 4612-3). Il peut proposer, à cet effet, des actions de prévention (notamment en matière de harcèlements moral et sexuel), que l'employeur peut refuser (il doit alors motiver sa décision). Néanmoins, et sauf en cas de signalement d'un risque grave [(1)], l'employeur n'a pas à recueillir l'accord préalable du CHSCT avant de prendre une décision. L'avis, même obligatoire, du CHSCT ne lie pas l'employeur.

300 Consultation directe des travailleurs

Certaines dispositions, rares, prévoient que l'employeur doit obligatoirement consulter les travailleurs.

C'est le cas par exemple :

- dans une entreprise dépourvue de délégué du personnel, sur tout projet d'introduction et l'introduction de nouvelles technologies, concernant leurs conséquences sur la sécurité et la santé des travailleurs (C. trav., art. L. 4612-9 et L. 2313-13) ;
- dans tous les cas, sur certaines questions telles que le choix des protecteurs auditifs individuels (C. trav., art. R. 4434-8).

301 Bilan et programme annuels

Au moins une fois par an, l'employeur présente au CHSCT (C. trav., art. L. 4412-16) :

- un **rapport écrit faisant le bilan** de la situation générale de la santé, de la sécurité et des conditions de travail dans son établissement, et des actions menées au cours de l'année écoulée. La question du travail de nuit y est traitée spécifiquement ;
- un **programme annuel** de prévention des risques professionnels et d'amélioration des conditions de travail.

Le programme fixe la **liste détaillée des mesures** devant être prises au cours de l'année à venir, et précise, pour chaque mesure, **ses conditions d'exécution** et **l'estimation de son coût**. Le CHSCT émet un avis sur le rapport et sur le programme. L'employeur transmet pour information le rapport et le programme au **comité d'entreprise** ou d'établissement accompagnés de l'avis du CHSCT. Il joint également le procès-verbal de la réunion à toute **demande** présentée en vue d'obtenir des marchés publics, des participations publiques, des subventions, des primes de toute nature ou

1) Voir ci-dessous, n° 360.

des avantages sociaux ou fiscaux. Le CHSCT peut **proposer** un ordre de priorité et l'adoption de mesures supplémentaires. Cet avis est transmis pour information à **l'inspecteur du travail**. Lorsque des mesures prévues par l'employeur ou demandées par le comité n'ont pas été prises au cours de l'année concernée par le programme, l'employeur énonce les **motifs** de cette inexécution, en annexe au rapport établi au titre de l'année concernée.

ATTENTION

Si l'entreprise est dépourvue de CHSCT (parce qu'elle n'a pas l'obligation d'en constituer un, ou en raison d'une carence de candidat), mais qu'elle est pourvue de délégués du personnel, la question peut se poser de savoir si elle n'a pas l'obligation d'établir ces documents et de les soumettre à l'avis des délégués.

IMPORTANT

Pour l'entreprise soumise à l'obligation de consulter le CHSCT sur le programme annuel de prévention des risques professionnels, ce programme a vocation à être, en complément du document unique d'évaluation, le support de la politique de prévention mise en œuvre dans l'entreprise. Il n'est donc pas nécessaire de chercher à se conformer à un modèle officiel, lequel n'existe d'ailleurs pas. Comme pour le document unique, les premières qualités attendues du programme tiennent dans sa capacité à refléter la réalité des risques existant dans l'entreprise, y compris dans leur évolution. C'est pourquoi l'entreprise doit acquérir le réflexe d'adapter le programme en fonction des données nouvelles ayant donné lieu à l'actualisation du document unique au cours de l'année écoulée [1].

§2 Le rôle du médecin du travail et de l'IPRP

302 La politique de prévention des risques professionnels dans l'entreprise est pour l'essentiel fondée sur une analyse collective des risques [2], opérée en concertation avec

1) Voir ci-dessus, n°s 239 et s.

2) Voir ci-dessus, n°s 238 et s.

les instances représentatives du personnel [1]. Mais elle doit également tenir compte de la dimension **individuelle** des situations de risque, sans pour autant réduire cette dimension à la seule question de l'aptitude de chaque salarié à occuper son poste. La logique générale qui sous-tend les différents principes de prévention des risques professionnels est en effet celui de l'adaptation du travail à l'homme, y compris, dans la mesure du raisonnable, l'adaptation du poste aux caractéristiques propres au salarié. Cet aspect de la politique de prévention des risques professionnels repose essentiellement sur l'action du médecin du travail, seul intervenant à pouvoir procéder à la fois au suivi de l'état de santé de chaque salarié [2] et à l'analyse des conditions de travail (A), et à pouvoir en tirer les conséquences en termes de préconisations individuelles ou collectives (B). En cas d'accident ou de maladie, le non-respect des préconisations émanant du médecin du travail pèsera très lourdement dans l'appréciation par le juge de la responsabilité de l'employeur.

A. - Action en milieu de travail

303 Notion

Selon l'administration, il faut entendre par action du médecin du travail sur le milieu de travail toute action relevant de la préparation, de la réalisation et des suites immédiates d'une intervention du médecin du travail au bénéfice d'une entreprise ou de plusieurs entreprises, préalablement identifiées [3].

Cette activité préventive (au bénéfice collectif ou individuel des travailleurs) a pour but de mener ou de proposer des actions de prévention, de correction ou d'amélioration des conditions de travail. Elle se concrétise par :

- la participation aux **réunions** (et le cas échéant aux enquêtes et inspections) du CHSCT [4], les **actions de formation et d'information** des travailleurs en entreprise [5] ainsi que la participation à **l'organisation des secours**.
- l'élaboration et la communication aux établissements concernés de différents **documents** (avis, rapports, comptes rendus, courriers, et résultats d'études), permettant de contribuer à la démarche de prévention de l'entreprise ; la fiche d'entreprise [6] compte au nombre de ces documents ;

Toujours selon l'administration, il est essentiel que l'employeur et, par l'intermédiaire de ce dernier, le CHSCT, aient connaissance des rapports établis à la suite d'une visite d'établissement ou de chantier ainsi que des résultats des études menées par le

1) Voir ci-dessus, n°s 292 et s.
2) Voir ci-dessus, n°s 261 et s.
3) Circ. DRT n° 2005-03, 7 avr. 2005. Consultable sur : <www.circulaires.gouv.fr>.
4) Voir ci-dessus, n° 186.
5) Voir ci-dessous, n°s 320 et s., 324 et s.
6) Voir ci-dessus, n° 249.

médecin du travail sur le milieu de travail [1]. En outre, cette communication assure la traçabilité des interventions du médecin du travail. La transmission des rapports et études à chaque employeur concerné, comme la fiche d'entreprise, est donc prévue par les textes (C. trav., art. R. 4624-8, D. 4624-36 et -39), notamment dans le but de contribuer à la définition des actions de prévention. Dans les services interentreprises, le président du service est responsable de la communication à l'employeur des rapports et études et s'assure de leur bonne transmission.

304 Droit de visite et libre accès

Le médecin du travail effectue la visite des entreprises et établissements dont il a la charge, à son initiative ou à la demande de l'employeur ou du CHSCT (ou, à défaut, des délégués du personnel). Il a libre accès aux lieux de travail (C. trav., art. R. 4624-1).

305 Information

Les dispositions du Code du travail prévoient que le médecin du travail est obligatoirement informé des éléments suivants (C. trav., art. R. 4624-4) :

- nature et composition des produits utilisés ainsi que de leurs modalités d'emploi (fiches de données de sécurité) [2] ;
- résultats de toutes les mesures et analyses effectuées dans les domaines relevant de ses missions [3].

La liste des éléments devant être portés à sa connaissance est en réalité beaucoup plus longue. Le médecin du travail a accès à certaines informations qui soit devront être tenues à sa disposition, soit devront lui être transmises :

- attestations, consignes, résultats et rapports relatifs aux vérifications et contrôles imposés à l'employeur en matière d'hygiène et de sécurité (C. trav., art. R. 4624-5 et L. 4711-1) ;
- document unique d'évaluation des risques (C. trav., art. R. 4121-4) ;
- certains documents relatifs :
- au risque chimique (C. trav., art. R. 4412-9 et -42) ;
- aux agents cancérogènes, mutagènes ou toxiques pour la reproduction (C. trav., art. R. 4412-42, -64, -80, -93) ;
- aux vibrations mécaniques (C. trav., art. R. 4444-4) ;
- au bruit (C. trav., art. R. 4433-4) ;
- aux interventions d'une entreprise extérieure (C. trav., art. R. 4511-11 et R. 4513-9) ;
- aux chantiers du bâtiment ou du génie civil (C. trav., art. R. 4532-50, -69 et -73).

(Liste non exhaustive).

1) Circ. DRT n° 2005-03, 7 avr. 2005.
2) Voir ci-dessus, n° 251.
3) Voir ci-dessus, n° 248.

306 Droit de prélèvement et mesure

Dans l'exercice de ses fonctions, le médecin du travail peut, aux frais de l'employeur, effectuer ou faire effectuer des prélèvements et des mesures aux fins d'analyses (C. trav., art. R. 4624-7). Il peut faire procéder à des analyses ou mesures qu'il estime nécessaires par un organisme accrédité ou par un organisme agréé choisi sur une liste établie par le ministre chargé du travail. En cas de désaccord entre l'employeur et le médecin du travail, l'inspecteur du travail décide après avis du médecin-inspecteur régional du travail.

307 Secret industriel

Il est interdit au médecin du travail de révéler les secrets de fabrication et les procédés d'exploitation dont il pourrait prendre connaissance dans l'exercice de ses fonctions (C. trav., art. R. 4624-9). Plus largement, le médecin du travail est tenu au secret médical et professionnel [(1)]. Selon l'administration, ce secret professionnel ne concerne pas ses observations, ses constats, ses études et rapports relatifs aux situations de travail car ceux-ci ne sont pas soumis aux règles de confidentialité propres aux données personnelles de santé [(2)].

B. - Adaptation du travail

Dans le cadre de la surveillance médicale des salariés [(3)] aussi bien que dans celui de l'action en milieu de travail [(4)], le médecin du travail jouit de certaines prérogatives.

308 Mesures individuelles

Le médecin du travail peut proposer des mesures individuelles telles que mutations ou transformations de postes, justifiées par des considérations relatives notamment à l'âge, à la résistance physique ou à l'état de santé physique et mentale des travailleurs (C. trav., art. L. 4624-1). Le chef d'entreprise est tenu de prendre en considération ces propositions et, en cas de refus, de faire connaître les motifs qui s'opposent à ce qu'il y soit donné suite. En cas de difficulté ou de désaccord, la décision est prise par l'inspecteur du travail, après avis du médecin-inspecteur régional du travail.

---

1) Voir ci-dessus, n° 275.

2) Circ. DRT n° 2005-03, 7 avr. 2005, III, 3.2.

3) Voir ci-dessus, n°s 261 et s.

4) Voir ci-dessus, n° 303.

309 Déclaration d'inaptitude

Le médecin du travail se prononce sur l'aptitude du salarié à occuper le poste auquel il est affecté (ou auquel l'employeur envisage de l'affecter). Il ne peut constater l'inaptitude du salarié à son poste de travail qu'après (C. trav., art. R. 4624-31) :

1 - une étude de ce poste ;
2 - une étude des conditions de travail dans l'entreprise ;
3 - **deux examens médicaux de l'intéressé espacés de deux semaines**, accompagnés, le cas échéant, des examens complémentaires requis.

Le non-respect de ces conditions entraîne l'annulation du licenciement qui aura été motivé par l'inaptitude irrégulièrement constatée [1]. Néanmoins, ces conditions ne s'appliquent pas dans le cas où le maintien du salarié à son poste de travail entraîne un **danger immédiat** pour la santé ou la sécurité de l'intéressé ou celles des tiers. Dans ce cas, l'inaptitude peut être constatée à l'issue d'un examen médical unique. Mais encore faut-il que l'avis médical pris à l'issue de cet examen unique soit clairement rédigé : selon la Cour de cassation, *« l'inaptitude ne peut être déclarée après un seul examen médical que si la situation de danger ressort de l'avis du médecin du travail* ***ou*** *si cet avis indique outre la référence à l'article R. 4624-31 qu'une seule visite est effectuée »* [2]. En l'absence de telles mentions sur la fiche d'aptitude (la régularisation a posteriori n'étant pas admise), le licenciement motivé par l'inaptitude du salarié constatée à l'issue de l'examen unique sera nul [3].

> **NOTE**
>
> Nous n'abordons pas dans cet ouvrage le régime complexe de l'inaptitude médicale, en termes de reclassement, de licenciement, de statut au plan de la sécurité sociale, etc.

310 Déclaration d'aptitude partielle

Au-delà des situations d'inaptitude médicale reconnues, il arrive fréquemment, en pratique, que le médecin du travail déclare un salarié apte à occuper son poste moyennant le respect de certaines réserves, restrictions ou préconisations. Par exemple, tel salarié est apte à occuper son poste de magasinier, sous réserve de ne pas soulever de charges supérieures à tant de kilogrammes. Ces avis d'aptitude partielle posent différents problèmes, puisqu'ils se situent à la frontière entre les avis d'inaptitude (C. trav.,

1) Cass. soc., 20 sept. 2006, n° 05-40.526 P.
2) Cass. soc., 19 oct. 2005, n° 03-48.383 P ; Cass. soc., 16 déc. 2010, n° 09-66.954 P.
3) Cass. soc., 21 mars 2007, n° 06-41.678.

art. L. 1226-2 et -10) et les avis portant préconisations individuelles d'aménagement de poste (C. trav., art. L. 4624-1).

Premièrement, comment distinguer l'inaptitude de l'aptitude partielle ? Il est difficile de répondre à cette question, car la loi ne comporte **aucune définition des notions d'aptitude et d'inaptitude** ou des notions périphériques (inaptitude temporaire, aptitude partielle, etc.) [1]. On pourrait proposer une distinction reposant sur le critère de la modification du contrat de travail : dès lors que l'application des restrictions et/ou préconisations formulées par le médecin du travail aboutissent à modifier les fonctions contractuelles de l'intéressé, à sa durée de travail, etc., l'avis médical emporterait, de fait, reconnaissance d'une inaptitude (exemple provocateur : un chauffeur routier ne peut être apte à occuper son poste sous réserve de ne pas conduire). Mais ce critère est d'application délicate au cas par cas, et n'a au surplus jamais été formellement retenu en jurisprudence.

Deuxièmement, **qui est juge** du point de savoir si l'avis du médecin emporte inaptitude ou aptitude partielle ? Dans un premier temps, il a été jugé que le **juge prud'homal** pouvait analyser un avis d'aptitude partielle comme révélant l'inaptitude du salarié [2]. Il en résultait qu'un employeur confronté à un avis d'aptitude partielle pouvait courir le risque de considérer cet avis comme constatant l'inaptitude du salarié, et traiter la situation comme telle, de telle manière que le salarié pouvait, sous certaines conditions, être licencié à défaut de reclassement possible. Depuis deux arrêts des 10 novembre 2009 [3] et 28 janvier 2010 [4], cette option semble exclue : la chambre sociale de la Cour de cassation considère que *« l'avis du médecin du travail sur l'aptitude du salarié à occuper un poste de travail s'impose aux parties (...), qu'il n'appartient pas aux juges du fond de substituer leur appréciation à celle du médecin du travail [et] qu'en cas de difficulté ou de désaccord sur la portée de l'avis d'aptitude délivré par le médecin du travail, le salarié ou l'employeur peuvent exercer le recours prévu par l'article L. 4624-1 du Code du travail »*. Ainsi, la Cour de cassation semble admettre que **l'inaptitude médicale doit s'entendre de manière stricte, et formaliste** : l'employeur n'est fondé à tirer les conclusions de l'inaptitude médicale du salarié que si cette inaptitude est formellement constatée par le médecin du travail ; à défaut, le salarié doit être considéré comme apte, même si cette aptitude est assortie de restrictions ou de préconisations ; si l'employeur entend contester l'avis du médecin du travail, cette contestation relève de la décision de **l'inspecteur du travail** (C. trav., art. L. 4624-1), sous le contrôle du **juge administratif**.

---

1) Voir Babin M., *Le risque professionnel*, thèse préc., n°s 319 et s.

2) Cass. soc., 14 juin 2007, n° 06-40.474.

3) Cass. soc., 10 nov. 2009, n° 08-42.674 P.

4) Cass. soc., 28 janv. 2010, n° 08-42.616 P.

IMPORTANT

Face à un avis du médecin du travail déclarant un salarié « *apte* » sous certaines réserves ou prescriptions, l'employeur ne peut tenir cet avis pour un avis d'inaptitude. Il doit, le cas échéant, contester cet avis devant l'inspecteur du travail.

Troisièmement, quelle est la **marge de manœuvre** de l'employeur face à un avis d'aptitude partielle ? Elle est très faible, puisque l'employeur n'est pas fondé à tirer argument de l'absence de reclassement possible du salarié pour le licencier : cette possibilité n'est prévue par les textes qu'en cas d'inaptitude au sens strict (C. trav., art. L. 1226-2, -4 et L. 1226-10-12). Au contraire, en cas d'aptitude, et même s'il la conteste devant l'inspecteur du travail, l'employeur doit :

- **maintenir le salarié dans son emploi** (C. trav., art. L. 1226-8, en cas d'accident du travail ou de maladie professionnelle) ;
- tout en **prenant en considération les préconisations** du médecin du travail (C. trav., art. L. 4624-1) [1].

La Cour de cassation a considéré que « *l'employeur, tenu d'une obligation de sécurité de résultat en matière de protection de la santé et de la sécurité des travailleurs dans l'entreprise, doit en assurer l'effectivité en prenant en considération les propositions de mesures individuelles telles que mutations ou transformations de postes, justifiées par des considérations relatives notamment à l'âge, à la résistance physique ou à l'état de santé physique et mentale des travailleurs que le médecin du travail est habilité à faire en application de l'article* [L. 4624-1] *du Code du travail ; que le chef d'entreprise est, en cas de refus, tenu de faire connaître les motifs qui s'opposent à ce qu'il y soit donné suite la prise en considération des préconisations du médecin du travail* » [2].

En conséquence :

- est nulle la **sanction disciplinaire** prise en raison d'insuffisances de résultat (sic) pouvant s'expliquer par les réserves émises par le médecin du travail [3] ;
- est sans cause réelle et sérieuse le **licenciement** motivé par le refus du salarié d'occuper un poste non conforme à l'avis émis par le médecin du travail [4] ;
- est fondé à **prendre acte** de la rupture du contrat de travail le salarié qui fait valoir que l'employeur n'a pas adapté son poste de travail conformément aux recommandations du médecin du travail [5] ;

1) Voir ci-dessus, n° 308 ; Cass. soc., 9 avr. 2008, n° 07-41.141.

2) Cass. soc., 19 déc. 2007, n° 06-43.918 P ; Cass. soc., 11 mars 2009, n° 07-44.816 ; Cass. soc., 7 juill. 2009, n° 08-42.300 ; Cass. soc., 23 sept. 2009, n° 08-42.629 P ; Cass. soc. 14 oct. 2009, n° 08-42.878 P ; Cass. soc., 22 sept. 2010, n° 08-45.225.

3) Cass. soc., 19 déc. 2007, préc. Babin M., L'avis d'aptitude avec réserve et la sanction, Semaine sociale Lamy 2008, n° 1340.

4) Cass. soc., 23 sept. 2009, préc.

5) Cass. soc., 14 oct. 2009, préc.

– l'employeur qui ne tient pas compte des préconisations du médecin du travail cause au salarié un **préjudice**, dont l'intéressé peut obtenir l'indemnisation [1].

En cas de litige, c'est à l'employeur de justifier qu'il a pris en compte les préconisations du médecin du travail : *« lorsque le salarié fait valoir que l'employeur n'a pas adapté son poste de travail conformément aux recommandations du médecin du travail, il appartient à l'employeur de justifier qu'il a procédé à une telle adaptation »* [2].

IMPORTANT

Face à un avis du médecin du travail déclarant un salarié « apte » sous certaines réserves ou prescriptions, et même s'il a contesté cet avis devant l'inspecteur du travail [3], l'employeur doit conserver par tous moyens la preuve qu'il s'est conformé à cet avis, et notamment qu'il n'a pas fait accomplir au salarié des tâches qui sont formellement contre-indiquées par le médecin du travail.

Qu'en est-il si l'employeur se trouve dans l'incapacité d'appliquer ces préconisations ? Rappelons qu'aux termes des dispositions légales, l'employeur a l'obligation de *« prendre en considération »* les préconisations du médecin du travail, et qu'il peut les refuser, ce qui le conduit alors à *« faire connaître les motifs qui s'opposent à ce qu'il y soit donné suite »* (C. trav., art. L. 4624-1) [4]. Bien entendu, **ce refus ne peut conduire à demander au salarié d'accomplir des tâches auxquelles le médecin du travail l'a reconnu inapte**, ce qui serait contradictoire avec l'obligation de sécurité à laquelle l'employeur est tenu [5]. Mais on peut concevoir que l'employeur fasse le constat qu'il est dans l'impossibilité d'adapter le poste conformément aux préconisations du médecin du travail, et donc de fournir au salarié un travail adapté. Cela pourrait justifier que l'employeur puisse se considérer comme dispensé de fournir du travail au salarié, et donc de le rémunérer, sous condition qu'il fasse la preuve qu'il a entrepris toutes les démarches nécessaires afin de fournir au salarié un emploi qui soit disponible et compatible avec l'avis du médecin du travail, au besoin en procédant à toutes propositions de reclassement, modification du contrat de travail (par exemple, passage à temps partiel), formation d'adaptation, etc.. Le salarié qui refuse de telles propositions ne sera pas fautif et ne pourra pas être licencié en raison de son inaptitude (puisqu'elle n'est pas constatée) ; mais, en contrepartie, il ne pourrait reprocher à l'employeur de ne

1) Cass. soc., 7 juill. 2009, n° 08-42.300.

2) Cass. soc., 14 oct. 2009, préc.

3) Voir ci-dessus, n° 308.

4) Cass. soc., 19 déc. 2007, n° 06-43.918 P : est fautif l'employeur qui n'a pas *« cherché à »* fournir au salarié un poste compatible avec les recommandations du médecin du travail.

5) Voir ci-dessus.

pas lui fournir de travail. La solution semble logique, même si elle n'a jamais été admise en jurisprudence, à notre connaissance.

Sur la base de quel(s) critère(s) l'employeur pourrait-il justifier de l'impossibilité de procéder aux aménagements prescrits par le médecin du travail ? Des critères **techniques**, certainement : à l'impossible nul n'est tenu [1]. Des critères tenant à la **disponibilité** des postes, sans doute : ainsi, l'employeur ne peut pas être tenu, pour aménager le poste d'un salarié, d'imposer à un autre salarié une modification de son propre contrat [2], ni d'ailleurs de créer un emploi supplémentaire. Des critères tenant aux **conditions de tr**avail des autres salariés ? L'employeur ne devrait pas être contraint, pour aménager le poste d'un salarié, de concentrer les tâches les plus difficiles sur un ou plusieurs de ses collègues (d'où l'intérêt, à cet égard, de la polyvalence). Des critères tenant aux choix d'**organisation** de l'entreprise ? À l'évidence, le médecin du travail n'a pas autorité pour influer, via la déclaration d'un aptitude avec réserves, sur l'organisation même du travail.

311 Salariée enceinte

Une salariée enceinte peut être affectée temporairement dans un autre emploi, à son initiative ou à celle de l'employeur, si son état de santé médicalement constaté l'exige (C. trav., art. L. 1225-7), sans diminution de sa rémunération [3]. En cas de désaccord entre l'employeur et la salariée ou lorsque le changement intervient à l'initiative de l'employeur, la nécessité médicale du changement d'emploi et l'aptitude de la salariée à occuper le nouvel emploi envisagé ne peuvent être établies que par le médecin du travail. L'affectation dans un autre établissement est subordonnée à l'accord de l'intéressée. Cette affectation temporaire ne peut excéder la durée de la grossesse et prend fin dès que l'état de santé de la femme lui permet de retrouver son emploi initial.

312 Actions du médecin du travail au bénéfice de la salariée enceinte ou accouchée

Situation de la salariée	Rôle du médecin du travail	Article C. trav.
Grossesse	Exercer une surveillance médicale particulière : le médecin est juge de la fréquence et de la nature des examens	R. 4624-19 et -20

1) Voir sur la notion d'obligation de *« résultat »*, voir n°s 118 et s., 140.
2) Cass. soc., 15 nov. 2006, n° 05-40.408 P.
3) Cass. soc., 19 janv. 1999, n° 96-44.976 P.

Situation de la salariée	Rôle du médecin du travail	Article C. trav.
Grossesse justifiant une affectation temporaire dans un autre emploi (selon l'employeur ou selon la salariée, et en l'absence d'accord avec l'employeur)	Se prononcer sur la nécessité médicale du changement d'emploi et sur l'aptitude à occuper le nouvel emploi envisagé	L. 1225-7
Retour de congé maternité	Procéder à un examen de reprise obligatoire	R. 4624-21
Mère dans les six mois de l'accouchement, mère allaitante	Exercer une surveillance médicale particulière : le médecin est juge de la fréquence et de la nature des examens	R. 4624-19 et -20
Femme enceinte ou accouchée affectée à un poste de nuit	Le cas échéant, constater par écrit que le poste de nuit est incompatible avec l'état de la salariée	L. 1225-9 et s.
Femme enceinte ou accouchée affectée à un poste à risque déterminé par voie réglementaire	Indications formulées sur l'aptitude de la salariée à exercer l'une des tâches existantes dans l'entreprise, au besoin par la mise en œuvre de mesures telles que l'aménagement de son poste de travail ou l'affectation temporaires dans un autre poste de travail	L. 1225-12 et s., R. 1225-4

313 Travail de nuit

Le travailleur de nuit, lorsque son état de santé, constaté par le médecin du travail, l'exige, doit être transféré à titre définitif ou temporaire sur un poste de jour correspondant à sa qualification et aussi comparable que possible à l'emploi précédemment occupé (C. trav., art. L. 3122-45).

314 Formation à la sécurité

Le médecin du travail a un pouvoir d'initiative en matière de formation des travailleurs à la sécurité. L'employeur est tenu d'organiser *à la demande du médecin du travail* une formation pratique et appropriée en matière de sécurité au bénéfice des travailleurs qui reprennent leur activité après un arrêt de travail d'une durée d'au moins 21 jours (C. trav., art. L. 4141-2, R. 4141-9) [(1)].

---

1) Voir ci-dessous, n° 329.

315 Association

Le médecin du travail est « *associé* » (C. trav., art. R. 4624-3) :
– à l'étude de toute nouvelle technique de production ;
– à la formation à la sécurité ;
– à la formation des secouristes ;
– aux réunions des CHSCT [1] et des collèges interentreprises de sécurité constitués sur les chantiers de type 1 (C. trav., art. R. 4532-79) [2].

316 Consultation

Le médecin du travail est obligatoirement consulté sur certains projets, décisions, stratégies, etc.

317 Domaines donnant lieu à consultations obligatoires du médecin du travail (liste non exhaustive)

Il s'agit :
– des projets de mise en place ou de modification de l'organisation du travail de nuit (C. trav., art. L. 3122-38 et R. 3122-20 et s.) ;
– de la liste des postes de travail présentant des risques particuliers pour leur santé ou leur sécurité, justifiant une formation renforcée à la sécurité au bénéfice des salariés sous CDD, des salariés temporaires et des stagiaires en entreprise (C. trav., art. L. 4154-2) [3] ;
– de l'aménagement des locaux (C. trav., art. R. 4224-18, R. 4228-18, R. 4222-21, R. 4223-15) ;
– de la mise à disposition de boissons (C. trav., art. R 4225-3) ;
– de la protection des non-fumeurs (C. santé publ., art. R. 3511-5 et R. 3511-6) ;
– des agents cancérogènes, mutagènes ou toxiques pour la reproduction (C. trav., art. R. 4412-75, -76 et R. 4721-8).

318 Nouvelles modalités d'intervention

Des textes plus récents, propres à certains types de risque, tendent à accorder au médecin du travail un **pouvoir de proposition** sur les aspects **collectifs** des conditions de travail, à partir de l'analyse de cas individuels. Ainsi, en matière d'exposition au bruit, l'employeur adapte, en liaison avec le médecin du travail, les mesures de prévention aux besoins des travailleurs particulièrement sensibles aux risques dus au bruit (C. trav., art. R. 4434-5). Lorsque la surveillance de la fonction auditive fait apparaître qu'un travailleur souffre d'une altération identifiable de l'ouïe, le médecin du travail apprécie

1) Voir ci-dessus, n° 186.
2) Voir ci-dessous, n° 351.
3) Voir ci-dessus, n° 257 et ci-dessous, n° 329.

le lien entre cette altération et une exposition au bruit sur le lieu de travail. Le travailleur est informé par le médecin du travail du résultat et de l'interprétation des examens médicaux dont il a bénéficié. Si cette altération est susceptible de résulter d'une exposition au bruit sur le lieu de travail, l'employeur doit :

– revoir en conséquence l'évaluation des risques ;
– compléter ou modifier les mesures prévues pour supprimer ou réduire les risques ;
– *tenir compte de l'avis du médecin du travail pour la mise en œuvre de toute mesure jugée nécessaire pour supprimer ou réduire les risques*, y compris l'éventuelle affectation du travailleur à un autre poste ne comportant plus de risque d'exposition. Dans ce cas, le médecin du travail détermine la pertinence et la nature des examens éventuellement nécessaires pour les autres travailleurs ayant subi une exposition semblable (C. trav., art. R. 4435-1 et s.).

De telles dispositions existent également à propos des risques dus aux vibrations mécaniques (C. trav., art. R. 4446-2 et s.). Elles préfigurent ce que pourraient être les pouvoirs du médecin du travail dans le cadre d'une vision élargie de la santé au travail, alliant les aspects collectifs et individuels des situations de risque.

Ainsi, la loi actuellement en débat relative à l'organisation de la médecine du travail crée un nouvel article L. 4624-3 du Code du travail, prévoyant un double dispositif, complémentaire de celui de l'article L. 4624-1.

Article L. 4624-1	Article L. 4624-3-I	Article L. 4624-3-II
Le médecin du travail est habilité à proposer des mesures **individuelles** telles que mutations ou transformations de postes, justifiées par des considérations relatives notamment à l'âge, à la résistance physique ou à l'état de santé physique et mentale des travailleurs. L'employeur est tenu de prendre en considération ces propositions et, en cas de refus, de faire connaître les motifs qui s'opposent à ce qu'il y soit donné suite.	Lorsque le médecin du travail constate la présence d'un risque pour la santé des travailleurs, il propose par un écrit motivé et circonstancié des mesures visant à la préserver. L'employeur prend en considération ces propositions et, en cas de refus, fait connaître par écrit les motifs qui s'opposent à ce qu'il y soit donné suite	Lorsque le médecin du travail est saisi par un employeur d'une question relevant des missions qui lui sont dévolues en application de l'article L. 4622-3 [1], il fait connaître ses préconisations par écrit

Les préconisations du médecin du travail et la réponse de l'employeur, prévues aux I et II de l'article L. 4624-3, sont tenues, à leur demande, à la disposition de l'inspecteur du travail, du médecin inspecteur du travail ou des agents des services de prévention

1) Sur ces missions, voir ci-dessus, n°s 203 et s.

des organismes de sécurité sociale et des organismes mentionnés à l'article L. 4643-1 (OPPBTP).

SECTION IV La responsabilisation des travailleurs

319 La politique de santé et de sécurité au travail, fondée sur une analyse collective et individuelle des risques, effectuée en concertation avec les représentants du personnel et en conformité avec les préconisations du médecin du travail [1], se manifeste par l'élaboration de mesures de prévention qui nécessitent plus ou moins directement l'implication des travailleurs.

En théorie, l'application des principes généraux de prévention devrait conduire à limiter au strict minimum le recours aux mesures individuelles (respect des consignes, port des équipements de protection), et en particulier à faire primer sur l'utilisation des équipements individuels de protection, l'intégration de la sécurité dans le choix des équipements, installations, méthodes de travail, etc. [2]

En pratique, l'efficacité de la prévention dans l'entreprise repose très largement sur une bonne implication des travailleurs, et notamment l'application positive des consignes et le respect constant des interdits. En cas de contentieux, l'appréciation des mesures de prévention prises dans l'entreprise tiendra compte d'éventuelles négligences ou erreurs humaines, mais aussi de la qualité du management mis en place par l'employeur afin de parer à de telles défaillances individuelles.

Ainsi, au titre des principes généraux de prévention, l'employeur doit :

- donner les **instructions** appropriées aux travailleurs (C. trav., art. L. 4121-1-9°) ;
- et lorsqu'il confie des tâches à un travailleur, prendre en considération ses **capacités** à mettre en œuvre les précautions nécessaires pour la sécurité et la santé, compte tenu de la nature des activités de l'établissement (C. trav., art. L. 4121-4).

Mais au-delà de cette vision restrictive du management de la sécurité (sélectionner le travailleur, donner des ordres), l'un des axes essentiels de la politique de prévention dans l'entreprise (C. trav., art. L. 4121-1) consiste en des actions d'information (§ 1) et de formation (§ 2), préalables nécessaires à l'édiction de consignes (§ 3) pouvant donner lieu à l'application de sanctions disciplinaires (§ 4).

1) Voir ci-dessus, n°s 238 à 318.
2) Voir ci-dessus, n° 22.

§1 L'information

320 Principe

Selon les dispositions générales du Code du travail, les mesures prises par l'employeur pour assurer la sécurité et protéger la santé physique et mentale des travailleurs de l'établissement, comprennent des actions de prévention des risques professionnels, **d'information et de formation** ainsi que la mise en place d'une organisation et de moyens adaptés (C. trav., art. L. 4121-1).

L'**information** se distingue de la **formation** en ce qu'elle semble, théoriquement, détachée de toute visée préventive *directe et immédiate*. Si la formation a pour but de donner aux travailleurs la capacité de comprendre, d'appliquer et de respecter les règles de prévention dans l'entreprise, l'information peut porter sur des risques auxquels le travailleur n'est pas exposé directement et/ou sur des mesures de prévention dont l'application ou le respect n'impliquent pas son intervention directe. Il était prévu depuis 1992 qu'un décret vînt fixer les conditions dans lesquelles l'employeur devait organiser et dispenser une information des travailleurs sur les risques pour la santé et la sécurité et les mesures prises pour y remédier (C. trav., ancien art. L. 231-3-2). Il aura fallu attendre le décret n° 2008-1347 du 17 décembre 2008 *« relatif à l'information et à la formation des travailleurs sur les risques pour leur santé et leur sécurité »*, pour que de telles conditions soient enfin définies. Ce décret prévoit que l'employeur doit informer les travailleurs sur les risques pour leur santé et leur sécurité (C. trav., art. R. 4141-2) et étend par ailleurs l'accès du document unique à l'ensemble des travailleurs (C. trav., art. 4121-4) (1).

321 Objet

Aux termes du nouvel article R. 4141-3-1 du Code du travail, l'information des travailleurs sur les risques pour leur santé et leur sécurité porte sur :

1 - les **modalités d'accès au document unique** d'évaluation des risques (2) ;

2 - les **mesures de prévention des risques** identifiés dans le document unique d'évaluation des risques (3) ;

3 - le **rôle du service de santé au travail** (4) et, le cas échéant, **des représentants du personnel** (5) en matière de prévention des risques professionnels ;

4 - le cas échéant, les dispositions contenues dans le **règlement intérieur** (6) ;

---

1) Voir ci-dessus, n° 239.
2) Voir ci-dessus, n° 244.
3) Voir ci-dessus, n°s 245 et 246.
4) Voir ci-dessus, n°s 194 et s., 261 et s., 302 et s.
5) Voir ci-dessus, n°s 181 et s., 292 et s.
6) Voir ci-dessous, n°s 332 et s.

5 - les **consignes de sécurité incendie et instructions** mentionnées à l'article R. 4227-37 ainsi que l'identité des **personnes** chargées de la mise en œuvre des mesures prévues à l'article R. 4227-38 [1].

Le point 2° est sans doute le plus novateur, car – rappelons-le – rien n'impose à ce jour d'identifier des *« mesures de prévention »* dans le document unique, lequel n'a en principe vocation qu'à transcrire les résultats de l'évaluation des risques par un inventaire des risques identifiés (et non des mesures définies pour y répondre) [2].

Pour l'entreprise soumise à l'obligation de constituer un CHSCT et donc de consulter ce dernier sur un *« programme annuel de prévention des risques professionnels »*, ce dernier a vocation à être, en complément du document unique d'évaluation, le support de la politique de prévention mise en œuvre dans l'entreprise [3]. Pour les autres entreprises, l'obligation d'informer les travailleurs sur les mesures de prévention des risques identifiés dans le document unique, conduit donc à formaliser les mesures de prévention telles qu'elles doivent être planifiées. En l'absence de formalisme légal, on peut concevoir plusieurs moyens de satisfaire à cette nouvelle obligation, et notamment identifier les mesures de prévention dans le document unique ou dans un document annexe, en prenant appui sur les mesures déjà définies, de manière obligatoire, dans d'autres documents tels que le règlement intérieur, les consignes incendie, les plans de prévention, le programme annuel destiné au CHSCT...

322 Modalités

Le décret n° 2008-1347 du 17 décembre 2008 n'est guère précis concernant les modalités de l'information. L'information doit être délivrée *« d'une manière compréhensible pour chacun »* (C. trav., art. R. 4141-2), ce qui exclut notamment une information trop technique ou exagérément détaillée.

L'information doit-elle être **écrite** ? C'est bien entendu préférable, pour des raisons de preuve de l'information, même si les textes ne le prévoient qu'à propos de l'accès des travailleurs au document unique : un avis indiquant les modalités d'accès doit être affiché à une place convenable et aisément accessible dans les lieux de travail, au même emplacement que celui réservé au règlement intérieur dans les établissements tenus de

1) Sur ce point, voir ci-dessus, n° 260.
2) Voir ci-dessus, n° 242.
3) Voir ci-dessus, n° 246.

s'en doter (C. trav., art. 4121-4) [1]. *A minima*, il paraît indispensable de prévoir un affichage et/ou la remise d'un livret définissant :

– les modalités d'accès au document unique ainsi qu'au règlement intérieur et aux consignes incendie ;
– mais aussi, et de manière compréhensible, les rôles du médecin du travail, du service de santé au travail, des délégués du personnel, du comité d'entreprise et du CHSCT.

Quand l'information doit-elle être délivrée ? Les textes indiquent : *« lors de l'embauche et chaque fois que nécessaire »* (C. trav., art. R. 4141-2) et *« pendant l'horaire normal de travail »* (C. trav., art. R. 4141-5). Par ailleurs, le **temps** consacré à la formation et à l'information est considéré comme temps de travail.

Quels sont les **acteurs** associés à la définition de l'information ? Selon les textes, le médecin du travail doit être associé par l'employeur à l'élaboration des actions de formation à la sécurité et à la détermination du contenu de l'information (C. trav., art. R. 4141-6). Si rien n'est dit du CHSCT, il nous semble qu'une information et une consultation préalables du CHSCT (ou, à défaut, des délégués du personnel) se justifient au moment de la mise en place des supports d'information, puis à l'occasion de leur révision.

323 Informations particulières

À cette obligation générale d'information s'ajoutent certaines obligations particulières. Par exemple, une information spécifique doit être assurée concernant :

– les risques liés aux équipements de travail (art. R. 4323-1 et s.) ;
– les risques justifiant l'utilisation d'équipements de protection individuelle (art. R. 4323-104 et s.) ;
– les risques chimiques (art. R. 4412-38, R. 4412-39) ;
– les risques cancérogènes, mutagènes ou toxiques pour la reproduction (art. R. 4412-86 et s.) ;
– les risques biologiques (art. R. 4425-1 et s.) ;
– les risques d'exposition au bruit (art. R. 4436-1) ;
– les risques d'exposition aux vibrations mécaniques (art. R. 4447-1) ;
– les risques liés à la manutention manuelle de charges (art. R. 4541-7 et R. 4541-8).

Les textes relatifs aux risques chimiques ou cancérogènes font notamment obligation à l'employeur de dresser pour chaque travailleur concerné une **fiche d'exposition** à laquelle le travailleur a accès (C. trav., art. R. 4412-41 et -86).

L'information des travailleurs sur les risques, qu'elle soit générale ou spécifique, est par ailleurs complétée par **l'étiquetage** des substances et préparations dangereuses

1) Voir ci-dessous, n°s 332 et s.

(C. trav., art. L. 4411-6, R. 4411-69 et s.) et une **signalisation** relative à la santé et à la sécurité (C. trav., art. R. 4224-24) [1].

Enfin, l'employeur a une obligation d'information *« adaptée »* vis-à-vis des travailleurs titulaires d'un **CDD** et des **travailleurs temporaires**, lorsqu'ils sont affectés à des postes de travail présentant des risques particuliers pour leur santé ou leur sécurité (C. trav., art. L. 4154-2). Cette obligation d'information adaptée doit être appréhendée de manière globale avec l'obligation particulière de formation pesant sur l'employeur à l'égard de cette catégorie de travailleurs [2].

§2 La formation

324 La définition et l'application de consignes de sécurité ne se conçoivent pas sans un travail de formation préalable, mené auprès de chaque travailleur concerné. Au titre des principes généraux de prévention, l'employeur doit, lorsqu'il confie des tâches à un travailleur, prendre en considération ses capacités à mettre en œuvre les précautions nécessaires pour la sécurité et la santé (C. trav., art. 4121-4). En réalité, il ne doit pas s'en tenir à une simple évaluation des capacités : il doit agir sur ces capacités, et en particulier les améliorer par la délivrance d'une formation. En cas d'accident ou de maladie causé par une négligence ou une erreur (celle de la victime et/ou d'un autre travailleur), les mesures de prévention prises dans l'entreprise seront appréciées au regard de la qualité de la formation mise en œuvre. Une formation absente ou insuffisante peut caractériser, à elle seule, une faute de l'employeur susceptible d'engager ses responsabilités civile et pénale.

325 **Bénéficiaires**

L'employeur est tenu d'organiser une formation pratique et appropriée en matière de sécurité (C. trav., art. L. 4141-2), au bénéfice des travailleurs suivants :

– les travailleurs qu'il **embauche** ;

– les travailleurs qui **changent** de poste de travail ou de technique.
Il a été jugé qu'il ne pouvait être reproché à un employeur d'avoir omis de donner à un travailleur changeant de poste de travail la formation à la sécurité prévue par le Code du travail, dès lors qu'à l'insu de l'employeur, ce travailleur avait, en attendant de prendre son poste de travail habituel, de sa propre initiative, entrepris d'exécuter une tâche différente, ce dont il se déduisait qu'aucune faute personnelle ne pouvait être reprochée à l'employeur [3] ;

1) Arr. 4 nov. 1993, JO 17 déc., modifié par Arr. 8 juill. 2006, JO 26 juill.

2) Voir ci-dessous, n° 329.

3) Cass. crim., 23 oct. 1990, n° 89-84.718 P.

– les travailleurs **temporaires**, sauf s'il est fait appel à eux en vue de l'exécution de travaux urgents nécessités par des mesures de sécurité et s'ils sont dotés de la qualification nécessaire à cette intervention. Dans ce dernier cas, l'utilisateur donne au travailleur intéressé toutes informations nécessaires sur les particularités de l'entreprise et de son environnement susceptibles d'avoir une incidence sur sa sécurité (C. trav., art. L. 4154-4).

RAPPEL

La Cour de cassation a récemment admis que *« l'entreprise de travail temporaire et l'entreprise utilisatrice sont tenues, à l'égard des salariés mis à disposition, d'une obligation de sécurité de résultat dont elles doivent assurer l'effectivité, chacune au regard des obligations que les textes mettent à leur charge en matière de prévention des risques »*[1]. Cette décision invite à considérer que, vis-à-vis du travailleur temporaire, l'entreprise de travail temporaire et l'entreprise utilisatrice sont liées conjointement par la même obligation de sécurité, à la seule exclusion, pour chacune, des obligations qui relèvent expressément de la responsabilité de l'autre. Au regard de l'article L. 4141-2, l'obligation de formation à la sécurité des travailleurs temporaires pèse en principe sur l'entreprise utilisatrice.

En revanche, lorsque le dirigeant d'une entreprise met un travailleur à la disposition d'une autre entreprise[2], c'est sur lui que pèse en principe l'obligation de formation à la sécurité de ses propres salariés : il ne s'exonère donc pas de l'obligation préalable qui lui est faite de lui donner une formation appropriée à la sécurité[3]. Bien entendu, il en ira autrement s'il s'avère que c'est l'entreprise utilisatrice qui assure la direction réelle du travail des travailleurs concernés par l'infraction (sans préjudice de la légalité ou non de cette situation) ;

– les travailleurs qui reprennent leur activité après un arrêt de travail d'au moins 21 jours (à la demande du médecin du travail).

326 Périodicité et étendue

Cette formation est répétée périodiquement dans des conditions fixées par voie réglementaire ou par convention ou accord collectif (C. trav., art. L. 4141-2). L'étendue de l'obligation de formation varie selon la taille de l'établissement, la nature de son

1) Cass. soc., 30 nov. 2010, n° 08-70.390 P, voir ci-dessus, n° 126.
2) Voir ci-dessus, n°s 336 et s.
3) Cass. crim., 16 sept. 1997, n° 96-82.618 P.

activité, le caractère des risques qui y sont constatés et le type des emplois occupés par les travailleurs (C. trav., art. L. 4141-3). De même, les formations tiennent compte de la qualification, de l'expérience professionnelle et de la langue parlée ou lue des bénéficiaires (C. trav., art. R. 4141-5).

327 Consultation du CE et du CHSCT

Le comité d'entreprise (ou, à défaut, les délégués du personnel) et le CHSCT sont consultés sur les programmes de formation et veillent à leur mise en œuvre effective (C. trav., art. L. 4143-1).

Le **CE** est consulté sur les orientations générales de la formation professionnelle dans l'entreprise (C. trav., art. L. 2323-33 et s.). À l'occasion de la consultation annuelle sur la formation professionnelle, le CE est informé des actions générales ou spécifiques de formation à la sécurité menées au cours de l'année écoulée ; dans une entreprise de plus de 300 salariés un rapport écrit détaillé est remis au comité (C. trav., art. R. 4143-2).

Le **CHSCT**, quant à lui, participe directement à la préparation des actions de formation et veille à leur mise en œuvre effective (C. trav., art. R. 4143-1). En complément, dans les branches d'activité où existe un organisme professionnel en matière de santé et de sécurité (exemple : OPPBTP), celui-ci est chargé de promouvoir la formation à la sécurité et d'apporter notamment son concours technique pour sa mise en œuvre (C. trav., art. R. 4643-1).

328 Actions de formation

a) Actions générales de formation

La formation à la sécurité concourt à la prévention des risques professionnels (C. trav., art. R. 4141-1). Elle a pour objet d'instruire le travailleur des précautions à prendre pour assurer sa propre sécurité et, le cas échéant, celle des autres personnes occupées dans l'établissement (C. trav., art. R. 4141-3).

À cet effet, la formation porte sur :
– les conditions de circulation dans l'entreprise ;
– les conditions d'exécution de son travail ;
– la conduite à tenir en cas d'accident ou de sinistre.

En fonction des risques à prévenir, l'utilité des mesures de sécurité prescrites par l'employeur est expliquée au travailleur (C. trav., art. R. 4141-4) [1].

b) Actions particulières de formation

En fonction des risques constatés, des actions particulières de formation à la sécurité sont conduites dans certains établissements avec le concours, le cas échéant,

1) Voir tableau ci-dessous.

des organismes professionnels (exemple : OPPBTP) et des services de prévention des CARSAT ou des MSA (C. trav., art. L. 4142-1 et R. 4141-7).

- **Actions générales de formation**

Objet	Bénéficiaires	Moment	Lieu
Conditions de circulation (R. 4141-11) Enseigner au travailleur, à partir des risques auxquels il est exposé : 1° Les règles de circulation des véhicules et engins de toute nature sur les lieux de travail et dans l'établissement ; 2° Les chemins d'accès aux lieux dans lesquels il est appelé à travailler ainsi qu'aux locaux sociaux ; 3° Les issues et dégagements de secours à utiliser en cas de sinistre ; 4° Les consignes d'évacuation, en cas notamment d'explosion, de dégagements accidentels de gaz ou liquides inflammables ou toxiques, si la nature des activités exercées le justifie	Tous les salariés		Les lieux du travail
Conditions d'exécution du travail (R. 4141-13) Enseigner au travailleur, à partir des risques auxquels il est exposé : 1° Les comportements et les gestes les plus sûrs en ayant recours, si possible, à des démonstrations ; 2° Les modes opératoires retenus s'ils ont une incidence sur sa sécurité ou celle des autres travailleurs ; 3° Le fonctionnement des dispositifs de protection et de secours et les motifs de leur emploi	Tous les salariés	La formation s'intègre à la formation ou aux instructions professionnelles que reçoit le travailleur	Les lieux du travail ou, à défaut, dans les conditions équivalentes
Dispositions à prendre en cas d'accident ou de sinistre (R. 4141-17). Préparer le travailleur à la conduite à tenir lorsqu'une personne est victime d'un accident ou d'une intoxication sur les lieux du travail	Le travailleur affecté à l'une des tâches énumérées à l'article R. 4141-15 [1] bénéficie d'une formation à la conduite à tenir en cas d'accident ou de sinistre	Dans le mois qui suit l'affectation du travailleur à son emploi	

1) Voir ci-dessous.

- **Actions particulières de formation**

Cas de figure	Mesures
– Modification des conditions habituelles de circulation sur les lieux de travail ou dans l'établissement – Modification des conditions d'exploitation présentant notamment des risques d'intoxication, d'incendie ou d'explosion (R. 4141-12)	– Analyse des nouvelles conditions de circulation et d'exploitation – *« S'il y a lieu »*, organisation d'une formation à la sécurité sur les conditions d'exécution du travail
Création ou modification d'un poste de travail ou de technique exposant à des risques nouveaux et comprenant l'une des tâches ci-dessous énumérées : 1° Utilisation de machines, portatives ou non ; 2° Manipulation ou utilisation de produits chimiques ; 3° Opérations de manutention ; 4° Travaux d'entretien des matériels et installations de l'établissement ; 5° Conduite de véhicules, d'appareils de levage ou d'engins de toute nature ; 6° Travaux mettant en contact avec des animaux dangereux ; 7° Opérations portant sur le montage, le démontage ou la transformation des échafaudages ; 8° Utilisation des techniques d'accès et de positionnement au moyen de cordes. (R. 4141-15)	– Analyse des nouvelles conditions de travail – *« S'il y a lieu »*, organisation d'une formation à la sécurité sur les conditions d'exécution du travail
En cas de changement de poste de travail ou de technique, concernant un travailleur exposé à des risques nouveaux ou affecté à l'une des tâches définies ci-dessus (R. 4141-16)	– Organisation d'une formation à la sécurité prévue par l'article R. 4141-15 – Complétée, s'il y a modification du lieu de travail, par une formation relative aux conditions de circulation des personnes – Organisation d'une formation à la sécurité relative à la conduite à tenir en cas d'accident ou de sinistre (R. 4141-19)
– En cas d'accident du travail grave ou de maladie professionnelle ou à caractère professionnel ou en cas d'accident du travail ou de maladie professionnelle ou à caractère professionnel présentant un caractère répété, soit à un même poste de travail ou à des postes de travail similaires, soit dans une même fonction ou des fonctions similaires (art. R. 4141-8)	– Analyse des conditions de circulation ou de travail – *« S'il y a lieu »*, organisation d'une formation à la sécurité

329 Actions de formation appropriées ou spécifiques

Des formations à la sécurité sont organisées à la demande du médecin du travail, au profit des travailleurs qui reprennent leur activité après un arrêt de travail d'une durée d'au moins 21 jours (C. trav., art. L. 4141-2 et R. 4141-9). Suivant les préconisations du médecin du travail, ces actions de formation :

– s'inscrivent, de manière appropriée dans le cadre des actions générales de formation [1] ;

– ou sont spécifiques et, à ce titre, définies par le médecin du travail.

Une formation renforcée à la sécurité est organisée au bénéfice des travailleurs **en CDD**, des **travailleurs temporaires** et des **stagiaires en entreprise**, affectés à des postes de travail présentant des risques particuliers pour leur santé ou leur sécurité (C. trav., art. L. 4142-2 et L. 4154-2).

La **liste des postes** nécessitant une formation renforcée est établie par l'employeur, après avis du médecin du travail et du CHSCT (ou, à défaut, des délégués du personnel) [2]. Elle est tenue à la disposition de l'inspecteur du travail.

Les travailleurs bénéficient d'une formation renforcée à la sécurité ainsi que d'un accueil et d'une information adaptés dans l'entreprise où ils sont occupés. Le non-respect de cette obligation peut caractériser, à lui seul, une faute inexcusable de l'employeur en cas d'accident du travail ou de maladie professionnelle [3]. À cet égard, il a été jugé que l'entreprise utilisatrice qui ne produit aucun élément de nature à rapporter la preuve qu'elle a respecté son obligation de formation renforcée à l'égard du travailleur temporaire ne peut se retrancher derrière la formation fournie par la société d'intérim ni l'ancienneté du salarié dans le métier [4]. Le comité d'entreprise et le CHSCT (ou à défaut les délégués du personnel) sont consultés sur le programme et les modalités de cette formation renforcée (C. trav., art. L. 4143-1).

IMPORTANT

Il peut être débattu du point de savoir pourquoi les salariés affectés « *à des postes de travail présentant des risques particuliers pour leur santé ou leur sécurité* » ne devraient faire l'objet d'une formation renforcée à la sécurité que dans la mesure où ils sont employés en CDD ou ont la qualité de travailleurs temporaires ou de stagiaires... Une formation renforcée doit être organisée au bénéfice de tout travailleur affecté à un poste.

1) Voir ci-dessus, n° 328.
2) Voir ci-dessus, n° 257.
3) Voir ci-dessus, n° 91.
4) Cass. 2e civ., 1er juill. 2010, n° 09-66.300.

À cet égard, l'employeur doit impérativement tenir à jour une **liste des postes** concernés, et se constituer la **preuve** de ce qu'il organise la formation renforcée **et** l'information adaptée au bénéfice des travailleurs affectés à ces postes : planning des formations faisant apparaître le nom des bénéficiaires ; attestation individuelle de formation faisant apparaître l'objet de la formation, la personne du formateur, les temps et lieux de la formation, etc. ; livret d'information remis contre décharge ou émargement ; etc. Bien entendu, cet impératif de formalisation vaut pour l'ensemble des formations dispensé en matière de sécurité.

330 Financement

Les formations s'effectuant pendant l'horaire normal de travail, le temps qui y est passé est considéré comme temps de travail (C. trav., art. R. 4141-5). Plus généralement, le financement des actions de formation à la sécurité est à la charge de l'employeur (de l'entreprise utilisatrice à l'égard des travailleurs temporaires). Une circulaire du 16 octobre 1980 précise les cas où les dépenses de formation à la sécurité peuvent s'imputer sur le montant de la participation à la formation professionnelle continue. Il faut que la formation entre dans une catégorie d'action de formation professionnelle continue définie à l'article L. 6313-1 du Code du travail. Lors de sa consultation annuelle sur la formation professionnelle, le comité d'entreprise est informé du montant des sommes imputées sur la participation à la formation professionnelle (C. trav., art. R. 4143-2).

331 Habilitation professionnelle

Certaines dispositions conduisent les employeurs à vérifier, au cas par cas, que le travailleur a bien la capacité à accomplir tels ou tels travaux dangereux.

a) Travaux électriques [1]

L'employeur remet à chaque travailleur chargé de travaux sur les installations électriques un « *titre d'**habilitation** professionnelle* » spécifiant les limites des attributions qui peuvent lui être confiées et la nature des opérations qu'il peut être autorisé à effectuer (art. 6). Avant de délivrer ce titre, l'employeur s'assure que ce travailleur a une connaissance complète des précautions à prendre pour éviter les dangers de l'électricité dans l'exécution des tâches qui lui sont confiées. L'employeur révise l'habilitation d'un travailleur chaque fois que cela est nécessaire en fonction de l'évolution de ses apti-

1) D. n° 82-167, 16 févr. 1982, relatif aux travaux de construction, d'exploitation et d'entretien des ouvrages de distribution d'énergie électrique. Voir dernièrement D. n° 2010-1118, 22 sept. 2010, relatif aux opérations sur les installations électriques ou dans leur voisinage : C. trav., art R. 4544-9 à R. 4544-11 (applicable à compter du 1er juillet 2011 ; à compter du 1er janvier 2013 pour l'article R. 4544-11).

tudes. L'employeur remet au personnel chargé d'effectuer des travaux sous tension un titre d'habilitation particulier à cet effet (art. 8). Avant de délivrer ce titre, l'employeur s'assure que ce personnel, grâce à une **formation spéciale**, théorique et pratique, a une connaissance approfondie, aussi bien des précautions à prendre pour éviter les dangers de l'électricité que des méthodes de travail à mettre en œuvre pour exécuter de tels travaux.

b) Conduite de chariots automoteurs

La conduite de certains équipements présentant des risques particuliers, en raison de leurs caractéristiques ou de leur objet, est subordonnée à l'obtention d'une **autorisation de conduite** délivrée par le chef d'entreprise (C. trav., art. R. 4323-56). L'autorisation de conduite est tenue par l'employeur à la disposition de l'inspecteur du travail ainsi que des agents des services de prévention des organismes de sécurité sociale. Cette autorisation de conduite est établie et délivrée au travailleur par l'employeur, sur la base d'une évaluation délivrée par ce dernier, et destinée à établir que l'intéressé dispose de l'aptitude et de la capacité à conduire l'équipement concerné, en prenant en compte trois éléments (1) :

- un **examen d'aptitude** réalisé par le médecin du travail ;
- un **contrôle des connaissances et du savoir-faire** de l'opérateur pour la conduite en sécurité de l'équipement concerné. Ce contrôle sanctionne une phase de formation, dont la durée et le contenu doivent être *« adaptés à l'équipement de travail concerné »*, et qui doit être *« complétée et réactualisée chaque fois que nécessaire »* ;
- une **connaissance des lieux et des instructions** à respecter sur le ou les sites d'utilisation.

Ces textes n'imposent pas de validation de la formation ou du contrôle des connaissances par un organisme extérieur. La formation peut être dispensée au sein de l'établissement ou assurée par un organisme de formation spécialisé. L'entreprise a donc le choix d'organiser une formation en interne. Ces textes ne fixent pas davantage de durée maximale de l'autorisation, ou de fréquence minimale de renouvellement de la formation ou du contrôle des connaissances. En revanche, la CNAM-TS a élaboré une recommandation R 389 (2), dans laquelle elle préconise de ne confier la conduite des chariots qu'à des conducteurs dont les connaissances ont été reconnues par un certificat d'aptitude à la conduite en sécurité des chariots (CACES), délivré par un organisme testeur conventionné par la CNAM-TS, dont la durée de validité est de cinq ans.

1) Arr. 2 déc. 1998, JO 4 déc.

2) Consultable notamment sur : <www.risquesprofessionnels.ameli.fr/media/R389.pdf>.

§3 La direction

332 La délivrance aux travailleurs de consignes adaptées est une composante essentielle de l'obligation de sécurité mise à la charge de l'employeur (C. trav., art. L. 4121-2-9°), au même titre que la formation des travailleurs à la sécurité. Les consignes ont naturellement vocation à être définies de façon générale, en amont, et donc à être formalisées dans des documents écrits, règlements d'atelier, notes, affiches, etc. Cette nécessaire formalisation découle d'un impératif de sécurité, mais aussi d'un impératif de preuve, car l'employeur doit être en mesure, en cas de contentieux, de justifier des consignes qu'il avait adressées au travailleur.

333 Règlement intérieur

Dans une entreprise d'au moins 20 salariés, les consignes figurent dans le **règlement intérieur** ou dans un document pris dans le respect du même **formalisme** (C. trav., art. L. 1321-4 et -5, art. R. 1321-1 et s.), à savoir :

- consultation du CHST, ou à défaut des délégués du personnel ;
- consultation du comité d'entreprise (lequel doit se voir transmettre l'avis du CHSCT) ou à défaut, des délégués du personnel ;
- transmission à l'inspecteur du travail, en deux exemplaires ;
- dépôt au secrétariat-greffe du conseil de prud'hommes ;
- affichage dans les lieux de travail ;
- entrée en vigueur à l'issue d'un délai d'un mois suivant l'accomplissement de la dernière de ces formalités.

Les notes de service ou tout autre document comportant des obligations générales et permanentes en matière de santé et de sécurité sont, lorsqu'il existe un règlement intérieur, considérés comme des adjonctions à celui-ci et sont, en toute hypothèse, soumis au même formalisme. Toutefois, lorsque **l'urgence** le justifie, les prescriptions relatives à la santé et à la sécurité peuvent recevoir application immédiate. Dans ce cas, ces prescriptions sont immédiatement et simultanément communiquées aux secrétaires du CHSCT et du comité d'entreprise ainsi qu'à l'inspection du travail.

334 Contenu

Aux termes de la loi, le règlement intérieur est un document **écrit** par lequel l'employeur fixe exclusivement :

1 - les **mesures d'application** de la réglementation en matière de santé et de sécurité dans l'entreprise ou l'établissement, notamment les **consignes** données aux travailleurs ;

2 - les conditions dans lesquelles les salariés peuvent être appelés à participer, à la demande de l'employeur, au rétablissement de conditions de travail protectrices

de la santé et de la sécurité des salariés, dès lors qu'elles apparaîtraient compromises ;
3 - les règles générales et permanentes relatives à la discipline, notamment la nature et l'échelle des sanctions que peut prendre l'employeur.

Le règlement intérieur doit également rappeler :
1 - les dispositions relatives aux droits de la défense des salariés en matière disciplinaire (telles que définis aux articles L. 1332-1 à L. 1332-3 ou par la convention collective applicable) ;
2 - les dispositions relatives aux **harcèlements moral et sexuel** prévues par le Code du travail. En complément, il nous paraît nécessaire que le règlement intérieur rappelle également les dispositions conventionnelles applicables en matière de prévention des actes de **violence au travail** [(1)].

Le règlement intérieur ne se confond pas avec le document unique d'évaluation des risques professionnels. Le second a une vocation descriptive : il dresse un inventaire des risques existant dans l'entreprise. Le premier a une vocation normative : il fixe les règles générales de prévention qui s'imposent au personnel. Il n'est donc pas nécessaire de faire figurer dans le règlement intérieur l'ensemble des risques auxquels sont exposés les travailleurs. Il n'est pas davantage nécessaire de reproduire dans le règlement intérieur les dispositions législatives ou réglementaires relatives à l'hygiène et à la sécurité, ni d'y dresser la liste exhaustive de toutes les prescriptions particulières qui pourraient s'appliquer dans l'entreprise [(2)].

En revanche, toute règle définie par l'employeur en application de ces dispositions doit, lorsqu'elle a vocation à s'imposer aux salariés eux-mêmes, figurer dans le règlement intérieur ou un document soumis au même formalisme. L'employeur peut (et doit) inclure dans le règlement intérieur l'ensemble des règles de santé et de sécurité qui s'appliquent aux lieux de travail et s'imposent aux salariés, même lorsque ces règles concernent plus largement la sécurité des personnes ou des biens, par exemple la protection des non-fumeurs [(3)]. Inversement, n'ont pas à figurer dans le règlement intérieur les dispositions n'ayant pas le caractère d'une règle de discipline ou de prévention s'imposant aux salariés, telle une disposition par laquelle l'entreprise décline sa responsabilité en cas de détérioration des biens personnels des salariés. Curieusement, il a été jugé que l'employeur ne peut inclure dans le règlement intérieur la consigne d'incendie, document particulier régi par une procédure propre (C. trav., art. R. 4227-37) [(4)], ni une consigne rappelant que chaque salarié est d'abord responsable de sa sécurité personnelle et doit par son comportement préserver celle

1) Voir ci-dessous, n° 377.
2) CE, 4 mai 1988, n° 74589.
3) CE, 18 mars 1998, n° 162055.
4) CE, 3 juin 1988, n° 84401.

des autres [1]. Cette jurisprudence ne nous paraît pas compatible avec l'article L. 4122-1 du Code du travail relatif à l'obligation de sécurité du salarié [2].

§4 La discipline

335 En cas d'accident, de maladie ou simplement de situation de danger causé par la faute d'un salarié (qu'il s'agisse de la victime elle-même ou d'un autre salarié), les moyens de prévention mis en œuvre dans l'entreprise sont appréciés, notamment, au regard des mesures que l'employeur aura prises afin d'assurer **l'effectivité des consignes de santé et de sécurité**. S'il s'avère que l'employeur n'a jamais pris de sanction disciplinaire à l'égard des manquements constatés dans le passé, il pourra difficilement prétendre avoir fait le nécessaire pour assurer le respect des consignes. Une carence sera probablement caractérisée dans la direction du personnel, qui peut justifier que la faute du salarié engage la responsabilité de l'employeur, parfois cumulativement avec celle du premier fautif [3]. À cet égard, **l'exercice par l'employeur de son pouvoir disciplinaire participe pleinement de son obligation de sécurité**.

Compte tenu de l'obligation de sécurité pesant sur chaque travailleur [4], une faute disciplinaire peut être retenue à l'encontre du salarié qui contribue par son imprudence à créer un risque pour lui-même ou un autre travailleur, et ce alors même que l'intéressé :

- n'a pas causé de dommage à autrui, car l'obligation de sécurité du salarié ne se limite pas à une obligation de ne pas nuire, mais emporte obligation positive de veiller à sa sécurité et à celle d'autrui ;
- n'a violé aucun texte ou directive spécifique, car l'obligation de sécurité est générale et couvre tous les comportements créant un risque pour soi ou pour autrui ;
- ne s'est vu accorder aucune **délégation de pouvoir** [5], car l'obligation de sécurité concerne tout salarié, à son niveau (en fonction de ses missions propres, de ses pouvoirs, ses moyens, etc.).

La jurisprudence a ainsi considéré que le salarié doit répondre des fautes qu'il a personnellement commises dans l'exécution de son contrat de travail, même s'il n'a pas reçu de délégation de pouvoir en matière de sécurité :

- directeur technique chargé d'assurer le respect des règles de sécurité de deux sites [6] ;

1) CE, 4 mai 1988, n° 74589 ; CE, 12 nov. 1990, n° 95823.
2) Voir ci-dessus, n°s 174 et s.
3) Voir ci-dessus, n° 172.
4) Voir ci-dessus, n°s 174 et s.
5) Sur cette notion, voir ci-dessus, n°s 153 et s.
6) Cass. soc., 30 sept. 2005, n° 04-40.625 P.

– responsable de service entretien chargé de définir avec les entreprises intervenantes les conditions de leur intervention [1] ;
– et ce, même si l'employeur a consenti à d'autres salariés une délégation de pouvoirs [2].

En revanche, l'existence ou l'absence de délégation de pouvoirs restera un élément déterminant pour apprécier la responsabilité d'un salarié, membre de la direction, qui n'aura pas directement, physiquement, pris part à la création de danger. Ainsi, en l'absence de délégation de pouvoirs, un directeur général adjoint ne commet une faute qu'en cas d'abstention ou de refus de sa part d'exécuter, ayant conscience du danger encouru par les salariés, des consignes données par son supérieur hiérarchique [3]. *A contrario*, une faute grave a été retenue à la charge d'un salarié, titulaire d'une délégation de pouvoirs en vue d'appliquer et faire appliquer les prescriptions en matière d'hygiène et de sécurité, dès lors qu'une mezzanine sur laquelle étaient entreposées des marchandises et où circulaient des salariés présentait d'importants problèmes de stabilité et nécessitait impérativement la mise en place d'éléments pour la stabiliser et que l'intéressé s'était borné à s'enquérir du coût des réparations sans prendre aucune mesure pour prévenir un accident, ni faire procéder aux réparations qui s'imposaient [4].

Un manquement à l'obligation de sécurité du salarié peut être qualifié de **faute grave**, c'est-à-dire une faute privative du droit au préavis et à l'indemnité de licenciement [5]. Ce point doit cependant être examiné au cas par cas [6]. Sous cette réserve, la faute grave peut être retenue à l'encontre d'un salarié en état d'**ébriété** lorsque, eu égard à la nature du travail qui lui est confié, cet état est de nature à exposer les personnes ou les biens à un danger [7]. De même, des faits de **harcèlement sexuel** constituent une faute grave [8].

1) Cass. soc., 28 févr. 2002, n° 00-41.220 P.

2) Cass. soc., 6 juin 2007, n° 05-43.039 : conducteur de travaux chargé d'organiser l'hygiène et la sécurité des chantiers.

3) Cass. soc., 26 avr. 2007, n° 06-40.015.

4) Cass. soc., 23 juin 2010, n° 09-41.607 P.

5) Cass. soc., 6 juin 2007, n° 05-45.984 ; Cass. soc., 11 oct. 2005, n° 03-45.585 ; Cass. soc., 23 mars 2005, n° 03-42.404 P : refus de port du casque ; Cass. soc., 28 mai 2008, n° 06-40.629 ; Cass. soc., 1er juill. 2008, n° 06-46.421 P ; Cass. soc., 23 juin 2010, préc. Babin M., Violer une interdiction peut constituer une faute grave, Semaine sociale Lamy 2008, n° 1363.

6) Cass. soc., 9 oct. 2002, n° 00-44.297 : salarié ayant 22 ans d'ancienneté.

7) Cass. soc., 24 févr. 2004, n° 01-47.000 P ; Cass. soc., 22 mai 2002, n° 99-45.878 P.

8) Cass. soc., 5 mars 2002, n° 00-40.717 P et n° 01-47.000 P.

SECTION V La coopération avec les autres entreprises

Lorsqu'une ou plusieurs entreprises font intervenir leur personnel au sein d'une autre (§ 1), ou encore sur un chantier du bâtiment (§ 2), les entreprises concernées doivent coopérer dans la mise en œuvre de leurs politiques de prévention des risques professionnels. Sans préjudice de la détermination des responsabilités de chaque entreprise vis-à-vis de son propre personnel [1], la santé et de la sécurité au travail ne se conçoit pas de façon cloisonnée, entreprise par entreprise, mais de manière coordonnée.

§1 L'intervention d'une entreprise au sein d'une autre entreprise

336 Lorsque, dans un même lieu de travail, sont présents des travailleurs d'entreprises différentes, les employeurs doivent coopérer à la mise en œuvre des dispositions relatives à la santé et à la sécurité au travail (C. trav., art. L. 4121-5). Les conditions et modalités de cette coopération ont été définies par un décret n° 92-158 du 20 février 1992 (C. trav., art. R. 4511-1 et s.), ayant abrogé un décret n° 77-1321 du 29 novembre 1977.

A. - Cas général

337 Champ d'application

Les conditions d'application de ce dispositif sont manifestement très larges (C. trav., art. R. 4511-1). La coopération s'impose toutes les fois qu'une entreprise (dite *« extérieure »*) **fait intervenir des travailleurs aux fins d'exécuter une opération** ou de participer à l'exécution d'une opération, quelle que soit sa nature, dans un établissement d'une entreprise (dite *« utilisatrice »*) ou dans ses dépendances ou chantiers. L'opération s'entend de **travaux ou de prestations de services** réalisées par une ou plusieurs entreprises afin de concourir à un même objectif (C. trav., art. R. 4511-4). La coordination générale des mesures de prévention a pour objet de prévenir les **risques liés à l'interférence entre les activités, les installations et matériels** des différentes entreprises présentes (C. trav., art. R. 4511-7).

Sous l'empire du décret du 29 novembre 1977, la jurisprudence avait admis que ce dispositif réglementaire avait pour seul objet de parer aux risques professionnels pouvant résulter de la simultanéité et de l'interférence des activités de l'entreprise

1) Voir ci-dessus, n°s 162 et s.

utilisatrice et des entreprises intervenantes, et qu'il ne trouvait pas application en l'absence d'activité de la première au lieu où interviennent les secondes[1]. Il y avait interférence des *« activités »* en présence de risques particuliers liés à l'activité de l'entreprise utilisatrice auxquels pouvaient être exposés les travailleurs de l'entreprise extérieure, ou vice versa[2], notamment en cas de simultanéité des activités des entreprises utilisatrice et extérieure en un même lieu[3]. Une ouverture semble avoir été opérée dans un arrêt ultérieur, qui relevait l'existence d'une interférence entre les activités simultanées de deux entreprises intervenantes[4]. On observera par ailleurs que, depuis, le texte a été modifié aux fins de viser plus largement *« l'interférence entre les activités, les installations et matériels »*, ce qui permet plus largement de constater l'existence de risques d'interférence quand bien même les personnels de l'entreprise intervenante ne sont pas présents aux mêmes horaires que ceux de l'entreprise utilisatrice.

ATTENTION

Cette obligation de coordination s'étend potentiellement aux risques auxquels les travailleurs sont exposés du fait de l'entreprise utilisatrice, en l'absence même d'interférence au sens strict de l'article R. 4511-7 du Code du travail. Ainsi, la Cour de cassation a jugé que lorsque le travail s'exécute dans les locaux d'une autre entreprise, l'employeur a le devoir de se renseigner sur les dangers courus par le travailleur, notamment du fait des produits fabriqués ou utilisés par cette entreprise : ainsi, une société qui fait intervenir un travailleur sur un site industriel sensible (utilisation d'amiante) a l'obligation de se renseigner, auprès de la société exploitant le site, sur la nature des produits fabriqués ou utilisés, de façon à s'assurer de leur innocuité ou, en cas de danger, à mettre en œuvre, en coopération avec les organes de cette entreprise tierce, des mesures propres à préserver la santé de son salarié[5] et ce, sous peine de voir engager sa responsabilité civile au titre de sa faute inexcusable[6].

1) Cass. crim., 19 juill. 1988, n° 87-90.487.
2) Cass. crim., 7 oct. 1986, n° 85-91.841 ; Cass. crim., 25 juin 1985, n° 84-90.404.
3) Cass. crim., 4 févr. 1992, n° 90-83.207 ; Cass. crim., 27 mai 1991, n° 90-82.183.
4) Cass. crim., 27 mai 1999, n° 98-82.798.
5) Cass. 2e civ., 8 nov. 2007, n° 07-11.219 P ; voir aussi Cass. 2e civ., 8 oct. 2009, n° 08-16.306. Babin M., JCP E 2008, n° 5.
6) Voir ci-dessus, n°s 80 et s.

338 Coordination générale par le chef d'entreprise

Le chef de l'entreprise utilisatrice assure la coordination générale des mesures de prévention prises par lui-même et par l'ensemble des chefs d'entreprises extérieures (C. trav., art. R. 4511-5), au besoin par le biais de réunions et inspections périodiques (C. trav., art. R. 4513-1 et s.). Chaque chef d'entreprise demeure cependant responsable de l'application des mesures de prévention nécessaires à la protection des travailleurs qu'il emploie (C. trav., art. R. 4511-6) [1].

339 Informations réciproques

L'entreprise extérieure et l'entreprise utilisatrice se doivent des informations réciproques sur l'identité des intervenants, la durée de l'intervention, les facteurs de risque, les consignes de sécurité, etc. (C. trav., art. R. 4511-10, 4512-3 et s., R. 4513-6). Les travailleurs de l'entreprise extérieure doivent également recevoir des informations spécifiques (zones dangereuses, voies d'accès, etc.) et des consignes appropriées (C. trav., art. R. 4512-15, R. 4513-7).

340 Analyse et planification communes

Les entreprises extérieures et utilisatrices doivent procéder à une **inspection commune** des lieux de travail, installations et matériels (C. trav., art. R. 4512-2), à une **analyse commune** des risques liés à l'interférence entre les activités, les installations et matériels et, le cas échéant, à l'élaboration commune d'un **plan de prévention** de ces risques (C. trav., art. R. 4512-6 et s.), comportant des mesures sur les points suivants :

- la définition des phases d'activité dangereuses et des moyens de prévention spécifiques correspondants ;
- l'adaptation des matériels, installations et dispositifs à la nature des opérations à effectuer, et la définition de leurs conditions d'entretien ;
- les consignes à donner aux travailleurs ;
- l'organisation mise en place pour assurer les premiers secours en cas d'urgence et la description du dispositif mis en place à cet effet par l'entreprise utilisatrice ;
- les conditions de la participation des travailleurs d'une entreprise aux travaux réalisés par une autre (organisation du commandement).

Les entreprises concourant à l'exécution d'une même opération doivent participer de manière *simultanée* à l'inspection préalable prévue par les textes, dont l'objet est d'assurer leur information réciproque dans l'intérêt de la sécurité des travailleurs [2].

1) Voir ci-dessus, n° 170.

2) Cass. crim., 16 févr. 1999, n° 97-86.290 P.

Les entreprises ont l'obligation d'établir le plan **par écrit** avant le commencement des travaux (C. trav., art. R. 4512-7) :

– dès lors que l'opération représente un **nombre total d'heures de travail** prévisible égal au moins à 400 heures de travail sur une période égale au plus à 12 mois ; il en est de même dès l'instant où, en cours d'exécution des travaux, il apparaît que le nombre d'heures de travail doit atteindre 400 heures ;

– ou lorsque les travaux, quelle que soit leur durée prévisible, relèvent des **travaux dangereux** figurant sur une liste fixée par un arrêté ministériel du 19 mars 1993 [1].

Dans ces deux cas, le chef de l'entreprise utilisatrice doit également aviser par écrit l'inspecteur du travail de l'ouverture des travaux (C. trav., art. R. 4512-12). En tout état de cause, le plan doit être mis à jour en cas de modification des mesures qui y sont définies, notamment à l'occasion des réunions de coordination (C. trav., art. R. 4513-4). Au-delà du respect d'obligations purement formelles, le contenu du plan doit évidemment refléter la réalité des risques auxquels sont exposés les travailleurs des entreprises concernées : l'établissement du plan ne satisfait pas aux obligations réglementaires si le contenu du plan ne tient manifestement pas compte des principaux dangers liés à l'exécution des travaux [2].

341 Sous-traitance

Le chef de l'entreprise extérieure doit faire connaître par écrit à l'entreprise utilisatrice les noms et références de ses sous-traitants, le plus tôt possible et en tout état de cause avant le début des travaux dévolus à ceux-ci, ainsi que l'identification des travaux sous-traités (C. trav., art. R. 4511-10). Lorsqu'une entreprise extérieure a recours à de nouveaux sous-traitants après le début de l'intervention, les procédures susvisées doivent être reprises vis-à-vis de ceux-ci (C. trav., art. R. 4512-1). Il a été jugé, sous l'empire du décret du 29 novembre 1977, que l'obligation de mettre en œuvre ces procédures s'impose à l'entreprise intervenante dans ses rapports avec ses sous-traitants, dès lors qu'elle y est elle-même soumise dans ses rapports avec l'entreprise utilisatrice [3]. L'entreprise utilisatrice n'est en tout état de cause pas dispensée de mettre en œuvre ces procédures vis-à-vis de l'entreprise extérieure [4].

342 Médecins du travail et CHSCT

Il convient également de tenir compte des dispositions spécifiques concernant les compétences des médecins du travail dont relèvent les entreprises concernées (C. trav.,

1) JO 27 mars ; sur la notion de travaux dangereux, voir Cass. crim., 4 août 1998, n° 97-85.021.
2) Cass. crim., 12 juin 2007, n° 06-85.279.
3) Cass. crim., 16 janv. 2001, n° 00-82.274 P ; Cass. crim., 7 oct. 1986, n° 85-91.841 P.
4) Cass. crim., 24 nov. 1992, n° 92-81.348 P.

art. R. 24513-9 et s.), ainsi que des CHSCT des entreprises concernées (C. trav., art. R. 4514-1 et s.).

B. - Établissements comprenant une installation dangereuse

343 Champ d'application

Un dispositif spécifique concerne les établissements comprenant au moins :

– une installation figurant sur la liste prévue au IV de l'article L. 515-8 du Code de l'environnement (installation classée susceptible de créer, par danger d'explosion ou d'émanation de produits nocifs, des risques très importants pour la santé ou la sécurité des populations voisines et pour l'environnement) ou soumise aux articles 3-1 et 104 à 104-8 du Code minier ;
– ou une installation nucléaire de base.

Dans ces établissements, lorsqu'un travailleur ou le chef d'une entreprise extérieure ou un travailleur indépendant est appelé à réaliser une intervention pouvant présenter des risques particuliers en raison de sa nature ou de la proximité de cette installation, le chef d'établissement de l'entreprise utilisatrice et le chef de l'entreprise extérieure définissent conjointement les mesures de prévention des risques professionnels. Le chef d'établissement de l'entreprise utilisatrice veille au respect par l'entreprise extérieure des mesures que celle-ci a la responsabilité d'appliquer, compte tenu de la spécificité de l'établissement, préalablement à l'exécution de l'opération, durant son déroulement et à son issue (C. trav., art. L. 4522-1).

344 Formation des entreprises extérieures

L'employeur est tenu de définir et de mettre en œuvre au bénéfice des chefs d'entreprises extérieures et des travailleurs qu'ils emploient, ainsi que des travailleurs indépendants, avant le début de leur première intervention dans l'enceinte de l'établissement, une formation pratique et appropriée aux risques particuliers que leur intervention peut présenter en raison de sa nature ou de la proximité de l'installation (C. trav., art. L. 4522-2). Cette obligation s'ajoute à celle qui est faite à tout employeur d'organiser une formation à la sécurité au bénéfice de ses propres salariés ou des travailleurs temporaires [1]. Les modalités de mise en œuvre de cette formation, son contenu et, le cas échéant, les conditions de son renouvellement peuvent être précisées par convention ou accord collectif de branche ou par convention ou accord collectif d'entreprise ou d'établissement.

1) Voir ci-dessus, n°s 324 et s.

345 **CHSCT élargi aux entreprises extérieures**

Le CHSCT de l'établissement est élargi, lorsque sa réunion a pour objet de contribuer à la définition des règles communes de sécurité dans l'établissement et à l'observation des mesures de prévention, à une représentation des chefs d'entreprises extérieures et des travailleurs qu'ils emploient selon des conditions déterminées par une convention ou un accord collectif de branche, d'entreprise ou d'établissement, ou, à défaut, un décret en Conseil d'État (C. trav., art. L. 4523-11 et s.).

§2 L'intervention sur un chantier du bâtiment ou du génie civil

346 Selon un dispositif similaire à celui qui vient d'être décrit, lorsqu'une entreprise fait intervenir les travailleurs qu'elle emploie sur un chantier du bâtiment ou du génie civil, toutes les entreprises concernées ont l'obligation de coordonner leurs politiques de prévention des risques professionnels. Les conditions et modalités de cette coopération ont été définies par une loi n° 93-1418 du 31 décembre 1993 et un décret n° 94-1159 du 26 décembre 1994 (C. trav., art. L. 4531-1 et s., et R. 4532-1 et s.).

347 **Champ d'application**

Là encore, les conditions d'application de ce dispositif sont larges : une coordination en matière de sécurité et de santé des travailleurs doit être organisée pour tout chantier de bâtiment ou de génie civil où sont appelés à intervenir plusieurs travailleurs indépendants ou entreprises (entreprises sous traitantes incluses), aux fins de prévenir les risques résultant de leurs interventions simultanées ou successives et de prévoir, lorsqu'elle s'impose, l'utilisation des moyens communs tels que les infrastructures, les moyens logistiques et les protections collectives.

348 **Trois catégories d'opérations**

Les opérations de bâtiment et de génie civil sont classées en trois catégories (C. trav., art. R. 4532-1) :

a) Première catégorie

Le chantier doit dépasser un volume de 10 000 hommes/jour, lorsque le nombre d'entreprises (travailleurs indépendants et entreprises sous-traitantes inclus) est supérieur à dix entreprises (s'il s'agit d'une opération de bâtiment) ou à cinq entreprises (s'il s'agit d'une opération de génie civil). Ce chantier est soumis à l'obligation de constituer un **collège interentreprises de sécurité, de santé et des conditions de travail** (C. trav., art. L. 4532-10 et R. 4532-77).

b) Deuxième catégorie

Opérations pour lesquelles :

– soit l'effectif prévisible doit dépasser 20 travailleurs à un moment quelconque des travaux et la durée excéder 30 jours ouvrés ;
– soit le volume prévu des travaux doit être supérieur à 500 hommes/jour.

Ces opérations sont soumises à l'obligation de **déclaration préalable auprès de l'inspection du travail** (C. trav., art. L. 4532-1 et R. 4532-2) ;

c) Troisième catégorie

Opérations ne relevant pas des première et deuxième catégories.

Le dispositif tend à la mise en œuvre des principes généraux de prévention (C. trav., art. L. 4121-2) (1) notamment lors des choix architecturaux et techniques ainsi que dans l'organisation des opérations de chantier, en vue de permettre la planification de l'exécution des différents travaux ou phases de travail qui se déroulent simultanément ou successivement, de prévoir la durée de ces phases et de faciliter les interventions ultérieures sur l'ouvrage (C. trav., art. L. 4531-1). D'éventuels manquements aux principes généraux de prévention peuvent caractériser une faute pénale d'imprudence, même en l'absence d'infraction à un texte plus spécifique (2).

349 Information de l'inspecteur du travail

Lors des opérations de deuxième catégorie, le maître d'ouvrage adresse, dès la demande de permis de construire ou à défaut 30 jours avant le début des travaux, à l'inspecteur du travail (ainsi qu'à l'OPPBTP et à la CARSAT) une déclaration préalable dont le contenu est précisé par arrêté (3) et dont le texte est affiché sur le chantier (C. trav., art. L. 4532-1 et R. 4532-2).

350 Désignation d'un coordonnateur

Pour toutes les opérations, à chaque étape du chantier (de la conception à la livraison) ou l'ensemble de ces étapes, le maître d'ouvrage doit confier la coordination en matière de sécurité et de santé à une personne physique ou morale appelée coordonnateur (C. trav., art. L. 4532-2 et s.), dont la mission est rémunérée et qui peut être un salarié du maître d'ouvrage (C. trav., art. R. 4532-20 et -21). La désignation d'un coordonnateur n'exclut ni ne limite la responsabilité propre de chaque participant au chantier. Par ailleurs, le coordonnateur exerce ses missions sous la responsabilité du maître d'ouvrage (C. trav., art. R. 4532-11). Il doit présenter des garanties d'indépendance (C. trav., art. R. 4532-10), de compétences et de formation (C. trav., art. R. 4532-23 et s., R. 4523-30 et s.), mais aussi disposer des moyens et de l'autorité

1) Voir ci-dessus, n° 22.
2) Cass. crim., 23 janv. 2007, n° 06-80.937.
3) Arr. 7 mars 1995, JO 18 mars.

nécessaires (C. trav., art. R. 4532-6 et -22). Le détail de ses missions est exposé aux articles R. 4532-11 à -16 du Code du travail.

NOTE

Un décret n° 2011-39 du 10 janvier 2011 modifie les dispositions du Code du travail relatives aux conditions d'accès aux fonctions de coordonnateur, et à leur formation. Ses dispositions entreront en vigueur le 1er juillet 2012.

351 Constitution d'un collège interentreprises

Pour les opérations de première catégorie, le maître d'ouvrage doit constituer un collège interentreprises de sécurité, de santé et des conditions de travail, comprenant outre le coordonnateur, le maître d'œuvre, les entrepreneurs et, avec voix consultative, des salariés employés sur le chantier (C. trav., art. L. 4532-10, R. 4532-77 et s.). Le maître d'ouvrage doit mentionner dans le contrat conclu avec l'entrepreneur l'obligation de participer au collège (C. trav., art. L. 4532-12). Le collège interentreprises peut définir certaines règles communes destinées à assurer le respect des mesures de sécurité et de protection de la santé applicables au chantier, sans préjudice des responsabilités qui incombent aux participants au chantier (C. trav., art. L. 4532-13 et -14).

352 Plan général de coordination et plans particuliers de sécurité

Dès la phase de conception, le coordonnateur doit élaborer un plan général de coordination ou un plan général simplifié de coordination (C. trav., art. L. 4532-8 et -9).

a) Plan général de coordination – PGC (opérations de première et deuxième catégories, C. trav., art. R. 4532-42 et s.)

Dans ce cas, chaque participant doit également transmettre, au coordonnateur ou au maître d'ouvrage, avant le début des travaux, un **plan particulier de sécurité et de protection de la santé – PPSPS** (C. trav., art. L. 4532-9 et R.4532-56 et s.) [1], dont le détail est exposé aux articles R. 4532-63 à -67 du Code du travail. Cette obligation existe aussi à l'égard de tout entrepreneur dont il est prévu qu'il réalisera des travaux d'une durée supérieure à un an et qu'il emploiera, à un moment quelconque des travaux, plus de 50 salariés pendant plus de dix jours ouvrés consécutifs (C. trav., art. R. 4532-57).

1) Sur la notion de participant, voir Cass. crim., 24 oct. 2000, n° 00-82.467.

b) Plan général simplifié de coordination (opérations de troisième catégorie nécessitant l'exécution d'un ou plusieurs des travaux inscrits sur une liste de travaux comportant des risques particuliers, C. trav., art. R. 4532-52 et s.) [1]

Dans ce cas, chaque participant appelé à exécuter l'un des travaux en cause doit établir, avant le début des travaux, un **plan particulier *« simplifié »* de sécurité** et de protection de la santé (C. trav., art. R. 4532-75 et R. 4532-76).

353 Sous-traitance

Lorsque l'opération est soumise à l'obligation d'établissement d'un PGC, l'entrepreneur qui fait exécuter, en tout ou partie, le contrat qui le lie au maître d'ouvrage par un ou plusieurs sous-traitants, doit remettre à ceux-ci un exemplaire du PGC et, le cas échéant, un document précisant les mesures d'organisation générales qu'il a retenues pour la partie du chantier dont il a la responsabilité et qui sont de nature à avoir une incidence sur la sécurité et la santé des travailleurs (C. trav., art. R. 4532-60). Le sous-traitant doit alors tenir compte de ces informations dans l'élaboration du PPSPS (C. trav., art. R. 4532-61). Lorsque l'opération est soumise à l'obligation de constituer un collège interentreprises (opération de première catégorie), l'entrepreneur qui entend sous-traiter une partie des travaux de son contrat d'entreprise est tenu de mentionner dans les contrats conclus avec les sous-traitants l'obligation de participer au collège (C. trav., art. L. 4532-12).

SECTION VI Les dispositifs d'urgence ou d'exception

354 Dans certaines situations présentant un risque manifestement anormal pour les travailleurs, des dispositifs d'urgence visant à préserver leur santé et à faire cesser ces risques dans les plus brefs délais doivent, ou peuvent selon les cas, être mis en œuvre par l'employeur, les représentants du personnel, les travailleurs ou l'inspection du travail. La plupart de ces situations sont caractérisées en droit par l'existence d'un danger à la fois grave et imminent :

- **grave**, c'est-à-dire d'un danger dépassant en importance le risque inhérent à l'exercice normal du travail (au regard du dommage prévisible et/ou de la probabilité de survenance) [2].

1) Fixée par Arr. 25 févr. 2003, JO 6 mars.

2) Sur l'ambiguïté du concept de risque grave, voir Babin M., *Le risque professionnel*, thèse, p. 142 et s.

Ne caractérise pas un danger grave la situation qui simplement rend plus difficile l'exécution du travail, sans aggraver les conditions de sécurité (exemple : la pluie ou le vent qui rendaient plus délicate la pose d'un parquet dans un immeuble en construction) [1]. De même, le danger n'est pas qualifié de grave si des précautions élémentaires peuvent l'atténuer ou l'éviter (exemple l'élévation du bruit provoquée par un ventilateur, à laquelle il était possible de remédier par le port de bouchons anti-bruit) [2].

– **imminent**, c'est-à-dire d'un risque pouvant se réaliser en très peu de temps, à tout moment, ou qu'il n'est pas possible de prévenir autrement que par l'interruption immédiate de la situation dangereuse.

355 L'initiative de l'employeur

L'employeur doit prendre les mesures et donner les consignes nécessaires pour permettre aux travailleurs, en situation de danger grave et imminent d'arrêter et de se mettre en sécurité en quittant immédiatement le lieu de travail (C. trav., art. L. 4132-5). Cette interruption n'entraine pas de perte de salaire pour les salariés, les mesures prises en matière de santé et de sécurité au travail ne devant en aucun cas entraîner de charges financières pour les travailleurs (C. trav., art. L. 4122-2). Rappel : le règlement intérieur définit les conditions dans lesquelles les salariés peuvent être appelés à participer, à la demande de l'employeur, au rétablissement des conditions de travail protectrices de la santé et de la sécurité des salariés, dès lors qu'elles apparaîtraient compromises [3].

356 Déclaration de tout accident du travail

Rappelons également qu'**en cas d'accident du travail**, quelle qu'en soit la nature ou les conséquences, l'employeur doit en faire la déclaration auprès de la sécurité sociale.

Le **salarié** doit informer ou faire informer l'employeur ou l'un de ses préposés dans la journée où l'accident s'est produit ou, au plus tard, dans les **24 heures**, sauf cas de force majeure, d'impossibilité absolue ou de motif légitime (CSS, art. L. 441-1). Le non-respect du délai de 24 heures n'est assorti d'aucune sanction : il ne dispense pas l'employeur de procéder à la déclaration, et ne fait pas perdre à l'intéressé le bénéfice de la présomption d'imputabilité de l'accident au travail.

L'**employeur** doit déclarer tout accident du travail dont il a connaissance **directement ou indirectement** (CSS, art. L. 441-2), **quelle qu'en soit la gravité**, et même si l'accident n'a causé aucun arrêt de travail ni justifié aucun soin médical. Par exception,

1) Cass. soc., 20 janv. 1993, n° 91-42.028 P.

2) Cons. prud'h. Béthune, 31 oct. 1984.

3) Voir ci-dessus, n° 334.

la CARSAT peut autoriser un employeur à remplacer la déclaration des accidents n'entraînant ni arrêt de travail, ni soins médicaux par une inscription sur un registre ouvert à cet effet (CSS, art. L. 441-4 et s.).

L'employeur ne doit donc en aucun cas tarder à déclarer un accident du travail qui a été porté à sa connaissance, et ce même s'il entend le contester : il doit, dans ce cas, assortir sa déclaration de réserves motivées [1].

La déclaration est effectuée par lettre recommandée, avec demande d'avis de réception, dans les **48 heures** non compris les dimanches et jours fériés (CSS, art. R. 441-3).

En cas de carence de l'employeur, la déclaration à la caisse peut être faite par la victime ou ses représentants jusqu'à l'expiration de la **deuxième année** qui suit l'accident.

Il n'en reste pas moins que le non-respect par l'employeur de l'obligation de déclarer un accident du travail dans les 48 heures de sa connaissance, donne lieu à des sanctions civile et pénale :

- amende de quatrième classe (750 euros, CSS, art. R 471-3) ;
- surtout, la CPAM peut poursuivre auprès de l'employeur le remboursement de la totalité des dépenses faites à l'occasion de l'accident (CSS, art. L. 471-1) [2].

357 Réunion CHSCT

L'employeur doit réunir le CHSCT à la suite de *« tout accident ayant entraîné ou ayant pu entraîner des conséquences graves ou à la demande motivée de deux de ses membres représentants du personnel »* (C. trav., art. L. 4614-10). La notion de *« conséquences graves »* est très difficile à définir, comme à apprécier en pratique (surtout s'il s'agit d'envisager les conséquences que l'accident aurait *« pu »* entraîner). Est manifestement grave l'accident qui engage la vie de la personne, ou peut lui causer une invalidité permanente. En tout état de cause, la réunion du CHSCT doit intervenir dès que possible [3]. Par ailleurs, les initiatives prises dans l'urgence par la direction à suite d'un accident à l'effet d'en éviter le renouvellement ne peuvent faire échec à la compétence et aux attributions propres du comité et donc à son droit d'être réuni [4].

1) Voir ci-dessus, n° 68.
2) Cass. 2e civ., 8 avr. 2010, n° 09-11.232 P : déclaration le 7 juin d'un accident survenu le 2.
3) Cass. crim., 21 nov. 2000, n° 00-81.488.
4) Cass. crim., 22 févr. 1979, n° 77-90.179.

§1 L'initiative des représentants du personnel

A. - Droit d'alerte des délégués du personnel

358 Saisine de l'employeur

Un délégué du personnel, constatant par lui-même ou par l'intermédiaire d'un salarié une atteinte à la santé physique ou mentale des personnes travaillant dans l'entreprise, qui n'est pas justifiée par la nature de la tâche à accomplir, ni proportionnée au but recherché, en saisit immédiatement l'employeur (C. trav., art. L. 2313-2). Cette alerte peut s'effectuer à l'occasion de toute atteinte à la santé, la loi ne précisant pas davantage la nature de cette atteinte. Ni l'exigence de la gravité, ni celle de l'imminence ne s'imposent dans ce cas. La saisine de l'employeur s'effectue sans formalité particulière. L'employeur ou son représentant est alors tenu de procéder immédiatement à une enquête avec le délégué. S'il y a accord entre les deux parties sur l'existence et la nature du danger signalé, l'employeur prend les dispositions nécessaires afin de supprimer ou d'atténuer ce danger.

359 Saisine du conseil de prud'hommes

Le délégué du personnel, sous réserve que le salarié averti par écrit ne s'y oppose pas, peut saisir en référé le bureau de jugement du conseil de prud'hommes, si l'employeur :

– refuse d'effectuer la visite ou ne l'effectue pas dans le délai souhaité ;
– ou n'est pas d'accord avec le délégué sur la réalité de l'atteinte constatée ou sur les moyens à mettre en œuvre pour l'éviter.

Un large pouvoir est accordé au juge, qui peut ordonner toutes mesures propres à faire cesser cette atteinte, et notamment des obligations de faire. Ce pouvoir n'est limité que par la pertinence des mesures retenues par rapport au but recherché. Ainsi, un conseil de prud'hommes peut ordonner à un employeur de procéder à l'aménagement d'un poste de travail afin de prévenir la santé physique d'un salarié, ou à l'amélioration des conditions de travail dans le cas d'une atteinte à la santé mentale. Ces mesures peuvent être assorties d'astreintes liquidées au profit du Trésor.

En confiant ce rôle au délégué du personnel, souvent seul représentant du personnel dans une petite entreprise, le législateur a souhaité donner à cette procédure le périmètre d'application le plus large possible. Dans une entreprise pourvue de CHSCT, la procédure peut s'appliquer en parallèle avec les droits propres à cette dernière institution.

B. - Droit d'alerte du CHSCT

360 Un représentant du personnel au CHSCT constatant une cause de danger grave et imminent ne peut arrêter le processus du travail concerné [1], mais dispose en revanche d'un droit d'alerte (C. trav., art. L. 4132-2). Il peut être informé du danger par l'intermédiaire d'un salarié ayant exercé son droit de retrait [2]. Ce droit d'alerte se déroule selon les cinq étapes suivantes :

1 - le représentant du personnel **avise** immédiatement l'employeur (ou son représentant) du risque constaté. Cette information peut être orale. En revanche, le représentant du personnel doit consigner cet avis sur un registre spécial, dont les pages sont numérotées et authentifiées par le tampon du comité. Ce registre est tenu sous la responsabilité de l'employeur, à la disposition des représentants du personnel au CHSCT. En cas de pluralité de CHSCT, il doit y avoir un registre par comité. Cet avis est daté et signé. Il comporte l'indication du ou des postes de travail concernés, de la nature et de la cause du danger, ainsi que les noms du ou des travailleurs exposés (C. trav., art. D. 4132-1). L'expression écrite de cet avis entraîne la poursuite de la procédure ;

2 - l'employeur procède sur-le-champ à une **enquête** avec le membre du CHSCT lui ayant signalé le danger et prend les dispositions nécessaires pour y remédier (C. trav., art. L. 4132-2). Du fait de l'imminence du danger, l'employeur ne peut différer cette enquête, et doit donc la réaliser dans les meilleurs délais. Il doit donner au représentant du personnel les moyens de l'accompagner lors de la réalisation de cette enquête, notamment en lui permettant de se rendre sur les lieux et en prenant en charge ses éventuels frais de déplacement [3] ;

3 - au terme de cette enquête, en cas de divergence avec le représentant du personnel sur la réalité du danger ou sur les moyens à mettre en œuvre pour le faire cesser, l'employeur doit **réunir le CHSCT** d'urgence, et en tout état de cause dans un délai n'excédant pas 24 heures. Cette procédure d'urgence n'exonère pas le président d'établir l'ordre du jour avec le secrétaire ; la convocation et l'ordre du jour sont adressés à tous les participants habituels des réunions du CHSCT. L'inspecteur du travail et l'agent du service de prévention de la CARSAT sont informés immédiatement de cette réunion. Ils peuvent y assister (C. trav., art. L. 4132-3) ;

4 - lors de la réunion, en cas de constat de désaccord entre le président et la majorité des représentants du personnel présents sur l'appréciation du danger, les

---

1) Cass. soc., 29 janv. 1981, n° 79-40.583 P.

2) Voir ci-dessous, n° 364.

3) Cass. soc., 10 oct. 1989 n° 86-44.112 P.

mesures à prendre et leurs conditions d'exécution, l'employeur doit saisir immédiatement **l'inspection du travail** (C. trav., art. L. 4132-4) ;

5 - l'inspecteur du travail peut se rapprocher de l'employeur et du CHSCT afin de trouver un accord. Il peut également saisir le **directeur de la DIRECCTE** (anciennement, le directeur départemental du travail), par un rapport constatant une situation dangereuse résultant :
  - du non-respect des principes généraux de prévention énoncés par les articles L. 4121-1 à -5 et L. 4522-1 du Code du travail,
  - ou d'une infraction à l'obligation générale de santé et de sécurité résultant de l'article L. 4121-1 du Code du travail.

  Le directeur de la DIRECCTE peut alors mettre en demeure l'employeur de prendre toutes mesures utiles pour remédier au risque signalé par le représentant du personnel au CHSCT. Cette mise en demeure écrite, datée et signée, fixe un délai d'exécution pour la réalisation des travaux demandés (C. trav., art. R. 4721-2).

L'employeur peut saisir le **directeur de la DIRECCTE**, par lettre recommandée avec accusé de réception, avant l'expiration du délai de mise en demeure et au plus tard dans les 15 jours suivant la notification de la mise en demeure, d'un recours qui est suspensif (C. trav., art. L. 4723-1, R. 4723-1 et s.). Le directeur de la DIRECCTE prend sa décision dans un délai de 21 jours, qui peut être prolongé d'une nouvelle période de 21 jours si les nécessités de l'instruction l'exigent, auquel cas l'employeur est informé par lettre recommandée avec accusé de réception. La non-communication à l'employeur de la décision du directeur de la DIRECCTE dans ce délai vaut acceptation de la réclamation. Tout refus de la part du directeur de la DIRECCTE doit être motivé.

Si ce droit au recours n'est pas exercé ou si le recours est rejeté et qu'à la fin du délai fixé par la mise en demeure, l'inspection du travail constate que la situation dangereuse n'a pas cessé, il peut :

– dresser un **procès-verbal** à l'employeur, qui est alors passible d'une peine de police (C. trav., art. L. 4721-2 et R. 4741-2) ;
– saisir le **juge des référés** afin qu'il ordonne toutes mesures propres à faire cesser le risque (C. trav., art. L. 4132-4 et L. 4732-1 et -2).

Ces mesures peuvent consister en la mise hors service, l'immobilisation, la saisie des matériels, machines, dispositifs, produits ou la fermeture temporaire d'un atelier ou d'un chantier, ou autre. Il revient au juge de déterminer les mesures qui lui paraissent les plus pertinentes pour supprimer le danger. La faute inexcusable de l'employeur est de droit pour le salarié victime d'un accident de travail ou d'une maladie professionnelle alors qu'un membre du CHSCT a signalé à l'employeur le risque qui s'est matérialisé (C. trav., art. L. 4131-4).

C. - Recours du CHSCT à un expert

361 Cas de recours

Le CHSCT peut recourir à un expert agréé par les ministres chargés du travail et de l'agriculture (C. trav., art. L. 4614-12 et -13, R. 4614-6 et s.) :

1 - lorsqu'un **risque grave**, révélé ou non par un accident du travail, une maladie professionnelle ou à caractère professionnel est constaté dans l'établissement. Il faut que ce risque soit suffisamment important et dépasse en importance le risque inhérent à l'exercice normal du travail (au regard du dommage prévisible et/ou de la probabilité de survenance). Le risque doit également être constaté (et non résulter d'une simple hypothèse) [1], à l'intérieur de l'entreprise (et non à l'extérieur, comme les accidents de trajet) [2]. Dans les établissements comportant une installation classée visée à l'article L. 4521-1 du Code du travail (hors installation nucléaire), le CHSCT peut faire appel à un expert en risques technologiques en cas de danger grave en rapport avec l'installation classée (C. trav., art. L. 4523-5, R. 4523-3) ;

2 - en cas de **projet important** modifiant les conditions d'hygiène et de sécurité ou les conditions de travail (C. trav., art. L. 4612-8) [3].

Exemples de recours possible à un expert :

- projet pour l'établissement de nouveaux roulements de service des agents rendus nécessaires par la mise en place d'une nouvelle ligne TGV [4] ;
- projet de *« redéfinition et harmonisation »* de l'organisation de l'astreinte, présenté par l'employeur comme la conséquence de trois changements importants dans la structure de l'entreprise et le service proposé aux clients, et comportant notamment l'augmentation du nombre des périodes d'astreintes [5] ;
- projet prévoyant une réorganisation des tâches au sein de certains secteurs, entraînant des modifications dans les conditions de travail d'un nombre significatif de salariés et conduisant, sur le plan qualitatif, à un changement déterminant des conditions de travail des salariés concernés notamment par le passage de quatre à cinq des agents de conduite et la mixité des compétences des agents de maintenance [6] ;
- modification des horaires des salariés postés [7] ;

1) CA Paris, 5 nov. 2008, n° 08/07836.
2) Cass. soc., 3 avr. 2001, n° 99-14.002 P.
3) Sur la notion d'aménagement important, voir déjà à propos de la consultation du CHSCT, ci-dessus, n° 296.
4) Cass. soc., 2 févr. 2005, n° 03-12.949.
5) Cass. soc., 12 déc. 2001, n° 99-18.980.
6) Cass. soc., 14 févr. 2001, n° 98-21.438 P.
7) Cass. soc., 24 oct. 2000, n° 98-18.240 P.

– projet pour lequel la direction reconnaissait que la majorité des postes du centre de prestations logistiques serait concernée et que la démarche aboutirait à la définition d'un nouveau métier de la logistique [1].

Exemples de demande de recours à un expert non admise par les tribunaux :

– projet concernant le réaménagement de l'organigramme en redéfinissant des divisions, en prévoyant la restructuration de l'encadrement, la simplification de la gestion, mais ne prévoyant nullement de transformation des postes de travail, aucun changement de métier, aucun nouvel outil, ni modification des cadences ou des normes de productivité [2] ;
– réforme ayant pour objet l'exercice de la fonction de coordinateur (chargé sur les chantiers mobiles de la sécurité et de la protection de la santé) alors que, par rapport à l'organisation existant auparavant, cette mission de coordination n'imposait pas pour les opérations de niveau III, qui étaient l'essentiel des chantiers concernés, des contraintes particulières par rapport aux tâches déjà effectuées en matière de prévention depuis de nombreuses années par les chargés d'affaires institués par les textes antérieurs [3].

Le recours à l'expert n'est pas subordonné au constat préalable d'une nécessité de l'expertise [4], c'est-à-dire au fait que le CHSCT ne puisse trouver dans ou hors de l'établissement concerné auprès des services spécialisés de l'entreprise la solution du problème posé [5]. Le CHSCT peut recourir à l'expert alors que le projet est déjà entré en application, pour être éclairé sur la nouvelle organisation mise en place et pouvoir formuler des propositions de prévention.

362 Contestation du recours à un expert ou de sa désignation

Les frais d'expertise sont à la charge de l'employeur, qui ne peut s'opposer à l'entrée de l'expert dans l'établissement et doit lui fournir les informations nécessaires à l'exercice de sa mission (C. trav., art. L. 4614-13). Néanmoins, l'employeur peut contester :

– la nécessité de l'expertise, notamment si elle ne concerne pas une situation dans laquelle elle est prévue par la loi ;
– la désignation de l'expert ;
– le coût, l'étendue ou le délai de l'expertise.

Ces contestations relèvent du président du Tribunal de grande instance statuant en urgence en la forme du référé (C. trav., art. R. 4614-19 et -20). Bien que les cas de

1) Cass. soc., 1er mars 2000, n° 97-18.721.
2) Cass. soc., 26 juin 2001, n° 99-16.096 P.
3) Cass. soc., 29 mars 2000, n° 98-12.186.
4) Cass. soc., 26 juin 2001, n° 00-15.218 et n° 00-13.498.
5) Cass. soc., 23 janv. 2002, n° 99-21.498 ; CA Paris, 26 nov. 2008, n° 08/19382.

recours à l'expertise visent pour l'essentiel les mêmes situations de modifications *« importantes »* des conditions de travail que celles pour lesquelles la consultation du CHSCT est obligatoire [1], l'action de l'employeur portant contestation du recours à l'expert par le CHSCT n'est pas infondée du seul fait qu'il avait lui-même saisi le CHSCT pour consultation à propos du même projet ; *« il appartient en effet aux juges du fond d'en apprécier souverainement la nécessité »* [2].

ATTENTION

Le CHSCT ne disposant pas de budget, l'employeur supporte en cas de saisine des tribunaux, et même dans le cas où la désignation de l'expert n'a pas été reconnue, les frais de procédure et les honoraires de la défense du CHSCT, sauf si l'abus de la part de ce dernier est établi [3].

§2 L'initiative du ou des travailleurs

363 Signalement d'un danger grave et imminent

Comme les membres du CHSCT, le travailleur doit signaler à son employeur toute situation de travail dont il a un motif raisonnable de penser qu'elle représente un danger grave et imminent pour sa vie ou sa santé, ainsi que toute défectuosité qu'il constate dans les systèmes de protection (C. trav., art. L. 4131-1). Mais, contrairement à l'alerte du représentant du personnel au CHSCT, ce signalement ne doit pas suivre une procédure particulière. Surtout, tandis que l'évaluation du risque par le représentant du personnel au CHSCT doit être objective, celle que peut faire le travailleur est fonction de ses connaissances et de sa personnalité : il doit simplement avoir un **motif raisonnable**, c'est-à-dire ni irrationnel, ni excessif, d'estimer que la situation présente un danger grave et imminent. L'employeur ne peut substituer son évaluation du risque à celle du travailleur. En cas de litige, le caractère raisonnable du motif évoqué par le travailleur relève de l'appréciation souveraine du juge du fond [4]. La cause du danger ne doit pas nécessairement être extérieure à sa personne : ainsi, un salarié dont l'état de santé ne lui permet pas d'occuper le poste auquel il est muté peut s'estimer en situation de danger grave et imminent [5]. En revanche, il faut que le danger soit grave et

1) Voir ci-dessus, n° 296.

2) Cass. soc., 25 juin 2003, n° 01-13.826 P.

3) Cass. soc., 8 déc. 2009, n° 08-18.409 P ; Cass. soc., 6 avr. 2005, n° 02-19.411 ; Cass. soc., 2 mars 2005, n° 02-31.184 ; Cass. soc., 8 déc. 2004, n° 03-15.535 P.

4) Cass. soc., 11 déc. 1986, n° 84-42.209 P.

5) Cass. soc., 20 mars 1996, n° 93-40.111 P.

imminent, comme dans le cas du représentant du personnel au CHSCT, et qu'il menace la vie ou la santé du travailleur lui-même (alors que le représentant du personnel au CHSCT peut, ès qualité, signaler à l'employeur toute situation à risque, qu'il soit ou non personnellement concerné).

Si, du fait du risque constaté, un travailleur cesse son activité, l'employeur ne peut lui demander de reprendre son activité tant que l'intéressé a un motif raisonnable de penser que le danger grave et imminent persiste.

364 Droit de retrait

En effet, un travailleur ou un groupe de travailleurs peuvent se retirer d'une situation de travail dont ils ont un motif raisonnable de penser qu'elle présente un danger grave et imminent pour la vie ou la sécurité de chacun d'eux (C. trav. art. L. 4131-3). Ce droit peut s'exercer indépendamment du devoir de signalement évoqué ci-dessus et de la procédure d'intervention d'un membre du CHSCT. Il suffit, pour que ce retrait soit licite, que les travailleurs concernés aient bien un **motif raisonnable** de penser que la situation présente un danger grave et imminent [1] pour leur vie et leur santé, et que ce retrait ne crée pas pour autrui une nouvelle situation de risque grave et imminent. Ainsi, on peut débattre du point de savoir si un travailleur travaillant sur un toit peut invoquer le risque qu'il court du fait de la pluie et du vent pour justifier l'exercice de son droit de retrait, alors qu'en interrompant son travail il laisse des plaques sans fixation sur le toit susceptibles de chuter à tout instant sur d'autres personnes.

Si les conditions d'exercice du droit de retrait sont remplies, l'employeur ne peut ni **sanctionner** le salarié, ni pratiquer sur son salaire une **retenue** correspondant au temps de travail non effectué. Il peut en revanche, le contrat de travail n'étant pas suspendu de ce fait, l'affecter à un poste équivalent pendant la durée de ce droit de retrait, et jusqu'au moment où le risque affectant le poste initial a disparu.

Le droit de retrait peut s'exercer de manière **collective**, et devient alors, de fait, difficile à distinguer d'une grève rémunérée. Exemple : à la suite de l'agression, le 28 mars 2005, de contrôleurs, 126 agents de la SNCF, indiquant exercer leur droit de retrait, ont refusé de prendre leur service les 29 et 30 mars 2005 (les trois agresseurs n'ayant pas encore été interpellés et présentant de ce fait un danger pouvant laisser craindre pour la sécurité des agents en service sur toute la région) [2].

1) Voir ci-dessus, n° 354.

2) Cass. soc., 22 oct. 2008, n° 07-43.740.

ATTENTION

Indépendamment du droit de retrait au sens strict, la Cour de cassation a jugé que ne constitue pas une faute le refus du salarié d'effectuer une tâche l'exposant à un agent cancérogène, mutagène ou toxique pour la reproduction (CMR), lorsque la fiche d'aptitude délivrée par le médecin du travail ne comporte aucune mention relative à l'absence de contre-indication à de tels travaux, comme prescrit par l'article R. 4412-44 du Code du travail [1].

En revanche, si l'exercice du droit de retrait est **abusif,** l'employeur peut effectuer **une retenue** sur salaire correspondant au temps de travail non effectué, et ce alors même que le salarié reste à sa disposition, et il n'a pas à saisir préalablement le juge quant à l'appréciation du bien-fondé de l'exercice du droit de retrait par le salarié [2]. Il peut également infliger au salarié **une sanction disciplinaire** pour abandon de poste pouvant aller jusqu'au licenciement pour faute grave.

ATTENTION

L'employeur qui enfreint l'interdiction de prendre des sanctions contre un salarié qui a exercé légitimement son droit de retrait est passible d'une amende de 3 750 euros prononcée en autant de fois qu'il y a de salariés concernés (C. trav., art. L. 4741-1). Par ailleurs, la faute inexcusable de l'employeur est de droit pour le salarié victime d'un accident de travail ou d'une maladie professionnelle alors que lui-même a signalé à l'employeur le risque qui s'est matérialisé (C. trav., art. L. 4131-4) [3]. Enfin, il a été jugé qu'un licenciement prononcé pour un motif lié à l'exercice légitime du droit de retrait ne sera pas simplement dénué de cause réelle et sérieuse mais considéré comme *« nul »*, eu égard à l'obligation de sécurité *« de résultat »* auquel est tenu l'employeur en matière de protection et de sécurité au travail [4].

1) Cass. soc., 18 déc. 2007, n° 06-43.801.

2) Cass. crim., 25 nov. 2008, n° 07-87.650 P.

3) Voir ci-dessus, n° 91.

4) Cass. soc., 28 janv. 2009, n° 07-44.556 P ; voir ci-dessus, n° 121.

§3 L'initiative de l'inspection du travail

A. - Chantiers du bâtiment et des travaux publics : arrêt des travaux

365 Si l'inspecteur du travail constate sur ces chantiers, alors qu'un salarié n'a pas exercé son droit de retrait, une cause de danger grave et imminent menaçant un ou plusieurs salariés et provenant limitativement (C. trav., art. L. 4731-1 et R. 4731-1) :

- d'un défaut de protection contre les risques de chutes en hauteur ;
- d'une absence de dispositif de nature à éviter les risques d'ensevelissement ;
- d'une absence de dispositif de protection de nature à éviter les risques liés aux opérations de confinement et de retrait de l'amiante.

Il peut prescrire de sa seule initiative des mesures immédiates visant à retirer le salarié de sa situation de risque, pouvant aller jusqu'à ordonner l'arrêt des travaux présentant un danger grave et imminent. Cette mesure ne peut concerner que ces travaux, et l'activité peut donc se poursuivre sur les autres parties du chantier. Cette possibilité qu'a l'inspecteur du travail d'arrêter immédiatement les travaux, s'inscrit dans une procédure bien précise.

366 Notification de la décision

La décision de l'inspecteur du travail doit être remise directement contre récépissé à l'employeur ou son représentant s'il est présent sur le chantier (C. trav., art. R. 4731-2 et -3). Si ce n'est pas le cas, la décision est alors adressée à l'employeur par tous moyens appropriés (télécopie, e-mail) et confirmée au plus tard dans le délai d'un jour franc après constatation du danger par lettre recommandée avec avis de réception. Toutefois, au cas où averti de la constatation de l'inspecteur du travail, l'employeur ou son représentant se porte à la rencontre de l'inspecteur, la décision (ou copie de celle-ci au cas où elle aurait été déjà envoyée) lui est remise directement contre récépissé. Si la décision est remise directement à son représentant, sa copie doit être adressée à l'employeur par lettre recommandée avec avis de réception dans le délai d'un jour franc, après cette remise.

367 Contenu de la décision

Cette décision doit comporter (C. trav., art. R. 4731-7) [1] :

1 - des informations relatives au constat par l'inspecteur du travail de la situation de danger grave et imminent.
Ces informations comprennent notamment :
- la date et l'heure du fait,
- la dénomination et le lieu du chantier,

1) Arr. 29 juin 1992, JO 1er juill.

- l'identification et l'implantation de l'entreprise,
- la nature des travaux exécutés par l'entreprise,
- le constat d'au moins un salarié en situation de danger grave et imminent, ainsi que la localisation précise, la nature, les conditions de l'état d'avancement des travaux exécutés en cause au moment du constat,
- les éléments caractérisant la cause du danger grave et imminent avec mention des articles réglementaires dont le non-respect constitue une infraction ;

2 - des mentions concernant la décision de l'inspecteur du travail, et notamment :
- l'ordre de retrait immédiat des salariés en situation de danger grave et imminent précisant le nombre et, sauf cas d'impossibilité, le nom de tous les salariés faisant l'objet de l'ordre de retrait,
- sans préjudice de l'ordre de retrait immédiat, l'énumération des mesures prises par l'inspecteur de travail pour faire cesser le danger grave et imminent,
- la délimitation précise de la zone d'activité dangereuse faisant l'objet de l'interdiction de travailler autrement que par sa mise en conformité ;

3 - le rappel des dispositions légales concernant les conditions de la reprise des travaux [1] :
- les sanctions encourues, si l'employeur ne se conforme pas aux mesures prescrites par l'inspecteur du travail, à savoir un an d'emprisonnement et/ou une amende de 3 750 euros (C. trav., art. L. 4741-3),
- le fait que la décision d'arrêter temporairement les activités concernées ne peut entraîner, sauf cas de fermeture totale et définitive, ni rupture, ni suspension du contrat de travail, ni aucun préjudice pécuniaire à l'encontre des salariés concernés (C. trav. art. L. 4731-5) ;

4 - la voie de recours contre la décision de l'inspecteur du travail, tout en précisant qu'elle n'est pas suspensive.

368 Voie de recours

Si l'employeur conteste la réalité du danger ou les mesures prises par l'inspecteur du travail, et notamment sa décision d'arrêter temporairement les travaux en cours, il doit saisir le président du Tribunal de grande instance, qui statue en référé (C. trav., art. L. 4731-4, R. 4731-8).

369 Conditions de reprise des travaux

L'employeur ou son représentant informe l'inspecteur du travail, par lettre remise en main propre ou adressée en recommandée avec avis de réception, des travaux effectués et des mesures prises pour faire cesser la situation de danger grave et imminent (C. trav., art. L. 4731-1, R. 4731-4). L'inspecteur du travail vérifie d'urgence

1) Voir ci-dessous, n° 369.

(et au plus tard dans un délai de deux jours à compter de la date de remise ou réception de la lettre de l'employeur citée précédemment), le caractère approprié des mesures prises, selon le degré de pertinence des mesures prises par l'employeur (C. trav., art. R. 4731-5). Après cette vérification, l'inspecteur notifie à l'employeur une décision de reprise ou un refus d'autorisation de reprise des travaux dans les mêmes formes et même délai que sa décision d'arrêter les travaux (C. trav., art. R. 4731-6).

La décision [1] :

- d'autorisation comporte le constat de la cessation de la cause de danger grave et imminent et mentionne la décision d'autorisation des travaux ;
- de refus d'autorisation de reprise des travaux comporte le constat de l'inadéquation ou de l'insuffisance des mesures prises par l'employeur ou son représentant, provoquant la situation de danger grave et imminent et l'infraction qu'elle constitue.

L'employeur contestant la décision de refus d'autorisation de reprise des travaux peut saisir le président du tribunal de grande instance statuant en référé.

B. - Exposition à une substance chimique, cancérogène, mutagène ou toxique pour la reproduction [2]

370 Substances concernées

Il s'agit de toute substance ou toute préparation classée cancérogène, mutagène ou toxique pour la reproduction de catégorie 1 ou 2, ainsi que toute substance, toute préparation ou tout procédé défini comme tel par arrêté des ministres chargés du Travail et de l'Agriculture (C. trav., art. R. 4412-60), et pour lesquels des valeurs limites d'exposition professionnelle sont fixées par l'article R. 4412-149 du Code du travail (C. trav., art. R. 4731-9).

371 Conditions d'intervention

Il suffit que l'inspecteur du travail constate, à l'issue d'une mesure de l'exposition des travailleurs aux substances précitées (C. trav., art. L. 4722-1), une situation dangereuse du fait du dépassement d'une valeur limite de concentration. Le danger peut ne pas être immédiat et aucune condition n'est requise par rapport à l'utilisation ou non du droit d'alerte par un salarié.

372 Nature de l'intervention

En cas de constat d'une situation dangereuse, et avant de procéder à l'arrêt temporaire d'activité, l'inspecteur du travail met en demeure l'employeur de prendre les

1) Arr. 29 juin 1992, JO 1er juill.

2) Circ. DGT n° 2007/15, 6 déc. 2007. Consultable sur : <www.circulaires.gouv.fr>.

mesures nécessaires à la suppression du danger. Si à la fin du délai fixé par cette mise en demeure il constate la persistance de la situation dangereuse, il peut alors ordonner l'arrêt temporaire de l'activité (C. trav., art. L. 4721-8, R. 4721-6 et s.).

373 Mise en demeure

La mise en demeure se déroule en deux temps :

1 - dès le constat de la situation dangereuse, l'inspecteur du travail demande à l'employeur de lui transmettre par écrit dans un délai de 15 jours, un plan d'action contenant les mesures correctives appropriées pour supprimer ou réduire l'utilisation de ces substances, pour limiter le niveau d'exposition des salariés, et pour limiter le nombre des salariés exposés. Les articles R. 4412-66 à -71 du Code du travail énumère les différentes mesures qui peuvent être prises à ces effets. L'employeur communique également un calendrier prévisionnel de la mise en œuvre des différentes mesures. L'inspecteur du travail peut également notifier, si les circonstances l'exigent, l'obligation de prendre des mesures provisoires afin de protéger immédiatement la santé et la sécurité des salariés. L'employeur est tenu alors d'informer sans délai les agents des services de prévention des organismes de sécurité sociale, le médecin du travail, le CHSCT, ou à défaut les délégués du personnel, ainsi que les salariés concernés, du constat de situation dangereuse effectuée par l'inspecteur du travail (C. trav., art. R. 4721-7). Le plan d'action est établi par l'employeur après avis du médecin du travail, du CHSCT ou à défaut, des délégués du personnel. En l'absence d'avis, il est passé outre, dès lors qu'il a été procédé à l'information des différentes instances citées précédemment et à leur convocation pour recueillir leur avis (C. trav., art. R. 4721-8) ;

2 - dans un délai de 15 jours à compter de la réception du plan d'action, l'inspecteur du travail fait part à l'employeur de ses observations éventuelles sur le plan d'action et le met en demeure de réaliser les mesures correctives nécessaires dans un délai déterminé (C. trav., art. R. 4721-6). L'employeur informe alors le médecin du travail et le CHSCT (ou, à défaut, les délégués du personnel) sur la mise en œuvre du plan d'action (C. trav., art. R. 4721-9).

374 Conditions de la décision d'arrêter les travaux

Si l'inspecteur :

– ne reçoit pas le plan d'action ;

– ou si après le délai d'exécution fixé dans la mise en demeure, dans le cas où après avoir fait la vérification de la valeur limite d'exposition professionnelle il constate que la situation dangereuse persiste, il peut, après avoir entendu l'employeur, ordonner l'arrêt temporaire de l'activité (C. trav., art. R. 4721-10).

Cette décision motivée comporte les éléments de fait et de droit caractérisant la persistance de la situation dangereuse, et l'injonction faite à l'employeur de prendre les mesures appropriées pour y remédier (C. trav., art. R. 4731-10) [1]. Mention doit également être faite que l'employeur peut contester la réalité du danger ou la façon de le faire cesser, en arrêtant les travaux, en saisissant le président du Tribunal de grande instance statuant en référé (C. trav., art. R. 4731-13). Cette décision est notifiée à l'employeur soit par remise en main propre contre décharge, soit par lettre recommandée avec demande d'avis de réception. Elle prend effet le jour de remise de la notification ou le jour de la première présentation de la lettre recommandée.

375 Conditions de la reprise des travaux

L'employeur avise par écrit l'inspecteur du travail des mesures prises pour faire cesser la situation dangereuse et lui communique l'avis du médecin du travail, du CHSCT ou à défaut des délégués du personnel concernant ces mesures. Cette lettre est remise directement contre récépissé à l'inspection du travail ou lui est adressée par lettre recommandée avec demande d'avis de réception (C. trav., art. R. 4731-11). L'inspecteur du travail vérifie le caractère approprié des mesures prises par l'employeur pour faire cesser la situation dangereuse, au plus tard dans un délai de huit jours à compter de la date de remise ou de la réception de la lettre du chef d'établissement ou de son représentant. La décision d'autorisation ou de refus d'autorisation de reprise de l'activité concernée motivée par l'inadéquation ou l'insuffisance de ces mesures est alors notifiée sans délai par l'inspecteur du travail soit par remise en main propre contre décharge, soit par lettre recommandée avec demande d'avis de réception (C. trav., art. R. 4731-12).

1) Pour le détail des mentions, voir Arr. 28 sept. 2007, JO 30 sept.

Annexes

376 La prévention des risques professionnels : un process dynamique

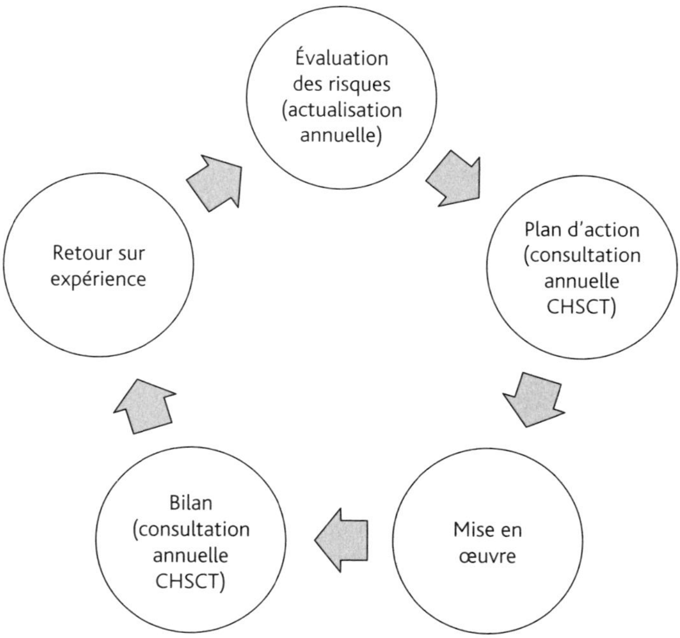

377 Harcèlement et violence au travail

a) Se reporter

– au Code du travail, articles L. 1152-1 et suivants ;

– à l'Accord national interprofessionnel du 26 mars 2010 (1), étendu par arrêté du 23 juillet 2010 (JO 31 juill.).

1) Consultable notamment sur : http://www.travailler-mieux.gouv.fr/IMG/pdf/accord-harcelement-violence-2010.pdf

b) Définition [1]

Au plan de la prévention, la violence au travail et le harcèlement moral doivent être considérés comme **des formes de risque professionnel**. Le droit attend de l'employeur qu'il intègre la violence au travail et le harcèlement moral dans sa politique de prévention des risques professionnels, et qu'il mobilise à cet égard l'ensemble des moyens requis.

c) Obligation de résultat

L'employeur doit prendre toutes dispositions nécessaires en vue de prévenir les agissements de harcèlement moral (C. trav., art. L. 1152-4 et L. 4121-2), sous peine d'engager sa responsabilité civile et pénale en cas de harcèlement avéré. L'obligation de l'employeur en matière de prévention du harcèlement moral est en effet considérée comme une obligation de résultat [2].

d) Engagement de principe

En premier lieu, l'employeur doit **afficher clairement son refus** de la violence et du harcèlement moral, et son engagement à les prévenir. Cette déclaration de principe doit s'exprimer sur plusieurs supports.

- **Le règlement intérieur**

Les dispositions du Code du travail relatives au harcèlement moral doivent être rappelées dans le règlement intérieur (C. trav., art. L. 1321-2).

- **Charte de référence**

Le cas échéant, une **charte de référence**, qui devra être annexée au règlement intérieur et être soumis au même formalisme [3].

« Les entreprises doivent clairement affirmer que le harcèlement et la violence au travail ne sont pas admis. Cette position qui peut être déclinée sous la forme d'une « charte de référence » qui précise les procédures à suivre si un cas survient. (...) La diffusion de l'information est un moyen essentiel pour lutter contre l'émergence et le développement du harcèlement et de la violence au travail. A cet effet, la position ci-dessus, lorsqu'elle fait l'objet d'un document écrit ou de la « charte de référence », est annexée au règlement intérieur dans les entreprises qui y sont assujetties » (ANI du 26 mars 2010, article 3).

e) Evaluation

L'employeur doit mettre en œuvre un processus d'évaluation des situations potentielles de violence ou de harcèlement moral.

---

1) Voir ci-dessus, n°s 29, 34.

2) Voir ci-dessus, n° 121.

3) voir ci-dessus, n° 333.

Cela passe, notamment, par la mise en place d'une **procédure spécifique**, ayant pour objet :

– le **recueil** des éventuels signalements et plaintes ;

– le **traitement** des situations signalées :
  - qui en est chargé ? (un référent, un groupe de travail, etc.),
  - sous quel délai ?
  - quel formalisme pour le recueil de la plainte ou du signalement ?
  - comment la plainte ou le signalement doivent-ils être étayés ?
  - quelle forme pour l'audition du plaignant, de l'auteur présumé, des témoins qui se sont manifestés ou qui ont été cités ? (tous devant être traités équitablement),
  - quelles garanties en termes de confidentialité et notamment d'anonymat ?
  - quelle restitution auprès des intéressés ? des instances représentatives du personnel ?

– voire, le cas échéant, la mise en œuvre d'une **médiation** sur demande du salarié s'estimant victime (C. trav., art. L. 1152-6),

– et en tout état de cause le **recensement** des situations afin d'évaluer le risque, « d'en mesurer l'ampleur, d'en appréhender les circonstances, et de rechercher les mesures de prévention adéquates » (ANI du 26 mars 2010, article 4).

La procédure spécifique doit reposer sur des **principes** énoncés de manière non exhaustive par l'ANI du 26 mars 2010, article 4 :

– *« il est dans l'intérêt de tous d'agir avec la* ***discrétion*** *nécessaire pour protéger la dignité et la vie privée de chacun ;*

– *aucune information, autre qu'****anonymisée*** *ne doit être divulguée aux parties non impliquées dans l'affaire en cause ;*

– *les plaintes doivent être suivies d'enquêtes et traitées* ***sans retard*** *;*

– *toutes les parties impliquées doivent bénéficier d'une* ***écoute impartiale*** *et d'un* ***traitement équitable ;***

– *les plaintes doivent être* ***étayées*** *par des informations détaillées ;*

– *les* ***fausses accusations délibérées*** *ne doivent pas être tolérées, et peuvent entraîner des mesures disciplinaires ;*

– *une* ***assistance extérieure*** *peut être utile. Elle peut notamment s'appuyer sur les services de santé au travail. »* [1]

Afin de garantir la **liberté d'expression** sur ce sujet (sauf abus), les salariés qui signalent des faits de violence au travail ou de harcèlement moral font l'objet d'une protection spécifique :

1) Nous soulignons.

« Aucun salarié ne peut être sanctionné, licencié ou faire l'objet d'une mesure discriminatoire, directe ou indirecte, notamment en matière de rémunération, de formation, de reclassement, d'affectation, de qualification, de classification, de promotion professionnelle, de mutation ou de renouvellement de contrat pour avoir subi ou refusé de subir des agissements de harcèlement ou de violence ou pour avoir témoigné de tels agissements ou les avoir relatés » (C. trav., article L. 1152-2 ; ANI du 26 mars 2010, article 5).

Si une situation de harcèlement est constatée, les **causes** doivent en être recherchées sans exclusive :

« L'employeur, en concertation avec les salariés ou leurs représentants, procédera à l'examen des situations de harcèlement et de violence au travail lorsque de telles situations sont constatées, y compris au regard de l'ensemble des éléments de l'environnement de travail : comportements individuels, modes de management, relations avec la clientèle, mode de fonctionnement de l'entreprise, (...) » (ANI du 26 mars 2010, article 5).

Voir dans le secteur bancaire, l'accord du 15 novembre 2006 sur le phénomène des incivilités et des violences émanant du contact avec la clientèle [1] :

« Les « incivilités » ont des origines multiples et peuvent se produire à différentes occasions de la relation commerciale bancaire. Un certain nombre d'éléments déclencheurs principaux peuvent être relevés : refus de décaisser (y/c pour des raisons légales) ; (...) attente au guichet ou pour obtenir un rendez-vous ou une information (...) » (art. 1-3).

Bien entendu, et même si l'ANI n'y fait pas référence, l'état de l'évaluation des risques de harcèlement moral doit faire l'objet d'une mention dans le **document unique d'évaluation des risques** [2].

Les **instances représentatives du personnel** doivent être informées et consultées préalablement à la mise en place de la procédure spécifique, dont il convient de faire état dans la **charte de référence** précitée.

La procédure spécifique doit être régulièrement réévaluée et le cas échéant améliorée :

« Les employeurs, en concertation avec les salariés et/ou leurs représentants, établissent, revoient et suivent ces procédures pour assurer leur efficacité, tant en matière de prévention qu'en matière de traitement des problèmes éventuels. » (ANI du 26 mars 2010, article 4).

---

1) Consultable notamment sur : http://fo-banques.fr/pdf/accords-cnp-jurisprudence/accords/Accord_sur_le_phenomene_des_incivilites.pdf

2) Voir ci-dessus, n°s 239 et s.

f) Plan d'action

L'employeur doit élaborer un **plan d'action** en vue de la prévention des situations potentielles de violence et de harcèlement moral, en s'appuyant, dans la mesure du possible, sur l'état de son évaluation de ces risques. Cette démarche consiste en une pluralité d'actions (ANI du 26 mars 2010, articles 4 et 5), qui doivent être présentées dans un document soumis à l'avis du CHSCT.

– Favoriser les possibilités d'information et d'échange entre les travailleurs à propos de leur travail, l'information de la clientèle, etc.
– Assurer la formation des encadrants à la conduite des hommes et des équipes, aux comportements managériaux, au repérage des situations de harcèlement.
– Mettre en œuvre sans délai la procédure spécifique en cas de signalement d'une situation de harcèlement
– Appliquer des sanctions disciplinaires à l'encontre des auteurs de harcèlement (C. trav., art. L. 1152-5)
– Assurer un soutien à la victime de harcèlement.

« La(les) victime(s) bénéficie(nt) d'un soutien et, si nécessaire, d'une aide à leur maintien, à leur retour dans l'emploi ou à leur réinsertion. Des mesures d'accompagnement prises en charge par l'entreprise sont mises en œuvre en cas de harcèlement avéré ou de violence, pouvant porter atteinte à la santé. Celles-ci sont avant tout destinées à apporter un soutien à la victime, notamment au plan médical et psychologique. S'agissant des agressions par des tiers, l'entreprise pourra prévoir des mesures d'accompagnement, notamment juridique, du salarié agressé. » (ANI du 26 mars 2010, article 5).

Le CHSCT peut proposer des actions de prévention en matière de harcèlement moral (C. trav., art. L. 4612-3).

378 Stress

Se reporter à l'accord national interprofessionnel du 2 juillet 2008 sur le stress au travail [1], étendu par arrêté du 23 avril 2009 (JO 6 mai).

a) Définition [2]

Au plan de la prévention, le stress au travail doit, au même titre que la violence et le harcèlement moral, être considéré comme une **forme de risque professionnel** à l'égard de laquelle l'employeur doit mobiliser l'ensemble des moyens requis (ANI du 2 juillet 2008, article 5).

« Dès qu'un problème de stress au travail est identifié, une action doit être entreprise pour le prévenir, l'éliminer ou à défaut le réduire. La responsabilité de déterminer les

1) Consultable notamment sur : http://www.anact.fr/portal/pls/portal/docs/1/968345.PDF.

2) voir ci-dessus, n°s 35 et s.

mesures appropriées incombe à l'employeur. Les institutions représentatives du personnel, et à défaut les travailleurs, sont associées à la mise en oeuvre de ces mesures. » (ANI du 2 juillet 2008, article 4).

Note : L'ARACT et la CARSAT de la région Centre ont élaboré un ensemble de fiches pratiques destinées à aider les entreprises dans leur démarche de prévention des risques psychosociaux, auquel il est recommandé de se reporter (voir notamment la fiche 3 : la démarche globale et ses étapes) (1).

b) Engagement de principe

En premier lieu, l'employeur doit afficher clairement son **engagement** à cet égard, sur les supports déjà évoqués à propos du harcèlement moral : règlement intérieur, charte, etc.

c) Évaluation

L'employeur doit ensuite mettre en œuvre un processus d'évaluation.

Il peut s'appuyer, là encore, sur une **procédure spécifique**, de même nature que celle déjà évoquée à propos du harcèlement moral. De fait, une situation vécue comme un harcèlement par un salarié peut ne pas être caractérisée comme telle, tout en manifestant néanmoins un de stress anormalement élevé, et appelle de ce fait une réponse.

Il est opportun, au moins dans un premier temps, de définir, notamment avec le médecin du travail, des indicateurs de charge mentale ou de mal-être (absentéisme, turn-over, etc.) avant, le cas échéant, de procéder à un diagnostic plus approfondi, le cas échéant par l'intervention d'un expert extérieur.

L'employeur doit également s'exercer à repérer des **indicateurs potentiels de stress**, dont l'ANI du 2 juillet 2008 dresse une liste non exhaustive :

« (...) un certain nombre d'indicateurs peuvent révéler la présence de stress dans l'entreprise justifiant la prise de mesures adaptées pour lutter contre le phénomène. Par exemple un niveau élevé d'absentéisme notamment de courte durée ou de rotation du personnel en particulier fondée sur des démissions, des conflits personnels ou des plaintes fréquents de la part des travailleurs, un taux de fréquence des accidents du travail élevé, des passages à l'acte violents contre soi-même ou contre d'autres, même peu nombreux, une augmentation significative des visites spontanées au service médical sont quelques-uns des signes pouvant révéler la présence de stress au travail. »

Voir sur ce point :

– « Les risques psychosociaux au travail : les indicateurs disponibles », DARES Analyses, n° 081, décembre 2010 (2) ;

1) Consultable sur : http://www.centre.aract.fr/actualite/actualite.htm.

2) Consultable sur : http://www.travail-emploi-sante.gouv.fr/IMG/pdf/2010-081-2.pdf.

– ARACT/CARSAT Centre, fiche 3.6 : les indicateurs [1].

Il peut paraître opportun selon les cas de prévoir :

– un dispositif d'évaluation et de suivi, reposant par exemple sur des questionnaires remplis par des salariés volontaires à l'occasion des visites médicales périodiques (accord du 12 octobre 2009 sur le dispositif d'évaluation et de prévention du stress professionnel chez PSA Peugeot Citroën [2] ; ARACT/CARSAT Centre, fiche 3.7) ;
– un suivi périodique des indicateurs de climat social (accord du 11 mars 2010 sur la prévention du stress, des risques psychosociaux chez Danone [3] ; ARACT/CARSAT Centre, fiche 3.9) ;
– la mise en place d'un réseau de « capteurs » chargés de détecter les situations de stress (accord du 8 avril 2010 sur la prévention du stress au travail au sein du groupe EADS [4]) ;
– des entretiens spécifiques (ARACT/CARSAT Centre, fiche 3.8) ;
– un « numéro vert ».

Sur la base de cette évaluation du niveau de stress, l'employeur devrait s'efforcer d'en rechercher les **causes potentielles.** À cet égard, l'ANI du 2 juillet 2008 dresse également une liste non exhaustive, mais très large, des facteurs potentiels de stress :

« *L'identification d'un problème de stress au travail doit passer par une analyse de facteurs tels que :*

– *l'organisation et les processus de travail (aménagement du temps de travail, dépassement excessifs et systématiques d'horaires, degré d'autonomie, mauvaise adéquation du travail à la capacité ou aux moyens mis à disposition des travailleurs, charge de travail réelle manifestement excessive, des objectifs disproportionnés ou mal définis, une mise sous pression systématique qui ne doit pas constituer un mode de management, etc. ;*
– *les conditions et l'environnement de travail (exposition à un environnement agressif, à un comportement abusif, au bruit, à une promiscuité trop importante pouvant nuire à l'efficacité, à la chaleur, à des substances dangereuses, etc. ;*
– *la communication (incertitude quant à ce qui est attendu au travail, perspectives d'emploi, changement à venir, une mauvaise communication concernant les* orientations et les objectifs de *l'entreprise, une communication difficile entre les acteurs etc.) ;*

1) Consultable sur : http://www.centre.aract.fr/actualite/actualite.htm.
2) Liaisons sociales quotidien – Conventions et accords, n° 218/2009.
3) Liaisons sociales quotidien – Conventions et accords, n° 58/2010.
4) Liaisons sociales quotidien – Conventions et accords, n° 93/2010.

- *et les facteurs subjectifs (pressions émotionnelles et sociales, impression de ne pouvoir faire face à la situation, perception d'un manque de soutien, difficulté de conciliation entre vie personnelle et vie professionnelle, etc.).* »

L'ARACT et la CARSAT Centre ont ainsi identifié quatre familles de facteurs de risque, de « tension » (fiche 2.2) :

- tensions liées aux **contraintes du travail** : entre les objectifs de travail et les moyens mis à disposition, entre le niveau de perception et les marges de manœuvre possibles, entre les efforts exigés et les possibilités de récupération...
- tensions liées aux **valeurs et exigences du salarié** : entre les contraintes professionnelles et la vie hors travail, entre les attentes individuelles de parcours professionnels et les exigences de l'entreprise à court terme...
- tensions liées à la **conduite des changements** des contextes de travail : nouveau système d'information, réorganisation d'atelier, fusion entre établissements...
- tensions liées aux **relations** entre les groupes et les individus.

Il est bien évident que, sauf rares exceptions, l'employeur ne dispose pas lui-même, ni à l'intérieur de l'entreprise, des compétences et ressources nécessaires pour réaliser de telles études. Il devra s'adjoindre les **compétences d'intervenants extérieurs** : médecin du travail, ANACT, ou intervenant en prévention des risques professionnels (dans le cadre du service de santé au travail, ou en dehors) – bien entendu « sans obérer le rôle du CHSCT » (ANI du 2 juillet 2008, article 5 ; ARACT/CARSAT Centre, fiche 3.1).

Note : le rôle du médecin du travail et du médecin écoutant dans le cadre des dispositifs de prise en charge des risques psychosociaux (cellule d'écoute, etc.) fait l'objet de recommandations du Conseil national de l'Ordre des médecins [1].

En tout état de cause, et même si l'ANI n'y fait pas référence, l'état de l'évaluation des risques de stress au travail doit faire l'objet d'une mention dans le **document unique d'évaluation des risques**.

d) Plan d'action

L'employeur doit enfin élaborer un **plan d'action** en vue de la prévention des risques de stress au travail, en s'appuyant, dans la mesure du possible, sur l'état de son évaluation des risques. Cette démarche consiste en une pluralité d'actions, qui doivent être présentées dans un document soumis à l'avis du CHSCT.

Là encore, on se reportera à l'ANI du 2 juillet 2008, qui dresse une liste non exhaustive, mais toujours très large, des types de mesures à mettre en œuvre (voir aussi ARACT/CARSAT Centre, fiche 2.4) :

1) http://www.conseil-national.medecin.fr/article/recommandations-sur-les-dispositifs-de-prise-en-charge-des-risques-psychosociaux-77.

« Ces mesures incluent par exemple :
– des mesures visant à améliorer l'organisation, les processus, les conditions et l'environnement de travail, à assurer un soutien adéquat de la direction aux personnes et aux équipes, à donner à tous les acteurs de l'entreprise des possibilités d'échanger à propos de leur travail, à assurer une bonne adéquation entre responsabilité et contrôle sur le travail, et des mesures de gestion et de communication visant à clarifier les objectifs de l'entreprise et le rôle de chaque travailleur ;
– la formation de l'ensemble des acteurs de l'entreprise et en particulier de l'encadrement et de la direction afin de développer la prise de conscience et la compréhension du stress, de ses causes possibles et de la manière de le prévenir et d'y faire face ;
– l'information et la consultation des travailleurs et/ou leurs représentants, conformément à la législation, aux conventions collectives et aux pratiques européennes et nationales. »

On trouve aussi, dans les **accords d'entreprise**, de nombreuses déclinaisons des actions possibles :

– accord du 11 mars 2010 sur la prévention du stress, des risques psychosociaux chez Danone :
  - prise en compte de l'équilibre entre vie professionnelle, vie familiale et professionnelle : utilisation raisonnée des nouveaux moyens de communication, gestion des plannings sur une longue période...
  - organisation du travail et changements d'organisation : intégration d'une étude d'impact humain dans toute démarche de changement...
  - évolution du management : développer le management de proximité, compléter la formation en management (formation à la conduite des entretiens annuels, à la gestion du changement et du stress, au dialogue social...) ;

– accord du 9 novembre 2010 relatif à la prévention du stress au travail chez Saint-Gobain [(1)] :
  - actions de formation de la direction et de l'encadrement : sensibilisation au stress et prise en compte de la responsabilité de l'encadrement dans la conduite des équipes et des hommes ;
  - actions de développement des relations sociales et de travail : espaces d'échanges et de discussion sur le métier et les pratiques professionnelles...
  - actions permettant le développement professionnel et la reconnaissance et la valorisation de l'expérience professionnelle...

– accord du 8 décembre 2010 sur la santé et la sécurité au travail, groupe Casino [(2)] :

1) Liaisons sociales quotidien – Conventions et accords, n° 02/2011.
2) Consultable notamment sur : http://www.fgtafo.fr/ressources/accord_sst_08_12_2010.pdf.

- management/développement professionnel : renforcer l'écoute terrain, développer la convivialité au travail, améliorer la lisibilité des parcours professionnels, réexaminer et simplifier les procédures ;
- communication/information : informer et communiquer sur les projets impactant la vie de l'entreprise,
- écoute/relais/soutien ;
- équilibre vie privée/vie professionnelle : améliorer l'utilisation des nouveaux outils de communication, l'organisation des réunions, la planification des horaires...

Dans cette matière, comme dans d'autres, la politique de prévention doit être régulièrement **réexaminée et améliorée**.

« Les mesures de lutte contre le stress sont régulièrement réexaminées afin d'évaluer leur efficacité ainsi que leur impact sur le stress tel qu'il ressort des indicateurs. Dans ce cadre, il conviendra de déterminer s'il a été fait un usage optimal des ressources et si les mesures définies sont encore appropriées ou nécessaires. » (ANI du 2 juillet 2008, article 5).

379 Pénibilité

Se reporter à la loi n° 2010-1330 du 9 novembre 2010 « portant réforme des retraites ».

a) Définition [1]

b) Obligation pour l'employeur de mettre en œuvre des actions de prévention de la pénibilité (C. trav., art. L. 4121-1).

La loi prévoyait déjà que l'employeur doit prendre « les mesures nécessaires pour assurer la sécurité et protéger la santé physique et mentale des travailleurs ». Désormais, ces mesures comprennent des actions de prévention des risques professionnels « et de la pénibilité au travail ».

c) Extension des attributions du CHSCT (C. trav., art. L. 4612-2).

De même, la loi prévoyait déjà que le CHSCT procède à l'analyse des risques professionnels auxquels peuvent être exposés les travailleurs de l'établissement ainsi qu'à l'analyse des conditions de travail. Désormais, il devra *procéder « à l'analyse de l'exposition des salariés à des facteurs de pénibilité »*.

1) Voir ci-dessus, nos 37 et s.

d) Obligation pour l'employeur d'établir des fiches individuelles « pénibilité » (C. trav., art. L. 4121-3-1)

• **Travailleur concerné**

Est concerné tout travailleur exposé à un ou plusieurs **facteurs de risques professionnels** déterminés par décret (non encore publié [1]) et liés à des contraintes physiques marquées, à un environnement physique agressif, ou à certains rythmes de travail susceptibles de laisser des traces durables identifiables et irréversibles sur sa santé.

• **Employeur concerné**

Tous, dès le premier travailleur concerné.

• **Date de prise d'effet**

10 novembre 2010 (date de publication au JO de la loi), sous réserve de la publication du décret et de l'arrêté afférents.

• **Contenu de la fiche**

Modélisation : le modèle de la fiche est fixé par arrêté du ministre chargé du travail (non encore publié).

L'employeur y consigne, selon des modalités déterminées par décret (non encore publié) :

– les **conditions de pénibilité** auxquelles le travailleur est exposé ;
– la **période** au cours de laquelle cette exposition est survenue ;
– ainsi que les **mesures de prévention** mises en œuvre par l'employeur pour faire disparaître ou réduire ces facteurs durant cette période.

La fiche individuelle est établie en cohérence avec l'évaluation des risques, et en particulier le document unique.

Mention obligatoire : la fiche précise de manière apparente et claire le droit pour tout salarié de demander la **rectification** des informations contenues dans ce document.

• **Communication de la fiche**

Transmission systématique au **service de santé au travail**, qui la transmet au médecin du travail (elle complète le dossier médical en santé au travail de chaque travailleur).

Remise d'une copie de la fiche au **travailleur** :

– à son départ de l'établissement ;
– en cas d'arrêt de travail excédant une durée fixée par décret ;
– en cas de déclaration de maladie professionnelle.

---

1) Voir ci-dessus, n° 40.

Les informations contenues dans ce document sont confidentielles et ne peuvent pas être communiquées à un **autre employeur** auprès duquel le travailleur sollicite un emploi.

En cas de décès du travailleur, **ses ayants droit** peuvent obtenir cette copie.

e) Obligation pour l'employeur de négocier un accord de prévention de la pénibilité (CSS, art. L. 138-29 et s.)

• **Travailleur concerné**

Salariés exposés aux facteurs de risques professionnels mentionnés à l'article L. 4121-3-1 du code du travail (fiches individuelles).

• **Employeur concerné**

Entreprises employant :

– une proportion minimale fixée par décret (non encore publié) des travailleurs concernés ;
– et employant au moins cinquante salariés, ou appartenant à un groupe (au sens de l'article L. 2331-1 du Code du travail) dont l'effectif comprend au moins cinquante salariés.

• **Date de prise d'effet**

1er janvier 2012

• **Contenu de l'obligation**

Être « couvert » par un accord ou un plan d'action relatif à la prévention de la pénibilité.

Accord collectif d'entreprise ou de groupe

Durée maximale : trois ans.

Contenu : une liste de thèmes obligatoires est fixée par décret (non encore publié).

Plan d'action

En l'absence d'accord d'entreprise ou de groupe, l'entreprise doit élaborer, après avis du comité d'entreprise ou, à défaut, des délégués du personnel, un plan d'action établi au niveau de l'entreprise ou du groupe.

Durée maximale : trois ans.

Contenu : voir ci-dessus à propos de l'accord.

Dépôt auprès de l'autorité administrative.

Application d'une convention collective de branche

Les entreprises dont l'effectif comprend au moins cinquante salariés et est **inférieur à trois cents salariés** (ou appartenant à un groupe dont l'effectif comprend au moins cinquante salariés et est inférieur à trois cents salariés) peuvent être couvertes par un accord de branche étendu dont le contenu est conforme à celui mentionné ci-dessus.

- **Sanction**

Pénalité à la charge de l'employeur, dont le montant est fixé à 1 % au maximum des rémunérations ou gains soumis à cotisations sociales, versés au cours des périodes au titre desquelles l'entreprise n'est pas couverte par l'accord ou le plan d'action.

Le montant est fixé par l'autorité administrative, dans des conditions qui seront fixées par un décret non encore publié, en fonction des efforts constatés dans l'entreprise en matière de prévention de la pénibilité.

Le produit de cette pénalité est affecté à la branche accidents du travail et maladies professionnelles de la sécurité sociale.

Conclusion

L'examen de la question des risques psychosociaux, comme de celle de la pénibilité, illustre bien le passage du modèle de l'« hygiène/sécurité » à celui de la « santé au travail », ou en d'autres termes de l'obligation de « moyens » (appliquer la réglementation) à l'obligation de « résultat » (évaluer et prévenir les risques).

Certes, il existera toujours des risques qui présentent des aspects suffisamment invariants pour qu'y soit consacrée une réglementation spécifique, de nature technique : tel produit chimique a telle propriété, tel équipement présente tel risque de contact, le travail en hauteur génère un risque de chute, etc.

Mais on sait aujourd'hui qu'il existe des risques de nature plus variable, tels les risques psychosociaux, qui sont fortement liés à la nature de l'activité, aux méthodes employées par l'entreprise, à la « sociologie » du personnel, au contexte économique, etc., et qui ne peuvent pas, de ce fait, faire l'objet d'un corps de dispositions réglementaires spécifiques [(1)].

C'est alors qu'il appartient aux acteurs de la prévention, et au premier rang l'employeur, de prendre le relais en mobilisant leurs capacités d'invention afin de mettre en œuvre, dans le respect des axes définis par la législation (évaluation, concertation, etc.), une politique de santé et de sécurité qui permette, au plus près du travail concret, de définir les mesures techniques, organisationnelles, managériales, etc. propres à supprimer ou limiter les risques dans la mesure du raisonnable.

Là est le sens véritable de l'obligation de sécurité de résultat.

1) Cette distinction est évidemment très schématique, car il existe bien des risques qui dépassent les frontières entre le physique et le mental, le technique et l'organisationnel. Ainsi, les troubles musculo-squelettiques (TMS), première catégorie de maladie professionnelle en France, trouvent souvent leur genèse dans un processus complexe associant gestes répétés, cadences, etc. et pouvant également engendrer du stress, des tensions nerveuses, un risque accru d'accidents, etc.

Index

Renvoi aux numéros d'articles de l'ouvrage

A

B

C

D

E

F

G

H

I

S

T

U

V

Table des matières